国家社科基金
后期资助项目

《德意志意识形态》关键词谱系化研究

A Study on the Genealogy of the Key Words in *German Ideology*

陈冬生　伊鹏程　王枫桥◎著

中央编译出版社
Central Compilation & Translation Press

国家社科基金后期资助项目
出版说明

　　后期资助项目是国家社科基金设立的一类重要项目，旨在鼓励广大社科研究者潜心治学，支持基础研究多出优秀成果。它是经过严格评审，从接近完成的科研成果中遴选立项的。为扩大后期资助项目的影响，更好地推动学术发展，促进成果转化，全国哲学社会科学工作办公室按照"统一设计、统一标识、统一版式、形成系列"的总体要求，组织出版国家社科基金后期资助项目成果。

全国哲学社会科学工作办公室

目 录

第一章 《德意志意识形态》研究现状反思 …………………… 1
一、文本解读的学术困顿:"逻辑在先""时间在先"或
"实践优先"? …………………………………………… 1
二、文本解读"空心化"诠释偏向及其意识形态隐忧 ………… 7
三、《德意志意识形态》文本解读模式的多样化探索及其
经验教训 ………………………………………………… 20
四、一种非谱系化马克思主义整体性研究的自我反思 ……… 23

第二章 《德意志意识形态》关键词谱系"关系问题式"初始化研究
——以"关系"为奇点并以"三元结构"为逻辑思路 ……… 43
一、《德意志意识形态》关键词谱系化研究的分析框架和
创新观点 ………………………………………………… 43
二、《德意志意识形态》文本梳理和关键词谱系化研究必要性
和可行性分析 …………………………………………… 76
三、"关系"概念对于《德意志意识形态》关键词谱系的初始
化意义 …………………………………………………… 98
四、《德意志意识形态》关键词谱系化研究的对象、内容和
要求 ……………………………………………………… 119
五、《德意志意识形态》关键词谱系初始化研究应注意的几个
问题 ……………………………………………………… 131
六、《德意志意识形态》关键词谱系的历时态生成方式 ……… 135
七、《德意志意识形态》关键词谱系化的共时态层次结构 …… 142

第三章 "现实的人"之历史唯物辩证法
——以"三重人性"为奇点并以"三重矛盾"为逻辑前提 …… 148
- 一、关于《德意志意识形态》逻辑起点和逻辑前提的多样化观点研究 …… 149
- 二、马克思关于人的本质"三重人性"命题的特征及其关系辨析 …… 153
- 三、主体化存在本体论的三重矛盾运动：天人矛盾—群己矛盾—身心矛盾 …… 172

第四章 《德意志意识形态》关于生存方式的关键词谱系
——以"存在"为奇点并以"主体化存在本体论"为逻辑基础 …… 193
- 一、从"小写的人"到"大写的人"：人与其他一般动物之间的本质区别 …… 194
- 二、"人化的自然"与"自然的人化"：哲学的基本问题即本体论问题 …… 201
- 三、主体→实体→本体→主体化存在本体的溯往开来 …… 208
- 四、"现实的人"：主体化存在本体论的历史唯物辩证法 …… 221
- 五、马克思主义"生存方式"概念及其生存论影响 …… 233

第五章 《德意志意识形态》关于生产方式的关键词谱系
——以"实践"为奇点并以"三重生产"为逻辑中介 …… 263
- 一、关于"实践"这个关键词的基本含义及其历史源流 …… 264
- 二、生产方式与实践形态：物质生产—人的生产—精神生产 …… 283

第六章 《德意志意识形态》关于生活方式的关键词谱系
——以"自由"为奇点并以"人的解放"为逻辑归宿 …… 346
- 一、生活方式的历史唯物辩证法 …… 347
- 二、马克思主义人的本质之"三重需要"的理论展开 …… 366
- 三、日常生活批判理论及其对生活方式研究启示意义 …… 388
- 四、人的解放是《德意志意识形态》关键词谱系生成的逻辑脉络和逻辑归宿 …… 400

总　结　关键词谱系化演绎：人的解放正—反—合的逻辑归宿 …… 412

参考文献 …… 418

第一章 《德意志意识形态》研究现状反思

马克思恩格斯合著的《德意志意识形态》是一部马克思主义哲学成熟的里程碑式著作。第一次系统阐述了历史唯物主义的基本原理和理论体系，在马克思主义发展史上占有极其重要的地位。关于《德意志意识形态》的研究，主要分文本研究和思想理论研究两大部分，并涉及马克思主义理论体系整体性研究的几个基本维度。学界几十年来积累了大量的研究成果，也存在不少悬而未决的争论，很值得我们深刻反思和进一步探索。

一、文本解读的学术困顿："逻辑在先""时间在先"或"实践优先"？

"回到马克思"是1999年张一兵在《回到马克思：经济学语境中的哲学话语》① 一书中率先提出的振聋发聩的口号，由此引发了一股关注马克思主义经典著作文本研究的学术热潮。随后响应者、模仿者提出"与马克思同行""走进马克思"等口号，马克思文本研究在我国学术界越来越得到重视。

（一）文本研究视野更加开放，国际化程度不断加强

《德意志意识形态》这部手稿的主体部分是由马克思和恩格斯在1845年到1846年之间共同完成的，它在马克思主义哲学史上占有重要的地位。对这部重要著作的研究热潮出现在20世纪60年代，日本、苏联和东德都曾经取得过丰硕的研究成果。② 近40多年来，随着我国对外学

---

① 张一兵：《回到马克思——经济学语境中的哲学话语》，载《学术月刊》，2007年第3期。
② 韩立新：《〈德意志意识形态〉研究的四个问题》，载《学术月刊》，2007年第3期。

术交流活动越来越频繁，国内学术界对马克思主义经典著作文本研究的视野也越来越开放。2001 年，北京大学马克思主义文献研究中心以"马克思主义与全球化——《德意志意识形态》的当代阐释"为主题召开了学术研究讨会，从文献学等多角度深入解读《德意志意识形态》。文献研究中心还同中央编译局、中国社会科学院等国内研究机构一道与特里尔马克思故居研究所建立定期的联系，先后邀请国外专家到我国讲学。① 2003 年，国际马克思恩格斯基金会（IMES）在中国成立了以中国社会科学院马克思主义研究中心为核心，同时联合其他院校和科研单位的"中国《马克思恩格斯全集》历史考证版（MEGA2）国际工作站"，以进一步推动马克思主义文本学在中国的研究。② 2007 年清华大学召开了题为"中日《德意志意识形态》编辑问题"的研究会，同时，我国学者也多次参与国际马克思主义经典著作文本研究的学术会议，拓宽了研究视野。

（二）文本研究与理论创新紧密结合

在马克思主义经典著作的文本研究中，首要的是如何看待文本研究在学术中的地位和作用的问题。长期以来，国内学术界存在着某些各执一端的现象：有的特别崇尚"文本中心主义"，甚至把马克思主义哲学研究等同于对马克思主义经典作家哲学文本的内涵发掘和理论阐释；反过来，有的却特别轻视文本研究，甚至热衷于天马行空地脱离马克思主义创始人的哲学文本，自说自话地恣意妄言所谓"理论创新"。这两者都是极端片面的。二者的共同缺陷是割裂了文本研究与理论创新关系。因此，有的学者提出要把"回到马克思"与"发展马克思"相结合，科学地把握马克思主义文本研究与理论创新的辩证统一关系。③ 俞吾金曾经认为，我们应该拥有自己的观念，但却不应该陷入观念主义的陷阱；我们应该阅读文本，尤其是经典文本，但却不应该陷入本本主义的泥淖。重要的是返回到马克思的历史唯物主义的立场上，把对任何观念或文本

---

① 金海民、丰子义、聂锦芳：《马克思文本研究的历史与现状、意义与方法》，载《中共石家庄党校学报》，2004 年第 5 期。
② 魏小萍：《与国际接轨，我们的差距在哪里——〈马克思恩格斯全集〉历史考证版国际版第二版与中国合作意向性规划》，载《中共石家庄党校学报》，2004 年第 5 期。
③ 参见王东、林峰：《从回到马克思到发展马克思——文本研究与理论创新关系新探》，载《社会科学辑刊》，2007 年第 3 期。

的领悟奠基于对现实生活的理解之上。①

（三）解释学与版本学相结合的文本研究探索

关于《德意志意识形态》基本概念和关键词的文本研究，也有学者发表过一些相关研究论文，其中包括多篇硕士论文和博士论文，但鲜有对《德意志意识形态》基本概念和关键词进行谱系化研究。如今要对以往关于《德意志意识形态》基本概念和关键词的解读成果进行谱系化总结，就不得不回顾马克思主义理论体系的研究成果，尤其是中国改革开放40多年以来在马克思主义理论体系研究中取得的一些新突破，发掘马克思主义理论体系多样化形态的构成要素，是马克思主义理论体系整体化研究的重要内容。我们对当代国内外有影响力的相关理论进行了比较研究，对内在于其中的马克思主义理论体系的建构原则进行梳理、抽象，为《德意志意识形态》关键词谱系化研究积累了比较扎实的学术资源。

截至2020年11月6日，在"知网"以"《德意志意识形态》"为主题检索，找到两千多条结果。发觉研究《德意志意识形态》的论文数量从21世纪以来开始猛增。但主要聚焦在占全书12%篇幅的《费尔巴哈》章，大多有意无意地回避了占《德意志意识形态》88%篇幅的其余章节。从关于《德意志意识形态》的论文来看，《费尔巴哈》章的文献学问题存在很多互动性讨论，大多是就作者"发现"的某一概念或理论进行阐述，缺少相似或同一主题的"争鸣"。学术讨论涉及思想深层的比较少，对国外哲学研究观点介绍的多，对国内同行之论文讨论的少。诸如鲁克俭《"马克思文本解读"研究不能无视版本研究的新成果——评张一兵"〈文献学语境中的《德意志意识形态》〉代译序"》这样的讨论和纠错论文非常稀缺。

况且，单一性地从《德意志意识形态》文本中解读概念的文章居多，而在马克思恩格斯原著的相关文本中从逻辑在先的视角分析理论问题的文章较少。国内能够像广松涉的"物象化论"和阿尔都塞的"认识断裂说"那样在马克思恩格斯的文本研究中建构独创的理论并引起学界共鸣的学术成果就更为稀缺了。国内学界各个圈子存在封闭半封闭现象，对同时代其他流派优秀文本不够重视，对有新意的学术观点和研究方法

---

① 俞吾金：《走进文本与走出文本——观念主义批判》，载《马克思主义与现实》，2007年第3期。

进行相互争鸣的勇气和自我反思的精神欠缺，如此等等，是国内经典原著研究领域需要正视的。

（四）概念解读困顿于科学思维与哲学思维之间

逻辑在先是相对于时间在先而言的。只有理解了时间在先的真实意义，才有可能真正把握逻辑在先。所谓时间在先，是指在时间序列中的先后顺序。所谓"在先"，指的是在时间序列中处于"在前"的位置。"'逻辑在先则不同，它是从原理上说明何者'优先'，这是决定与被决定的关系、解释与被解释者的关系，作为决定者、解释者是一种'理由'，是第一原则。但这个第一原则不是指原因，而是作为解释世界的根本之'理'。这个'理'在时间次序上可以在后，但作为根本、基础又可以后者解释前者。"① 所谓逻辑在先，乃是指在逻辑关系中的"优先"地位，完全是从逻辑上来讲的，指的是从原理上看何者起决定性作用，何者扮演根据和理由的角色。

（五）逻辑在先、时间在先与实践优先的歧义辨析

对《德意志意识形态》的研究中，相关范畴和概念之间不乏非法僭越甚至混淆使用的现象。恰如黑格尔在《逻辑学》中曾经指出的那样："这里盛行一种主要的误解，即在自然的发展中或在正在形成的个人的历史中用来作出发点的自然原则或开端，似乎就是真的，并且在概念中也是第一的东西。"②

但人们以往在对唯心主义粗糙庸俗的批评中，往往把逻辑在先和时间在先不加分辨地混为一谈：把唯心主义所主张的思维、精神在逻辑上的优先性片面地理解为时间上在先，即思维、精神在时间上先于存在、物质，并且由思维产生存在、由精神产生物质。这种简单化的理解把黑格尔所讲的概念"外化"为自然物，理解为概念"创造"自然界乃至宇宙万物。

黑格尔的确也曾经说过思维、概念创造存在、世界之类的话，但需要特别注意的是他所讲的"创造"不是开天辟地、从无到有、实实在在地生造出物质的意思。他完全是从逻辑在先的意义上讲"创造"和"构成"的。黑格尔所强调的乃是事物存在的可能性条件。

---

① 杨寿堪：《论"逻辑在先"》，载《学术研究》，2004年第4期。
② 黑格尔：《逻辑学》下卷，杨一之译，北京：商务印书馆1976年版，第253页。

"不是说宇宙万物是由逻辑概念创造的,更不是说思维创造宇宙,或用思维规律来构造现实世界。"①

"他的确也说过构成,意思与其他德国古典哲学家一样,不过是事物存在可能性之条件的意思。"②

康德在《纯粹理性批判》中探讨"认识如何可能"的问题,也是从逻辑在先的意义上展开的。从时间在先的自然次序的意义上康德也承认人的认识是从外物刺激感官产生感觉经验开始的,"我们的一切知识都从经验开始,这是没有任何怀疑的"③。但康德在此处仅仅是从时间在先的意义上承认知识的"开始",而不承认是知识的"根据"和"条件"。在康德看来,经验科学的任务所涉及的是认识的过程问题,即认识在时间中发端、发展的实际过程。哲学所关心的乃是认识之所以可能的根据和条件,是从对已有知识之逻辑前提的探讨中得出来的根据和条件,而不是从实际心理历程得出的经验。康德拒绝讨论知性是怎样形成的问题,因为康德认为这并非哲学的任务。从某种意义上可以讲,《纯粹理性批判》是一部论证的逻辑学,而绝非经验描述的心理学。

另一方面,"逻辑在先"与"实践优先"并列起来也容易引起歧义和冲突。马克思哲学同样坚持逻辑在先的原则,这一原则集中体现在实践在马克思哲学中的核心地位。马克思在《德意志意识形态》中谈到人的实践活动时曾经指出:"这种活动、这种连续不断的感性劳动和创造、这种生产,正是整个现存的感性世界的基础,它哪怕只中断一年,费尔巴哈就会看到,不仅在自然界将发生巨大的变化,而且整个人类世界以及他自己的直观能力,甚至他本身的存在也会很快就没有了。"④

按照通常的理解,这段话蕴含着一种"矛盾"。因为从经验科学的视野来看,人的感性劳动、实践活动以"现存的感性世界"的存在为前提,它建立在"现存的感性世界"的基础之上,否则将无所依托,而无所依托的活动只可能存在于想象中。因此"现存的感性世界"似乎应当是实践活动的基础。马克思哲学的革命正是通过这一颠倒实现了一种视

---

① 张汝伦:《黑格尔在中国——一个批判性的检讨》,载《复旦学报》,2007年第3期。
② 张汝伦:《黑格尔在中国——一个批判性的检讨》,载《复旦学报》,2007年第3期。
③ 〔德〕康德:《纯粹理性批判》,邓晓芒译,北京:人民出版社2004年版,第1页。
④ 《马克思恩格斯选集》第1卷,北京:人民出版社1995年版,第77页。

野的转换，即从经验科学的视野转换为哲学的视野，从时间在先转向逻辑在先。

在马克思主义哲学看来，"现存的感性世界"（是人化的自然或者自然的人化）并非独立于人的存在和意志之外的外部自然界，而就是人所生活的现实世界。这一世界既不是从来就有，也不是纯天然的。从根本上看，它是人类实践活动的产物，是人化的世界或者自然的人化。外部自然界只有同人类的实践活动发生关系，受到实践活动的改造之后，才有可能进入社会历史领域，成为人们生活其中的现实世界。这就像一个人置身于一个人造的工匠世界，其所遭遇到的一切都是人的产品，自然物质要进入这个世界，必须经过人的劳动的改造。人的劳动在此就像一个"阀门"，要进入这一世界，必须首先穿越这个"阀门"。由此可以得出这样一个推论：遵循逻辑在先的原则必须破除一种思维的惯性，即以经验科学的思维方式去考察哲学问题。马克思也在同等意义上指出，

"人的眼睛与野性的、非人的眼睛得到的享受不同，人的耳朵与野性的耳朵得到的享受不同，如此等等。"①

"社会的人的感觉不同于非社会的人的感觉。"②

"不是人的胡子、血液、抽象的肉体的本性，而是人的社会特质。"③

由此可见，时间在先不适用于哲学。因为哲学不是（经验）科学，不是自然的人化或者人化的自然。这样，马克思就从存在论根基上去掉了时间在先的僭越之臃，实现釜底抽薪式的批判，从而为马克思的哲学革命奠定了元基础。

依据时间在先因果原理承认物质第一性意识第二性，先有物质后有精神，物质决定精神；依据逻辑在先原理承认人是主体，而物质是客体，通过对象化实践活动认识和改造世界，使客体服务主体，随着文明水平越来越高，越来越多的"物自体"变成人类实践的对象。客观存在物能否纳入人类实践的对象却有赖于人类文明的发展程度。真正弄清楚哲学

---

① 《马克思恩格斯全集》第 3 卷，北京：人民出版社 2002 年版，第 304 页。
② 《马克思恩格斯全集》第 3 卷，北京：人民出版社 2002 年版，第 305 页。
③ 《马克思恩格斯全集》第 1 卷，北京：人民出版社 1956 年版，第 270 页。

基本问题的难点在于：如何处理好依据时间在先因果原理和依据逻辑在先原理二者之间的辩证关系。

二、文本解读"空心化"诠释偏向及其意识形态隐忧

当前在经典原著导读中存在着对马克思主义"抽象肯定而具体否定"的"空心化"诠释偏向，从而导致了当下马克思主义意识形态新隐忧，即以技术工具理性替代价值理性①。有的专家脱离文本、脱离现实、脱离问题焦点，以"抽象肯定而具体否定"的策略弥合文本与思想的断裂。恰如卢卡奇所说的，"正统性唯一指的是方法。"② 似乎马克思主义除了方法什么都没了！这种立场—观点—方法的分离式"空心化"原著导读偏向包含着意识形态隐忧。难点在于内容的"大众化"澄明，疑点在于方法的"总体性"遮蔽，突破点在于观点的"否定性"祛魅。只有摒弃"统一性""单一性"和"整体性"资本主义传统观念的"混沌之道"，才能趋向社会主义"澄明之境"：在一个"对立统一"的系统化总体内，在一系列连续性与阶段性相统一的量变质变动态过程中，以否定之否定的替代形态推动社会主义波浪式前进和螺旋式上升。共产党人的历史初心和时代使命就是以"自身中介"顺应客观规律充分发挥先进性。

（一）历史唯物主义研究中的一些"空心化"争鸣

近百年来，关于历史唯物主义的研究争鸣不断。国内诸如此类的争鸣主要表现在对历史唯物主义的认识和应用两个方面。在认识方面，众多学者主要围绕三个问题展开。

一是争论历史唯物主义是不是蕴含本体论的哲学结论？赞成历史唯物主义是哲学本体论结论的学者认为，马克思创立的历史唯物主义属于当代哲学范畴，内在包含着一个"本体论承诺"，即把实践——社

---

① 陈冬生：《原著导读中的"空心化"诠释偏向及其意识形态疑虑——一种基于〈共产党宣言〉与〈资本主义的终结〉的互文性研究》，载《学习与实践》，2011 年第 10 期。

② "让我们为了论证而假定：现代的研究彻底驳斥了马克思的每个个别命题，即使这点得到了证明，每一个严肃的正统马克思主义者仍然可以毫无保留地接受这一科学发现而不考虑马克思的全部命题，同时又一点也不必抛弃他的正统性。所以，正统的马克思主义并不是指对马克思研究成果的非批判接受，它既不是对这本书或那本书的'信仰'，也不是对一本'神圣的'书的注释；相反，正统性唯一指的是方法。"（参见〔匈〕卢卡奇：《历史与阶级意识》，杜章智等译，北京：商务印书馆 1992 年版，第 47—48 页。）

会生产关系作为本体。① 俞吾金认为，实证科学是一种描述性科学，把历史唯物主义当成是实证科学，等于消解了马克思主义的批判精神，是对历史唯物主义的亵渎。② 而段忠桥认为，马克思创立的历史唯物主义从研究方法、出发点以及基本结构来看，都带有实证科学的特性。认为马克思在《德意志意识形态》关于历史唯物主义的相关论述中提到的"哲学"是特指德国唯心主义哲学，而马克思正是在批判的意义上提出了一种不同于德国唯心主义哲学形态的实证科学——历史唯物主义。③

二是争论历史唯物主义是"历史"的唯物主义还是历史"唯物主义"？孙正聿赞成前一种观点，认为从《关于费尔巴哈的提纲》和《德意志意识形态》中可以看出以感性人的活动为立足点的新世界观就是马克思恩格斯创立的历史唯物主义。这种新世界观以"历史"为其解释原则，以区别于"直观"的唯物主义和抽象的唯心主义。历史唯物主义就是一种新的世界观，不存在超脱于历史唯物主义之上的另一种新世界观。④ 段忠桥赞成后一种观点，认为以历史为解释原则的历史唯物主义结论不符合马克思恩格斯的本意——因为在《关于费尔巴哈的提纲》与《德意志意识形态》中的历史唯物主义观点不是历史唯物主义的成熟形态，而只是一种萌芽。历史唯物主义是把历史作为研究对象的历史观，而不是以历史的解释原则构成的世界观。⑤ 因此，不应该以历史解释原则代替辩证唯物主义和历史唯物主义。

三是历史唯物主义的研究方法。吴晓明认为把历史唯物主义作为科学的方法论加以研究，一方面需要方法论的存在论基础，另一方面需要通达于历史学的理论与实践。他把历史唯物主义的方法论特征突出地概括为三个基本方面：社会现实的发现、总体性的观点和具体化的路径与

---

① 俞吾金：《问题域的转换——对马克思和黑格尔关系的当代解读》，北京：人民出版社2007年版，第482页。
② 俞吾金：《历史唯物主义是哲学而不是实证科学——兼答段忠桥教授》，载《学术月刊》，2009年第10期，第24—32页。
③ 段忠桥：《历史唯物主义："哲学"还是"真正的实证科学"——答俞吾金教授》，载《学术月刊》，2010年第2期，第14—20页。
④ 孙正聿：《历史的唯物主义与马克思主义的新世界观》，载《哲学研究》，2007年第3期。
⑤ 段忠桥：《什么是马克思、恩格斯创建的历史唯物主义——与孙正聿教授商榷》，载《哲学研究》，2008年第1期。

实行。① 段忠桥则认为，对历史唯物主义的研究应引入语言分析学派的方法，即对文本中的概念和语境进行分析，借此澄清历史唯物主义思想。②

在应用方面，由于新的技术革命和信息化的普遍发展，人们对生活和生产领域出现的巨大变化，运用产生于工业文明的历史唯物主义来解读当代中国的现实问题，尚有某些不解渴之感。有学者认为，历史唯物主义的当代解读要注重文本解读与实践解读的结合。还有一些学者提出，我们解读历史唯物主义，要注意思维方式的自觉转换，从实践思维向历史思维的自觉转换。用历史思维方式去把握现实，吸收、借鉴中国传统和西方的经验，形成当代中国的历史意识和历史思维。③

历史唯物主义研究的理论争鸣，有助于我们澄清历史唯物主义的本质和内涵，明晰历史唯物主义的发展脉络，深化对历史唯物主义的认识，为运用历史唯物主义解决当代问题提供帮助。但是同时我们也要看到，历史唯物主义研究中出现的问题，即创新意识与创新成果稍显不足。历史唯物主义是一种开放性理论，因此，我们要根据现实对其进行创新与发展，使其能够适应时代的变迁。历史唯物主义的创立是建立在历史思维与历史资料的掌握之上的。因此我们对历史唯物主义的研究要加强对中国历史的分析，尤其是对改革开放史的分析。也只有从历史出发，才能产生符合历史发展规律的理论。

四是关于辩证唯物主义与历史唯物主义之关系研究。在传统教学体系中，辩证唯物主义与历史唯物主义是马克思主义哲学的两大基本内容。虽然近年来，国内马克思主义哲学界对历史唯物主义的研究成果颇丰，但对辩证唯物主义研究的成果则少之又少。究其原因，归为两点：一是对苏联模式持"抛弃"的态度，影响了对辩证唯物主义的认识；二是"回到原生态马克思"的呼声，使马克思主义哲学研究忽视了恩格斯的理论贡献。笔者认为，在当下还没有提出比较合理的哲学框架时，两者仍然是马克思主义哲学的基本内容，缺一不可，不应该忽视其中任何一

---

① 吴晓明：《论作为历史科学方法论的历史唯物主义》，载《中国社会科学》，2007年第5期。

② 段忠桥：《重释历史唯物主义的缘由、文本依据和方法》，载《哲学研究》，2008年第9期，第20—25页。

③ 侯彦峰、贺海洋：《"历史唯物主义的当代解读理论研讨会"综述》，载《教学与研究》，2008年第10期，第92—94页。

方。不断创新辩证唯物主义体系，深入理解马克思主义辩证法与自然观，应该成为马克思主义哲学研究的又一重要课题。

在西方马克思主义哲学发展的历史中，关于历史唯物主义的阐释曾存在着三种方法论路径①：以卢卡奇为代表的历史主义、以阿尔都塞为代表的结构主义和以科亨为代表的分析马克思主义。分析马克思主义以辩证法为突破口，对传统西方马克思主义哲学中的历史主义、结构主义进行批判，这与其试图实现马克思哲学阐释的"去黑格尔化"直接相关。历史主义、结构主义路径虽然同属"黑格尔化"的马克思主义哲学阐释，但其路向又有着明显的差异。上述三种关于历史唯物主义的阐释路径之间存在着复杂的相互关联，揭示这种关联对于合理阐释历史唯物主义具有重要理论意义。

《德意志意识形态》在马克思主义理论形成过程中具有里程碑式的重大意义。《德意志意识形态》所阐发的历史唯物主义基本原理，以及在此基础上所论述的关于人及人的本质、实践和交往、法哲学的观点都是具有开创意义的。国内外学者对《德意志意识形态》的研究总体上集中于结构方面的研究，特别是我国三个版本的研究，中国社会科学院冯颜利等人曾经对这些研究成果进行过梳理，并力图从中总结出关于《德意志意识形态》研究的一般规律②。

（二）方法的"总体性"遮蔽：资本主义观念危机及其后果

方法的"总体性"遮蔽是因为卢卡奇自以为《历史和阶级意识》最伟大的成就是恢复了总体性范畴在马克思思想中的核心位置。国外马克思主义研究中的"总体性"资本主义传统观念，在 J. K. 吉布森–格雷汉姆的《资本主义的终结》一书中是这样描述的③：（1）资本主义是以工业发展的英雄、世界历史的开创者、现代化的承担者和社会转型的推动者面目应运而生的。资本主义在反传统的过程中加剧了传统道德的堕落

---

① 齐艳红：《"重构历史唯物主义"的三种路径——历史主义、结构主义与分析马克思主义的方法论及其局限》，载《中国人民大学学报》，2013 年第 5 期，第 47—54 页。
② 吴兴德，冯颜利：《建国 60 年来〈德意志意识形态〉研究综述》，载《长江师范学院学报》2010 年第 4 期，第 126—130 页。
③ 〔美〕J. K. 吉布森–格雷汉姆：《资本主义的终结——关于政治经济学的女性主义批判》，陈冬生译，北京：社会科学文献出版社 2002 年版。该书是由美国学者凯瑟琳·吉布森与澳大利亚学者朱莉·格雷汉姆于1999 年合著的一部总体性解构资本主义传统观念的比较有影响的理论专著，需要说明的是，J. K. 吉布森–格雷厄姆是二人合用的笔名。下述内容参阅中文版译者序言。

和环境的恶化，但在与自然的斗争中似乎通过理性启蒙而解放了人性。（2）资本主义被神圣地供奉在社会发展的顶峰，似乎带来了饥馑的终结、传统社会特征的终结、无知和迷信的终结、反民主或者说原始政治形式的终结。（3）资本主义由宏观经济政策和微观经济机制实现的统一体系，覆盖了整个社会空间，虽然一再导致危机，但似乎总能够恢复、复苏和发展。（4）资本主义最初是一种基于所有权的权力结构，进而扩展为经营管理权或金融控制权之上的权力结构。资本主义剥削似乎是统治权的必然体现或必然结果。（5）因为把公司规模的扩大和控制范围的延展看作权力结构变迁的必然趋势，因为资本主义工业化建立在发达国家与发展中国家差别不断拉大的基础之上，因为把家庭定义为单一性资本主义消费者和劳动力再生产场所，商业化、都市化、国际化、无产阶级化的社会进程似乎成了资本主义自我实现的形式。（6）资本主义历经周期性危机，又以新的表现形式更新换代：后福特制继承福特制，垄断资本主义或全球资本主义取代自由资本主义，资本主义发展轨迹似乎应变自如，充满活力。（7）资本主义因为地方政府和议会部门、工会组织或者国家法律等现代形式，似乎获得了社会认同和行动自由。（8）资本主义因为资本的扩张性、渗透性和适应性似乎最终消解了社会认同的局限性，在当代文化中显得无所不包、无处不在。

所谓资本主义的"统一性""单一性"和"整体性"，不过是思维规定对象，理论裁剪现实，以为这便是"总体性"逻辑形式，却没意识到是一种"分裂的逻辑"：一方面，资本主义的统一性观念使左翼政治面临着总体性制度革命的历史使命；另一方面，资本主义的单一性观念和整体性观念却使这个历史使命归于"结构性不可能"——既使资本主义成了不可替代的虚拟物，也使社会主义囿于可望不可及的乌托邦，导致"两个必然"与"两个决不会"之间的悖论，其意识形态后果就是"共产主义渺茫论"。

这种资本主义传统观念导源于对卢卡奇的《历史与阶级意识》及其总体性思想的误解。从文本字面归纳卢卡奇的"总体"有四个理论特征：一是强调客体与主体相统一之"历史的总体"；二是强调直接性与中介性相统一之"具体的总体"；三是强调理论与实践相统一之"辩证的总体"；四是强调过程与目标相统一之"革命的总体"。这四个特征的总体性本质问题及其理论影响在于三个方面：一方面基于绝对的"同一性哲学",导致了资本主义"统一性"传统观念;另一方面非系统化单一结构的总体,并强调"整体对各个部分的全面的、决定性的统治地位"①,导致了资本主义"单一性"传统观念;还有一方面是片面强调"具体的""历史过程的整体"②。这三面一体的资本主义"总体性"传统观念,以其非动态性、非系统性和绝对的同一性遮蔽了历史唯物辩证法的基本规律。

(三)观点的"否定性"祛魅:"两个必然""两个决不会"之理论关键

马克思恩格斯在《共产党宣言》中提出"两个必然",以论证社会主义替代资本主义的历史必然性;马克思在《〈政治经济学批判〉序言》中强调"两个决不会",以强调"替代"所必需的条件,完善了《德意志意识形态》关于历史唯物辩证法的辩证性命题。关键要对"替代"进行"否定辩证法"祛魅。

苏联解体、东欧剧变后的一段历史时期内,西方发达国家在经济全球化、政治民主化和文化多元化浪潮中似乎越来越占主导地位和话语优势,一时间使人们觉得社会主义取代资本主义的历史趋势似乎逆转了。之所以会有这样的感觉,主要是因为左翼政治所攻击的目标是虚幻的——那种铁板一块的和同质性的资本主义不是一种"现实",而是一个抹杀社会经济多样性的虚拟物"抽象"。在传统观念中的资本主义框架里,难以设想非资本主义经济形态富有活力,也难以设想非资本主义经济(特别是社会主义市场经济)可每时每刻地、逐步部分地取代资本主义,那么,其逻辑结论就不可能有资本主义的终结和社会主义的胜利。如果用这种统一性、单一性、整体性的资本主义传统观念来解释现实,那么,在诸如美国之类的发达国家谈社会主义,就会贻笑大方。之所以阿多诺式的否定辩证法加剧了左翼政治的危机,导致社会主义观念在西方失落,因为左翼政治没能把某些非资本主义经济活动视为社会主义的成长因素,也没能把自身的活动看作是一种"社会主义活动",结果就只有消极的"等待革命"。

---

① 〔匈〕卢卡奇:《历史与阶级意识》,杜章智等译,北京:商务印书馆1992版,第76页。

② 〔匈〕卢卡奇:《历史与阶级意识》,杜章智等译,北京:商务印书馆1992版,第223、232页。

从对资本主义传统观念的反思中探索社会主义自身改革的路径，就是要逆向思维——倒过来透过现象看本质。既然承认非市场经济交易在交易中占有相当的份量，既然参与家庭生产的人数比参与资本主义生产的人数更多，就有理由说明家庭部门和资本主义部门意义相当，甚至更为重要。不能把资本主义当作包罗万象的大框而什么都往里装，更不能把市场经济等同于资本主义，而只能把市场经济看作是众多资本主义剥削方式之一、众多社会构成因素之一，同样可以把市场经济作为社会主义过渡的多种路径之一。剔除那些被固执地纳入到资本主义传统观念之中的存在条件（如财产法），使之变成一种既是资本主义的也是非资本主义的存在条件，进而使之变成资本主义终结的条件和社会主义过渡的桥梁。不能把市场经济等同于资本主义，这样就等于把大量的经济活动界定为非资本主义经济活动。马克思所关注的、所要改造的东西，并不是商品和劳务的种种交易方式，而是剩余劳动和剩余价值的生产、占有、分配和享受的方式。因此，必须摒弃统一性、单一性和整体性的形而上学"总体性"资本主义传统观念，重新认识当代资本主义新特征，同时重新认识当代社会主义新特征，实事求是地根据路径依赖变通社会主义自身改革的路径。

既然要阐明资本主义霸权的不合理性，就必须认同非资本主义经济形态有相容共处的现实性。根据剩余劳动和剩余价值的生产、占有、分配和享受的特征来划分出多样性经济方式和多样性阶级阶层，同时也使社会主义的阶级斗争、阶级改造和阶级消亡的设想具有现实可能性。

在一个多样化和多元化的现实世界里，经济似乎成了资本主义统一性、单一性和整体性的最后支柱。其实，社会经济不是单一的而是多元的，不是同质性的而是异质性的，不是铁板一块的而是交错渗透的。譬如，美国也存在着一个巨大的国有部门、一个巨大的以家庭为基础自食其力的小生产者部门、一个巨大的家庭经济部门（有各种剥削形式：有些家庭倾向于公共的或集体的分配，有些则是一个成年人占有另一个成年人的剩余劳动）。

如果说资本主义的虚拟特征决定其必然导致难以动摇的霸权主义，就等于我们默认了资本主义霸权的"韦伯式"合理性，也就等于我们自废武功而放弃了反对资本主义霸权和推动社会主义发展的理论武器；如果说资本主义真正占据了全部社会空间，那么别的任何形式（包括社主义）也就没有了相容共存与和平共处的可能，社会主义就无从谈起；如果把资本主义总体上看作铁板一块，那资本主义就不可能被部分地或局部地逐步取代。我们要致力于创造各种过渡条件，使社会主义建设成为切实可行的现实行动，就必须彻底揭露传统资本主义统一性、单一性和整体性意识形态的虚幻性。

无论在发达国家，还是在发展中国家，如果把传统的阶级观念同系统的社会观念相联系，把阶级斗争和阶级改造观念与制度改革之直接或间接的实际效果相联系，我们就可以提出一个截然不同的非传统的社会主义政治目标——集中于剩余价值的政治目标。因为剩余价值的生产、占有、分配和享受时时处处以多种形式出现，人们大都参与其中。如果我们把制度改革和社会管理创新的精力集中于剩余价值的生产、占有、分配和享受，那么，局部的、微观的和现实的社会主义活动就会进入人们的日常生活过程。马克思主义就不会"被空心化"。

《德意志意识形态》和《共产党宣言》等著作形成于自由资本主义时代，J. K. 吉布森-格雷汉姆的《资本主义的终结》形成于晚期资本主义时代，借鉴国外马克思主义的理论镜像进行互文性研究，获得的主要启示有三点：

第一，西方资本主义是顺应科学技术发展→生产力提高→经济发展→生产关系变革，走的是"诱致性"制度变迁路径，资本主义在封建社会体内孕育发展；东方社会刚好相反，只能被迫选择"强制性"制度变迁路径。这也是中国走"大国和平发展道路"令人信服的理论基础。第二，如果把社会主义定义为共同生产、共同占有、共同分配和共同享受剩余劳动/剩余价值的话，社会主义虽然不可能以某种整体剧变方式在一夜之间完整构建新的社会形态，但却可以一天一天地重塑我们的生活，那么，我们无论在家劳动还是上班工作，到处都能遇到社会主义现象，随时都能发展社会主义因素。当下的中国特色社会主义强调以人为本，让人民群众共享改革发展的成果，其理论基础也缘于此。第三，西方马克思主义所说的"资本主义的终结"，既不是说现实资本主义已经终结了，也不是说马克思的资本主义批判理论终结了，而是说以前那种理论与实践都不能自圆其说的资本主义传统观念的终结。我们研究这个问题的现实意义就在于，只有终结原来的资本主义传统观念，才可能真正认同新时代中国特色社会主义思想是当代中国的马克思主义。

总之，在一个"对立统一"的系统化总体内，在一种连续性与阶段性相统一的量变质变动态过程中，以否定之否定的发展形态推动社会波浪式前进和螺旋式上升。这就是《德意志意识形态》和《共产党宣言》等经典著作揭示的社会主义替代资本主义的"总体性"历史唯物辩证法，既反映了历史的客观规律性，也离不开人类的主观能动性，当然，要彻底纠正原著导读中的"空心化"诠释偏向，很有必要对历史唯物主义的奠基之作——《德意志意识形态》及其相关的马克思主义经典原著进行关键词谱系化研究。

（四）《德意志意识形态》关键词谱系化与整体性研究的多维态势

近20多年来，国内学界非常重视马克思主义经典著作的文本研究，对《德意志意识形态》的文本研究可以算是马克思主义经典著作文本研究中的重点。国内学术界对这部经典文稿的文本研究形成了一批成果和领军学者①。特别是魏小萍的成果颇丰，如《〈德意志意识形态〉未定稿部分的内容及其相互关联》（《马克思主义研究》2007年5期）、《对唯物史观理论的再认识——〈德意志意识形态〉历史考证版（MEGA2）试行版解读带来的再思考》（《哲学研究》2009年第3期）、《再论唯物史观理论中的意识概念——兼答何丽野教授的商榷》（《哲学动态》2011年第4期）、《对马克思和恩格斯新历史观的解读——以历史考证版为基础》（《清华大学学报哲社版》2012年第3期）、《马克思和恩格斯原始文本的研读与探讨》（《哲学动态》，2003年第3期），等等。特别是韩立新主编的《新编〈德意志意识形态〉研究》（中国人民大学出版社2008年版）影响比较大。针对我国马克思主义经典著作研究的缺少系统解读、学理性不强且流于空泛等不足，该书对《德意志意识形态》的概念从基本范畴入手，对马克思主义的市民社会、生产力、分工、交往、所有制、国家、共同体、无产阶级、意识形态、自然、历史以及实践等，采取了一种Seminar集体研究的方式，运用十字架横向和纵向两个交叉视角进行了概念式的解读。不同于现在我国主要流行的"以西马解马"或"以西解马"，韩立新研究团队的基本方法是"以马解马"。

进入21世纪以来，马克思主义整体性研究正成为马克思主义理论研

---

① 徐黎：《近年来我国对〈德意志意识形态〉文本研究概述》，载《中共云南省委党校学报》，2010年第3期。

究的重点内容,这对《德意志意识形态》关键词谱系化研究提供了重要参照。因为《德意志意识形态》基本概念的研究成果寓于马克思主义理论体系整体性研究之中,所以在"马克思主义理论体系"的综合科学研究中,应探索《德意志意识形态》基本要素的综合科学研究成果。学界为了对马克思主义思想体系进行全面的科学研究,关于马克思主义的经典著作已经有了许多阶段性的研究成果。改革开放以来,对马克思主义思想体系的综合研究一直是一个持续的过程。马克思主义思想体系的综合科学研究源于应对对马克思主义的现实攻击。陈先达早在《走进历史的深处》(上海人民出版社 1987 年版)特别强调马克思主义的思想体系是一个整体,传统的教材教学体系将马克思主义的基本理论划分为哲学、政治经济学和科学社会主义三大板块和三个专业的做法是不太科学的。随着对马克思主义思想体系整体性研究的不断发展,一些专家学者逐渐对马克思主义思想体系形成的全过程进行了科学研究,并批评了马克思主义整体性研究中出现的一些偏差。梁树发《近年来关于马克思主义整体性研究综述》对概念分离和马克思主义对立理论的不正确性进行分析,强调了马克思主义思想体系的全面性,不仅指马克思主义思想体系内容的全面性,而且还包括马克思主义思想体系整个过程的全面性。列宁在《材料主义和经验批评》一书中将马克思主义描述为"一块钢铁":"在用一块钢铁建造的马克思主义社会学中,一个前提绝不能删除。条件是关键部分。一切,否则他们将离开客观真理,落入资产阶级反革命谬论的怀抱。"① 卢卡奇着重利用历史唯物主义辩证法建立马克思主义的全面性,而历史唯物主义辩证法被视为马克思主义与资产阶级科学研究在"历史时间的表现"中的"关键区别",就是说马克思主义起源于黑格尔,最初被更新并转化为新的和升级的科学研究。该方法的实质是"支持科学研究中的改革标准"②。与卢卡奇相反,考茨基暗示的"第二国际马克思主义"理论家忽略了历史唯物主义辩证法在《德意志意识形态》上的影响,并将其归因于马克思主义到科学研究实证主义,将思想与现实和马克思主义的理论研究分开,卢卡奇谈论历史唯物主义辩证法的全面性,以便更好地恢复马克思主义的基本精神实质和全面性:"对于马

---

① 《列宁选集》第 2 卷,北京:人民出版社 1995 年版,第 221—222 页。
② 〔匈〕卢卡奇:《历史与阶级意识》,杜章智等译,北京:商务印书馆 1992 年版,第 76 页。

思主义，归根结底，没有单独的法律科学，经济学原理，历史时间科学，而只有一个统一的，历史的时间和关于发展的辩证科学的研究。"① 卢卡奇历史唯物主义辩证法的全面性集中于"每个子点的整体和批判性统治影响"，"将情况的所有部分作为一个整体，理解为概念和历史时间的统一，是辩证法要素的整个过程"。② 近10多年来，我国的专家学者在对马克思主义思想的整体性研究中取得了重要成果。其中，《德意志意识形态》基本概念整体性研究也取得了一些初始化成果，展现为多维度态势：

多维度态势之一，是关注教材系统将马克思主义分为三个组成部分的缺点，着眼于《德意志意识形态》思想系统内容的一致性和连通性。思想"谱系"是一个详尽而严格的科学研究思想体系。从整体性角度来看，"形态"的关键词"谱系"类似于一种有机化学组合，包含许多行业专业知识。内容除了哲学、政治经济学和科学社会主义外，还包括社会学、历史、法律、社会心理学、社会学、民族学和文学艺术以及跨学科内容，等等。

多维度态势之二，是将马克思主义从经验状态中分离出来。例如，有人认为马克思主义可以被分为年轻的马克思主义、成熟的马克思主义和旧的马克思主义。有的甚至认为马克思主义存在着一个全过程中"认识论上的断裂"。根据马克思主义最初和最终研究领域之间的差异，将马克思主义分为人际关系理论的马克思主义和科学主义的马克思主义，偏重于马克思主义发展过程中的阶段性特征对比研究。从其经验状态的角度来看，整体性统一是因为穿上了"形状外衣"的关键词谱系覆盖了内在的逻辑关系，因此"形状"的基本要素是一个完整的过程。《德意志意识形态》基本要素的动态表现最终在逻辑全面性中得到巩固。马克思主义的形成虽然历经了一个很长的动态发展过程，但人的解放始终是其主题。马克思主义整个理论体系就是围绕这一主题展开的，"世界的哲学化和哲学的世界化"这一双向运动是马克思主义不同历史时期哲学探索和改造世界的哲学形式，是《德意志意识形态》关键词谱系内在逻辑首

---

① 〔匈〕卢卡奇：《历史与阶级意识》，杜章智等译，北京：商务印书馆1992年版，第77页。
② 〔匈〕卢卡奇：《历史与阶级意识》，杜章智等译，北京：商务印书馆1992年版，第77页。

尾呼应且过程一致的根本保证。

多维度态势之三，近20多年来学界致力于深究《德意志意识形态》基本概念整体性的内在根据和逻辑一致。杨庆良和海峰在《政治经济学批判中的历史唯物主义》一文中强调："如何对待社会学、经济原理和社会主义社会思想这三个线索的本质联系，是对马克思思想的最新科学研究。这是一个更根本，更困难的问题。""而且这三个组成部分分为三个不同的课程"，这种课程使我们无法全面掌握马克思主义的概念。"历史唯物主义的标志性概念是攻击马克思主义经济学原理的理论基础。"它是马克思主义三个主要组成部分之间的联系。① 这是一个新的理论观点。唯物史观的深层建构与资本的逻辑分析似乎具有相同的基本理论。

叶险明探讨了马克思主义哲学改革与社会经济改革之间必不可少的逻辑联系，这是对马克思主义进行整体性研究的关键问题。马克思主义哲学改革与社会经济改革之间的基本逻辑联系是在马克思主义对超越经济学原理之经济原则的攻击和对哲学领域之社会学攻击的整个过程中提出的。科学方法论在世界范围内构建经济学原理，对哲学领域进行社会学批评，基本上是在经济理论之外所进行的经济理论批评。马克思主义哲学和社会科学改革与社会经济改革之间必不可少的逻辑联系，激发了中国研究马克思主义哲学的科学方法论：马克思作为马克思主义的奠基人，其思想体系的综合包括对下一代科学研究的更基本的科学方法论规定。因此，有必要形成一种基于批评的核心思想和基于问题的核心思想而建立起来的跨学科概念。② 在形式上，《德意志意识形态》关键词谱系有点类似有机化学的逻辑整体。③ 逻辑的全面性是由于所有马克思主义意识形态系统都基于目的，而目的的同一性决定了意识形态系统性。《德意志意识形态》关键词谱系是一个严格的整体，其全面性的基础取决于其形成全过程的逻辑统一性，以及马克思主义哲学理论、经济学原理和共产主义概念之间的相互作用、相互渗透和相互融合的关系，并形成以人的解放为合乎逻辑的整体趋势。但是学界这种致力于对马克思主义三个组成部分内在联系的共时态整体性探索的努力，并没有涉及马克思主

---

① 仰海峰：《政治经济学批判中的历史唯物主义》，载《中国社会科学》，2010年第1期。
② 参见叶险明：《马克思哲学革命与经济学革命的内在逻辑及其启示》，载《中国社会科学》，2010年第3期，第4页。
③ 郝敬之：《从目的的同一性到整体马克思》，北京：东方出版社2004年版，第105页。

义的历时态逻辑问题。

多维度态势之四，也有学者从马克思主义的成因上探索《德意志意识形态》基本概念整体性的根据："马克思主义的整体性最终是由其成因的整体性规定的。"① 成因上的整体性指的是《德意志意识形态》关键词谱系作为一个有机整体，是传统理论、时代因素和作者个性结构所共同作用的结果。

多维度态势之五，《德意志意识形态》关键词谱系的全面性还取决于综合结构方法论。马克思主义用综合的思维模式分析问题和解决困难。

"马克思在分析解决问题过程中形成了他的总体思维方法，这表现在马克思在分析解决问题对归纳和演绎、分析和综合、抽象和具体、逻辑和历史等诸多方法的灵活和有机的运用。"②

马克思主义着重于一般地理解和掌握事物的规律性，这使得人们越来越难以理解和阐明抽象问题。从另一个角度来看，"只有在理解了高级动物之后，才能理解在高级动物中发现的高级动物的体征。"③ 卢卡奇在马克思主义一般思维方法的影响下，在《历史与阶级》一书中谈到"意识形态"问题，明确提出了历史唯物主义辩证法的"全面"标准：总的来说，这首先是马克思主义从黑格尔那里汲取来的辩证法方法论本质并将其出色地转化为新科学研究的基础，卢卡奇历史唯物主义辩证法的总体标准体现了马克思主义的全面性。

多维度态势之六，有学者从学科归属来探究马克思主义的整体性，例如，经济学领域的学者将马克思主义归类于经济学，哲学领域的学者把马克思主义归类于哲学，而历史学领域的学者把马克思主义归类于历史学……这虽然也在一定程度上有助于马克思主义的整体性研究，但依靠学科归属来构建马克思主义的整体性始终不能从最根本的层面解决问题。

多维度态势之七，对于《德意志意识形态》基本概念整体性研究还很少从历史唯物辩证法角度作出历时态分析。

---

① 郝敬之：《回到整体马克思》，北京：东方出版社 2004 年版，第 2 页。
② 张云芳：《论马克思主义整体性特征的表现》，载《新乡教育学院学报》，2008 年第 2 期。
③ 《马克思恩格斯选集》第 2 卷，北京：人民出版社 1995 年版，第 23 页。

三、《德意志意识形态》文本解读模式的多样化探索及其经验教训

马克思主义理论创新的一个重要前提，是实现马克思哲学解读模式和研究方法的根本性创新。

（一）三种解读模式："以恩解马""以苏解马"和"以西解马"

长期以来，国内外学界先后流行过"以恩解马""以苏解马"和"以西解马"三种马克思哲学解读模式。王东和林锋认为，这三种模式多半是借助于另外的理论范式与思想棱镜来间接折射马克思哲学的智慧之光，因而大多还只是在外围兜圈子。值得注意的是，"以恩解马""以苏解马"和"以西解马"三种解读模式都有明显"唯一排他性"特征，而以十大要求或十大步骤展开的"以马解马"的新模式却几乎囊括了社会科学研究的大多基本套路，但是这种新模式缺乏实质性新意。

（二）国内关于《德意志意识形态》的惯常研究方法

1. 文本解读法

文本学研究的重点工作是梳理过去的马克思主义思想体系，建立《德意志意识形态》研究框架。因此，马克思主义经典著作的文本研究以及后来的专家学者在马克思主义的理论基础上的研究，学术研究参考资料的收集、解释和评价，已成为建立"研究框架"的基础工作。在文本解读过程中，必须认真阅读马克思经典著作和关于马克思主义的大部分原创性观点；还必须认真阅读具有现实意义的论述马克思主义基本理论的经典著作，特别着重于马克思主义和马克思的著作以及后来的专家学者建立体系的相关基础理论。

2. 学术梳理比较研究法

对以往的马克思主义理论体系及其构建原则的学术梳理，主要是从横向、纵向对研究主题进行比较，找寻过往研究中相同、相似的内容或者存有的不同之处及其具体表现。正确理解马克思和恩格斯思想理论的重要基础建立在对文本的考究上，因此国内专家学者十分重视《德意志意识形态》各类版本的结构编排，探究其对马克思主义理论的研究意义，同时也积极关注国外"马克思学"最新研究成果。本书正是在此基础上获得构建比较研究的基本思路。

3. 逻辑与历史相统一的方法

马克思恩格斯经典文本展开的历史与马克思主义的内在逻辑是一致的。一般都是按照这种一致性来构建《德意志意识形态》研究框架。逻辑与历史相统一的方法既是《德意志意识形态》研究的根本方法，也是探究马克思文本的根本方法，探究马克思的文本不过是要找到马克思主义逻辑体系构建的方法并按照这个方法逻辑地再现马克思主义的思想体系。"观照内在逻辑"涉及逻辑起点、逻辑依据、逻辑难点、逻辑演进、逻辑结构、逻辑关系和逻辑归宿等，体现逻辑自觉，力求"历史与逻辑的一致"。

（三）西方马克思主义解读历史唯物主义的三种方法论路径①

1. 西方马克思主义关于历史唯物主义解读的新争论肇始于方法论

当代英美马克思主义中的分析马克思主义学派提出重建历史唯物主义的宣言，在英美学界掀起了一轮解读历史唯物主义的新争论，而这场争论便肇始于方法论。② 分析马克思主义学派的开创者科亨开启了分析马克思主义学派重建历史唯物主义的序幕。

"正如西方马克思主义曾经取代了第二国际的马克思主义一样"，分析马克思主义取代了西方马克思主义。③ 分析马克思主义所面对的传统就是西方马克思主义哲学，它以不同于"传统的方式"对这一传统进行了反思，反思的重点就是具有欧洲大陆理性特征的推崇辩证理性的马克思主义哲学解释。分析马克思主义不满意于传统西方马克思主义哲学对马克思历史唯物主义的解读，从而进行一种方法论层面的挑战性批评，这一批评的矛头就指向了辩证法。分析马克思主义不只是一般性地拒斥辩证法，而且是有针对性地批判黑格尔式的辩证法和辩证演绎；不仅批判辩证法和辩证思维，还拒斥与辩证思维相关的"整体主义"和"结构主义"。

分析马克思主义从批判辩证法入手，试图剔除马克思思想中的"黑格尔化"因素，代之以分析哲学的清晰严密的标准来重建历史唯物主义。这不仅是对传统西方马克思主义哲学的批评，而且是对马克思哲学解读

---

① 参见齐艳红：《"重构历史唯物主义"的三种路径——历史主义、结构主义与分析马克思主义的方法论及其局限》，载《中国人民大学学报》，2013 年第 5 期，第 47—54 页。

② Paul Wetherly (ed.), *Marx's Theory of History: the Contemporary Debate*, Published by Avebury Ashgate Publishing Ltd., 1992, p. 3.

③ 参见〔加〕罗伯特·韦尔、〔加〕凯·尼尔森：《分析马克思主义新论》，鲁克俭等译，北京：中国人民大学出版社 2002 年版，第 26 页。

更深层次问题的思考，意在探究黑格尔因素在马克思哲学解读中所起的负面作用。

2. 历史唯物主义的三种解读方法纠结于"黑格尔化"与"去黑格尔化"

西方马克思主义的理论家们把辩证法当成马克思主义哲学的核心内容。无论是卢卡奇开创的"黑格尔化"的历史主义解读，还是阿尔都塞的"去黑格尔化"的结构主义路径，都离不开辩证法这一核心思想。这种意义上的辩证法在卢卡奇那里是指主—客体相互作用的辩证法，而在阿尔都塞那里是指社会结构整体与社会环节要素之间关系的辩证法，但卢卡奇和阿尔都塞共享某种整体主义原则。西方马克思主义试图通过辩证法使马克思主义哲学既区别于其意识形态的对手又区别于一般的社会科学。

在分析马克思主义学派看来，问题恰恰出在辩证法身上，传统西方马克思主义哲学解释中的辩证思维要么直接来源于黑格尔辩证法，要么是经过修正了的黑格尔辩证法，都是与分析思维相对抗的。历史唯物主义在去辩证法后，应当依据分析思维的方式加以重建。

那么，这三种路径究竟在怎样的意义上理解黑格尔的辩证法与马克思的辩证法之间的关系的？又是在怎样的意义上解读历史唯物主义的？

——黑格尔化历史主义的马克思主义者卢卡奇认为，历史是一个统一的过程，对历史的把握只能靠辩证法，而辩证法的核心即是总体观点，因而，历史与总体相互关联、互相规定：历史是作为总体的历史，而总体是把握历史的方式。卢卡奇完全按照黑格尔的逻辑在解读历史，即按照历史主义的路子来理解历史发展过程中主体与客体之间关系的变化。黑格尔的哲学原则就在于他从思维的历史发展过程中来理解思维本身、历史本身，这构成黑格尔破除近代西方哲学"主体性困境"的独特之法。卢卡奇对此给予了充分的肯定。

——去黑格尔化结构主义的马克思主义者阿尔都塞致力于从辩证法问题上切断马克思与黑格尔之间的连续性，由此确认马克思与黑格尔历史观的异质性。阿尔堵塞提出了对"总体"概念的结构主义理解。阿尔都塞实际上是试图用一条与卢卡奇不同的、甚至可以说是完全相反的路径来解释马克思。也就是说，阿尔都塞是利用"去主体化"的"结构主义方法"反对"主体化"的"历史主义方法"来解读马克思的思想的。一方面，仍然带有"黑格尔化"色彩；另一方面，致力于"科学化"偏爱。

——分析马克思主义提供了另一种关于黑格尔哲学与历史唯物主义

的理解。分析马克思主义一方面依据分析思维拒斥辩证法和整体主义、结构主义等思想，试图既弱化历史的主体性总体方法，也消解历史的结构性总体方法。另一方面，借助于功能解释与方法论的个人主义两种具体的方法论，来实现"去黑格尔化"并"去结构化"。如科亨对马克思历史理论的辩护，并不像卢卡奇和阿尔都塞那样以历史主义或是结构主义的思路来考察马克思的思想。虽然科亨也引用马克思的著名的例子，即黑人就是黑人。只有在一定的关系下，他才成为奴隶。纺纱机是纺棉花的机器。只有在一定的关系下，它才成为资本……①

3. 西方马克思主义三种历史唯物主义解读方法的意义和局限

历史唯物主义是马克思哲学的基础和核心，自提出至今仍然争议不断。历史唯物主义是一种依据实践而不断得到发展的理论，不同时代的、不同派别的理论家才不断呼吁"重建马克思"或"重释马克思"。这些都应当在马克思主义哲学发展的历史视野中得到合理的评判。无论是卢卡奇的历史主义解读、阿尔都塞的结构主义路径，还是科亨的分析哲学路子，三种思路都是想把历史唯物主义从片面化、教条化的肢解、曲解和误解中拯救出来，从而克服原有理论的解读困境，将理论解读引向新的方向。

结构主义与历史主义具有一致之处，即它们都不拘泥于马克思的表层文本，都是从理论与实践的动态关系中来重建和发展马克思主义哲学。思想深度上相形见绌的是分析马克思主义，他们在历史唯物主义的重建中似乎处于边缘地位。但就当代历史唯物主义的"学理解读"技术而言，分析马克思主义的确提供了一种清晰严密的重建方案。无论是作为澄清工具的分析哲学方法，还是作为社会解释形式的功能解释以及方法论的个人主义，分析马克思主义都为重建历史唯物主义理论开辟了一种不同于以往的新范式。这些对《德意志意识形态》关键词谱系化研究是有学术借鉴意义的。

四、一种非谱系化马克思主义整体性研究的自我反思

对人的总体性把握，是马克思主义哲学关于人的理论及其方法的重

---

① 〔英〕G. A. 科恩：《卡尔·马克思的历史理论——一个辩护》，段忠桥译，北京：高等教育出版社2008年版，第110页。

要特征。总体性方法是马克思考察人的科学范式，它集中表现在从现实的实践和现实的社会关系出发，把人的本质、存在和发展当作整体来研究。马克思认为，"现实的人"是存在于现实世界中整体的人，即置身于世界历史过程中由人的各种活动和各种关系（包括人与自然的关系、人与社会的关系和人自身灵与肉的关系等）多种因素交织构成的社会有机体。因此，无论是对人的本质分析，还是对人的存在和发展的考察，都离不开总体性的视角。[①] 但整体论的泛化却导致了西方哲学本身的衰变，从而陷入更深的困境。这也影响到对马克思主义经典原著的马克思主义整体性研究。

"整体性之谜"是近10多年来马克思主义研究的热点难点。虽成果颇多，但大同小异，尤其关于个人、社会与国家以及意识形态的整体性研究，少有创意和突破，多是忽略"还原论"与"整体论"间的"问题式"关系。要破解"整体性之谜"有赖于问题式转向，就必须抓住"还原论"与"整体论"的问题式关键。通过"隐喻论""过程论"和"互动论"三种原生态整体性解读，基于辩证思维的系统科学来揭示马克思主义唯物史观的反本质主义、反基础主义和反一元主义的方法论意蕴，把马克思关于人的发展"三形态"社会演进理论与经济基础——上层建筑的整体性建筑结构隐喻结合起来，并进一步把隐喻贯彻到底——把国家隐喻为"社会钢构"，把个人隐喻为"社会沙粒"，而把意识形态隐喻为"社会水泥"。三者结构功能互补，缺一不可，整体功能远远大于要素功能之和。这就是关于个人、国家与意识形态的一种马克思主义关键词非谱系化整体性解读。从马克思的社会有机结构理论到阿尔都塞的意识形态国家机器，关于个人、社会与国家以及意识形态学说有多种整体性解读，"隐喻论""过程论"和"互动论"就是其中三种原生态整体性解读，从中可以衍生出一种马克思主义关键词非谱系化整体性解读。

（一）"整体性之谜"：马克思的社会与国家学说之问题式转向

    "整体性是马克思主义之所以成其为马克思主义的本质性根据，因而整体性是马克思主义最根本的属性。"[②]

[①] 参见郝立新、黄志军：《唯物史观考察人的总体性方法》，见中共中央党校马克思主义理论教研部、中国马克思主义研究基金会编：《马克思主义关于人的学说》，北京：人民出版社2011版，第171页。

[②] 韩庆祥、邱耕田、王虎学：《论马克思主义整体性》，载《哲学研究》，2012年第9期。

马克思主义是一个有机整体，虽然由若干个要素组成，但却具有各个独立要素所不具有的质的规定性，即系统功能，它表现出整体的性质和功能不等于各个要素的性质和功能的简单之和。要走出马克思主义整体性认识误区，就必须破解"整体性之谜"。

多年来的基本认识是：非谱系化整体性研究宏观上受制于横向"板块结构"的专业切割，微观上局限于纵向"层次结构"的单向度本质功能，难免被人诟病为"历史决定论""本质主义"和还原论循环主义。因此，现在学界不少人认为，传统马克思主义哲学、政治经济学和科学社会主义这样的三板块结构，要与"根本方法"→"基本原理"→"具体论断"这样的三层次结构结合起来，才能说明马克思主义的整体性。认为三板块结构是马克思主义的显性结构，而三层次结构是马克思主义的隐性结构。进而认为，第一层次的"根本方法"是唯一的，是统摄和贯穿马克思主义的"灵魂"；第二层次的"基本原理"是成系别的，是马克思主义的"骨骼"；第三层次的"具体论断"是大量的，是马克思主义的"血肉"。其结论是：科学社会主义是三层次结构与三板块结构的连接点，是马克思主义与现实相互作用的生长点。① 这样运思在技术层面上是能够自圆其说的。但"问题式"依旧，还是停留在既往的话语系统和思维模式，不可能真正破解"整体性之谜"。因为马克思主义整体性研究如果不转向"整体论"与"还原论"这个"问题式"，无论是"板块结构""层次结构"及其二者之间的结合，或者是最近其他类型的整体性论说，虽然都各有道理，但仍然难以逃脱"还原论"之窠臼。

马克思主义整体性研究，尤其是关于马克思的社会与国家学说研究，必须立足于这样一个基本共识：在《德意志意识形态》中《费尔巴哈》章是探索唯物主义历史观内在结构的比较全面的初始化文本。《费尔巴哈》章的四个大束手稿与小束手稿之间内容相互补充，揭示了马克思主义唯物史观原生形态四个层面，即逻辑起点论、历史发展论、矛盾动力论和社会结构论。② 贯穿其中的作为马克思主义最高层次的"辩证方法"，是被恩格斯称之为"……意义不亚于唯物主义基本观点的成果"③。

---

① 王彦深、吴鹏：《关注马克思主义的层次结构》，载《河北学刊》，2005年第2期。
② 王东、吴敏燕：《唯物史观原生形态结构新探——〈德意志意识形态〉第一卷第一章〈费尔巴哈〉新解读》，载《东岳论丛》，2009年第9期，第10—110页。
③ 《马克思恩格斯选集》第2卷，北京：人民出版社1972年版，第122页。

这个"辩证方法"运用于马克思主义整体性研究，就与现代系统科学形成了互补性契合。因为系统科学的"问题式"不只是停留在思维与存在的抽象关系问题上，而是进而落实到要素与系统的关系、部分与整体的关系问题上——这正是人类古老的难题："整体性之谜"。简单地讲，"整体性"的内在含义是结构功能的质与量的关系问题，指的是稳定化要素间互动关系的整体性效果。"整体性"的外在争议焦点是：整体是否等于部分之和？为什么系统结构不同使系统产生的整体性功能也不同？

人类科学发展到 20 世纪中叶，普利高津（I. llyaPrigogine, 1917—2003）耗散结构理论和不可逆非平衡态热力学的研究，昭示了一种现代科学基础上的"整体性"：新的自组织的复杂系统发展观——封闭没有发展，平衡也没有发展。这就催生了系统科学，对局部与整体关系的系统科学探索获得现代科学基础上的整体性原理，即复杂系统规律——整体不等于部分之和，既有可能是整体大于部分之和，人们称之为"复杂系统正效应"；也有可能是整体小于部分之和，人们称之为"复杂系统负效应"。无论是"复杂系统正效应"还是"复杂系统负效应"都反映出系统会出现要素本身并不具有的新质、新属性和新功能，这就是现代科学基础上的复杂系统"整体性"。这种复杂系统"整体性"曾被认为是不可思议的悖论，故称之为"整体性之谜"。

破解"整体性之谜"还得回到隐藏谜底的科学基础之中，关键要破解复杂系统的自相关怪圈结构和非线性作用机制。因为现代意义上的复杂系统不是要素的简单堆集，而是要素之间的相互作用。复杂系统效应是怪圈结构导致非线性；非线性导致复杂性。非线性作用机制缘于结构要素的自相关（self-reference）现象，即系统部分与整体不同层次的自相缠绕、相互渗透、互为因果，其整体性不可还原。复杂系统具有互动性、全息性和相互依存性，从部分到整体是广域式联系的自相关、隐秩序、非因果关系或互为因果关系，是事物部分与整体不同层次、不同要素的自相缠绕。复杂系统各部分之间具有生存条件上的相互依赖性，隐含着一种难以划界的辩证逻辑，辩证逻辑的基本特征是把对象看作一个实践形态上不可割裂、理论形态上难以直接科学分析的整体，只能从内在矛盾的运动、变化及其各个方面的相互联结中描述对象。这种逻辑既不同于把对象看作是静止、孤立的形而上学思维方式，也有别于以既成的、确定的思维形式从静态角度认识对象的形式逻辑。而整体性话语往往把

"隐喻"与"实在的"（positive）形象描述结合起来，以"实在的"形象"隐喻"破解"整体性之谜"，使马克思主义整体性研究有可能获得大众化效果。

（二）有机体和建筑结构模拟：个人、社会与国家的整体性隐喻

马克思认为："人不是抽象的蛰居于世界之外的存在物。人就是人的世界，就是国家，社会。"① 唯物主义历史观关于个人、社会与国家以及意识形态的整体性解读之一是"隐喻论"，即有机体和建筑结构隐喻。

中国改革开放以来，国内关于马克思社会有机体理论研究涉及的论域很宽，包括社会有机体范畴的理论地位问题、社会有机体的概念界定及其构成要素问题、社会有机体理论内容与唯物主义历史观理论的关系问题、社会有机体的运行机制和运行规律问题、关于社会有机体理论与全面建成小康社会、全面构建和谐社会与科学发展观问题等方面。近些年学界对马克思社会有机体思想形成的历史条件、基本内涵、理论概念及现实意义等问题也进行了深入的研究，取得了诸多成果。但在理论与实践相结合的思维方式上如何促进马克思社会有机体理论、社会形态更替理论以及个人—社会—国家之间的关系学说之整体性研究却涉及不深。

在哲学史上，马克思第一次从唯物主义历史观的角度明确表述了社会有机体理论。马克思首次提及社会有机体问题是在《评奥格斯堡〈总汇报〉第335号和336号论普鲁士等级委员会的文章》（1842）中，马克思说"国家是一个有机统一体"②，但此时的马克思尚未创立明确的唯物主义历史观。他关于"有机统一体"的表述还不是针对人类社会整体及其发展的，而主要是指"国家生活"。马克思的唯物主义历史观肇始于《莱茵报》时期关于经济利益"苦恼的疑问"。马克思《关于林木盗窃法的辩论》和《摩塞尔记者的辩护》这两篇文章开始把注意力从传统哲学话语转向社会结构的中间环节，即与生产关系相关联的阶级、私有财产和物质利益的关系现象上。实践面临的现实问题与黑格尔国家和法的理性观念之间的矛盾使马克思对黑格尔哲学产生了怀疑。为了确证其怀疑，马克思1843年春夏从社会活动转入了对黑格尔法哲学的批判性研究。马克思在《黑格尔法哲学批判》中提出与黑格尔完全相反的观

---

① 《马克思恩格斯选集》第1卷，北京：人民出版社1995年版，第1页。
② 《马克思恩格斯全集》第1卷，北京：人民出版社1995年版，第333—334页。

点——不是国家决定市民社会而是市民社会决定国家。这其实就是"经济基础决定上层建筑"的非隐喻初始化表达。马克思针锋相对地指出，不是法和国家的政治观念产生社会，而是现实的社会和家庭产生观念，家庭和市民社会本身把自己变成国家，断言"政治国家没有家庭的天然基础和市民社会的人为基础就不可能存在"①，从而形成了市民社会决定政治国家的思想。马克思进而还联系对宗教与人二者之间关系的批判，探讨了国家制度与人民的关系："正如同不是宗教创造人而是人创造宗教一样，不是国家制度创造人民，而是人民创造国家制度"②。

马克思恩格斯基于生产方式的内容对社会矛盾运动规律整体上从最初的有机体隐喻转向了建筑结构隐喻，用以表述生产力与生产关系矛盾运动构成的经济基础与上层建筑的整体性矛盾运动规律和历史发展的根本动力结构，创立了唯物主义历史观。关于国家"虚幻共同体"理论只是上层建筑隐喻中的一部分。首先确立了"现实的人及其社会物质生活条件"这一唯物主义历史观的实践前提和逻辑出发点。人类第一个历史活动就是生产满足这些需要的资料，即生产物质生活本身。马克思通过对市民社会与政治国家之间关系的法哲学批判以及经济学哲学解剖，已获得一种新的历史观——唯物主义历史观。这里的"市民社会"主要指代现实的经济生活，包括直接从生产和交往中发展起来的社会组织，不但构成国家的基础，而且是观念的上层建筑（即意识形态）的基础。后来，马克思把市民社会概念进一步具体化，已接近于"生产关系"概念。马克思通过分析国家、法等上层建筑与所有制的关系，得出了经济基础决定上层建筑和生产力决定生产关系的唯物主义历史观结论。

俄罗斯学者巴加图里亚曾提出关于《德意志意识形态》的著名编排方案，同时从马克思主义社会结构理论这个角度来解读《德意志意识形态》。因为在《德意志意识形态》中，马克思恩格斯指明了人类社会发展过程中的"三重生产"，即物质生产、精神生产和人类自身的生产，这三重生产同时也就是社会关系的生产和再生产过程。通过对三重生产有机结构的分析，马克思恩格斯实际上已经揭示了社会有机体不断自我复制、自我发展的方式与内容。实际上已经暗示了作为有机体的复杂系统的非线性和自相关的怪圈结构，即复杂系统部分与整体不同层次的自

---

① 《马克思恩格斯全集》第 1 卷，北京：人民出版社 1995 年版，第 252 页。
② 《马克思恩格斯全集》第 1 卷，北京：人民出版社 1995 年版，第 272—273 页。

相缠绕、相互渗透、互为因果。

经济基础、上层建筑和意识形态是社会结构三个基本层次、社会生活三个基本领域，也是马克思唯物主义历史观的三个基本构件。马克思依据经济基础与上层建筑（意识形态当时被表述为观念的上层建筑）的理论，分析1848年资产阶级革命和资本主义社会获得的重大成果，使经济基础与上层建筑理论得到了充实和具体化。马克思在《〈政治经济学批判〉序言》中，对经济基础和上层建筑的理论作了精辟的表述：

> 人们在自己生活的社会生产中发生一定的、必然的、不以他们的意志为转移的关系，即同他们的物质生产力的一定发展阶段相适合的生产关系。这些生产关系的总和构成社会的经济结构，即有法律的和政治的上层建筑竖立其上并有一定的社会意识形式与之相适应的现实基础。①

恩格斯在《反杜林论》《路德维希·费尔巴哈与德国古典哲学的终结》等著作中，特别是在他晚年的书信中，补充了"中间环节"与"历史合力论"思想。1886年恩格斯指出：

> "国家作为第一个支配人的意识形态力量出现在我们面前。社会创立了一个机关来保护自己的共同利益，免遭内部和外部的侵犯，这种机关就是国家政权。
>
> "国家一旦成了对社会的独立力量，马上就产生了新的意识形态。
>
> "更高的即远离物质经济基础的意识形态，采取了哲学和宗教的形式。在这里，观念同自己的物质存在条件的联系，愈来愈混乱，愈来愈被一些中间环节弄模糊了。"②

这种使经济基础与上层建筑自相缠绕的意识形态现象，恩格斯称之为"中间环节"和"历史合力"现象。

在《哲学的贫困》中，马克思批评蒲鲁东颠倒了理论上的"经济范

---

① 《马克思恩格斯选集》第2卷，北京：人民出版社1979年版，第32页。
② 《马克思恩格斯全集》第21卷，北京：人民出版社1965年版，第347—349页。

畴"与现实的"生产关系"之间的关系，这可以说是马克思在整体性结构隐喻意义上对社会有机体概念的首次明确表述。对唯物主义历史观关于个人、国家与意识形态的整体性意义作了进一步地丰富和发展。

（三）"过程论"：社会形态中个人、社会与国家以及意识形态的整体性动态描述

关于个人、社会与国家学说以及意识形态研究，离不开马克思关于社会形态更替过程整体性描述。传统马克思主义社会形态更替理论涉及"五形态说"和"三形态说"的关系。从正本清源的视角看，"五形态说"和"三形态说"同时发端于马克思唯物主义历史观和历史分期理论形成时期的《德意志意识形态》，分别在《1857—1858年经济学手稿》和《〈政治经济学批判〉序言》中得到比较完整而扼要的表述。

在《德意志意识形态》中，马克思最初以所有制形式为标准，将人类历史上各个生产发展阶段划分为四种形式。后来马克思在不同的语境中更换了不同的历史分期标准，用"社会""社会形式""生产方式"乃至"生产力"等代替最初的"市民社会"作为唯物基础。到了《〈政治经济学批判〉序言》中才进一步指出："大体说来，亚细亚的、古代的、封建的和现代资产阶级的生产方式可以看作是经济的社会形态演进的几个时代。"马克思的"五形态说"由此演绎而来。

社会更替"三形态说"有两种表述。最初基本上是沿着生产力发展的思路来划分的，起源于马克思《1844年经济学哲学手稿》。马克思根据劳动的不同类型和人性发展的不同阶段，把人类社会的发展划分为三个不同的时代。人类社会发展的第一阶段是人的本性的原初时代：从事着对象化劳动，即合乎人性的劳动，改造和占有自然界。人类社会发展的第二阶段是阶级对抗时代：由于私有制和异化劳动的出现，使劳动成为非人性、反人道的劳动，使人的本质异化，从劳动与资本的对立导致有产阶级与无产阶级的对立。人类社会发展的第三阶段是人的本性的复归阶段：异化劳动被扬弃，私有制被公有制所代替，人的本性得以复归。后来，马克思在《政治经济学批判（1857—1858年草稿）》中对人类社会形态更替理论又作了第二种"三形态"划分：第一种形态的特征是"人的依赖关系"。第二种形态的特征是具有"以物的依赖性为基础的人的独立性"。在这种形态下，才形成普遍的物质交换，全面的关系、多方面的需求以及全面的能力的体系。第三种形态的特征是基于个人全面发

展基础上的"自由个性"——在共同享有社会生产能力和社会财富的基础上，消灭了"异化"，实现了人的本质复归。也就是说人的自由表现为"物物而不物于物"，人成为物的主人。

"五形态说"与"三形态说"在本质上是统一的，可以结合起来解读互为补充，避免见物不见人：(1) 人的依赖性形态，即自然经济形态，统称前资本主义社会，包括原始社会、奴隶社会、封建社会。(2) 物的依赖基础上人的独立性形态，即资本主义社会。(3) 个人自由而全面发展的社会形态指的是未来共产主义社会。这样不但从"过程论"揭示了人类由低级向高级演进规律的整体性，而且动态整体性说明了马克思主义是关于人的解放与全面发展的学说。

问题是，马克思从来就不是为理论而理论，其历史继承性、超越性和针对性是明显的。黑格尔通过家庭、市民社会、国家伦理实体发展的三个环节，论述了个体与共同体从统一到分裂再到统一的过程，而马克思则从社会发展的三形态（人的依赖性、物的依赖性基础上的人的独立性、自由个性）角度，同样论述了个体与共同体从统一到分裂再到统一的过程。关键在于，马克思运用社会发展三形态理论试图解决在黑格尔那里仍然悬而未决的"现实的个人"与"虚幻的共同体"之间的分裂。

1. 人的依赖性形态，是缘于黑格尔的家庭式个体与实在共同体直接统一

黑格尔认为家庭体现了个体与共同体的直接统一，是直接的或自然的伦理精神。在家庭这种伦理实体中，个人不是作为具有独立人格的人出现的，而是作为"家庭成员"出现的，个体与家庭共同体的统一是以个体缺乏自由为基础的。

马克思关于人的依赖性形态，被誉为社会发展的所谓肯定性阶段，是既缘于又高于黑格尔的家庭式个体与实在共同体直接统一思想。马克思认为这个阶段个人虽然看起来比较全面，但那是因为还没有发展自己丰富的关系。在这个阶段，个体依附于共同体，为共同体生产是单个人生命的意义，个体生产没有自身的目的。

"……个人不能选择、脱离或承担一个不同的社会角色。他们被固定在一套稳定的社会关系中，并以一种特殊而具体的方式发挥作用。在这个意义上，个人是具体的、特殊的、不自由的，普遍性仅

仅属于共同体"①。

从家庭到市民社会的过渡意味着个体与共同体的关系从肯定性的环节走向否定性的环节，从统一走向分裂。

2. 物的依赖基础上人的独立性形态是一种资产阶级社会形态，是根源于并超越于黑格尔关于个体自由与虚幻共同体之内在冲突的市民社会形态

马克思认为这正是以物的依赖性为基础的否定性阶段，即个人具有独立性形态的资本主义阶段。个人既是家庭成员又是市民的双重身份导致个体与共同体的关系出现了新的内在冲突。作为家庭成员，个人没有独立性；而作为市民，个人则要求以独立自由的人格进行交往与交换，市民社会以家庭为单位的伦理实体便有上升到以个人为单位的伦理实体之动力。这促使第一阶段人的依赖性形态向第二阶段人的独立性形态转换，因为作为资产阶级社会代名词的"市民社会是个人私利的战场，是一切人反对一切人的战场"②。

个人为了满足自己的私利甚至以不惜牺牲共同体的利益为代价。黑格尔"头足倒置"地误以为国家决定市民社会，把国家上升到更高地位的伦理实体。而实际上国家却不可能成为真正代表每个人利益的伦理实体，实质上只是统治阶级利益代表的国家，只具有虚幻的共同体的性质。

3. 自由个性形态是共产主义形态——超越于黑格尔关于最高伦理实体的国家观念基础之上，是个体自由与共同体自由的辩证统一形态

黑格尔认为，个人只有成为国家成员才能具有客观性、真理性和伦理性。因为国家作为最高伦理实体，国家决定市民社会，国家扬弃了家庭与市民社会，吸收了它们的积极因素，化解了个体自由与共同体的矛盾，实现了个体的自由与共同体的完满之统一，实现了特殊性与普遍性之统一。于是，从家庭上升到市民社会再上升到国家，黑格尔借助于理论思辨完成了个体与共同体的统一→分裂→再统一的"正→反→合"辩证法过程，只不过遵循是一种观念中的先验逻辑而不是实践中的辩证逻辑，

---

① 〔美〕古尔德：《马克思的社会本体论：马克思社会实在理论中的个性和共同体》，王虎学译，北京：北京师范大学出版社2009年版，第23页。
② 〔德〕黑格尔：《法哲学原理》，范扬、张企泰译，北京：商务印书馆1982年版，第309页。

其和解方案不可能得到满完实现。

马克思所说的以人的解放为基础的自由个性阶段，即共产主义社会，国家这个"虚幻的共同体"会消亡，必须由真实的共同体——"自由人联合体"所取代。这样，个人自由与共同体之间的矛盾冲突关系才可能消除。

> "个人现在不再被强制发展那些生产过程所要求的能力，而是自由地发展他们的能力。"①

这样的"自由人联合体"就使人克服了对物的依赖。马克思提出了人类历史由"虚幻共同体"到"自由人联合体"的社会发展三形态理论，也类似黑格尔的"三段式"那样要经历一个辩证法的"正—反—合"过程，但与黑格尔不同的是这种发展从精神的产物变成了历史实践的产物，体现了个人、社会与国家以及意识形态的整体性历史辩证法过程，得出的结论即《共产党宣言》明确提出的"资产阶级的灭亡和无产阶级的胜利是同样不可避免的"，《〈政治经济学批判〉序言》补充说明：

> "无论哪一个社会形态，在它所能容纳的全部生产力发挥出来以前，是决不会灭亡的；而新的更高的生产关系，在它的物质存在条件在旧社会的胞胎里成熟以前，是决不会出现的。"②

"两个必然"揭示了历史发展的整体性战略总趋势，而"两个决不会"进一步为这种发展趋势提供了"过程论"策略依据。

（四）互动论：关于个人、社会与国家学说的一种实践形态反思

依据阿尔都塞对马克思经典文本的"症候阅读"，我们可以把以往旧的理论体系归纳为经验主义、还原主义、历史主义、人本主义四种，从整体上加以意识形态批判之批判。

——以经验主观主义批判经验主义，其结果是现实的思维被归结为现实本身，而现实的"直觉和表象"作为抽象的原料性质并没有

---

① 〔美〕古尔德：《马克思的社会本体论：马克思社会实在理论中的个性和共同体》，王虎学译，北京：北京师范大学出版社2009年版，第33页。
② 《马克思恩格斯选集》第2卷，北京：人民出版社1995年版，第33页。

得到说明。

> "出现了这样一种'抽象',这种对现实进行的抽象的目的是为了从现实得出'抽象的一般关系',即抽象的经验主义意识形态。"①

还原主义的理论描述并没有提出与抽象相关的对象问题。因为理论的描述没有涉及这些抽象范畴向理论实践过程的转化问题。

——以简单系统观念批判还原主义,其结果是局限于常圈结构。黑格尔的"一元决定论辩证法"把社会整体的各个要素的作用还原为一种内在本质的表现,将社会历史的发展同统一的理念因素加以概括,使资本主义生产过程还原为一般生产过程,使生产关系与社会关系还原为主体之间的关系,于是,对社会历史的阐释出现了单一化和简单化的倾向。

——以"非过程"相对主义批判"历史主义",其结果是局限于时代的同质性、连续性和同时代性几个基本特征,似乎"历史时代的本质特征就像路标一样会使我们返回到这种社会整体的结构本身"②。历史整体的一切环节始终共同存在于同一时代,存在于同一现实的存在之中,使历史主义意义上的社会整体的历史结构可以进行"本质的切割"。历史主义的这一特性引出了一个相对主义理论公式:"任何事物都不能超越它的时代"③。

——以主体替代的方式批判人本主义意识形态,其结果是将"空间的各种现象的经济性质建立在人即有需要的主体的基础上"④,这样将历史发展归结为人的本质的转化形式,实现人的本质就成了改变历史的主体。阿尔都塞以为正是由此得出了决定性的结论:生产关系、政治和意识形态等社会关系被归结为历史化的人的关系,被归结为人与人之间的主体关系。这种主体化倾向引出的是观念领域和实践领域的唯心主义和

---

① 〔法〕路易·阿尔都塞、〔法〕巴里巴尔·艾蒂安:《读〈资本论〉》,李其庆、冯文光译,北京:中央编译出版社2008年版,第97页。
② 〔法〕路易·阿尔都塞、〔法〕巴里巴尔·艾蒂安:《读〈资本论〉》,李其庆、冯文光译,北京:中央编译出版社2008年版,第103页。
③ 〔法〕路易·阿尔都塞、〔法〕巴里巴尔·艾蒂安:《读〈资本论〉》,李其庆、冯文光译,北京:中央编译出版社2008年版,第105页。
④ 〔法〕路易·阿尔都塞、〔法〕巴里巴尔·艾蒂安:《读〈资本论〉》,李其庆、冯文光译,北京:中央编译出版社2008年版,第XIV页。

唯意志论。

阿尔都塞认为，上述四种意识形态批判模式误会了马克思主义整体性，把概念化理论发展同历史实在的实践形态相混淆，表现为抽象的理论概念和理论演绎过程，而不是表现为具体的现实对象。实际上，马克思主义辩证整体性是将整体确定为复杂性结构，在构成结构的要素和层次之间存在着互动的"互为因果性"结构制约，从而使得整体中各要素在相对独立的同时，对整体具有共同依存的属性。马克思主义整体性是由系统复杂性构成的整体统一性，因而包含着各不相同、相对独立、相互作用和相互依存的多重层次。马克思主义整体性在超越费尔巴哈人本主义过程中完成了认识论飞跃，最终表现为历史唯物辩证法。阿尔都塞后期在理论结构层次上的重新定位是总的"问题式"转换，从旧的理论方法转向以结构主义多元作用论来解读历史和社会。这是一种值得借鉴的现代整体性研究。

马克思把实践作为把握问题的方式，从实践出发去理解自然界、人和人类社会，以及由此构建个人、社会与国家以及意识形态的相关"问题式"。在《德意志意识形态》中，马克思恩格斯把生产力和生产关系的辩证关系，纳入经济基础与上层建筑的隐喻性社会有机结构描述，把历史主义的发生学方法与整体性结构功能描述方法结合起来。这对于我们今天正确解读马克思关于个人、社会与国家以及意识形态的相关"问题式"，仍具重要的现实意义。

> "要从费尔巴哈的抽象的人转到现实的、活生生的人，就必须把这些人当作在历史中行动的人去研究。"[①]
>
> "物质生活的生产方式制约着整个社会生活、政治生活和精神生活的过程。不是人们的意识决定人们的存在，相反，是人们的社会存在决定人们的意识。"[②]

这就是马克思唯物主义历史观对"对历史之谜"的解答。社会存在与社会意识的关系问题是历史观的基本问题。这个基本问题通过社会有机体的内在关系，主要表现为经济基础与上层建筑的结构互动关系。这

---

① 《马克思恩格斯选集》第4卷，北京：人民出版社1979年版，第232页。
② 《马克思恩格斯选集》第2卷，北京：人民出版社1979年版，第82页。

种互动关系意味着社会有机体是一个复杂系统。所谓复杂系统，就意味着整体性问题，就意味着与"还原论"相对应的、基于系统科学的整体性原理问题。马克思用有机论反对当时流行的机械论，用唯物论反对唯心论。有机论、唯物论和辩证法三者互相支持，隐喻论、过程论和互动论互为契合，是催生历史唯物辩证法的最初基础。社会有机体理论强调平衡，包括社会有机体自身各个部分、各个系统之间的平衡，以及社会有机体与环境之间的平衡；强调有机体自组织、自调节在这种平衡中表现出生命力。因此，对于马克思关于个人、社会与国家以及意识形态的整体性研究，既要探索复杂系统抽象的整体性理论逻辑，又要正视其现实的实践转化形态。

马克思之所以说社会生活从本质上是实践的，理由有四：一是实践是人类社会的发源地，连接三重历史、三重生产和人与自然、人与人以及人自身物质与精神三重关系；二是实践构成了人类物质生活，政治生活和精神生活的本质内容，人类全部文明都是建立在实践的基础之上的；三是实践是人类存在和历史发展的动力；四是社会规律存在于人类实践活动之中，实践的规律表现为生产力与生产关系、经济基础与上层建筑的结构互动规律。

我国学界对经济基础与上层建筑的结构互动性质存在着三种不同理解：

一是关于经济基础概念的分歧：一些人认为经济基础应包括生产力，只有包括生产力和生产关系两个方面才能使上层建筑的各种现象得到完整的说明；另一些人认为经济基础只是指生产关系的总和，只有把经济基础和生产方式两个概念区别开来才有利于分析社会结构的不同层次及其相互关系。

二是关于"生产关系总和"概念的分歧：一些人认为是指占统治地位的生产关系各方面的总和，这样理解才能区分不同的社会形态；另一些人认为是指一定社会阶段存在的各种生产关系的总和，这样理解才能全面分析社会形态的矛盾和变革。

三是关于上层建筑反作用性质的分歧：一些人认为上层建筑对于经济基础的反作用，在一定条件下具有决定性的意义；另一些人认为上层建筑具有巨大的反作用，但这种反作用再大也不能对经济基础起决定作用。

如果不从单向度"决定论"思维而从整体结构性"互动论"思维来看这些问题就容易减少分歧。一般说来，社会的整体结构包括三个方面，即社会的经济结构、政治结构和社会意识结构（观念结构）。这种整体结构的视角，可以把社会生产力包含在社会经济结构之中。因为生产力反映人与自然之间的关系，是人改造、控制和保护自然，以满足自己需要的能力。在生产力中的劳动资料和劳动对象这些"自然"物，包含着人的需要的对象化，因而广义上可以讲都是社会的产物。因此，人与自然的关系，广义上也是一种社会关系。

阿尔都塞的《意识形态国家机器》是对意识形态国家机器的功能作用和存在意义的论述，其中"生产条件再生产"、意识形态国家机器和意识形态三者互为联系。阿尔都塞的独特之处在于：把上层建筑与经济基础纳入一个统一体进行整体性结构功能解读。从狭义上看，社会存在指社会生活的物质实在方面，社会意识指社会生活的精神方面。但广义上讲，社会存在是指构成人类社会的一切存在，包括人、社会组织、社会活动、各种财产、知识以及意识形态等。广义的社会存在有三种表现形式，即物质形态的存在，这就是各种社会财产；运动形态的存在，这就是各种社会组织活动；思维形态的存在，这就是各种思想理论、知识体系等。从辩证的实践形态看，不同社会存在形态在互动中可以相互转换。其中思维和思想形态的存在，狭义上大多属于社会意识。所以，"人们的社会存在决定人们的意识"这一唯物主义历史观的基本原理，在理论逻辑形态上具有普遍主义绝对意义，而在实践形态上却只具有相对意义。实践形态上的社会意识一旦表现出来，本身又成了一种广义的社会存在。因为哲学意义上的"物"指的是一种"客观存在"。唯物主义历史观解读中隐含着一种普遍主义性质与它要解决的人类事务的历史主义性质之间的悖论。因而传统教科书关于马克思唯物主义历史观的文本表述，难免得出"本质主义""历史决定论""生产力决定论""经济基础决定论"乃至"经济决定论"。即便辅之以生硬而勉强的"反作用论"也难以周延。如果不区分"抽象的"理论逻辑与"现实的"实践形态之间的差别，就可能忽视这样一个事实：由于"现实的个人"作为唯物主义历史观的微观基础，同时是社会与国家学说的微观基础，不但是历史的"编剧者"同时又是"剧中人"；既是"人化的自然"也是"自然的人化"的主体；既是社会存在的本体又是社会意识的主体。理论逻辑上决定作用与反作用的层次结构不是用"块板结构"所能表达清楚的,而往往是通过生活实践形态上的互动结构表现的。其中体现了现代哲学的主体间性——存在是主体间的存在,现实的个体性主体转化为交互主体。

马克思在《〈政治经济学批判〉序言》中关于唯物主义历史观基本原理的那段著名表述,实际上也是对社会有机体的构成及运行规律的经典表述。① 马克思所描述的整个社会结构,按传统教科书可用下面的公式从理论本质上把生产方式简要表示如下:②

"生产力→生产关系→社会关系→政治上层建筑→社会意识形态"

或

"生产力→生产关系和其他社会关系→政治上层建筑→社会意识形态"

但上述→符号只能表示单向度"决定作用",而不能表示"反作用",因此可用↑↓符号把生产方式的互动结构表示如下:

"生产力↑↓生产关系↑↓社会关系↑↓政治上层建筑↑↓社会意识形态"

或

"生产力↑↓生产关系和其他社会关系↑↓政治上层建筑↑↓社会意识形态"

即使这样表示,也还有一个遭人诟病之处,上述分析模式在解释现实的社会结构本质规律时却把马克思唯物主义历史观的逻辑起点——

---

① 《马克思恩格斯选集》第2卷,北京:人民出版社1995年版,第32页。
② 姚颖:《〈德意志意识形态〉:马克思主义社会结构理论的生成地》,载《党政干部学刊》,2010年第10期。

"现实的个人"遮蔽了。难怪从海德格尔到哈贝马斯都反对从生产方式入手来诠释人的问题。

马克思恩格斯关于经济基础与上层建筑以及意识形态理论是一种唯物主义历史观的表述。尽管这一表述有时没有顾及两者极为复杂的相互作用,避开一些文献和一些具体感性的材料而导致理论形态与实践形态难以顾全。恩格斯晚年著述中就两者的辩证关系作了补充说明。阿尔都塞《意识形态和意识形态国家机器》之存在论转向给予了我们这样的启示:实践有可能打破哲学的平衡,进而调整哲学的内部结构。如果我们把马克思恩格斯对意识形态所说的方方面面,进行整体性的观察与理解,那是完全可以得到完整的概念,并且也可获得马克思关于经济基础与上层建筑以及意识形态的整体性解读。这就突破了传统教科书关于"意识形态"界定的边界,并与葛兰西"有机的意识形态"理论贯通起来。

意识形态在社会生活中的本质功能在于"为世人确定意义"①,进而为意志定向和定型。葛兰西说,意识形态并不停留在思辨的理论领域,它具有灌输思想和左右人们行为倾向的能力。其中,"有机的意识形态"具有一种溶合的作用,可以使无产阶级"组织化"。葛兰西把意识形态形象地比作"社会水泥",阿尔都塞在《保卫马克思》一书中指出,意识形态无处不在,无时不有。这些说法突破了传统马克思主义理论形态上"存在与意识"二元对立的严格界限,"因为他的观念就是他的物质的行为,这些行为嵌入物质的实践,这些实践受到物质的仪式的支配,而这些仪式本身又是由物质的意识形态机器来规定的——这个主体的观念就是从这些机器里产生出来的",而首先是通过国家政治体现出来。②这就开创了一种互动论实践形态话语,更接近人们的社会生活形态。这对于马克思主义整体性研究的大众化解读具有重要的现实意义。

马克思关于个人、社会与国家以及意识形态的整体性隐喻,经历了黑格尔式"正—反—合"辩证的问题式转换:社会有机体理论是一种生物学隐喻(正),人的发展三形态社会更替理论是一种实在的(positive)"描述"(反),经济基础与上层建筑的社会整体性又是一种建筑结构隐

---

① 〔加〕克里斯托弗·霍金森:《领导哲学》,刘林平等译,昆明:云南人民出版社1987年版,第92页。
② 陈越:《哲学与政治——阿尔都塞读本》,长春:吉林人民出版社2003年版,第359页。

喻（合）。理论形态可以从本质上区分为经济基础—政治上层建筑（国家）—观念的上层建筑（文化和意识形态）三个层次。当阿尔都塞把意识形态纳入再生产的结构分析时，"意识形态国家机器"这个概念便把马克思关于个人、社会与国家以及意识形态隐喻的实践形态凸显出来了。如果说我们认同马克思恩格斯把社会有机体当作"建筑"的隐喻，认可葛兰西把意识形态和文化当作"社会水泥"的隐喻，那么，我们就可以进一步把这个隐喻贯彻到底——把国家（机构和制度）隐喻为"社会钢构"，而把个人隐喻为"社会沙粒"。"社会沙粒"（个人）—"社会水泥"（意识形态）—"社会钢构"（国家）只有浇筑凝结在一起，一个包括基础在内的宏大的"社会建筑"才能真正矗立起来，经受住风吹雨打和日晒夜露，抵制各种物理的冲击和化学的腐蚀。三者结构功能互补，缺一不可，整体功能远远大于要素功能之和，其中最容易被视而不见的"社会沙粒"和"社会水泥"是整个社会建筑结构的微观基础。这种关于个人、社会/国家与意识形态的整体性解读仅仅是一种非谱系化隐喻性描述，还需要马克思主义关键词谱系化研究予以支撑。

（五）阿尔都塞的症候阅读法对于关键词生成的方法论启示

法国的西方马克思主义者阿尔都塞认为，由于构建基本理论框架的困难是潜在的，因此有必要从马克思主义经典著作的最深层发掘出来，不可能单靠阅读通俗文章来研究深刻的思想。阿尔都塞的对症阅读方法，即"症候阅读法"，是一种所谓科学的研究方法，旨在更好地解释马克思主义，重点是批评资产阶级，立足于具有底层逻辑运思作用的马克思主义哲学思想。阿尔都塞的"症候阅读法"明确提出了一种基于拉康行为心理学的阅读文本的方式，直译过来叫作"有症状地阅读文本"。按照这种方法，一部经典著作的基本理论质量不取决于它讨论的每一个实际的基本原理和主题，也不取决于创立者的主观意图，而取决于其系统架构或理论框架。阿尔都塞明确指出，人们不应该使用即时的阅读技巧来浏览马克思主义文本，而必须使用对症阅读方法来观照它们，以便连续地判断段落和句子的内在关联，然后从结构上把握马克思主义。阿尔都塞的对症阅读方法是根据文章的阅读方法来表达文章中所隐含的难以理解的含义，然后依据原著文本中的理论框架来理解其精神。其对马克思主义思维方式的探索实际上是在探索马克思主义的理论框架。理论框架是马克思主义"学习"的"交际性"。为了使一个基本理论具有里程碑式的现实意义并在社会发展中发挥关键作用，仅需要有一个或两个不够充分的独特发现即可。它也必须具有与此一致的独特思维方式。在祖先建立的思维模型框架内进行逻辑思维，即使在基础理论上有许多改进和发现，也没有里程碑的现实意义。如果探索和发现是基于新的思维方式的，那么由此产生的意识形态系统就是一个里程碑。马克思主义不但具有理论意义，而且具有实践意义。马克思主义不仅哲学史上取得了重大发现，而且创造了一种新颖而独特的思维方式。这就是对症下药的矛盾的特殊性方法。历史唯物辩证法基本上是用矛盾的特殊性方法产生的，它是马克思主义的基础，是马克思主义的存在基础，也是维持其合理性和现代性的保证。也可以说，历史唯物主义辩证法是马克思主义"元社会学"。"元社会学"是社会学研究首先要解决的问题。社会学的目标和特征和谐是元社会学中最关键的问题。作为社会学目标的生命观问题需要从生命观的内涵和外延来界定。对于社会学的特征而言，只有从属于"属"和"性"这两个相关层次可以显示哲学的基本特征。社会学作用的关键是要具有全球视野的几个主要功能，包括逻辑的现代性思维、使用价值标准和形而上学的生活领域等。历史唯物辩证法作为马克思主义元社会学是马克思主义创立的基本方法，是建立所有马克思主义研究体系的基本标准和基础。《哲学的贫困》揭示了所有马克思主义思想体系的秘密：所有的马克思主义思想体系都是以历史唯物辩证法的方式逐级推演的辩证思想体系。科学方法论是作为获得专业知识的一种手段和一种特殊的工具——在主观和客观之间起着中介作用。方法永远不会是主观猜想，它会来自客观目标，是主观和客观的统一。

"方法通常可以成为处理主观性和客观性差异的特殊工具和方法，还因为该方法本身就是客观目标的实质标准。即，该方法不仅是主观水平的专用工具，而且是主观的。逻辑思维的范围和定义，是客观事物的原始本质。"

"方法只是通过客观事物的方式，返回到客观事物的主体。""可以成为连接主观因素的公路桥梁。"①

---

① 参见冯契：《逻辑思维的历史辩证法》，上海：华东师范大学出版社1996年版，第407页。

历史唯物辩证法借鉴了黑格尔的哲学方法和构成其哲学体系的一般公式。① 黑格尔在《小逻辑》第二版的序言中说，唯物辩证法是最大的和关键的影响力，并被认为是所有社会学的基础。

"……有效的方法似乎过于严格，似乎不再需要，它也可以允许外部编辑。但是，有关该主题的研究内容的性质要求每个人都将逻辑联系作为基础。"②

在黑格尔看来，该方法不仅是社会学的基础，而且黑格尔立即将其视为社会学本身。方式不是外在的方式，而是内容的生命和定义。

黑格尔谈到方式与内容之间的区别，认为社会学在理解的开始和过程中并没有现成的方法，仅仅取决于定义的重要部分。从黑格尔的角度来看，历史时间的唯物辩证法是社会学的方法，但除此之外，历史时间的唯物辩证法本身也是社会学本身。黑格尔的哲学体系包括许多层次。如果理解是通过否定链接完成的，它将更加先进，并且如果理解了差异，就能实现辩证理解的逻辑思维。如果我们理解差异的统一性，我们将实现最大的联系，即否定的消极联系。因此，他的"逻辑哲学"是主题，这是毫无疑问的。他的"自然哲学"是对立的，即否认。他的"心灵哲学"是组合的主题，即对否定的否定。在"逻辑"中，"理论"是主题，即毫无疑问，"本质主义"是对立，即否认，而"定义主义"是组合主题，即对否定的否定。而"基本理论"和"定义理论"也包括一系列的正负组合，即对整个过程的一系列否定之否定。从黑格尔的角度来看，在这个问题上，毫无疑问，潜力是对立的，即否认。在反主题中，即否认，分歧被完全暴露出来，这是分裂，疏离理论和主体的集中表达。这样，毫无疑问地否认利弊主要体现在反对和分歧中。组合是拒绝差异，对立统一，否定的否定。因此，历史唯物辩证法是其社会学的最基本要求。合题是矛盾的扬弃，是对立面的统一即否定之否定。由此而知，否定之否定规律是他的最高规律，即作为历史辩证法的核心的规律，而历史辩证法则是其哲学的最根本的规定，这一规定，构成了他的哲学体系的总公式，是贯穿于其整个哲学体系的一条主线。

---

① 〔德〕黑格尔：《小逻辑》，贺麟译，北京：商务印书馆1980年版，第4页。
② 〔德〕黑格尔：《小逻辑》，贺麟译，北京：商务印书馆1980年版，第427页。

第二章 《德意志意识形态》关键词谱系"关系问题式"初始化研究

——以"关系"为奇点并以"三元结构"为逻辑思路

古希腊哲学家阿基米德有一句名言,"给我一个支点,我就可以撬动地球"。

《德意志意识形态》关键词第一谱系基于"关系是辩证的同义语"这个理论支点,以"关系"为奇点并以"三元结构"为逻辑思路来构建关于"思维方式"的关键词谱系化奇点解析式。

马克思主义哲学最先是作为科学的世界观方法论,作为确证人对自然、对社会和人自身的改造关系的革命理论而出现的,进一步通过政治经学的确证才有了科学社会主义,然后才有了共产主义运动……《德意志意识形态》关键词谱系化研究是当下马克思文本研究中的重要基础理论课题。而马克思主义哲学的文本形式、文本结构以及内在意蕴是这一课题研究的重要内容。以往在回答上述问题时,围绕《德意志意识形态》研究现状以及马克思主义的几个核心概念及其相互关系进行整体性、过程论和结构功能反思,现在最重要的是首先要对《德意志意识形态》关键词谱系的初始化问题及其"关系问题式"方法问题进行讨论。因为基础概念、关键概念是理论研究的起点,也是理解一种理论体系的重要前提。对《德意志意识形态》关键词谱系"关系问题式"的深刻理解,对于构建马克思主义理论体系的坚实基础具有初始化意义。

一、《德意志意识形态》关键词谱系化研究的分析框架和创新观点

一直以来,学术界对于《德意志意识形态》展开了多角度比较研究,产生了许多优秀的研究成果,打开了进一步拓展研究的巨大空间。

但也引发了一些质疑。为了破除对经典马克思主义现代方法论的质疑，寻找和重建马克思主义之作为政治哲学方法论的有效途径，本书主要对《德意志意识形态》"世界历史"进程中"现实的个人""实践""生产""需要""分工"……"人的解放"等多层次多系列关键词进行文本与思想的整合性研究和谱系化研究。依据"以人为本"的思想组织内容，遵循"逻辑在先"的方法安排结构，从存在论、认识论和价值论等角度关注马克思哲学革命的多层含义，聚焦到最深抽象层次的历史唯物主义原理，对马克思主义如何使社会主义从空想变成科学，再由科学通向共产主义信仰这个前沿问题，从意识形态的本质规律上予以解答，对传统教科书模式和改革开放以来的各种创新理论予以正本清源和返本开新。最终通过对《德意志意识形态》关键词的谱系化诠释，以生存方式—生产方式—生活方式为基本分析框架重构马克思主义哲学。

（一）五层次关键词谱系化奇点解析式

所谓奇点（singularity），最初指一个数学上未定义的点，在特别的情况下无法完序，奇点出现在异常的集合中。如果函数 f（x）在区域 D 内任一点解析，则称函数 f（x）在区域 D 内解析，用 X 来表示 Y 的某种函数关系，称为该函数的奇点解析式。在一笔画中，起点与终点存在如下规律：奇点数为 0 的图形，起点与终点是"同进同出"的同一个偶点；奇点数为 2 的图形，起点与终点是"一进一出"的不同的奇点；将奇点数减少到 0 或 2 个，即可实现多笔画到一笔画的转换，其奇点线是无数的。而宇宙学的奇点势能是无形的。人工智能的奇点解析式是用物理反应而不是用代码逻辑来仿真人脑神经元。人类学家族谱系的奇点即始祖。如果硬要把一个源于理科的概念作文科化解读，可勉强地通俗地把奇点理解为起点。哲学思维高于但源于科学思维，所以大哲学家几乎没有不懂数学的。譬如，马克思说"分工是私有制的同义语"，这在实质上就类似于一种奇点解析式表达。

"……从最简单上升到复杂这个抽象思维的进程符合现实的世界历史发展。"①

---

① 《马克思恩格斯文集》第 8 卷，北京：人民出版社 2009 年版，第 26 页。

我们可以从"现实的人"出发依据思维抽象程度的高低来进行关键词谱系化研究。本书以五层次关键词谱系化奇点解析式，重构马克思主义哲学的分析框架。仿照马克思"分工是私有制的同义语"这种"问题式"表达，我们首先可以得出五层次关键词谱系化的五个理论逻辑支点：关系是辩证的同义语，存在是物质的同义语，自由/自觉是解放的同义语，实践是劳动/生产的同义语，需要是利益的同义语……

历史唯物辩证法以超越于具体方法之上的"辩证抽象"为方法，以"三重互动关系"为主要抽象对象，以三元结构形态转化为基本分析框架：三范围抽象、三层次抽象与三角度抽象在内的三种辩证抽象形式，并在此基础上以马克思政治经济学中的思考逻辑与概念应用为主，深入分析了这三种抽象形式的具体表现与综合运用。

第一谱系基于"关系是辩证的同义语"这个理论支点，以"关系"为奇点并以"三元结构"为逻辑思路构建关于"思维方式"的关键词谱系化奇点解析式。

第二谱系基于"自由/自觉是人本的同义语"这个理论逻辑支点，以"三重人性"为奇点并以"三重矛盾"为逻辑前提构建关于"现实的人"的关键词谱系化奇点解析式。

第三谱系基于"存在是物质的同义语"这个理论逻辑支点，以"存在"为奇点并以"主体化存在本体论"为逻辑基础，构建关于"生存方式"的关键词谱系化奇点解析式。

第四谱系基于"实践是劳动/生产的同义语"这个理论逻辑支点，以"实践"为奇点并以"三重生产"为逻辑中介，构建关于"生产方式"的关键词谱系化奇点解析式。

第五谱系基于"需要是利益的同义语"这个理论逻辑支点，以"自由"为奇点并以"三重解放"为逻辑归宿，构建关于"生活方式"的关键词谱系化奇点解析式。

（二）本书力图要阐明的核心观点和创新思路

通过对《德意志意识形态》关键词谱系化研究着重要阐明以下观点：

其一，马克思主义哲学可以被称为马克思主义历史唯物辩证法。在《〈政治经济学批判〉序言》中，马克思曾较为详尽地阐述自己理论探索的进程，并提及写作《德意志意识形态》的原因，他说："当1845年春他也住在布鲁塞尔时，我们决定共同阐明我们的见解与德国哲学的意识形态的见解的对立,实际上是把我们从前的哲学信仰清算一下。这个心愿是以批判黑格尔以后的哲学的形式来实现的。"① 而恩格斯在《路德维希·费尔巴哈和德国古典哲学的终结》(1888 年单行本)序言中不仅引用了马克思的评价,而且明确指出"我们的见解"是"主要由马克思制定的唯物主义历史观"②。据此,国内学术界普遍认可,《德意志意识形态》通过清算从前的哲学信仰,确立起新唯物主义的基本内容和逻辑结构,把《德意志意识形态》视为"马克思理论宝藏"的发祥地,认为"这个有历史新质内容的唯物主义,就是历史唯物主义"③;"以历史唯物主义为核心的新世界观的创立,标志着人类哲学思想的变革"④。并且认为在《德意志意识形态》中,"历史唯物主义的探讨占着主要的地位"⑤。这无疑都是正确的,但也给人们造成了一个印象,好像《德意志意识形态》只是创立了"历史唯物主义",而没有创立"辩证唯物主义",甚至认为只有"历史唯物主义"才是马克思恩格斯创立的新哲学。其实不然。如果我们能够从哲学基本问题出发,以谱系化关联思维去追寻哲学形态评价上的更高层次的内容,我们就不难发现:《德意志意识形态》所阐述的并非是纯粹传统意义上的"历史唯物主义"⑥,而是"历史唯物主义""辩证唯物主义"和"实践唯物主义"的内在统一体——我们从马克思主义哲学体系的构建方法上称之为"马克思主义历史唯物辩证法"。

马克思主义历史唯物辩证法既然是马克思主义哲学体系的构建方法,那么也是《德意志意识形态》关键词谱系化研究的根本方法。反之亦然,本书就是以关键词谱系化研究作为根本方法来研究马克思主义历史唯物辩证法。马克思主义哲学就是揭示整个世界——包括自然、社会和人类精神发展的世界历史辩证运动规律的学说,马克思主义本身就是这种世界历史辩证运动的意识形式或者说意识形态。对于马克思主义的理解只能通过历史唯物辩证法才能更好地把握其本质内涵和完整外延。

---

① 《马克思恩格斯选集》第 2 卷,北京:人民出版社 1995 年版,第 33—34 页。
② 《马克思恩格斯选集》第 4 卷,北京:人民出版社 1995 年版,第 211 页。
③ 庄福龄主编:《马克思主义哲学史》第 1 卷,北京:人民出版社 1996 年版,第 126—127 页。
④ 黄枬森等主编:《马克思主义哲学史》第 1 卷,北京:北京出版社 1991 年版,第 413—414 页。
⑤ 《马克思恩格斯全集》第 3 卷,北京:人民出版社 1960 年版,第 3 卷说明,第 8 页。
⑥ 参见郝立忠:《历史唯物主义与唯物主义辩证法的有机统一——论〈德意志意识形态〉的哲学形态定位》,载《武汉大学学报(人文科学版)》,2011 年第 3 期。

第二章 《德意志意识形态》关键词谱系"关系问题式"初始化研究

《德意志意识形态》是新唯物主义的诞生地，内含唯物辩证法、历史辩证法、唯物史观以及实践论等重要思想。关于马克思主义哲学的概念，马克思恩格斯在著作中对之有过多种表述。后来，在辩证唯物主义和历史唯物主义的关系问题上，受当时苏联环境的影响，苏联教科书体系简单地把历史唯物主义等同于辩证唯物主义在社会历史领域中的推广运用，继而把具有伟大变革意义的理论体系即马克思主义哲学，冠名为"辩证唯物主义和历史唯物主义"。这样的并列式表述引起了持续不断的争议。西方马克思主义者也参与其中，并形成了鲜明的流派特征。"文化唯物主义"就是其中最突出的一个流派特征。20世纪70年代以来西方左翼学者纷纷提出批判、修正、建构或重建历史唯物主义。在国内，俞吾金等人曾经提出"实践唯物主义"，引发了实践本体论与物质本体论的争论。陈先达强调，不能借"实践唯物主义"反对辩证唯物主义世界观。段忠桥提出重释历史唯物主义。邹诗鹏、沈湘平等人阐述了复兴历史唯物主义的路径与意义。黄枬森则批驳了否认辩证唯物论的观点。本书研究意在通过三元结构形态转化学整合性研究，把有争议的各种表述综合为"马克思主义历史唯物辩证法"的学理解释框架。

其二，马克思主义历史唯物辩证法的学术分析框架是"三元结构形态转化学"。这也是《德意志意识形态》关键词谱系化研究的方法论基础。马克思关于人的本质先后有"三个界定"，还指明了相应的"三重生产"，分别来看可能就是所谓的"断裂"，整合起来则可以揭示历史唯物辩证法的"三元结构形态转化学"逻辑。

——"世界历史"。人类既是自然发展的历史产物，又是社会发展的历史产物，还是由身心情感到精神观念发展的历史产物。这就构成了世界历史的三元结构。

——"现实的人"。环境创造人，人也创造环境。这就有了"自然的人化"和"人化的自然"，同时，"人既是历史的剧作者又是剧中人"。世界历史发展的前提和逻辑起点是"现实的人"——有机体生命的、有社会关系的、受精神文明影响的人。也就是说，人的"现实性"就表现在三元结构性。

——"需要"。人首先必须满足吃、穿、住之类自然层次的物质需要，然后才是社会层次的需要和精神层次的需求。这就构成了现实的人的需要的三元结构。需要是利益的同义语，思想一旦离开利益，就会使

——"生存方式"。不同于其他物种的生存方式，"现实的、有生命的个人"同时兼具自然性生存、社会性生存和精神性生存。这就构成了生存方式的三元结构。

——"人生矛盾"。"三重性生存"必然遇到"人生三大矛盾"：一是人与自然之间的天人矛盾——由此产生世界观；二是人与社会之间的群己矛盾——由此产生价值观；三是自我—本我—超我之间的身心矛盾——由此产生人生观。

——"生产方式"。解决人生"三大矛盾"必须依赖"三重生产"，即物质生产、人类自身的生产和精神生产，由此产生经济性物质文明、政治性制度文明和文化性精神文明。这嵌合了马克思发现的人类社会历史发展规律，即生产力与生产关系、经济基础与上层建筑的矛盾运动推动历史发展的基本规律。

——"生活方式"。人生"三重关系""三大矛盾""三重生产"和"三个文明"反映人的本质的"三个界定"，即经济→政治→文化的三层次需要、劳动—实践和社会关系的总和，意味着人的自然存在性、社会存在性和精神存在性都包括在人的本质内涵和外延中。

——"社会基本矛盾运动规律"。自然史、社会史和精神史"三重性历史"是沿着对立统一、量变质变和否定之否定规律发展的，是社会基本矛盾运动规律的微观表现。可以推论：历史唯物辩证法是一种研究自然史、社会史和精神史的哲学方法。

——"哲学思维"。把传统的范畴的对子思维转向三元结构思维：生存方式—生产方式—生活方式、世界观—价值观—人生观、回归到古老的哲学思维：本体论—认识论—主体论。

——"社会形态"。社会形态有三种划分方法：一是根据生产关系的不同性质划分为原始社会、奴隶社会、封建社会、资本主义社会、共产主义社会五种社会形态；二是根据生产力和技术发展水平以及与此相适应的产业结构为标准划分为渔猎社会、农业社会、工业社会、信息社会；三是根据作为社会主体的人的发展状况，把人类历史划分为人的依赖性社会、物的依赖性社会、个人全面发展的社会三种依次更替的社会形态。

——"解放"。解放是自由的同义语。西方哲学用"自由"反对专制；马克思主义哲学用"解放"反对"异化"。人类解放路径依赖的轨迹是物的依赖→人的依赖→人的自由而全面发展。这样从微观到宏观来理解社会基本矛盾运动规律，有利于把握"历史发展五形态论"与"三大社会形态理论"之间的内在关系，也有利于阐释马克思主义意识形态观的本质功能和科学限度。

——"意识形态"。意识形态的本质功能是"确定性"与"非确定性"之间的意志定向。"意识形态"一直是一个有争议的模糊概念。意识形态的本质功能在马克思主义历史唯物辩证法的关键词谱系化中才有可能获得确切理解。马克思主义历史唯物辩证法揭示出意识形态的本质功能是"确定性"与"非确定性"之间的意义信仰、价值判断和实践理性，并通过世界观、人生观和价值观转化成意志定向。历史的三重性决定马克思主义意识形态是存在论、认识论和价值论的辩证统一，是合规律性、合目的性与合选择性的辩证统一，是科学性、批判性与建设性的辩证统一。

——"历史唯物辩证法"。人类既是自然发展的历史产物，又是社会发展的历史产物，还是由身心情感到精神观念发展的历史产物。生产力、生产关系概念不是抽象理论家眼中的永恒不变的概念，其内涵总是随着社会历史发展得到发展和呈现。可以说，不同的历史阶段，生产力水平和生产关系有着不同的时代特征，不同水平的生产力决定着生产关系的不同表现形式，包括物质生产、制度生产和精神生产，进而形成经济基础、政治上层建筑和文化意识形态相对独立、相互作用和相互依存的三大结构要素。文化意识形态由经济基础决定、受政治上层建筑制约，但又有自己的相对独立性。文化意识形态的相对独立性既表现为各种意识形式相对独立、相互作用和相互依存，共同反映并反作用于经济基础和上层建筑；这也表现为经济、政治与文化三者之间的非平衡发展规律。

在传统教科书之唯物主义历史观的建筑隐喻中，可以说国家是钢构，个人是沙粒，而意识形态则是"社会水泥"，本质上具有三层次结构功能：一是在"三重生产"形态中具有共时性结构互动功能；二是在"三形态"阶段发展中具有历时性结构递进功能；三是在"五形态"社会更替中具有超越性功能和自律性功能。因此，中国特色社会主义制度、国家治理体系和治理能力现代化必须充分发挥意识形态的本质功能。

本书的主要研究方法：简而言之，本书的根本方法是马克思主义历史唯物辩证法，分析框架构建采用关键词谱系化方法，微观推论多采用奇点解析式。理论上再现现实是从分析直接被感知的具体东西开始（从具体上升到抽象）还是从抽象下沉到具体？马克思认为："后一种方法显然是科学上正确的方法。"① 本书借鉴福柯的谱系化学术方法，通过批判与建设相结合的方式，对思想和文本进行关键词谱系化整合，在理论上从抽象下沉到具体以再现现实，提出"马克思主义历史唯物辩证法"的新表述和总方法，旨在把基础理论研究与应用研究相结合、规范分析与实证分析相结合、哲学思辨定性研究与社会学定量统计分析相结合，创新三元结构形态转化学的分析框架。本书运思依赖三种路径：一是从文本与思想整合的视角切入，取道"本质功能论"，旨在从本质规律上研究原创视野中的马克思主义意识形态的本质功能理论；二是从历史与现实整合的视角，取道"形态特色论"，旨在从特色上比较研究历史视野中的马克思主义三种形态（不同发展阶段、不同表现形态、不同认识视角和不同理论特色的比较）；三是从理论与实践整合的视角，取道"价值—工具互动论"，旨在从多层次互动关系上研究马克思主义意识形态建设的应用问题，以便遵循马克思主义历史唯物辩证法，为加强和改善新时代中国特色社会主义主流意识形态建设进一步探索学理化逻辑结构、经验性解释框架和政策性选择方案。

本书所致力的学术创新、学术价值主要体现在以下三点：

一是新角度。本书借鉴福柯的谱系化学术方法对《德意志意识形态》的关键词进行系统诠释，这是经典文本解读的一个新的分析视角。思想与文本关键词谱系化整合，突破重点和化解难点有三种可能的选择：一是选择黑格尔→马克思→卢卡奇→新马克思主义的批判传统；二是选择社会学的建构传统；三是选择把批判与建设两种传统结合起来。本书研究总体上致力于把批判与建设整合起来的第三种选择。

二是新表述。本书提出的新表述"马克思主义历史唯物辩证法"是本书的研究总方法。哲学发展史上有唯物辩证法，也有历史辩证法，把二者合成"历史唯物辩证法"，并把这个新概念视为马克思主义哲学的同义语，这是本书创新的立意之所在。主要理由有三：

首先，传统苏联教科书对马克思主义哲学所界定的"辩证唯物主义和历史唯物主义"虽内容无错但概念形式不严谨，单用其中一个来指称和表述马克思主义哲学，更难免词不达意。加之词源上"哲学"即"爱

---

① 《马克思恩格斯文集》第 8 卷，北京：人民出版社 2009 年版，第 25 页。

智慧",落脚点和中心词就是辩证法。可以说,黑格尔的哲学是历史唯心辩证法,马克思的哲学则是历史唯物辩证法。

其次,从生存方式—生产方式—生活方式把《德意志意识形态》关键词谱系化,用"历史的三重性"新解可以把以前关于马克思主义哲学的冠名之争各执一端的理据加以消解,有利于从"对象性存在物"向"对象性活动"视角转变,从"静态的感性直观"向"动态的历史发展"视角转变,从"既成论"向"发生论"视角转变,也有利于动态地说明人类解放的条件和中国特色社会主义进入新时代的重大意义。

最后,"马克思主义历史唯物辩证法"这个新表述并非要重新挑起马克思主义哲学"表述之争"或"冠名之争",意在整合近几十年来中外学者关于哲学研究的最新有益成果,力求马克思主义哲学新综合,以适应中国特色哲学社会科学话语体系创新的需要,为推动构建合作共赢的人类命运共同体提供一种理论支撑。

三是新观点。科学探索事物之确定性客观规律,哲学应对非确定性自由选择问题,而意识形态的功能就在这两者之间的第三维度——在于化解确定性与非确定性之间意向性纠结从而形成信仰和意志定向。简言之,意识形态的功能就是意志定向。确认这个新观点的主要理由有六:

第一,从逻辑知识到问题意识,先后经历了从本体论向认识论—价值论—实践论转向,纠结于是否能确定作为逻辑前提的"第一判断",建立一套超历史的所谓普世价值体系,一劳永逸地终结"意义信仰"问题。

第二,"科学与信仰"相辅相成却不能相互僭越和替代。科学靠事实判断表现于"确定性"领域;信仰靠价值判断表现于"非确定性"领域。

第三,二元结构思维中除了"确定性"问题,就是"非确定性"问题,而忽略了二者之间实质性意识形态问题即自由选择中的"意志定向"问题。这就有了三元结构形态转化。这就有可能使马克思主义哲学由传统教科书二元对立的"范畴"对子思维转向历史唯物辩证法的三元结构思维。这是哲学思维方式的创新。

第四,纯粹确定性事物是无须选择的,而纯粹非确定性事物是不可选择的。自由选择实质上只能在"确定性"与"不确定性"之间,这就界定了哲学意识形态的结构功能和适用范围。

第五,这一新观点从根本上说明,马克思主义是从科学通向理想信仰的桥梁,西方"普世价值主义"的魔方在学理上存在科学主义悖论。

第六，这一新观点与"马克思主义意识形态具有实践性、科学性、革命性……"的流行共识是完全一致的，是从学理上加以深度阐释，以便突出其理论解释力——从意识形态的本质功能扩展到适用范围、结构形态以及超越事实与价值、知识与信仰、科学性与阶级性等二元对立之上的历史唯物辩证法，有利于解决马克思主义意识形态理论研究中的一系列前沿性疑难问题，具有基础性学术价值和教科书框架性改革的参考应用价值。

（三）为什么说马克思主义哲学是历史唯物辩证法

在托马斯·库恩的科学哲学思想中，"范式"（paradigm）是一个核心概念。但1980年代后期，库恩转向用"词典"一词取代"范式"一词，认为科学革命实际上是科学词典结构的改革，也就是用新词典取代旧词典。① 词典由一套具有结构和内容的词汇谱系组成，各种词汇构成一个相互联系的网络。这是认识世界的一种方式，世界是通过词典来描述的，词典是世界共识的一种历史产物，不同时代、不同文化和不同历史时期，各有不同的词典。前后出现的词典之间有部分交叉，即有些词汇是共有的，有些词汇则出现了更新。理论与词典紧密相联，不同的理论需要用不同的词典才能得到理解，理论创新一旦确立，词典也需要更新。因此，通过词典考察关键词谱系的递进更新，有助于理解理论的递进变革。对历史唯物辩证法的诠释也可以从《现代汉语词典》（第7版）和《中国大百科全书》关于马克思主义哲学的关键词谱系着眼来释疑解惑。现有的哲学定义有没有逻辑结构缺陷？辩证逻辑是传统逻辑还是现代逻辑？辩证逻辑与形式逻辑以及数理逻辑又是什么关系？哲学与辩证法以及形而上学又是什么关系？要回答诸如此类的问题，可从哲学关键词的词典定义开始。

1. 教科书和词典关于哲学及其关键词谱系概念定义辨析

原来传统的各种版本的教科书和教学参考书大多都认为：哲学是关于自然、社会和思维发展一般规律的科学。这种说法准确吗？且看最新的哲学关键词的词典定义：

【哲学】"关于世界观、方法论的学说。是在具体各门科学知识的基础上形成的，具有概括性、抽象性、反思性、普遍性的特点。哲

---

① 托马斯·库恩（Thomas Samuel Kuhn, 1922—1996），美国科学史家、科学哲学家，代表作有《哥白尼革命》和《科学革命的结构》。——笔者注

学的根本问题是思维和存在、精神和物质的关系问题，根据对这个问题的不同回答而形成唯心主义哲学和唯物主义哲学两大对立派别。"①

【辩证唯物主义】"马克思、恩格斯所创立的关于用辩证方法研究自然界、人类社会和思维发展的一般规律的科学，认为世界从它的本质来讲是物质的，物质按照本身固有的对立统一规律运动、发展，存在决定意识，意识反作用于存在。辩证唯物主义和历史唯物主义是科学社会主义的理论基础，是无产阶级认识世界、改造世界的锐利武器。"②

【历史唯物主义】"马克思、恩格斯所创立的关于人类社会发展最一般规律的科学，认为社会历史发展具有自身固有的客观规律；物质资料的生产方式是社会发展的决定力量；社会存在决定社会意识，社会意识又反作用于社会存在；生产力和生产关系之间的矛盾、经济基础和上层建筑之间的矛盾是社会发展的基本矛盾；人民群众是历史的创造者。也叫唯物史观。"③

【历史唯心主义】"关于人类社会发展的非科学的历史观，认为社会意识决定社会存在，人们的思想动机是社会发展的根本原因，否认社会发展的客观规律。也叫唯心史观。"④

【辩证法】"关于事物矛盾的运动、发展、变化的一般规律的哲学学说。它是和形而上学相对立的世界观和方法论，认为事物处在不断运动、变化和发展之中，是由于事物内部的矛盾斗争所引起的。特指唯物辩证法。"⑤

《中国大百科全书》的定义：辩证法是"关于自然、社会和思维发展的最一般规律的科学。是科学的世界观和方法论。"⑥

从上述关于哲学关键词谱系的词典定义中可梳理出如下论断：

辩证法是指一种高于形而上学并与之相对立的哲学，或者可以换一个说法，辩证法是哲学的同义语，形而上学是辩证法的反义语，从而形

---

① 《现代汉语词典》第7版，北京：商务印书馆2016年版，第1659页。
② 《现代汉语词典》第7版，北京：商务印书馆2016年版，第83页。
③ 《现代汉语词典》第7版，北京：商务印书馆2016年版，第802页。
④ 《现代汉语词典》第7版，北京：商务印书馆2016年版，第802页。
⑤ 《现代汉语词典》第7版，北京：商务印书馆2016年版，第83页。
⑥ 《中国大百科全书》哲学卷Ⅰ，北京：中国大百科全书出版社1992年版，第43页。

而上学也是哲学的反义语。因为古代哲学包括了科学，自亚里士多德以降，科学从哲学中分离出来才有了形而上学。某种意义上可以讲，形而上学就成了现代科学的同义语。哲学是系统化的世界观和方法论。哲学是研究自然、社会和思维科学的最一般规律的学说，誉之为"科学的科学"。这正是古代哲学与现代哲学的分野。最初东西方古代哲学都是包罗万象的，最典型就是中国的"天人合一"的思维模式。现代西方科学兴起，科学从哲学中分离出来之后，为了探究宇宙根本原理的各个部分，于是有了数学、物理、化学、动物学、植物学等专业学科，每个专业都从这个混沌的世界按本学科特点抽出一部分来进行专业的形而上学研究，只能用相对孤立、静止、片面的观点看世界。可以说，没有形而上学就不可能有现代科学研究。

把马克思主义哲学誉为"科学的科学"而判定为"实证的科学"，与其说是提高马克思主义哲学的地位，不如说是贬低了马克思主义哲学的地位。就像西方"新实证主义的马克思主义"那样，误以为哲学是对科学的逻辑分析，而把马克思辩证法本质看作是实证的逻辑，把马克思的哲学完全作科学化和实证化的理解，以致彻底割裂了马克思历史唯物辩证法与黑格尔历史唯心辩证法真实的内在联系，反而使马克思辩证法本有的批判性和革命性也丧失了。

关于"李约瑟难题"与"钱学森之问"的各种解答轻视了一个根本的思维方式问题。以中国的儒释道哲学为代表的东方哲学至今还停留在古代哲学思维模式中，而现代西方哲学已经与科学分工了。西方的现代科学研究物质世界的本原取得不少原创性成果，于是反过来又把形而上学誉之为"第一哲学"，其实是反哲学。用相对孤立、静止、片面的形而上学方法"大胆假设，小心求证"才有可能达到专业化研究物质现象的目的，但如果用相对孤立、静止、片面的形而上学方法去看待整体世界历史就会误入歧途。也就是说作为哲学的辩证法和作为科学的形而上学不在一个层次上。不存在谁好谁坏的问题，只存在研究对象和研究方法的不同。这是事实判断而不是价值判断。现在把"科学的"当作"好的"，而把"形而上学"当作"坏的"，这是知识话语体系出现了紊乱，混淆了事实判断和价值判断。我们错误地引用了古文：所谓形而上者谓之"道"，形而下者谓之"器"。实际上应该改为：哲学辩证法谓之"道"，科学形而上学谓之"器"。

哲学/辩证法与科学/形而上学的分野恰如"道与器"之分。这意味着现代哲学不再直接研究自然、社会和思维本身，而是研究自然、社会和思维之间、之上和之外的辩证关系问题。关系是辩证的同义语。因为互无关系就无所谓辩证。研究关系问题的学说就是辩证法，可以说，辩证法就是哲学，而科学就由形而上学专管了。没有形而上学也就没有现代科学，有了形而上学才有了越来越细分的各门类现代科学。从此，哲学的归哲学，科学的归科学，恰如西方的政教分离那样"上帝的归上帝，凯撒的归凯撒"。

为什么哲学并不直接研究自然、社会和思维本身科学规律问题？因为研究自然规律的是自然科学，研究社会规律的是社会科学，研究思维规律的是思维科学。凡是科学研究的规律就是不以人们的意志为转移的、客观的确定性问题，是不可自由选择的问题。所谓哲学是自然、社会和思维共同的本质和规律的学说，这意味着哲学是存在于自然、社会和思维之间、之上和之外的学说，是对自然、社会和思维三类具体科学进行概括和总结，从中抽象出最具一般性共同本质、最适用矛盾性规律，但矛盾性规律之间的关系客观上是非确定的而主观上又是可选择性的。实质上也可以这么推论，哲学的基本问题是思维与存在和精神与物质的关系问题，这两个对子归根到底是一个涉人的对子，即人与世界的关系问题。我们言说的"世界"展开来看可划分为"三个世界三个对子"。三个世界指自然世界—人类世界—精神世界。三个世界划分并不等于本体上的"三元论"而是递进式对称性"三元结构形态"。这是一种学术分析框架。从时间在先的因果关系看，是从自然世界演化出人类世界，再从人类世界演化出精神世界。之所以用"精神"替代"思维"，是因为"精神世界"内涵与外延与"自然世界"和"人类世界"更具递进式对称性。依据逻辑在先的矛盾关系看，是表现为人与自然、人与人以及人的身与心的三对矛盾关系，这三个矛盾对子同样具有递进式对称性。从物质本体论看这还是一元论而不是多元论。递进式对称性"三元结构形态"分析框架离不开哲学主体化存在本体论基础。人是物质长期演化的结果，"自然的人化"使人的本质力量对象化和对象的人化成为可能，进一步使更大范围的纯粹"自在的自然"（相当于康德的"物自体"）不断演化成"人化的自然"，通过人的存在方式、生产方式和生活方式的矛盾互动，使世界历史递进式演化成"自然史、社会史和精神史"。

卡尔·波普尔提出过著名的"三个世界"的理论①："世界1"是指包括地球在内的全部宇宙自然界；"世界2"是指人的精神世界；"世界3"又称为"客观知识世界"，包括人类所创造的语言、文艺作品、宗教、科学、技术等。"第一世界"最先存在，"第二世界"在新的层次上出现，"第三世界"又出现在更高的层次上。波普尔关注的是知识的本体论地位问题，因而转型到对世界的性质和结构以及整个宇宙进化的阐释。他想把人类的语言和心理现象严格区分开，但是却把人类的语言和用语言所表达及创造的精神产物混为一谈。我国有两位学者提出了"四个世界"论。一个是王希杰提出的一种语言世界—物理世界—文化世界—心理世界"四个世界"论。另一个是刘立群提出的对象世界—符号世界—定义内容世界—想象力世界"四个世界"论。② 这两个"四个世界"论和波普尔的"三个世界"论思维方式上基本一样。唯一的明显区别是，前者是把语言单独拿出来作为一个独立的"世界"，后者是把想象力单独拿出来作为一个独立的"世界"。这几个世界划分法从科学研究来说很有启示意义，但从哲学研究来说还是很难经得起物质统一性推敲。唯有马克思主义历史唯物辩证法的"三个世界"是基于"存在"的物质统一性。

理所当然，世界历史三重历史研究离不开具体科学，但是哲学研究不能取代具体科学的研究。反之亦然，具体科学也不能替代哲学更不能僭越哲学。这就有了科学之间、之上和之外的哲学问题。形而上学本身对于科学研究来说没有错，错就错在用形而上学替代哲学或僭越哲学。这就违背了俗话说的现代化分工。

科学用形而上学研究专业性、确定性、规律性问题——要么可证实，要么可证伪，但不可自由选择。如果目前既不能证实也不能证伪的非确定性问题，就是自由选择问题。而这种自由选择问题又分两类：一类是与人无涉的"物自体"的纯粹自然选择问题，完全由概率决定，这就由模糊数学上的概率论解决。另一类与人的主观意志有关的问题就是智慧选择的哲学辩证法问题。也就是说，哲学用辩证法研究非确定性的"关系问题"——既难以证实也难以证伪，但可自由选择。如果说科学是小

---

① 〔英〕卡尔·波普尔：《客观知识——一个进化论的研究》，舒炜光、卓如飞、周柏乔、曾聪明等译，上海：上海译文出版社2005年版，第5页。

② 刘立群：《超越西方思想：哲学研究核心领域新探》，北京：社会科学文献出版社出版2008年版，第55页。

智慧，哲学就是大智慧。如果有人硬要用研究科学的形而上学方法去研究哲学问题，那就是形式主义、机械主义、庸俗主义，于是"形而上学"就成了贬义词。如果有人硬要用研究哲学的辩证法去研究具体科学问题，把不可选择的规律性科学问题变成可选择的哲学问题，就成了相对主义和诡辩论。于是"相对主义"和"诡辩论"也成了贬义词。

《求是》杂志2019年第2期刊登陈先达由一本书浓缩的文章《马克思主义哲学是大智慧》，读了之后很受启发。

"马克思主义哲学是智慧的大海，浅者见其浅，因为他站在岸上只能看到表面；深者知其深，因为他跳到大海里。要掌握马克思主义哲学这个大智慧，不能浅尝辄止，必须深入、深入、再深入。"①

怎么深入？要把握作为哲学的辩证法的复杂系统思维。有学者早在1997年就提出了关于辩证法定义的疑点问题②：第一问"辩证法"是事物自身固有的辩证运动规律吗？这是本体论意义上的问题。第二问"辩证法"是一种人们辩证地认识规律的学说、科学和方法？这是认识论意义上的问题。第三问如何辩证地兼顾这两种含义？这是方法论意义上的辩证法问题。

作为哲学的辩证法至少有三个层面的哲学问题需要回答：

第一层面要从本体论层面确认辩证法客观存在的基础，辩证法是指客观事物自身（包括自然、社会和思维）运动和发展的辩证运动规律，亦即事物自身存在规律辩证法（包括自然辩证法、社会辩证法和思维辩证法）。恩格斯称之为"客观辩证法"，这引起过国内外学界的争议。③

第二层面要从认识论层面确认辩证法主观存在的基础，辩证法是指人类认识客观规律的主观辩证法，亦即人类认识世界改造世界的辩证法

---

① 参见陈先达：《马克思主义哲学是大智慧》，载《求是》，2019年第2期。
② 参见杨富斌：《"辩证法"概念辨析》，载《河北师范大学学报（哲学社会科学版）》，1997年第1期。
③ 在英国伦敦共产主义大学，曾经发生一场关于自然辩证法问题的争论。参加的人是累斯特大学的约翰·霍夫曼（John Hoffman）和爱丁堡大学的理查德·戈恩（Richard Gunn）。他们后来把自己补充过的讲稿送到《今日马克思主义》编辑部。该刊于1977年开辟了"关于自然辩证法的争论"专栏，在1月号和2月号上分别登载了他们的两篇文章，后来引发了系列争论。——笔者注

(包括主观辩证法、朴素辩证法、观念辩证法、概念辩证法,等等)。

第三层面要从主—客观相结合来确认辩证法的辩证基础,辩证法从完整意义上讲应该是历史唯物辩证法,这里的"历史"指的是世界历史,包括自然史、社会史和精神史。

2. 哲学思维与科学思维以及相应的三种逻辑思维

要厘清辩证法与哲学和形而上学的关系,就有必要弄清哲学思维与科学思维以及与形而上学的联系与区别,其中关键要弄明白形式逻辑、数理逻辑、辩证逻辑这三种逻辑思维形式的联系和区别及其各自的适用范围。

——**思维科学研究用形式逻辑**。

【形式逻辑】"关于思维的形式及其规律的科学。形式逻辑研究概念、判断、推理等主要思维形式,研究同一律、矛盾律、排中律等思维规律。"①

形式逻辑是传统逻辑。传统逻辑亦称"普通逻辑",是不同于数理逻辑的形式逻辑。它创立于古代,不断丰富发展而沿用迄今,故称传统逻辑。形式逻辑有两种推理形式:演绎推理和归纳推理。形式逻辑属于纯思维科学范畴,主要注重形式,所以往往会因为形式而忽略了本质。推出来的结论往往是符合形式逻辑理念而不符合实际事实。

——**自然科学研究用形而上学的数理逻辑**。数理逻辑又称符号逻辑、理论逻辑。它是数学的一个分支,是用数学方法研究逻辑或形式逻辑的学科。其研究对象是对证明和计算这两个直观概念进行符号化以后的形式系统。数理逻辑是数学基础的一个不可缺少的组成部分。虽然名称中有逻辑两字,但并不属于单纯逻辑学范畴,而属于纯自然科学范畴,探究宇宙根本原理。哲学史上曾经誉之为形而上学。就像胡适说的,科学就是大胆假设,小心求证。所以科学是客观的,经过验证的真理。形而上学只是大脑主观的思维,就是大胆假设,还要经过科学验证才可以知道是不是真理。人们以往对科学和形而上学关系的看法是片面的和简单化的,实证主义和经验主义坚持科学的绝对性,坚持科学和形而上学的严格划界,否认形而上学对科学的积极作用;后现代主义和相对主义则

---

① 《现代汉语词典》第 7 版,北京:商务印书馆 2016 年版,第 1467 页。

坚持另一个极端，片面夸大形而上学的作用，否认科学的客观性和真理性。必须再现其真实关系。形而上学与科学具有复杂的相互关系和相互作用，形而上学对科学既有正面作用也有负面影响。哲学上批判形而上学是对的，科学上完全否认形而上却是不对的。关键是不能错误地把形而上学当作哲学方法用于解决辩证法的问题。

——**哲学超越于具体科学之上用辩证逻辑**。与形而上学相对立的辩证逻辑，更注重事物本身，坚持具体地分析具体情况，具体问题具体对待，就是坚持辩证唯物论为基础的唯物辩证法，反对主观性、片面性和表面性。所以出错的概率就会更少一些。

【辩证逻辑】"马克思主义哲学的组成部分，要求人们必须把握、研究事物的总和，从事物本身矛盾的发展、运动、变化来观察它，把握它，只有这样，才能认识客观世界的本质。"①

【形而上学】"1. 哲学史上指哲学中探究宇宙根本原理的部分。2. 同辩证法相对立的世界观或方法论，它用孤立、静止、片面的观点看世界，认为一切事物都是孤立的，永远不变的；如果说有变化，只是数量的增减和场所的变更，这种增减或变更的原因不在于事物的内部而在于事物的外部。也叫玄学。"②

"形而上学"一词出自于《周易·系辞上》："形而上者谓之道，形而下者谓之器。"认为法则是无形的，称为"形而上"；器用之物是有形的，称为"形而下"。这一对概念在哲学史上逐渐被中国哲学家引申为表述抽象和具体、本质和现象、本原和派生物的范畴。汉唐以来的哲学家展开了长期的争论。王弼派玄学家和宋明时期的理学家（如唯心主义者朱熹）都认为形而上的东西先于并决定形而下的东西。清代戴震认为，以未成形为"形而上"，已成形为"形而下"③。相反，唯物主义者王夫之认为，"先有形而下后有形而上"，形而上的东西不能脱离形而下的东西存在。可见，"形而上学"作为哲学中探究宇宙根本原理的部分本身

---

① 《现代汉语词典》第7版，北京：商务印书馆2016年版，第83页。
② 《现代汉语词典》第7版，北京：商务印书馆2016年版，第1467页。
③ 参见《孟子字义疏证·天道》："形谓已成形质，形而上犹曰形以前，形而下犹曰形以后。"

无所谓褒贬。现代数理逻辑可归属于形而上学的第一种含义，即科学的含义，具有某种本体论意义。

西方马克思主义者阿多诺对形而上学所作的"否定辩证法"批判具有启示意义。阿多诺在《哲学的现实性》一文中提出，要建立一门既辩证又唯物的哲学必须从批判形而上学开始。①

作为一种哲学本体论的"否定的辩证法"的一个重要内容是探讨主体与客体之间的关系问题。其基本观点是：主体必须把一定的客体作为自己的认识对象，而一定的客体也必须有相应的主体的介入才成为被认识的对象。这契合了马克思的"人化自然和自然的人化"。

西方马克思主义者阿多诺立足于形而上学的内在矛盾提出了"否定辩证法"。因为任何一个概念中都蕴含着概念性与实在物的矛盾，也就是永恒的普遍性规律与流变的现象世界之间的矛盾。形而上学的内在矛盾表现在：一方面形而上学曾经被誉为"第一哲学"（其实并非哲学），其公开目的是通过概念的抽象，把握永恒的、普遍的真理，但这却必须通过对实在物的压模和抽象来实现，即通过形而上学的方法来实现。而另一方面其隐秘的目的则是试图借助概念形式来影响和拯救流变的感性世界的内容。在这个第一哲学的形而上体系中，实在物始终是不可缺如的，这意味着形而上学不可能与唯心主义原则相容。这为走向一种既辩证又唯物的哲学提供了可能。

从认识论的角度看，否定辩证法揭示出认识论问题的基本矛盾，即形而上学的原理中包含历史的物质始源性和知识的有效性之间的矛盾：一是致力于探索知识的最本原的、最直接的起始源，一是致力于追求概念知识的最高的普遍性和有效性。于是，传统的认识论过度强调"同一性"，并试图将起源的要素强行统一于有效性之中。这实质上是刻意排除了物质始源性要素的客观性，从而使知识限制在主体的抽象范畴之内，被降低为同义反复。要跳出这种认识论的"同一性"陷阱，必须通过否定辩证法寻求二者的和谐统一。

从辩证法演变的角度看，从柏拉图到黑格尔的辩证法都服务于形而上学的公开目的，即通过概念的抽象，把握永恒的和普遍的真理，而阿

---

① 《哲学的现实性》（*Die Aktualität der Philosophie*）一文是 1931 年 5 月 7 日阿多诺在法兰克福大学哲学系所做的就职演讲。在这篇演讲中，阿多诺表达了自己对从胡塞尔到海德格尔的现象学运动的总体看法，以及对未来具有现实性的哲学发展的一般构想。——笔者注

多诺的"否定辩证法"则试图对这个同一性传统作"辩证的否定",如同马克思的"扬弃"。因为辩证的否定本身已经包含了肯定的要素。"非同一性"并不意味着完全抛弃同一性,而是改变了同一性的形而上学性质。立足于非同一性的辩证法的"范畴"就转化成了"关键词"如中介性、时空性、实践性、信息等。"范畴"反映"二元化"对子思维,而"关键词"反映谱系化思维。

阿多诺对形而上学进行"否定辩证法"深度批判的启示意义有三:一是"否定的辩证法"用"非同一性"扬弃"同一性",从底层逻辑发掘了马克思所开创的历史唯物辩证法传统;二是与海德格尔所代表的现象学完全否认形而上学的进路不同,"否定辩证法"深入形而上学的辩证本质,寻求其内在的超越;三是与实证主义固执于直接感觉经验的进路不同,"否定辩证法"并不否认形而上学对于"同一性"具体科学研究的"方法意义",而是在意通过"辩证中介"寻求"非同一性"抽象的概念与感性内容的辩证统一。

传统思维的错误就在于将同一性当作最终目的。依据阿多诺的"否定辩证法"看来,诸如资本主义民主和自由这些所谓的"普世价值观"都是基于同一性的形而上学概念,必须予以警惕和辩证的否定。"否定辩证法"旨在使思维摆脱形式逻辑的同一律,而坚持历史的唯物的辩证法。

在马克思主义哲学史上,大多使用词典中形而上学的第二种含义,把形而上学看作与辩证法相对立的方法论,二者对立的焦点在于对"世界究竟处于怎样一种状态"所作出的不同回答。其中,承认矛盾,坚持用联系、发展、全面的观点看问题的属于辩证法;否认矛盾的存在,主张用孤立、静止、片面的观点看问题的则属于形而上学。但如果运用形而上学的第二种含义,如以形式逻辑来演绎哲学辩证法问题,那就难免陷入形式主义、机械主义、庸俗主义。

上述是简单化地解答词典词条,读者很可能知其然却不知其所以然。下面尝试形象地具体举例诠释一下"辩证逻辑"和"形式逻辑"以及"形而上学"的确切含义:

【事件】最先进最发达的医疗科学技术会减少发病率和死亡率。美国有世界上最先进最发达的医疗科学技术!美国还自诩有最自由的民主制度。于是,美国对世界各国防控新冠疫情的优良表现搞了个评价排行榜,美国居然把自己排在前列,是怎么"科学地"排列出名次的呢?

下面以形式逻辑演绎和辩证逻辑推理的对比分析为例加以说明。三段论推理是演绎推理中的一种简单推理判断。

它包含：一个一般性的原则（大前提定义），一个附属于前面大前提的特殊化陈述（小前提），以及由此引申出的特殊化陈述符合一般性原则的结论。

假　设（大前提定义）：凡是有最先进最发达的医疗科学技术和最自由民主制度的国家，防控新冠疫情就最有效率；

小前提：美国有世界上最先进最发达的医疗科学技术和最自由民主的制度；

结　论：所以，美国是世界上防控新冠疫情表现最好、排名第一的国家。

众所周知，这个结论与事实完全不符。因为大前提假设和逻辑结论都没有把"感染率和死亡率高低"作为检验防控疫情好坏的客观标准。而把"自由民主"当作"政治正确"的大前提定义，于是就从错误的前提推导出了错误的结论，尽管推理演绎过程完全符合形式逻辑，但是结论却与真实情况完全相反。政客和官僚主义者往往都喜欢这样用形式逻辑玩弄形式主义，以便把假话说得理直气壮。

美国虽然有世界上最先进最发达的医疗科学技术，但事实上却是世界上是防控疫情表现最差的国家，感染率和死亡率排列居前列。据美国约翰斯·霍普金斯大学新冠疫情最新统计数据显示，截至北京时间2021年8月5日6时21分，全球累计新冠确诊病例超2亿例，累计死亡病例4253084例。数据显示，美国人口不是最多的国家却是累计确诊病例和死亡病例最多的国家，累计确诊病例35320199例，累计死亡病例614784例。美国疾病控制和预防中心（CDC）3日表示，该国疫情大幅反弹。过去7天，全美日均新增确诊病例超过去年夏天的峰值。

可见形式逻辑属于纯思维科学范畴，主要注重形式，所以往往会因为形式而忽略了本质，难免导致形式逻辑结论与事实结果不一致的悖论。如果假设大前提错了或者说有缺失、不全面，或者把必要条件之一当作充分条件，就会导致理论与事实之间的悖反。因为充分条件的意思是指只需要这一个条件，事情就会发生。而必要条件的意思是指完成某件事可能需要几个必须的条件，其中每一个都是必要的条件，但不一定是充分条件。简单地概括就是：正推成立是充分，反推成立是必要。假设大前提是主观选择的、不充分的，甚至是起反作用的，无论你再怎么严格"科学地"按形式逻辑演绎推理，结论一定是错的。归纳推理也存在类似的问题。因为普遍性中还有特殊性，而这是形式逻辑推导不出的，只有辩证逻辑才能解决形式逻辑解决不了的悖论问题。

对"美国悖论"进行辩证逻辑推导后，我们就能明白为什么美国有世界上最先进最发达的医疗科学技术却是世界上防控新冠疫情最差（感染率和死亡率最高）的国家之一。因为美国所谓的"最自由的民主制度"这个假设前提刚好是起反作用的，负能量消解了"科技发达"的正能量。辩证法告诉我们，外因是事物变化的条件，内因是事物变化的依据，外因通过内因发挥作用。先进的医疗科学技术条件作为外因，只是防控新冠疫情的必要条件之一，而不是充分条件。因为先进发达的医疗科学技术只是防控新冠疫情的一种必要的技术条件之一，有效防控新冠疫情还需要有相应的现代治理体系，包括政治体系、社会体系、经济体系、文化体系和信息管理体系，这就涉及一系列辩证逻辑关系，诸如要正确处理好技术与政治、个体与整体、内因与外因、经济基础与上层建筑等辩证关系，只有在这个复杂系统中发挥现代治理体系的系统组织功能，最先进最发达的医疗科学技术才可能对防控新冠疫情发挥最有效的作用。美国自诩的所谓"最自由民主的制度"导致反智的自由主义、民粹主义和极端个人主义，恰恰因为这个形式逻辑假设大前提是错误的，所以使美国先进的医疗科学技术条件没有发挥应有抗疫效能。

辩证逻辑推理更注重事物本身的复杂性，更注重具体问题具体对待，更注重以联系、发展和全面的观点实事求是。所以，这样采取措施出错的概率就会更少一些，整体效率和个体效率就会更高一些。辩证逻辑方法就是辩证法，是一种超越于具体科学的复杂系统科学。具体的专业科学解决不了的非确定性复杂科学/复杂系统问题就需要用用智慧来解决。这就是哲学。完全用研究自然的科学来研究人和人的行为机制，完全用专业的科学方法来研究跨科学、超科学和非确定性的哲学问题，这就叫作形而上学，实质是反哲学。用辩证法来研究具体科学还解决不了的问题，这就是哲学。所以说，哲学是辩证法。陈先达说得更好，"马克思主义哲学是大智慧。"[1]

---

[1] 参见陈先达：《马克思主义哲学是大智慧》，北京：人民出版社出版 2019 年版，第 1 页。

3. 马克思主义哲学是历史唯物辩证法

马克思主义历史唯物辩证法，世界观上不是唯心主义而是唯物主义，历史观上不是只讲社会历史而要兼顾自然—社会—精神三重历史，方法论上不是形而上学而是辩证法。马克思主义历史唯物辩证法的本质性在于实践的辩证统一性。一句话，马克思主义历史唯物辩证法，是马克思主义世界观、历史观和方法论的辩证统一学说，也是马克思主义世界观、价值观和人生观的辩证统一学说，还是生存方式、生产方式和生活方式的辩证统一学说。

哲学研究的生命在于反思。有几个谱系化关键词的确切涵义有必要反思。马克思主义的终极关怀是什么？世界历史的内容结构是什么？唯物主义的"物"是什么？辩证法的载体是什么？为什么要把"辩证唯物主义和历史唯物主义"合并为"历史唯物辩证法"？

（1）**马克思主义的终极关怀是什么？**

马克思主义是关于人的解放学说。现实的具体的人是马克思主义的出发点和归宿点，这就意味着现实的具体的人，是马克思主义的核心问题。马克思主义原理千头万绪，归根到底，就是解放人的问题。人的解放贯穿于马克思主义哲学、政治经济学和科学社会主义三个组成部分的始终。人的解放，不是思想活动，而是经济、政治、文化、社会高度发展的结果，人的解放是一种历史活动。马克思主义哲学基于实践的观点论证了世界是可以认识和改变的。而认识世界和改变世界并不是目的，目的是要把人从自然的、社会的、精神的种种矛盾束缚中解放出来，成为自由而全面发展的人。这就是共产主义的意义之所在。

（2）**世界历史的内容结构是什么？**

世界历史是自然史、社会史和精神史的辩证统一体。

【世界】"1. 自然界和人类社会的一切事物的总和。……2. 佛教用语，指宇宙。……3. 地球上所有地。……4. 指社会的形势、风气。……5. 领域；某种活动范围。"①

---

① 《现代汉语词典》第7版，北京：商务印书馆2016年版，第1191页。

所以世界观也叫宇宙观。

【历史】"1. 自然界和人类社会的发展过程，也指某种事物的发展过程和个人的经历……也指历史学。"①

【历史观】"人们对社会历史的总的看法，属于世界观的一部分。唯物史观和唯心史观是两种对立的历史观。"②

问题一："自然界和人类社会"既是世界一切事物的总和，也是历史发展过程的内容总和。世界和历史二者的区别在于：一个是表达共时态结构，可以说世界是自然界和人类社会历史的共时态运动发展结构；另一个表达历时态轨迹，表现为世界所包含的自然界和人类社会的历时态动态发展状况。二者的联系在于：二者的核心内容和关键词"自然界和人类社会"。世界和历史的关键词和本质内容"自然界和人类社会"完全是同一的。广义上可以说，世界观是历史观的同义语。但可惜的是，《现代汉语词典》和一些教科书在历史观的定义上却忽视了这一点，导致了【历史】词典定义的前后不一致。

问题二：【历史观】这个定义是有缺失的。只讲到了社会历史，至少缺失了自然界的历史（自然史）的基本内容，更没有从社会历史中区分出人类特有的精神发展史。从字面意义上难免造成这样的结构错觉：唯物主义可以是辩证的也是历史的，似乎历史却不是辩证的。而且更严重的后果是，一方面认定在《德意志意识形态》中创立的马克思主义哲学就是反对唯心史观的唯物史观。但从上述这个定义看来，似乎唯物史观和唯心史观只是历史观，只是世界观的一部分而不是全部。这个"历史观"定义与"世界""历史"定义明显不一致，怎么说都是不周延的。既然"世界"的内容有自然、社会和精神，那么"历史"的内容有自然史、社会史和精神史。世界（自然、社会和精神）的发展过程叫作历史，历史是世界（自然、社会和精神）的发展过程。唯物史观和唯心史观既是世界历史观也是世界观。不要以为强调"精神世界"就是历史唯心主义。

---

① 《现代汉语词典》第 7 版，北京：商务印书馆 2016 年版，第 802 页。
② 《现代汉语词典》第 7 版，北京：商务印书馆 2016 年版，第 802 页。

"人是物质和精神的统一体，世界同样既是物质世界，也包括精神世界。只有肉体而无精神，就不成其为人；只有物质世界而无精神世界，这也不是人类的世界。当精神属于活动着的人类主体时，它表现为支配人活动的精神和思想，表现为现实的心理和思维；当它凝结为社会结构组成部分时，表现为文化和上层建筑中的观念形态。"①

（3）唯物主义的"物"是什么？

哲学的物质定义与科学的物质定义原则相同而表现和表达却不尽相同。譬如，从哲学上强调万事万物有生必有灭，没有永恒不变永生不死的事物，这才符合辩证法；而从科学上却强调物质不灭定律，物质的生和死只是存在的形态和方式的改变而已。哲学关注变化着的物质，而科学关注物质最小单位分子、最本原的、最小的、不变的组成形态（原子、质子、中子、夸克……）。如果对哲学辩证法上的"物"与科学上形而上学的"物"的共同点和不同点把握不到位，就可能导致不同水平的唯物主义，甚至有可能从唯物主义导向唯心主义。

唯物主义有一个谱系——朴素唯物主义、机械唯物主义、辩证唯物主义、历史唯物主义……从哲学本体论看，区分不同唯物主义的关键在于唯物之"物"究竟是什么？把"实体"当作物质的叫朴素唯物主义，把"原子"/元素当作物质的叫机械唯物主义/形而上学唯物主义；把"存在"当作物质的叫辩证唯物主义；把"社会存在"当作物质的叫历史唯物主义。把"主体化存在"看作物质的叫历史唯物辩证法（也可叫作历史辩证唯物主义）。

——**古代朴素唯物主义**又称素朴唯物主义，是唯物主义发展的最初历史形态。朴素唯物主义的根本性标志是把"实体"当作物质。是一种用某种或某几种具体物质形态来解释世界本原的哲学学说。它否认世界是神创造的，把世界的本原归根为某种或某几种具体的物质形态，试图从中找到具有无限多样性的自然现象的统一。古希腊哲学家泰勒斯认为，万物产生于水，并经过各种变化之后又复归于水。中国的"五行说"认为，金、木、水、火、土五种物质构成世界的本原。印度古代的"四

---

① 陈先达：《马克思主义哲学是大智慧》，载《求是》，2019 年第 1 期。

大"说认为宇宙万物是由水、风、地、火构成的。这些都是物质第一性、意识第二性的唯物主义思想的朴素反映。古代朴素唯物主义之所以"朴素",就是把物质局限于"实体"。

【实体】"马克思主义以前的哲学上的一个概念,认为实体是万物不变的基础和本原。唯心主义者所说的'精神'、形而上学的唯物主义者所说的'物质'都是这样的实体。"①

——近代形而上学唯物主义（又称机械唯物主义），是唯物主义发展的第二种历史形态。机械唯物主义/形而上学唯物主义的根本性标志是把自然"原子"/元素当作物质,是一种以孤立的、静止的、片面的观点解释自然界、人类社会和认识论问题的哲学学派。在总结自然科学成就的基础上,丰富和发展了唯物主义。但它把物质归结为自然科学意义上的原子,认为原子是世界的本原,原子的属性就是物质的属性,因而具有机械性、形而上学性、在历史观上的唯心主义等局限性。

——辩证唯物主义（也称辩证唯物论或唯物辩证法），辩证唯物主义的根本性标志是把"存在"当作物质,是一种把唯物主义和辩证法有机统一起来的科学世界观。"辩证唯物主义"这一术语最早出在 J. 狄慈根1886年出版的《一个社会主义者在哲学领域中的漫游》中,是产生于19世纪40年代的唯物主义的高级形式,由辩证唯物论、唯物辩证法和辩证唯物主义认识论三部分组成。传统教科书认为,辩证唯物主义是马克思恩格斯在批判地继承了人类文化的优秀成果,特别是在批判地吸收了黑格尔辩证法的"合理内核"和费尔巴哈唯物主义的"基本内核"的基础上创立的。其中,人们把从自然中来又回到自然中去的辩证唯物主义自然观叫作"自然辩证法"。

辩证唯物主义认为世界在本质上是物质的。恩格斯在《反杜林论》中说:"世界的真正的统一性是在于它的物质性。"② 物质是第一性的,意识是第二性的,意识是高度发展的物质——人脑的机能,是客观物质世界在人脑中的反映。辩证唯物主义认为物质世界是按照它本身所固有的规律运动、变化和发展的。事物矛盾双方又统一又斗争,促使事物不

---

① 《现代汉语词典》第7版,北京:商务印书馆2016年版,第1186页。
② 《马克思恩格斯选集》第3卷,北京:人民出版社1972年版,第83页。

断地由低级向高级发展。事物的矛盾规律，即对立统一的规律，它是物质世界运动、变化和发展的最根本的规律。因此，辩证唯物主义，也称辩证唯物论和唯物辩证法。这里的"主义"和"辩证法"都是在规律意义上的用词。

——**历史唯物主义（也称唯物史观，学术上也叫历史辩证法）**。传统教科书最初把马克思哲学看作是辩证唯物主义哲学，而把历史唯物主义仅仅看成是马克思哲学的历史观。学界往往把历史唯物主义叫作"历史辩证法"。历史唯物主义的根本性标志是把"社会存在"当作物质，而社会存在又表现为"物质关系总和"，进而表现为"生产力与生产关系和经济基础与上层建筑"的矛盾运动，是一种运用辩证唯物主义研究人类实践和社会历史发展最一般规律的哲学和"新唯物主义历史观""新世界观"。

马克思关于唯物史观的最初表述见于《黑格尔法哲学批判》。如他后来所说：

"我的研究得出这样一个结果：法的关系正像国家的形式一样，既不能从它们本身来理解，也不能从所谓人类精神的一般发展来理解，相反，它们根源于物质的生活关系，这种物质的生活关系的总和，黑格尔按照18世纪的英国人和法国人的先例，概括为'市民社会'，而对市民社会的解剖应该到政治经济学中去寻求"。①

马克思在《关于费尔巴哈的提纲》一文中明确把自己的哲学称为"新唯物主义"，以同包括费尔巴哈哲学在内的"旧唯物主义"相区别："旧唯物主义的立脚点是市民社会，新唯物主义的立脚点是人类社会或社会化的人类。"② 恩格斯在《反杜林论》一书中则把马克思和他自己的哲学称为"现代唯物主义"："现代唯物主义把历史看作人类的发展过程，而它的任务就在于发现这个过程的运动规律。"③ 马克思恩格斯在《德意志意识形态》中最先系统地表述了历史唯物辩证法的基本思想，未直接

---

① 《马克思恩格斯选集》第2卷，北京：人民出版社1972年版，第32页。
② 《马克思恩格斯选集》第1卷，北京：人民出版社1972年版，第61页。
③ 《马克思恩格斯选集》第3卷，北京：人民出版社1972年版，第364页。

提出唯物史观概念，他们只是说"这种历史观与唯心主义历史观不同"①。

"这种历史观就在于：从直接生活的物质生产出发阐述现实的生产过程，把同这种生产方式相联系的、它所产生的交往形式即各个不同阶段上的市民社会理解为整个历史的基础，从市民社会作为国家的活动描述市民社会，同时从市民社会出发阐明意识的所有各种不同理论的产物和形式，如宗教、哲学、道德等等，而且追述它们产生的过程。这样当然也能够完整地描述事物（因而也能够描述事物的这些不同方面之间的相互作用）。

"它不是在每个时代中寻找某种范畴，而是始终站在现实历史的基础上，不是从观念出发来解释实践，而是从物质实践出发来解释观念的形成。"②

马克思在早期著作中，对黑格尔概括的"市民社会"，从广义上解释为社会发展各个历史时期的经济制度，即决定政治制度和意识形态的物质关系总和。马克思发现唯物史观以后，又回头用唯物史观指导历史研究，先后写出《1848年至1850年的法兰西阶级斗争》《路易·波拿巴的雾月十八日》《资本论》等名著。在实践的过程中，马克思检验、充实和完善了唯物史观。他在1859年的《〈政治经济学批判〉序言》中强调，生产关系是决定一切社会关系的基本关系，并据此对唯物史观作了更加完整的经典性表述。马克思总是把自己的学说称之为"唯物主义历史观"，并没有把"这种历史观"称之为哲学。马克思恩格斯在《德意志意识形态》中暗示过自己是"实践的唯物主义者"。后来教科书把历史唯物主义当作马克思主义哲学的重要组成部分，所以，列宁在《唯物主义和经验批判主义》中，较早把"辩证唯物主义和历史唯物主义"连在一起，作为马克思主义哲学的名称，从斯大林钦定的教科书开始就一直沿用至今。国内公认的学术权威陈先达强调"要肯定马克思主义哲学是'辩证唯物主义和历史唯物主义'"③ 从实质内容上看是对的。虽然马

---

① 《马克思恩格斯选集》第1卷，北京：人民出版社1972年版，第92页。
② 《马克思恩格斯选集》第1卷，北京：人民出版社1972年版，第92页。
③ 陈先达：《马克思主义哲学是大智慧》，载《求是》，2019年第1期。

克思和恩格斯并没有直接地这样称谓自己的哲学。因为"一种哲学的名称很少由创造者自己提出,而大多是由后人根据他们的思想定名的"①。列宁在《唯物主义和经验批判主义》中有这样一句话:马克思和恩格斯在自己的著作中特别强调的是"辩证"唯物主义,而不是辩证"唯物主义",特别坚持的是"历史唯物"主义,而不是历史"唯物主义"。引号的位移在于强调"历史唯物"和"辩证法"的作用。所谓科学的"唯物"与哲学的"唯物"内涵和外延是有区别的。如果忽视用"辩证法"来突出"历史唯物"(主体化存在本体),过于停留在一般所谓科学的"唯物"意义上,那就会陷入形而上学的物化窠臼,因为那种唯物主义在三大哲学里早在马克思以前就已经出现了。因此马克思哲学革命的创新之处就是用哲学的"唯物"——现实的人的历史实践这个主体化存在本体(物质),把被黑格尔颠倒的唯心辩证法重归为历史唯物辩证法。现有的马克思主义哲学名称似乎没有兼顾和突出表达这一点。但就"辩证唯物主义和历史唯物主义"冠名所表现的两个主义并列的形式来看,难免给人以词不达意的二元结构错觉,也引发了不少误解和争议。如果有可能把"辩证唯物主义和历史唯物主义"以及"实践唯物主义"三者综合起来,并突出马克思、恩格斯、列宁所强调的"历史唯物"和"辩证法",也许理论上有利于避免一些误解和争议,实践上有利于哲学思维和科学思维的各展其长并相互促进,而不至于哲学—科学混淆不清"一锅烩"。

关于马克思主义哲学二元结构冠名的争论。至少有这么几种观点值得重视:

一是认为马克思主义哲学就是辩证唯物主义,因为历史唯物主义不过是辩证唯物主义原理在社会历史领域的运用。

二是认为马克思主义哲学就是历史唯物主义。尽管《德意志意识形态》隐含着辩证唯物主义的思想内容,但马克思此时创立的话语体系已经不屑于用西方哲学话语体系来表达自己的思想。而是用改造当时的国民经济学生产力和生产关系话语实现了哲学"生产论转向"。加之《德意志意识形态》不是按教科书式原理体系写作,而是依据问题意识按论战的风格写作的。所以在马克思的话语体系里辩证唯物主义的哲学关键词表征并不突出,以致一些西方哲学史家竟然不把马克思排入哲学家

---

① 陈先达:《马克思主义哲学是大智慧》,载《求是》,2019年第1期。

之列。

三是认为是马克思以"实践"为核心创立了历史唯物主义,而恩格斯以世界的物质统一性为核心完善了辩证唯物主义原理体系。马克思恩格斯共同创立的马克思主义哲学就是由辩证唯物主义和历史唯物主义两部分构成。前者是基本原理体系而后者只是原理体系的创造性革命性运用。因为并没有说明实践概念同唯物主义的本质联系以及"把实践观点作为马克思哲学的基础性观点何以成为唯物主义"的问题。[①]

四是认为马克思主义哲学的"两个主义"应该是一个"主义",那就是马克思主义。就算马克思主义哲学的内容上可以分成两个组成部分,但一定是有主从层次区别的,不然"两个主义"容易掉进"二元论陷阱"。也就是说,马克思主义哲学两个组成部分不可能、也不应该是两个并列的"主义"。更何况哲学是研究各种主义的,但哲学本身并不是"主义",主义也不是"哲学"。"主义"是什么?通俗地讲"主义"是主张,哲学意义上讲"主义"是信仰,"主义"似乎是不证自明的东西。既然辩证唯物主义把话说到底了,说世界的本质是物质的,世界的统一性是物质的统一性。那么,有没有康德的"物自体"?又怎样理解马克思关于"人化的自然"和"自然的人化"中的"物质性""存在性"以及"实践性"?恩格斯的"物质统一性"与马克思"实践统一性"究竟是什么关系?马克思主义哲学的本质是什么?把这些问题搞清了,"二元结构"问题就很好解决了。如果把"辩证唯物主义和历史唯物主义"综合为"历史唯物辩证法"也可能就没有大的原则分歧了。

——**历史唯物辩证法**。历史唯物辩证法的根本性标志是把"主体化存在"的实践活动当作物质,把辩证法当作哲学,把《德意志意识形态》关键词谱系化分析当作基本研究方法,把三元结构形态当作分析框架:一是构建自然史—社会史—精神史三位一体的三元世界历史结构分析框架;二是构建生存方式—生产方式—生活方式三位一体的三元实践结构分析框架,三是构建世界观/历史观—价值观—人生观三位一体的三元意识形态结构分析框架。所谓三大新综合:一是对辩证唯物主义—历史唯物主义—实践唯物主义进行三位一体的马克思主义哲学话语体系新综合;二是对本体论—主体论—认识论进行三位一体的现代西方哲学话

[①] 刘福森:《马克思哲学研究中三个不可回避的重要问题》,载《哲学研究》,2012年第6期。

语体系新综合；三是对处理天人矛盾的道家哲学—处理群己矛盾的儒家哲学—处理身心矛盾释家哲学进行三位一体的传统中国哲学新综合，总而言之，是历史的唯物的辩证的哲学新综合，冠名为"马克思主义历史唯物辩证法"。

马克思主义历史唯物辩证法的"物质"不是康德式的"绝对自在"的"物自体"（即认识之外的且绝对不可认识的存在之物）。马克思的"物质"是"人化的自然"和"自然的人化"语境下的主体化存在本体及其实践活动，主要表现为处理人与自然、人与人、人自身三大矛盾关系生存方式、生产方式和生活方式。

马克思在《德谟克利特的自然哲学与伊壁鸠鲁的自然哲学的差别》的博士论文中提出"世界的哲学化同时也就是哲学的世界化"这一重要命题；马克思在《1844年经济学哲学手稿》中提出"自然的人化"与"人化的自然"这一重要命题。这两个命题都是人与自然之间关系的辩证法问题。马克思当时思考的是人的世界与物的世界的元理论哲学关系问题，也就是要探寻历史唯物辩证法这个哲学世界的"物"究竟是什么。马克思唯物的"物"当然不会是康德的"物自体"，而是三元历史结构辩证的"物"，即实践活动。

所谓"自然的人化"，包含有外在自然和内在自然。外在自然是指客体世界为人所认识，而成为人类主体的工作对象；内在自然是指人类主体的理性世界，通过实践而从客体世界获得审美情感和审美体验。"人化自然"导致"自然的人化"，表示一种过程，即客观的自然界（即近似于康德的"物自体"）不断进入人的活动过程，客观世界对象化的过程，也可以说是"世界的哲学化同时也就是哲学的世界化"过程。

"自然的人化"和"世界的哲学化"：即对世界进行哲学化处理的哲学。这是哲学家们几百年来直到黑格尔为止都一直在做的工作（这就是形而上学的哲学传统）。就是把现实世界或实践的经验上升或提高为普遍性的哲学概念，诸如：理念、实体、神、至善、理性、自我意识、绝对精神，等等。这是一种内在自然，指人类主体的理性世界，通过实践而从客体世界获得审美情感和审美体验。

"人化自然"和"哲学的世界化"：人的本质力量对象化实现"人化自然"；哲学成为世界的哲学，对哲学进行世界化变革。即哲学不应该是固定的体系，而是放到实践中去，"变成世界的一般哲学，即变成当代世界的哲学",这样,现象世界就同哲学解释协调起来,现象的现存世界变成"现实的"和"真实的"世界。这是一种外在自然,指客体世界为人所认识,而成为人类主体的工作对象。

青年马克思关于"世界的哲学化同时也就是哲学的世界化"与马克思后来提出的"自然的人化与人化的自然"两个命题结合起来,可以体认出马克思的辩证唯物论中"物""人"和"世界"的主体化存在本体论特征。可见马克思来自于对哲学二元性的辩证法超越。一方面是哲学面对的时空流变中的外部客观世界——一个感性现象世界;另一方面是哲学的内在性造成了一个概念化理性世界;而连接主—客观两个世界的是"人",因为人既是物质世界长期演化的结果,同时又是精神世界演化的活体。这两个命题结合起来便知这个世界包括自然物质世界、人类社会和精神世界,世界历史包括自然史、社会史和精神史。

(4) 哲学、辩证法及其"唯物"载体是什么?

如前所述,所谓科学的"唯物"与哲学的"唯物"内涵和外延是有区别的。马克思哲学革命的创新之处就是用哲学的"唯物"——现实的人的历史实践这个主体化存在本体(物质),把被黑格尔颠倒的唯心辩证法反正为历史唯物辩证法。哲学、辩证法及其物质载体就是人、实践、自然史—社会史—精神史三位一体的世界……可归结为:"历史主体化存在本体(物质)"。这种哲学上的物质即历史唯物辩证法上的物质,有一个特点:物质与精神共存于人,意识与存在相互依存于实践,自然—社会—精神共存于世界,就像中医的"经络"一样,人活着"经络"就在,人一死"经络"就没了,无论用什么科学解剖都找不"经络"。这就是哲学上的"唯物",即历史唯物辩证法之"物"。不懂辩证法就不懂哲学上的"物"。

那其他各种各样的辩证法怎么看呢?当我们使用"自然辩证法"概念的时候,当我们说"事物的发展是符合辩证法"的时候,当我们说"违背辩证法必然要受到惩罚"的时候,其中的"辩证法"一词是在规律意义上使用的。也就是说,所谓自然辩证法就是自然规律。于是引起了争议。因为如果把辩证法当作规律的同义语,那么,"主观辩证法""观念辩证法""概念辩证法"就变成了"主观规律""观念规律""概念规律",这就自相矛盾了。因为凡规律都是客观上不以人的意志为转移的。"主观"讲的是能动性、对象化、非确定性和可选择性,而"规律"

讲的是客观性、确定性和不可更改性。所以，纯粹的主观无所谓"规律"，反之亦然。如果说"主观辩证法"可替代为"主观规律"，那就是一种反实践的悖论式表达。因为只有实践才是主观见之于客观和客观反作用于主观的信息中介和载体。辩证法说到底就是实践的哲学形态。实践既是物质的也是精神的，同样，辩证法也是如此。

无论在哲学文献里还是在日常生活中，"辩证法"的本质究竟是一种主观的"学说"还是客观的规律？抑或两者都是？目前大多数哲学教科书和哲学工具书对此并没有作明确的区分或说明。

国内外迄今出版的各种哲学教科书和哲学工具书通常是这样给"辩证法"概念下定义的：

> 辩证法是"关于自然、社会和思维发展的最一般规律的科学。是科学的世界观和方法论"①。
>
> "黑格尔关于辩证法是普遍联系和发展的思想，已成为辩证法的通常涵义。在这个意义上，辩证法经历了三种基本的历史形态：古代朴素辩证法，以黑格尔为代表的唯心辩证法和马克思主义的唯物辩证法。……唯物辩证法是客观物质世界的发展规律和认识规律的正确反映。"②
>
> "交谈的技巧，来自认识现实的理论和方法，关于自然界、社会和思维的最一般的发展规律的学说。"③
>
> "关于普遍联系和发展的哲学学说。"④
>
> "辩证法是关于联系和发展的科学"⑤，"辩证法是关于世界普遍联系和永恒发展的科学，它是用联系的、发展的从而是全面的观点来看世界的"⑥。
>
> "辩证法是关于世界发展和普遍联系的学说。"⑦

---

① 《中国大百科全书》哲学卷Ⅰ，北京：中国大百科全书出版社1985年版，第43页。
② 《哲学大辞典》马克思主义哲学卷，上海：上海辞书出版社1990年版，第999页。
③ 《苏联哲学百科全书》卷Ⅰ，上海：上海译文出版社1984年版，第514页。
④ 《辞海》缩印本，上海：上海辞书出版社1980年出版，第1984页。
⑤ 肖前、李秀林、汪永祥主编：《辩证唯物主义原理》，北京：人民出版社1982年版，第134页。
⑥ 李秀林、王于、李淮春主编：《辩证唯物主义和历史唯物主义原理》，北京：中国人民大学出版社1995年版，第108页。
⑦ 赵光武主编：《辩证唯物主义原理》，北京：北京大学出版社1989年版，第22页。

马克思恩格斯第一次明确地把辩证法区分为"客观辩证法"和"主观辩证法",并这样阐明了二者的辩证关系:

> "所谓客观辩证法是支配着整个自然界的,而所谓主观辩证法,即辩证的思维,不过是自然界中到处盛行的对立中的运动的反映而已。"①

我国哲学家黄楠森曾经建议最好称"客观辩证法"为"辩证律"。那么,我们是否可以把研究客观辩证律的主观辩证法称为哲学?

辩证法理论区分为三种历史形态,即朴素辩证法、唯心辩证法和唯物辩证法。这些作为理论形态的辩证法,从一定意义上说,都是主观辩证法。即使"唯物辩证法",也不能说它本身就是"客观辩证法"/辩证律。大凡辩证法要处理的都是非同一性的矛盾关系。历史唯物辩证法的载体是主—客观辩证统一的实践活动。但并非所有的哲学、并非所有的辩证法的载体都是实践。因为在不同情景中出现过各种各样的辩证法。有朴素辩证法和庸俗辩证法;自然辩证法和历史辩证法;客观辩证法和主观辩证法(包括观念辩证法—概念辩证法);唯物辩证法和唯心辩证法……所有这些辩证法的载体都是基于非同一性的矛盾关系。但是其中只有马克思主义历史唯物辩证法是基于主—客观辩证统一的实践活动。

哲学界通常把马克思在哲学史上实现的伟大变革称为"马克思哲学革命",一度颇有影响的有两种观点:一种是 20 世纪 80 年代的"实践转向说",提出过"马克思主义哲学是实践唯物主义"的观点;另一种是 20 世纪 90 年代的"生存论转向说",其实还有生产论转向和生活论转向。马克思就是生产论转向者,而后现代西方马克思主义者就是生活论转向者。

无论是"实践说"还是"生存说",如果完全放弃传统教科书的"辩证唯物主义和历史唯物主义"的话语体系,重构一个新的问题框架,又被重新抽象化幽灵化,就像德里达说的那样,"我们都是马克思的幽灵",其结果也只能在圈内自说自话,这在无意识中弱化了甚至放弃了马克思主义哲学对世界历史施加重大影响的能力。

---

① 《马克思恩格斯选集》第 3 卷,北京:人民出版社 1972 年版,第 534 页。

传统教科书的"辩证唯物主义和历史唯物主义"本质上是正确的，但在概念表述上还是有重新综合的可能和必要，内容框架上也有重新综合的可能和必要，新时代马克思主义哲学话语体系对古今中外和天地人和理应更具包容性。比较好的可能的办法是用"历史唯物辩证法"把"辩证唯物主义和历史唯物主义"以及"实践唯物主义"三者综合起来，关键要以实践作为哲学新综合的辩证法载体。因为"实践转向说"可把"物"看作"主体化存在本体"，用实践和辩证法作"公分母"用以通分，在传统习惯的矛盾对子范畴之间找到"最大公约数"和"最小公倍数"，扬弃旧哲学中主体性原则与客观性原则的抽象对立，以及绝对唯心主义与机械唯物主义的抽象对立，以实践作为人和世界辩证统一的中介载体，可兼容生存论转向、生产论转向和生活论转向，从而实现了哲学本体论和哲学思维方式的双重革命变革。因为"生存论转向说"也好，"生产论转向说"也好，抑或"生活论转向说"，《德意志意识形态》关键词如人、社会、历史以及实践等，都表现着"现实的人"的具体生存方式、生产方式和生活方式，因此马克思哲学革命的实质是以实践为载体的辩证法转向。马克思主义哲学一旦离开了作为实践的生存方式、生产方式和生活方式，就阉割了"马克思哲学革命"的意义。

二、《德意志意识形态》文本梳理和关键词谱系化研究必要性和可行性分析

《德意志意识形态》是马克思恩格斯写于1845—1846年的哲学巨著，另有赫斯等人参与。分两卷，上卷批判青年黑格尔派；下卷批判"真正的社会主义"。上卷的《费尔巴哈》章集中论述了马克思所持的理论立场和观点。本书主要以《德意志意识形态》上卷第一章即《费尔巴哈》章为切入点展开拓展性研究，用以重构马克思主义历史唯物辩证法。

（一）《德意志意识形态》内容的大众化澄明：第一章的文本缩略式［经典节选］

……社会结构和国家总是从一定的个人的生活过程中产生的。但是，这里所说的个人不是他们自己或别人想象中的那种个人，而是现实中的个人，也就是说，这些个人是从事活动的，进行物质生产的，因而是在一定的物质的、不受他们任意支配的界限、前提和条件下活动着的。

……思想、观念、意识的生产最初是直接与人们的物质活动，与人们的物质交往，与现实生活的语言交织在一起的。人们的想象、思维、精神交往在这里还是人们物质行动的直接产物。表现在某一民族的政治、法律、道德、宗教、形而上学等的语言中的精神生产也是这样。人们是自己的观念、思想等的生产者，但这里所说的人们是现实的、从事活动的人们，他们受自己的生产力和与之相适应的交往的一定发展，直到交往的最遥远的形态所制约。意识在任何时候都只能是被意识到了的存在，而人们的存在就是他们的现实生活过程。如果在全部意识形态中，人们和他们的关系就像在照相机中一样是倒立成像的，那么这种现象也是从人们生活的历史过程中产生的，正如物体在视网膜上的倒影是直接从人们生活的生理过程中产生的一样。

……德国哲学从天国降到人间；和它完全相反，这里我们是从人间升到天国。这就是说，我们不是从人们所说的、所设想的、所想象的东西出发，也不是从口头说的、思考出来的、设想出来的、想象出来的人出发，去理解有血有肉的人。我们的出发点是从事实际活动的人，而且从他们的现实生活过程中还可以描绘出这一生活过程在意识形态上的反射和反响的发展。甚至人们头脑中的模糊幻象也是他们的可以通过经验来确认的、与物质前提相联系的物质生活过程的必然升华物。因此，道德、宗教、形而上学和其他意识形态，以及与它们相适应的意识形式便不再保留独立性的外观了。它们没有历史，没有发展，而发展着自己的物质生产和物质交往的人们，在改变自己的这个现实的同时也改变着自己的思维和思维的产物。不是意识决定生活，而是生活决定意识。前一种考察方法从意识出发，把意识看作是有生命的个人。后一种符合现实生活的考察方法则从现实的、有生命的个人本身出发，把意识仅仅看作是他们的意识。

这种考察方法不是没有前提的。它从现实的前提出发，它一刻也不离开这种前提。它的前提是人，但不是处在某种虚幻的离群索居和固定不变状态中的人，而是处在现实的、可以通过经验观察到的、在一定条件下处于发展过程中的人。只要描绘出这个能动的生活过程，历史就不再像那些本身还是抽象的经验论者所认为的那样，是一些僵死的事实的汇集，也不再像唯心主义者所认为的那样，是想象的主体的想象活动。

> ……在思辨终止的地方，在现实生活面前，正是描述人们实践活动和实际发展过程的真正的实证科学开始的地方。关于意识的空话将终止，它们一定会被真正的知识所代替。对现实的描述会使独立的哲学失去生存环境，能够取而代之的充其量不过是从对人类历史发展的考察中抽象出来的最一般的结果的概括。这些抽象本身离开了现实的历史就没有任何价值。

"这种观点表明：历史并不是作为'产生于精神的精神'消融在'自我意识'中，历史的每一阶段都遇到有一定的物质结果、一定数量的生产力总和，人和自然以及人与人之间在历史上形成的关系，都遇到有前一代传给后一代的大量生产力、资金和环境，尽管一方面这些生产力、资金和环境为新的一代所改变，但另一方面，它们也预先规定新的一代的生活条件，使它得到一定的发展和具有特殊的性质。由此可见，这种观点表明：人创造环境，同样环境也创造人。"①

生产力和生产关系之间、经济基础和上层建筑之间的矛盾是社会的基本矛盾。从经济、政治、思想的交互作用中研究社会及其发展：

> "……我们首先应当确定一切人类生存的第一个前提，也就是一切历史的第一个前提，这个前提就是：人们为了能够'创造历史'，必须能够生活。但是为了生活，首先就需要衣、食、住以及其他东西。因此第一个历史活动就是生产满足这些需要的资料，即生产物质生活本身。同时这也是人们仅仅为了能够生活就必须每日每时都要进行的（现在也和几千年前一样）一种历史活动，即一切历史的基本条件。"②

上述文本内容简明扼要：现实的个人，实践活动、分工、交往、私有制、虚幻共同体、自由人的联合体……从人的依赖—物的依赖—人的自由而全面发展……都嵌套在生存—生活—生产的世界历史进程中。一个关键词就是一个逻辑点，各个系列关键词都具有各个家族相似性，构

---

① 《德意志意识形态》（1845—1846 年），见《马克思恩格斯选集》第 1 卷，北京：人民出版社 1972 年版，第 43 页。
② 《德意志意识形态》（1845—1846 年），见《马克思恩格斯选集》第 1 卷，北京：人民出版社 1972 年版，第 32 页。

成了一个多层次关键词谱系。

(二)《德意志意识形态》[Ⅰ] 关键词文本梳理之一

德意志意识形态—意识形态批判—新唯物主义—实践的唯物主义—历史唯物主义—唯物史观—新世界观……

1. 马克思为什么提出意识形态批判的任务？

（1）何谓意识形态？不同的理论家有着不同观点和看法。特拉西曾力图以意识形态重建遭到质疑的法国启蒙传统，后来却成为遭到拿破仑贬义嘲笑的"意识形态家"。黑格尔的《精神现象学》把达到"绝对精神"认识前的"颠倒"存在的各个意识形式称之为意识形态。这一话题也备受马克思的关注。然而，不同于以往哲学家所采用的批判方法，马克思以新唯物主义为基础，阐明意识形态不过是现实存在的主观表现，揭示意识形态的"颠倒"形式。受这一观点的影响，之后的马克思主义理论者一度把意识形态贬为一种虚假观念，认为意识形态不过是对客观社会存在在主观上的虚假反映。（2）何谓德意志意识形态？这一概念的理解不能脱离马克思的语境，它与马克思早期思想批判息息相关。青年黑格尔派是黑格尔哲学解体的产物，其代表性的人物主要有施特劳斯（1808—1874）、鲍威尔（1809—1882）、施蒂纳（1806—1856）和费尔巴哈（1804—1872）等，他们大多崇尚理论空谈，企图以理论批判代替现实的革命实践，把抽象的语词批判视为推动社会变革的决定力量。马克思借"德意志意识形态"一词来指代和讽刺这种错误的理论思潮以及政治衍生品——"真正的社会主义"。（3）马克思是怎样通过深层思想透视来批判德意志意识形态？马克思站在"新唯物主义"之上，通过深刻的思想透视与剖析，阐明德意志意识形态内在的理论缺陷，即夸大理性作用的"流行病"；迷恋认识论范式的"时代病"以及沉迷传统主体形而上学的"文化病"。在马克思看来，上述病症的根源在于不懂得理论与现实的内在关系，不懂得现实的人在历史发展中的作用和地位。为此，马克思在《关于费尔巴哈的提纲》与《德意志意识形态》中阐明新唯物主义的变革性意义，主张立足于现实的人及其实践去理解和把握社会历史规律。（4）《德意志意识形态》的深层问题潜藏于系列关键词，譬如矛盾症结隐含在"关系"这个关键词，理论基础隐含在"实践"这个关键词。

2. 马克思是怎样把"现实的人"看作现实生活的历史起点和逻辑起点的？

（1）"现实的人"是置身于人与自然之间、人与人之间以及人自身灵肉之间三重关系中的主体。（2）现实的人，不是从脑海中勾画出来的，而是立足于现实生活，处于现实的社会关系之中的人。现实的需要、现实的物质资料生产是现实的人的首要规定。这种现实的物质资料生产，既包括他们现在已有的，也包括他们依靠自身实践所创造出来的。（3）实践，尤其是物质资料的生产实践，对于现实的人的存在与发展是根本性的。物质资料的生产实践决定着现实的人的生存发展以及生活需要的实现条件和路径依赖。其中，人如何改造自然、从自然中获得生存性和发展性资料以及在这一过程中所结成的社会关系，构成一定的生产方式。它是社会生活的基础，从根本上决定生产与再生产。（4）现实的人是处于生产实践之中的人，也必定是处于社会交往活动之中的人。劳动实践和交往活动，二者共同构成现实生活的基本内容。

3. 马克思是怎样初步阐述社会形态理论的？

（1）马克思指明，分工是衡量生产力发展水平的重要尺度。起初，分工是私有制的同义语，或者换而言之，它是人类历史上各种所有制得以形成的决定性力量。以此为标准，马克思概括性地界定了最初的三种社会形态，即部落所有制的社会、公社或国家所有制社会以及封建或等级所有制社会。（2）社会形态理论内含着历史决定论的思想因素。关键在于如何理解这种决定论。根据文本中的相关表述，我们可以肯定，它是一种是辩证决定论。（3）基于决定论思想，理论界诸多学者特别是西方学者质疑马克思的历史哲学，对马克思发起责难。这种责难的关键性错误，就在于他们没有真正理解马克思的历史唯物辩证法，忽视或僵化地理解能动选择性与因果必然性、历史发展主观条件与客观规律之间的辩证关系。

4. 马克思是如何从"现实的人"来理解社会形态的结构和演变的？

（1）社会形态的结构和演变无论怎么纷繁复杂，但不乏内在规律。理解和把握社会形态的纷繁结构和复杂演变，必须坚持全面的、辩证的方法论，既要坚持对社会历史的宏观分析，也要注重社会历史的微观综合；既要坚持事实判断，也要坚持价值判断；既要注重理论思考，也要注重历史的现实进程。所有这一切,无论如何都不能脱离"新唯物主义"的理论前提,即"现实的人"。(2)理解社会形态理论,不能脱离马克思主义经典作家的相关论述,不可断章取义,应坚持总体性的立场力图实现对社会形态观的完整理解。要结合与《德意志意识形态》相关的其他著作作整合性判断,如,既要充分把握住马克思在《共产党宣言》中关于共产主义的阐述,也要充分把握他在《〈政治经济学批判〉序言》中提及的"史前史"批判以及《资本论》中所宣扬的"重建个人所有制"等思想主张。

5. 马克思是如何区分出常态意识与虚假意识的?

(1)马克思指出,意识有两种存在形式,即常态意识和虚假意识。二者在性质上相反,其划分的基础在于意识与生产、再生产,以及现实语言之间的关系。虚假意识是一种"颠倒的"意识形态。(2)德国及其全部意识形态,在马克思看来,都是头脚颠倒的虚假意识。这种虚假意识把抽象理念视为社会发展的基础和动力。与之相反,马克思基于实践的观点是把有生命的现实的个人确立为理论起点,把意识视为他们的意识,视为他们在现实实践中的结果。可见,虚假意识越是坚持形而上学的理性观,就越会远离现实的世俗,丧失自身的现实性。(3)意识只是现实生活中的一部分,离开现实生活就无法理解和把握意识。无论在什么时候,无论在什么场合,无论在什么事件中,意识都是对客观存在的现实事物的反映,而人们的意识也不过是对他们现实生活的反映。

6. 马克思为什么说具体的历史的辩证法是"真正的实在的科学"①?

(1)"现实的人"的存在方式决定着对历史的正确把握方式。如果无视这一理论前提,在认识历史时就难免会犯经验主义或者唯心主义的错误。(2)基于实践的观点,马克思阐释思维与存在、意识与现实生活的辩证关系,完成了辩证法从"头脚颠倒"形态到"重新站立"形态的革命性转换。新唯物主义所阐释的具体的、历史的辩证法,即历史唯物辩证法,是在不断回归现实生活本身过程中,始终追随现实生活过程本身去把握现实世界的哲学方法。(3)历史唯物辩证法是把握现实世界的根本性方法,以辩证的、实践的思维去把握现实世界的生成性本质。在

---

① "真正的实在的科学"中 positive 是一个多义词,有"实证的""实在的"等词义,此处翻译应取第二义,以免落入西方实证哲学或实证方法的窠臼。——笔者注

具体的、现实的生活过程中，它表现为历史的唯物的辩证综合和对立统一。与此相对，形式辩证法作为一种认识工具，具有一定的现实价值，但是它处于派生地位，不能夸大其作用，更不可视之为独立化的哲学方法，以免落入形式主义和教条主体的窠臼。

（三）《德意志意识形态》[Ⅱ] 关键词文本梳理之二

物质生产—分工—私有制—生产力—生产关系—意识形态—国家共同体—虚幻共同体—世界历史—人类解放—共产主义……

1. 马克思以物质生产观批判青年黑格尔派抽象的人类解放观

马克思指出青年黑格尔派的意识形态本质，在解放观上是德国落后现实的曲折反映。（1）何谓"人类解放"，在鲍威尔等人看来，它不过是人类理性精神解放的"代名词"，人类解放的过程是人类理性的解放过程，历史也是人类精神的发展史。在此基础上，鲍威尔把人民群众视为理性精神的对立面，进而把人民群众排除在社会历史之外，否定人民群众在社会历史发展中的作用。（2）马克思立足于新唯物主义讽刺性地批判了鲍威尔等人，阐明人民群众在社会历史发展进程中所起到的巨大作用，充分肯定人民群众的主体地位。（3）在资本主义社会这个历史阶段，人民群众是以异化的形式存在，是社会中的受苦阶级。为此，马克思从生产劳动的角度科学地阐明了人类解放的科学内涵。

2. 马克思揭示了费尔巴哈对人类解放问题的有益探索、根本局限及启示意义

（1）费尔巴哈以宗教为批判起点，把"神"从天宫拉回到世俗的地面，基于唯物主义立场肯定了人的存在和意义。费尔巴哈的理论探索，为解答什么是人类解放问题打开了全新的唯物主义视域。（2）费尔巴哈仅仅从自然主义或生物学的角度去理解人的物质存在性，由于不懂得现实生活的实践本质，却用"爱"和"情"来界定人及其本质，不由自主地在社会历史领域陷入了历史唯心主义的泥潭。（3）马克思深刻认识到劳动实践是现存世界中的决定性力量，批判地继承了黑格尔辩证法的哲学内核和费尔巴哈唯物主义思想的合理部分，而摒弃了费尔巴哈的机械唯物主义偏执以及历史唯心主义错误。（4）人类解放不是空洞的语词抽象，而是现实的革命实践。不能脱离现实的生产实践，空泛地谈论人类

解放问题，否则就会陷入费尔巴哈式唯物—唯心自相矛盾的"两面人"泥潭。

一方面，费尔巴哈在宗教批判的过程中正确地认识到"神"不过是"人"的主体性的抽象反映，进而消弭了"神"的光环，把属于人的主体性归还给人本身。但另一方面，费尔巴哈误解了人的"唯物性"——不是从实践出发，不是把人的活动理解为对象性活动，致使他一碰到社会历史问题就投入了唯心主义的怀抱。费尔巴哈的错误在于不懂得实践特别是生产实践的"革命性"意义。也正因为此，费尔巴哈才仅仅把理论的活动看作是真正人的活动，而对于实践则只是从他那卑污的犹太人的表现形式去理解和确定。①

关于人的认识与人的本质规定性，必须坚持历史唯物辩证法。人既有自然属性，也有社会属性和精神属性，其中社会属性是人的本质规定性。不仅如此，人是客观性和主观性的辩证统一，人的存在性活动既要遵循客观规律的制约，同时也表现有主观能动性。费尔巴哈的人本学虽从唯物主义立场肯定人的存在之客观性和主体性，并为人类解放作出了有益的探索，但是也存在着致命的理论缺陷。在马克思看来，一切的意识形态问题，包括宗教在内，都需要在世俗基础上进行批判和改造。脱离了意识得以产生的世俗基础，脱离了现实实践，批判意识形态问题都无法得到解决，至多是用另一种意识形态取代之前的意识形态。

> "人的思维是否具有客观的真理性，这并不是一个理论的问题，而是一个实践的问题。人应该在实践中证明自己思维的真理性，即自己思维的现实性和力量，亦即自己思维的此岸性。关于离开实践的思维是否具有现实性的争论，是一个纯粹经院哲学的问题。"②

3. 马克思分析了意识、意识形态与历史的始源性关系

（1）人们的现实生活中存在着四种最基本的关系，它们构成社会历史发展的核心结构。③（2）意识并非是天生的和永恒的，而是人类社会

---

① 参见〔德〕路德维希·安德列斯·费尔巴哈：《基督教的本质》，荣震华译，北京：商务印书馆1984年版。
② 《马克思恩格斯选集》第1卷，北京：人民出版社1972版，第16页。
③ 参见张一兵、张曙光、陈立新等探讨过多重始源性关系的观点。

发展到一定阶段的产物，它与生产实践和交往活动密切相关，同处于浑然一体的现实生活关系中。（3）意识的产生和发展都是以社会存在为基础的，本质上讲是人类现实实践的伴生物。社会生产力的发展，必然会带来意识的发展。但是在私有制度条件下，分工带来阶级的划分，也导致代表统治阶级利益的意识形态的产生。要消灭这种剥削阶级的意识形态，就必须从根本上消除以私有制为基础的"分工"。马克思正是在这种意义上说分工是私有制的同义语。

4. 马克思区分了自觉分工与自然分工，认为现代资本主义国家共同体不过是以"公共利益"表象存在的虚幻共同体

（1）在私有制为基础的社会阶段中，分工不仅带来生产力的发展，同时也造成社会的阶级分化以及被统治阶级的被奴役状况。（2）伴随着分工的发展，社会对抗程度不断加深，为了维护社会的和谐与稳定，统治阶级制造出一种具有普遍性代表"公共利益"的虚假观念，即"国家"，意图通过国家来淡化和减缓社会各阶级之间的对抗程度。（3）国家是统治阶级借以维持自身统治的组织。消灭国家、实现人类解放，其基础在于消灭分工。只有在生产力高度发达的共产主义社会中，用自觉的分工代替自然分工，这一目标才可能得以实现。

5. 马克思基于生产力与生产关系的辩证统一关系，揭露唯心主义历史观的内在缺陷

在唯心主义历史观中，"历史"与"世界历史"概念是最具迷惑性，也最受青年黑格尔派这些德意志意识形态家所青睐。马克思立足于新唯物主义理论，撩开遮掩这些概念真实意图的意识形态"面纱"，并指明了共产主义革命的历史观意义。（1）阐释"历史不外是各个世代的依次交替的过程"，揭露历史与现实生活的同构性，批判神秘"历史"的精神同一性。（2）以现实实践为理论武器，论述世界历史的确立过程，撩开意识形态家所营造的"神秘面纱"，洞悉世界市场的本质及其力量。（3）阐发开创世界历史进程对于人类发展的"破"与"立"的双重意义。（4）论述世界历史与资本主义发展、共产主义革命之间的内在张力，进一步阐发唯物主义历史发展观。在马克思看来，世界历史在为资本主义开辟原料产地、商品市场的同时，也加剧了资本主义的内在矛盾，继而推动共产主义革命的产生。只有共产主义革命才能从根本上解决资

本主义社会的内部矛盾。共产主义革命的发生和发展是一个总体化世界历史过程，与生产力、生产关系、阶级斗争、无产阶级意识等因素紧密相关。

6. 马克思科学地阐释历史唯物主义对于人类解放的方法论意义

马克思立足于历史唯物主义，详尽地剖析了资本主义社会的内在结构，阐明资本的内在逻辑以及剩余价值之谜，从而为我们科学地理解和把握社会有机体提供了解谜范本。（1）社会历史的现实基础，既不是神也不是理念，而是现实生活中的生产与再生产活动。这是新唯物主义的重要理论贡献之一。（2）运用社会有机体理论透视"青年黑格尔派"之德意志意识形态的民族性局限。（3）阐明历史唯物主义在人类解放问题上同"青年黑格尔派"的德意志意识形态家抽象理论的根本性对立。

（四）《德意志意识形态》[Ⅲ] 关键词文本梳理之三

生产逻辑—物质生产—人的生产—精神生产—意识形态家—历史观念—世界历史……

从生产逻辑出发，揭示在由分工所引起的社会阶级分化条件下，占统治地位的社会阶级必然会通过各种方式掌握并维护话语霸权。正如他们在物质生产方面所拥有统治地位一样，他们也调节着那个时代的精神生产及分配。

从生产实践出发，指明物质生产与精神生产的内在关系，揭示后者的意识形态属性，并剖析导致这一属性的物质根源，即自发分工。

借助于抽象的思辨理论，资产阶级意识形态家鼓吹各种超越阶级的、永恒的或者普遍的历史观念，其目的在于用改良主义的理论来隐藏剥削无产阶级的内在动机，缓和社会各种矛盾。

通过理论起点和方法论的批判，破译宣扬理性至上的意识形态理论的内在逻辑，并在此基础上重构关键词谱系。

在《德意志意识形态》中，马克思在完成生产逻辑的分析后，把理论分析的视域转向对社会交往活动和交往形式的分析，以论证生产关系与交往关系的内在关联性。

（五）《德意志意识形态》[Ⅳ] 关键词文本梳理之四

人的本质—偶然性—个人—无产阶级—社会—社会形态—共同

体—虚幻共同体—真实的集体—自由人联合体—共产主义

1. 近代资本主义城市是资产阶级共同体的诞生之地

在这个虚幻的共同体中，资本主义生产方式不仅造就了资产阶级，同时也锻造了资产阶级的对立面或者说掘墓者，即无产阶级。这是马克思把社会主义从空想阶段升华到科学阶段的理论支点。

2. 偶然性与个人的存在方式的内在矛盾

在现实生活中，人通过劳动实践来确证自身的真实存在。而在资本主义生产逻辑下，个人的存在、人与自然的关系以及人和人之间的关系不再具有丰富的现实性，它们都臣服于资本逻辑，异化为高度不确定的物化力量。

3. 作为"真实集体"的共产主义社会

不同于以私有制为基础的阶级社会，共产主义是自然主义与人道主义的内在统一，它破除了因自然分工所导致的社会阶级分化，为解决资本主义社会中的矛盾关系提供了不同的方法和视域。就此意义而言，共产主义社会是人真正消除了被外在事物异化束缚，以真正主体的身份回归现实生活的社会形态。

4. 从共同体历史形态看，社会形态可以分为"人的依赖"——"物的依赖"——"个性自由"三个发展阶段

在19世纪50年代以后，马克思以英国社会为典型范本，详尽地剖析了资产阶级共同体。在剖析过程中，马克思聚焦于人在资本逻辑下所处的偶然性存在状态，揭示出在资本主义社会中资本变成所谓的"普照之光"，消解了人的现实性存在。在《德意志意识形态》中，马克思全面而深刻地批判了资本主义的生产逻辑，以及作为社会表象存在的资产阶级国家，并论证了共产主义这一理想社会形态存在的合理性和科学性：

第一，偶然性是指人的本质的否定性——在一般状态下，生产力是人改造自然的能力，是人通过劳动确证自身的重要尺度。然而，在资本主义交往形式下，生产力不再是对个人个性、能力和实践的肯定，而是制约人实现自身发展的否定性力量。在资本主义社会中，人的生活、生产都以"物"的形式融入到资本增值的过程中，个人的个性、能力都成

为"商品",都被化约为单一的商品性交换价值。这仅仅是从人与生产力的关系角度而言的。

第二,从个人与社会的关系角度讲,偶然性意在揭示处于社会分裂情况下,社会或集体对个人的生存和发展具有虚幻性。在私有制度为基础的社会阶段中,社会划分为两个及以上的社会阶级,这些阶级具有不同的社会利益诉求。所谓的社会、集体或国家的共同利益,实质上只不过是统治阶级炮制出来的虚假理念。这种虚假理念,往往充满蓄意的欺骗性。而资本主义社会不过是"虚假的共同体"的一种表现形式而已。在这种虚假的共同体形式下,无论是无产阶级还是资产阶级,每个人都是一种偶然性存在,无产者与资本家都化身为资本实现增值的过程中的不同"物"。人和人的关系不外乎是这种物化社会关系的体现,每个个人都不能发展自己的个性、兴趣与爱好,不能广泛地利用整个社会的文明成果。

第三,从个人发展与历史进步的历时态关系看,偶然性规定着"个人本身力量发展"的一个必经阶段。对事物的否定性理解内在地包含着对事物的肯定性理解。在马克思看来,以"偶然性"为特征的"物的依赖"阶段,虽束缚着每个个人的个性与发展,但是这一历史阶段也为下一阶段即"自由和个性全面发展"的未来理想社会阶段,奠定了物质基础。这种物质基础有助于打破封建链条,推动生产力极大发展。

第四,从马克思主义思想发展历程来看,《德意志意识形态》对"虚幻共同体"的批判具有承前启后的历史作用。一方面,它发展了《巴黎手稿》中马克思的社会交往思想和共同体思想等;另一方面,它也为后期马克思写作《资本论》,为剖析资本主义社会建构了理论框架和逻辑定位。马克思多次推崇非强制性的理想交往形式:

> "你对人和对自然界的一切关系,都必须是你的现实的个人生活的、与你的意志的对象相符合的特定表现。"[①]

他还强调未来社会的逻辑是"联合":

---

① 马克思:《1844年经济学哲学手稿》,中共中央马克思恩格斯列宁斯大林著作编译局译,北京:人民出版社2014年版,第142页。

"只有当实际日常生活的关系,在人们面前表现为人与人之间和人与自然之间极明白而合理的关系的时候,现实世界的宗教反映才会消失。只有当社会生活过程即物质生产过程的形态,作为自由联合的人的产物,处于人的有意识有计划的控制之下,它才会把自己的神秘的面纱揭掉。"①

在《德意志意识形态》之《费尔巴哈》章的第四部分中,马克思从生产工具、城乡分离、无产阶级与资产阶级的阶级对立等角度,揭露和批判了资产阶级共同体的抽象性、虚假性。他指出,现实的个人并非是孤立的原子式存在,而是处于一定的社会关系之中的。个人只有成为普遍的个人并参与到社会交往中,才能实现对交往关系的真正理解。这对于理解历史唯物辩证法具有深刻的方法论意义。

(六)《德意志意识形态》关键词谱系化研究的必要性和可行性研究

1. 《德意志意识形态》之《费尔巴哈》章系统阐发了一种新唯物主义

马克思在《德意志意识形态》手稿中自称为"实践的唯物主义者",把其所创造的理论称之为一种"实在的(positive)科学"②,传统教科书称之为历史唯物主义。进入 21 世纪以来,异质性理解历史唯物主义范畴的偏向特别明显。传统教科书的历史唯物主义范畴的阐释形式是对偶的、同序列的或异序列的,并条分缕析出哲学的和社会学的几组范畴,包括社会存在序列的范畴和生产方式序列的范畴等,于是一种"实在的(positive)"研究被虚构的理论所"更新",可以对各种概念各取所需。由于《德意志意识形态》直到 20 世纪 30 年代才在苏联得以出版,且受苏联传统教科书思维逻辑影响严重,迄今为止,仅在历史唯物主义的教学大纲、教学课本和教参资料中对历史唯物主义作了比较完整的叙述,基本上都是从考察历史唯物主义的基本范畴之本质开始的。值得注意的是,这种理论叙述,不过是一种本本主义的变型,并未实现辩证唯物主义与社会历史的真正融合,更谈不上合情合理合法地解释特定的具体的

---

① 《资本论》第 1 卷,北京:人民出版社 2004 年版,第 97 页。
② 大多不是翻译成"实在的(positive)科学"而是翻译成"实证的科学",其实这样很容易导致与西方实证哲学和西方经济学的"实证方法"相混淆,引发严重误解,应该把"positive"翻译成"实在的"更合马克思语境中的原意。——笔者注

社会现象。也就是说，传统教科书简单地把辩证唯物主义外推到历史唯物主义，这种阐释逻辑上和事实上显然是难以周延的。马克思主义哲学的理论逻辑本身是由历史唯物辩证法对象的特殊性和综合性所决定的。回顾一下《德意志意识形态》编辑出版史便深有感触：

1932年，MEGA1第一部分第五卷在莱茵河畔的法兰克福出版，这时第一次全文刊登了《德意志意识形态——对费尔巴哈、布·鲍威尔和施蒂纳所代表的现代德国哲学以及各式各样先知所代表的德国社会主义的批判（1845—1846）》，它在国际马克思恩格斯著作出版界被视为《德意志意识形态》的第一个完整的、历史考证性的版本。

1962年，文献专家西·班纳在阿姆斯特丹国际社会史研究所整理资料时，意外地发现属于《德意志意识形态》的3页手稿，上面有马克思所编的页码1、2、29，这是《费尔巴哈》那一章中的失佚稿，遂将其以《马克思和恩格斯〈德意志意识形态〉的几处补充文字》为题发表（《国际社会史评论》1962年第7卷第1分册）。

至此，涉及《德意志意识形态》的所有遗稿全部发表出来了。当然，对于其中的《费尔巴哈》一章出现了几种不同的编排方案，这正是要在下面着重介绍的内容。

从1932年之后，《德意志意识形态》的版本多了起来。不同版本之间在一般章节上的差别不大，唯独对第一卷的第一章《费尔巴哈》的编辑差异比较大。不同版本有不同的编排方式，对马克思的思想逻辑和体系结构就有不同的理解。

一般而言，如何编排的主要依据是手稿的页码顺序和思想的逻辑顺序。前者经过文献专家的辨认和考证，至今只能说大致清楚，但还没有彻底弄清楚。因为在同一手稿中，原来有的编了页码，有的则没有编码。而且不同编者的页码又不完全一致，不同手稿之间页码也不连续。这就引起了不少争议。

由于遗稿的流传情况复杂，所以，目前形成《费尔巴哈》章至少有不同的七种版本：

梁赞诺夫版（Marx-Engels-Archiv. подредакцией В. Адораского, Bd. 1, 1926）梁赞诺夫最先对《费尔巴哈》章的两类手稿，即原始手稿和誊清稿作了区分。根据这种区分，页码为1—4的几张手稿（在手稿描述中第1页手稿始终被视为1张），属于已经着手抄写的誊清稿。他采取的是将已经收集到的手稿如实排印的方式，按照伯恩施坦编的号码进行排印，把伯恩施坦错编进去的部分去掉，一些删掉的页码和应归入《圣麦克斯》章的页码也都未排印在内。梁赞诺夫保留了恩格斯加的标题《费尔巴哈。唯物主义观点和唯心主义观点的对立》，手稿中删掉的一些字句及其标题《1？一般意识形态，特别是德国哲学》等保留在正文中，用小字号表示，并用符号〈〉括起来。此外，梁赞诺夫还把《序言》编入《德意志意识形态》的手稿中，并首次发表出来。

梁赞诺夫版编排基本上是与马克思的编码一致的。从当时的情况来看，这一版本最有意义的价值在于，《德意志意识形态》中如此重要的一章从不被重视到公开发表，这对马克思主义形成史的研究是一个很大的贡献。而且，该章的发表也驳斥了当时关于马克思和恩格斯是费尔巴哈主义者的错误看法。当然，这个版本存在的缺陷也非常明显，如对原文的辨认和译文都有意思上的错误，因为那时对马克思、恩格斯的手稿及其结构，还未能展开充分的研究。

阿多拉茨基版（Karl Marx \ Fridrich Engels historisch-kritische Gesamtausgabe，под редакцией В. Адораского，Bd. 5，1932），1932 年，马克思恩格斯列宁研究院（这一研究机构名称的具体演变过程是：1921 年 1 月成立俄共（布）中央马克思恩格斯研究院，1924 年 5 月成立列宁研究院，1931 年 11 月两个机构合并为统一的俄共（布）中央马克思恩格斯列宁研究院，1956 年改名为苏共中央马克思列宁主义研究院）用原文出版了《德意志意识形态》的第一个完整的版本，载于 MEGA1 第一部分第五卷，它由维列尔准备，阿多拉茨基编辑的，通常被称为"阿多拉茨基版"。该版刊布前，阿多拉茨基等人对手稿进行了仔细辨认和审核，因而可以说原文是极为准确的。但是这个版本关于《费尔巴哈》一章没有按照"历史考证版"的通常要求进行编排。与梁赞诺夫版不同的是，它把原文按照编者的理解人为地分成三部分，并冠以新的标题。

20 世纪 60 年代以来，《德意志意识形态》的版本层出不穷，如"巴加图利亚版""新德文版""MEGA 现行版""新的历史考证版"等。根据 MEGA2 的版本，中央编译局推出了新的《马克思恩格斯选集》（2012 年版）、《马克思恩格斯文集》（2009 年版）和正在出版过程中的全集。上述文献版本都为本书研究提供了文本依据和新的材料。伴随着新版本的层出不穷，新的问题也不断产生，不同的编辑者也在文本编辑过程中表明自己的观点和想法。如何破解这些难题，就需要从关键词谱系化研究入手。不同于国外研究观点，国内版本把马克思主义视为"一整块钢"，认为马克思主义哲学、政治经济学和科学社会主义是紧密联系的统一体。这也充分契合了马克思在《〈政治经济学批判〉序言》中所阐发的经典表述。

当前，国内依旧沿用苏联教科书的表述方式，但是这种做法并未得到普遍认同。国内学者各持己见，迄今尚未达成统一意见。恰如诺思所说的那样，"在整个人类历史上，我们误解现实的概率远比正确理解现实的概率大得多，因而认识现实的本质就很重要。"① 同样道理，认识马克思主义哲学的本质也很重要。

2. 马克思主义哲学是辩证唯物主义和历史唯物主义的统一

关键是怎样体现和表达这种辩证统一。基本理由简而言之是马克思主义哲学来源于黑格尔的辩证法和费尔巴哈的唯物主义，但并没有照搬照抄，而是扬弃性批判和批判性继承。一方面，它坚持物质第一性，另一方面坚持用发展的、联系的、全面的观点看问题。前者是其唯物属性的体现，后者则是其辩证属性的凸显。众所周知，在新唯物主义创立之前，并不存在彻底的唯物主义。哲学理论要么以唯心主义的形式存在，要么以半截子唯物主义的形式存在。如，费尔巴哈的人本主义坚持自然史观上的唯物主义，而一旦进入社会领域，就不可避免地陷入唯心主义的泥潭，认为英雄是社会历史的创造者，属于英雄史观。而马克思以现实的个人为起点，以生产实践活动为基础，深刻地剖析人类社会的静态结构和历史的动态历程，揭示生产力与生产关系、经济基础与上层建筑之间的矛盾运动，认识到人民群众是社会历史的物质力量，进而使国民经济学成了政治经济学，使空想社会主义成了科学社会主义。

辩证唯物主义与历史唯物主义是马克思主义哲学的内容，"二者相统一"是对马克思主义哲学的定性，通过《德意志意识形态》关键词谱系化研究有助于把内容和定性综合起来给予马克思主义哲学一个简明扼要的冠名。亨利·庞加莱这个说法有道理：

"科学是由事实逐步建立的，正如房子是由石头渐渐垒砌的一

---

① 〔美〕诺思：《理解经济变迁过程》，钟正生、邢华译，北京：中国人民大学出版社2008年版，第5页。

样;但是,一堆事实并不是科学,正如一堆石头不是房子一样。"①

马克思主义哲学的各个部分,绝不是"1 + 1 = 2"式的数理加总求和,而是有机统一在一起的。这种有机统一,并不抽象地体现为某一部分,也不是各个部分的简单运用和简单加和,而是以理论批判为基础、现实问题为指向的综合融汇,是历史唯物辩证法。

3. 与马克思主义意识形态理论相关,从而也与历史唯物主义相关的有两个重要文献和一个要点

一是马克思在《关于费尔巴哈的提纲》中提出的新唯物主义,即历史唯物主义是新世界观的"萌芽",最关键的是确立了实践观点。这是《德意志意识形态》关键词谱系化研究的"源头"。二是马克思的《〈政治经济学批判〉序言》,其中对历史唯物主义作了教科书式经典表述。这是既往《德意志意识形态》解释的"归宿"。三是问题症结就在于以上文本所提及的包括从前的一切唯物主义在内的旧哲学的理论缺陷,即唯心主义与旧唯物主义各自揪住"现实的人"的一端来建构和发展理论,最终都无法科学地诠释社会历史。如,唯心主义抽象地发展了人的能动性,否认人的物质基础,走向观念论;而旧唯物主义则抓住感性人的物质基础,却没有认识到人的主观能动性,走向机械唯物主义。最终,二者都把"现实的人"扭曲成了"抽象的人"。

4. 《关于费尔巴哈的提纲》实际上隐含着以"主体化存在本体"为基础关键词、以"关系"为纽带关键词和以"实践"为中介关键词的新唯物主义,促进了马克思哲学的革命

如何理解和把握客观性与能动性的关系或者存在与思维的关系,是贯穿西方哲学发展史的核心话题。无论是唯物主义还是唯心主义,它们都没有真正解决这一问题,只是抓住问题的一个"线头",而非问题本身。前者片面强调现实的"感性存在",未能给能动性留下容身之所;后者则片面发展能动性,将人的能动性外化于存在的实体之上,用实体遮蔽本真的人。这两种错误的哲学思维,归根到底,是由"对立二分"的认识论范式所导致的:即先假设主客体的内在分离,再探求二者统一

---

① 〔法〕庞加莱:《科学与假设》,见〔英〕杰弗里·M. 霍奇逊:《经济学是如何忘记历史的》,高伟译,北京:中国人民大学出版社 2008 年版,第 87 页。

的实现路径。其实，在本原意义上或者说在现实性上，主体与客体就像量子纠缠那样相互缠绕，相互感应，浑然一体。主体与客体不过是现实实践活动的一体两面，统一于具体的历史的实践活动之中。恰如诗人卞之琳的《断章》描绘境界："你站在桥上看风景，看风景的人在楼上看你。明月装饰了你的窗子，你装饰了别人的梦。"①

马克思主义历史唯物辩证法，以"主体化存在本体"为基础关键词、以"关系"为纽带关键词，进而以"实践"为中介关键词、以"自由人联合体"为共产主义的终极关键词，统摄主体与客体、主体与主体之间的"间性关系"，尤其是，按毛泽东的理解，"实践"就是"主观见之于客观"的活动。这也就从元哲学的基础上瓦解了唯心史观，并阐明历史唯物辩证法是以实践为理论基石来拨开历史的迷雾，走向理解世界历史的深处。

5.《德意志意识形态》关键词谱系化研究有利于进一步夯实马克思主义哲学在世界哲学史上的地位

《德意志意识形态》关键词谱系化研究是理解马克思主义哲学基本概念内涵的一种重要方法。它以基本概念为主线，通过对基本概念的学术史的梳理，阐明基本概念的演变进路，继而阐明马克思主义哲学的变革性意义。以"对立统一"概念为例，在黑格尔那里，这一概念所反映的是抽象主体即绝对精神自身的运动过程；而在马克思那里，这一概念反映的是现实的人的社会历史活动。前者是抽象的概念辩证法，后者则是现实的实践辩证法，即历史唯物辩证法。不同于前者，历史唯物辩证法立足于现实实践去把握社会的现象、社会结构的具体要素以及它们之间的关系，从而把握住社会发展的内在规律，拒绝先验地谈论思想意识或社会现实。这种辩证法深刻影响着现代哲学的进程。卢卡奇、科尔施、萨特、梅洛·庞蒂、阿多诺、阿尔都塞、詹姆逊等西方马克思主义者受到马克思的启发，基于"关系"之深层问题及其"实践"之理论基础，力图对历史唯物辩证法之形态及意义作出各种新的诠释，也为《德意志意识形态》关键词谱系化研究辅以源源不断的学术资源。

---

① 卞之琳（1910年12月8日—2000年12月2日），男，汉族，民国时期"新月派"诗人，生于江苏海门汤门镇，祖籍江苏溧水，曾用笔名季陵。《断章》是他不朽的代表作。作品语言凝练含蓄，体现了其诗作朦胧曲隐的艺术特点。——笔者注

6. 对于如何正确评价国外马克思主义对马克思恩格斯经典著作研究的最新成果也可提供一种比较工具

阿尔都塞提出"症候式阅读"和"问题式研究",意在反对人们在研究马克思恩格斯经典著作时,只停留在原著文本的表面语句上,而不深入研究马克思恩格斯经典著作的总体思想构架而导致歪曲或肢解,导致对马克思主义的正确理解造成极大的障碍。阿尔都塞曾批判地说:"问题是人们往往不去深究文章的内在整体性和思想的内在本质。"① 譬如,由此至少可得出如下三点认识:第一,望月清司的共同体历史观②,缺少对共同体的理论抽象,停留于经验复述,可见其理论思维的贫困。第二,柄谷行人虽然提出了交往样式③,但在方法论上缺少解释学的自觉,致使其对人类社会历史的理解并未达到马克思"从后思索""普照之光"的高度。第三,当代西方学者的文化资本、景观社会等概念以及"后马克思主义"理论④,往往脱离对生产关系的分析,庸俗化地对待社会交往问题。他们大多在定量与定性上出现认识短板,缺乏问题式反思意识。什么是问题式?恰如徐崇温所说的那样:

> "一种理论的理论框架,把它的各种基本概念置于彼此的关系之中,并通过它在这种关系中的地位和功能,决定着每个概念的本质,这样给予每个概念以特殊意义。它不仅支配着它所能提供的解决办法,而且支配着它所能提出的问题以它们必定在其中要被提出的方式。"⑤

---

① 〔法〕阿尔都塞:《保卫马克思》,顾良译,北京:商务印书馆1984年版。
② 〔日〕望月清司:《马克思历史理论的研究》,韩立新译,北京:北京师范大学2009年版,第225页。
③ 〔日〕柄谷行人:《世界史的构造》,赵京华译,北京:中央编译出版社2017年版,第22页。
④ 可参见〔法〕居伊·德波《景观社会》,王昭凤译,南京:南京大学出版社2006版。《景观社会》被西方学者誉为"当代资本论"。居伊·德波认为"世界已经被拍摄",发达资本主义社会已进入影像物品生产与物品影像消费为主的景观社会,景观已成为一种物化了的世界观,而景观本质上不过是"以影像为中介的人们之间的社会关系"。由此可见,居伊·德波的思想正处于由西方马克思主义向后马克思主义演变的过渡点上。
⑤ 徐崇温:《西方马克思主义》,天津:天津人民出版社1982年版,第551页。

7.《德意志意识形态》关键词谱系化研究既有必要性也有可行性，还有助于新时代马克思主义哲学新综合

一是关键词谱系化研究以基本概念为主线，重点突出对基本概念的思想史的梳理和考察，进而把握住马克思对黑格尔、费尔巴哈等人思想的批判和超越，对于我们理解马克思哲学的变革意义提供新的方法和视角。二是关键词谱系化研究不是孤立的"概念"考究，而是从总体性视域、发展性视域、联系性视域的基础上把握马克思思想整体，充分把握住马克思哲学变革、政治经济学批判与科学社会主义理论之间的内在联系，契合现有的马克思主义基本原理教科书。三是《德意志意识形态》是马克思思想发展的重要一环，发展了《关于费尔巴哈的提纲》以"实践"和"关系"为核心关键词的"新唯物主义"思想，并与《〈政治经济学批判〉序言》的历史唯物主义经典表述相一致。

除此之外，《德意志意识形态》的手稿和现已出版的各种版本存在着诸多不完善之处，且思想体系的阐释不够深入，故而有必要对《德意志意识形态》原著中"现实的人""实践""三重生产""分工""关系""生产关系与生产力""经济基础与上层建筑""社会形态""人的解放和自由全面发展""共同体"等关键词进行谱系化研究。

> "这些术语的意义以及它们之间关系理论的意义必须从马克思写作的历时30年的零散文本中得以重构"。①

其实，还要拓宽和延展到整个西哲、中哲和西方马克思主义，才有可能把问题说透。对马克思主义哲学简明扼要的命名决非偶然产生的，而是基于研究对象的"细胞"基因形成相适应的。《德意志意识形态》关键词谱系化研究可以基于"世界历史"过程，依据"以人为本"的思想组织内容，遵循"逻辑在先"的思路安排结构，把本体论、认识论、价值论和存在论对于马克思哲学革命的各种解说，聚焦到最深抽象层次的马克思哲学思维，以"马克思主义历史唯物辩证法"贯通历史唯物主义和辩证唯物主义，尝试重构马克思主义哲学。

---

① Jon Elster, *Explaining Technical Change*, Cambridge: Cambridge University Press, 1983, p. 210.

8. 有助于解决《德意志意识形态》经典文本研究的路径依赖及其超越问题

推进《德意志意识形态》关键词谱系化研究，关键在于路径创新和方法创新。《德意志意识形态》的谱系化研究不单单是回到文本本身、回答马克思思想的语境之中，而是要以文本研究为基础，以具体的现实问题为研究指向。因此，推进《德意志意识形态》关键词谱系化必须与中国的具体实际相结合，这既是马克思主义中国化的经验总结，也是理论实现自身创新的内在要求。《德意志意识形态》关键词谱系化研究，一方面要关注中国特色社会主义所处的历史方位、所面临的现实问题以及所进行的具体实践，另一方面要同具有中国特色的、影响当代中国人生产方式、生活方式的中国优秀传统文化相结合，从中汲取灵感与学术精华。

不同的生存方式、生产方式和生活方式影响《德意志意识形态》关键词谱系化研究的路径依赖和超越。人们的生存方式、生产方式和生活方式不但决定马克思主义的传播方式，而且决定《德意志意识形态》关键词谱系化研究的意识形态建设实质。能否进一步有效推进《德意志意识形态》关键词谱系化研究，一些介于主观与客观之间和介于"科学"与"信仰"之间的关键词，其谱系化研究的意义并不一定在于是否"科学"或者是否有"信仰"，而在于是否能找到从有限的科学通达无限的信仰之桥梁。

在现实历史进程中，现实的人总是以特定的方式存在着，体现为"生活方式"和"生产方式"。这也是人不同于其他生物之处，是对人的主体性、能动性的彰显。可见，人的存在同时具有两种形态，即物质形态和精神形态。前者是对人现实的感性的肉体存在的表征，是个人实现生存的现实基础；后者则是对人的精神、思维、信仰的彰显，是对生物学意义上的肉体的超越，二者共同构成活生生的个人。当马克思主义成了人民群众的生存信仰和生活习俗，《德意志意识形态》关键词谱系化助力马克思主义大众化，这样的课题研究才算是实在的（Positive）。

《德意志意识形态》关键词谱系化研究还存在路径依赖及其超越的问题。所谓"路径依赖"，简而言之，是借用物理学中的"惯性"概念来表达人类选择的未来影响。这一问题确实存在马克思主义理论研究之中，也会影响《德意志意识形态》关键词谱系化研究的路径选择。然而，值得注意的是，马克思主义自诞生之时起就拒绝将自身局限在象牙塔之中，而是始终把理论同不断变化的具体现实相结合，始终要求把理论与物质力量相结合，让广大无产阶级群众理解和掌握它。马克思主义经典概念也经历这一大众化过程。然而，问题的关键在于，进一步推进《德意志意识形态》关键词谱系化研究必须超越这种路径依赖。当前，经济全球化、政治民主化以及文化多元化，再加之先进科技特别是以量子力学为基础的科技的快速发展，为人们理解世界打开新的视域，这也决定了必须在新的视角、新的方法的基础上推进马克思主义的不断发展。

坚持马克思主义理论的目的在于继承性发展，在于弥合历史缝隙，在于契合时代实践。这也表明，坚持和发展马克思主义，不能满足外在的理论灌输，而要把握理论传播和接受的内在规律和外化手段，从对象化灌输向信仰认同转化。推进《德意志意识形态》关键词谱系化研究，不能局限在某一特定的学科之内，而是要放眼多学科和跨学科的综合视域，从哲学、经济学、政治学、社会学等方面综合推进。这也是马克思主义整体性的彰显和要求。唯有如此，理论才能更好地理解和把握现实，更好地解决现实问题。

"著书不立说"——这不能不说是一个中国学术的短板。徐勇把概念的解构与建构当作学术创新的基点，这是很有道理的。

"中国的学术传统长期延续的是'述而不作'，即以经验思维来描述事实，而很少用清晰明确的概念加以表达。"

"人类的认识是一个永无止境的过程。在这一过程中，通过概念的建构，形成一套能够传播的知识体系。人类的认识与其他领域一样，都遵循着'先占原则'，即某些人由于对事物的认识在先，通过概念对事物加以定义，并能够广泛传播，就会形成'先入为主'的认识，获得话语权。后人在接受这些概念时，自觉不自觉地会进入其相应的思维通道，形成格式化、规范化的思维。这就是思想意识的力量。"①

---

① 徐勇：《学术创新的基点：概念的解构与建构》，载《文史哲》，2019年第1期，第10—13页。

三、"关系"概念对于《德意志意识形态》
关键词谱系的初始化意义

"关系"概念对于《德意志意识形态》关键词谱系化研究具有枢纽性基础意义和初始化作用。

（一）关键词"关系"的哲学意义

1. 究竟什么是"关系"？

所谓关系，一般意义来看，关，关联、相关；系者，联系、维系。"关系"的准确定义必须从认识论的层面来分析，即从以往全部的历史中对"关系"探讨的成果中进行科学的抽象和概括。从底层逻辑讲，所有的社会关系都因实践而生。实践作为人类的基本存在方式，是人对外部自然的一种否定性关系。

如前所述，依据奇点解析式可以说，"关系"是辩证的同义语。马克思继承了黑格尔的"辩证"概念。马克思拒绝了静态地被动地看待历史的观点，认为人们在不断塑造历史的进程轨迹。辩证性是一种以实证为核心的，从各个社会要素的关系、社会的发展与变化入手研究社会进程的方法论。这种方法论有着很强的整体性倾向，不应该将社会现象彼此分割开来研究，而将其作为整体，将各个部分都纳入整体性系统性思维之中，动态地解读各个部分之间以及部分与整体之间的复杂系统关系。马克思运用辩证的方式从系统性进程的角度分析世界历史发展的进程。

物质运动、变化和发展存在于客观世界，这种物质间的相互左右实质上是自然关系的丰富表现。现实的关系类似于将众多元器件相互连接起来组成一部有机整体的线路，而实际上，现实的关系更像无线电，无形无感却又实实在在地起作用。关系互动一直就在那里，是客观规律，而能否发现以及为人所用却是主观的。生产关系和社会关系尤其如此。所以从某种意义说，关系具有"主体间性"和"对象性"，关系既是联结主体与主体之间的桥梁，同时也是联结认识主体与对象性活动客体的桥梁。马克思指出：

"对人和自然界的关系，必须是现实的个人生活、与意志的对象相符合的表现。"①

"只有日常生活的关系，表现为人与人之间和人与自然之间的关系时，现实世界的反映才会消失。只有社会生活过程即物质生产过程作为自由联合的产物，处于人的有意识控制之下，才会揭掉神秘的面纱。"②

传统马克思主义教科书，把马克思主义哲学阐释为历史唯物主义和辩证唯物主义，其实质就是历史唯物辩证法，归根结底是马克思恩格斯创造性地分析和概括世界历史进程，通过研究资本主义生产力与生产关系、经济基础与上层建筑的两大关系来揭示社会矛盾运动规律。恰如列宁所指出的那样：

"过去其他历史理论，至多考察历史活动思想动机，没考究这些动机产生的原因，没发现社会的客观规律性，没看出物质生产发展程度的关系根源。"③

人类从来都是以对象性的活动对自然界和社会进行改造和实践，只要是人化自然的领域，都必定存在着人与客观自然发生的关系。如果消除了对象，自然就没有了实践和认识。简而言之，人类不与对象物之间发生某些关系，人类将无法实现认识对象物及进一步的发展。人的认识也将随着对象的消除而同时被抹除。何为对象性建构？即主体将客体嵌入自身思维逻辑，并要求客体本来面目的恢复过程。而关系概念的对象性建构是最为广泛和重要的，广泛性表现在其基本囊括了一切事物，从物质到精神乃至人类思维的各个领域。关系的概念说到底并没有实质性的内容，其只是在某些层面表征着事物之间存在着某种联系，但是，如果人们能够把握这层联系，而探究其是如何产生以及是如何相互作用的，那么其实任何认识过程是这样的一个过程。关系概念是人类在不断认识和实践中建构的过程，这个过程形成了一系列的概念与关系概念相互关

---

① 马克思：《1844年经济学哲学手稿》，中共中央马克思恩格斯列宁斯大林著作编译局译，北京：人民出版社2014年版，第142页。
② 《资本论》第1卷，北京：人民出版社2004年版，第97页。
③ 《列宁专题文集·论马克思主义》，北京：人民出版社2009年版，第14页。

联。因此,那些与关系概念相关的概念可以成为认识关系的重要途径。

2. "关系"是辩证的同义语

关键词"关系"这个辩证法概念是探究世界的状态以及历史的重要概念。关键词"关系"的哲学意义就是"关系"作为矛盾枢纽的辩证法意义。

纵观古今中外任何一种哲学和思维方式都无法离开对关系概念的探讨,关系概念的广泛性和重要性无与伦比。以下三个阶段关于关系概念的论述,将着重围绕人类思维方式的发展展开,并进行内涵的辩证法意义的挖掘。

中国哲学的体系中,中国古老的哲学智慧就已经包含着关系概念,古代贤者们无不探讨世界的本原、始基与万物的关系问题,当然,人与人、人与社会的关系问题也是探讨的核心问题。与《易经》并行发展的还有"阴阳五行"观念。中国古代先贤们将"阴阳五行"观念同《易经》的八卦概念结合起来,以解释万事万物错综复杂的关系,而且日益使之完善。《系辞传》指出了《易经》的总纲,即"一阴一阳之谓道",而这个"道"便是中国哲学最大最广的贯穿世界统一性的元范畴。因此,从"道"的哲学中去探寻关系概念的起源就是有必要的。

> "《易》之为书也,广大悉备:有天道焉,有人道焉,有地道焉。兼三才而两之,故六。六者,非它也,三才之道也。"[①]

"道"通三才,以成天道、地道、人道。持《周易》之"道"的哲学,是入"道"寻而"一","道"作为"一"的世界统一性,联结了天、地、人的所有领域,故有冯友兰先生所谓"万物生成之总原理"。由此可见,探讨"道"之于万物就成为当时哲学的主流。

春秋战国时期,诸子百家的思想根源,谨慎地说儒、道、墨、法四家的哲学理念都在于"道"的探索。"道"是各个学派极力追求的目标,是他们认为能够把握世界的规律,因此,探讨"道"与万物的相互关系就显得尤为重要。因此,形成了"一阴一阳之谓道"的哲学理念,并认为阴阳之间的关系是一切关系的总纲。黄玉顺曾谈道:

---

① 《系辞·下》十章。

> "《周易》哲学可以归纳为'阴阳'范畴……中国哲学也可以归纳为阴阳。中国哲学重要范畴，都是'二元一体'的关系，实质即是某种'阴阳'关系。……中国哲学的天人、群己、身心关系——无非阴阳问题。自《易传》完成，三元一体的结构就成了中国哲学最基本的思维模型。"①

阴阳和合关系问题在中国哲学史上具有举足轻重的作用，对关系辩证法范畴具有重大贡献。

在思想史上"轴心时代"②，世界几大文明古国都出现了相当分量的哲学家，古希腊哲学家重视探究自然万物之间的关系。把水、空气、原子等看作是万物的本原，也有的把数看作是万物的本原，等等。柏拉图创立"理念论"，着重探讨人与世界的认识关系；德谟克利特的"原理论"的提出与柏拉图的"理念论"交相辉映；而承前启后的亚里士多德第一次对哲学范畴进行了深入分析，其提出的十类范畴也许显得有些浅陋，可以看到，亚里士多德已经提出了简单的"关系"范畴，尽管亚里士多德的关系基本上更多的是数量关系，但是，从整体看，这十大范畴反映了人类对人与自然和喝水之间关系的认识的进步。而亚里士多德直接提出"关系"的范畴是人类从哲学抽象层面研究"关系"的重要一步。

3. 历史上因果关系是人类认识运用最广泛的关系

当人们开始探究问题时，就包含了对隐藏在事物背后原因的认识。"因果关系"对判断形式逻辑推理具有十分重要作用。

英国近代经验论者休谟真正将"关系"作为一种抽象范畴进行研究。他毕生致力于论证因果关系的可能性。休谟通过研究发现，因果关系是探究事物发生、发展和演变的逻辑基础。他认为，形成因果观念的必要条件是经验感知事件之间的前后相继，但这并不是因果关系的基础或根据，毕竟经验无法告诉人们这种前后相继是偶然还是必然。重复出

---

① 黄玉顺：《生存结构与心灵境界》，见方克立主编：《21世纪中国哲学走向——第12届国际中国哲学大会论文集之一》，北京：商务印书馆2003年版，第360页。
② 公元前8至3世纪，世界文明史上曾经出现过一个学术思想异常活跃、文化成就异彩纷呈的时代，形成了三大古典文化中心，即中国、印度、希腊，被德国学者称之为"轴心时代"。参见〔德〕K. 雅斯贝尔斯：《历史的起源与目标》，李雪涛译，上海：华东师范大学出版社2018年版。——笔者注

现的规则决不能确立 Propter Hoc。他说：

> "这种情况在经验中一再出现，显示出'恒常结合'，毫不迟疑人们会根据前现象的出现，期待后现象的出现，称前为因，后为果，并假定二者的联系。"①

休谟虽然摧毁了以往的哲学体系，构建了怀疑论哲学体系，导致了唯心主义的形而上学转向。但是休谟着重探讨了事物之间的"关系"，这可以说是人类认识无法绕开的一块路碑。从亚里士多德正式提出"关系"的范畴开始在两千多年的思想发酵中才形成休谟这一逻辑结论。由此可见，人类对"关系"的认识实属不易。

人类思维发展中的分类思想是必要的。但在欧洲哲学史上，尽管自然科学迅猛发展，但形而上学思维还是占主导。于是恩格斯就指出：

> "形而上学的思维方式，虽然在相当广泛的、各依对象的性质而大小不同的领域中是正当的，甚至必要的，可是它每一次都迟早要达到一个界限，一超过这个界限，它就要变成片面的、狭隘的、抽象的，并且陷入无法解决的矛盾，因为它看到一个一个的事物，忘了它们互相间的联系；看到它们的存在，忘了它们的产生和消失；看到它们的静止，忘了它们的运动；因为它只见树木，不见森林。"②

由此可见，形而上学的思维方式是对人与自然万物、人与人、人与社会关系的一种破坏性认识，这种孤立、静止、片面的思维方式无法实现人对客观规律的内在相互联系的认识。而我们真正需要的是历史唯物辩证法的思维方式来认识世界，即用联系、运动、变化观点看待事物。

（二）列宁的"关系式"物质定义及其历史唯物辩证法意义

"哲学的基本问题"在恩格斯那里被称为存在与意识的关系问题。列宁把"物质"看作"存在"的同义语。把存在与意识的关系转化为物质与意识的关系。列宁对物质范畴的定义是这样的：

---

① 北京师大等七所师范院校《欧洲哲学史教程》编写组编：《欧洲哲学史教程》，福州：福建人民出版社1983年版，第310页。

② 《马克思恩格斯选集》第3卷，北京：人民出版社1972年版，第61页。

"物质是标志客观实在的哲学范畴，这种客观实在是人通过感知感觉的，它不依赖于我们的感觉而存在，为我们的感觉所复写、摄影、反映。""物质的唯一'特性'就是：它是客观实在，它存在于我们的意识之外。"①

"真理就是总和现实的一切方面及它们的关系构成。"②

由列宁的物质定义和上述奇点解析式可知，物质是存在的同义语。世界历史＋唯物主义＋"关系式物质"＋辩证法＝历史唯物辩证法。因为实体化物质概念并不能取代哲学上的关系式物质概念。"实体化自然物质"与物理学、化学、生物学的物质概念具有同一性，是自然科学意义上的物质概念。而"关系式物质"即社会存在与物理学、化学、生物学的实体化物质概念并无同一性，是社会科学或者说哲学意义上的物质概念。"关系式物质"可以包括"实体化自然物质"，反之则不然。"关系式物质"是辩证法的物质定义，而"实体化自然物质"则是形而上学的物质定义。费尔巴哈就是混淆了二者的不同，把自然科学意义上的"实体化自然物质"当作唯物主义之"物"，于是一旦进入历史领域就成了历史唯心主义者。

列宁这一物质定义的意义有四点：一是它指出物质是不依赖于意识的客观实在，同唯心主义划清了界限；二是它指出物质是可以被人们认识的，同不可知论划清了界限；三是它指出客观实在性是一切物质（包括社会存在）的共性，克服了旧唯物主义物质观的局限性；四是为社会历史奠定了历史唯物辩证法基础。这样，列宁用哲学的"关系式物质"概念揭示自然物质、社会物质与人的意识的历史唯物辩证法，把本体论、认识论、辩证法、逻辑学和人的本质理论统一起来了。如同他对真理的论述那样一针见血。

列宁的"关系式"物质定义揭示的历史唯物辩证法具有重要启示意义。马克思主义中的"关系"概念是三大板块整合的黏合剂。马克思扬弃德国古典哲学、英国古典政治经济学、英国法国空想社会主义，创立了马克思主义关于人的解放学说。那么，马克思在扬弃三大理论时，其立足点在哪？与其内在相关的问题是什么？马克思自己的唯物史观、政治经济学、科学社会主义是如何统一的？它们三者共同的理论枢纽是什

---

① 《列宁选集》第2卷，北京：人民出版社1960年版，第268页。
② 《列宁全集》第38卷，北京：人民出版社1984年版，第210页。

么？对此，学界至今仍缺乏有力的解释。之所以难以做到从整体上把握三者之间的相互关系，原因就在于缺乏一个能够贯穿和整合三大板块的学理分析框架。其实马克思的"关系"概念作为枢纽性关键词就有助于三大板块之框架性整合，因为"关系"概念可以贯通马克思主义哲学、政治经济学和科学社会主义，是这三大板块共同围绕的交接处。鉴于此，抓住"关系"这个枢纽关键词，有助于我们理解马克思是何以超越德国古典哲学和青年黑格尔派哲学的，有助于我们把握马克思何以从事政治经济学批判，奠定"唯物史观"和"剩余价值学说"这两块基石，使社会主义从空想成为科学，使哲学、政治经济学和科学社会主义构成一整块钢铁，使马克思主义具有内在联系的统一性和整体性。

（三）体现历史唯物辩证法的基本内容和底层逻辑

马克思主义哲学批判了黑格尔的客观唯心主义而继承了黑格尔的辩证法体系的合理内核，并基于"现实的人"的实践"关系"创立了一种自称为"新的唯物主义"历史观，实质上可称之为历史唯物辩证法。因为马克思恩格斯创立的马克思主义哲学始终以独立统一的历史的唯物的辩证思维看待一切事物及其相互关系，为我们解决哲学的实践问题提供了新的路径。马克思主义历史唯物辩证法把自然史、社会史和精神史诸多事物之间辩证关系归纳为三大基本特征、三大规律、五对范畴和关键词谱系。

传统教科书强调唯物辩证法的总特征是联系和发展，是关于普遍联系和全面发展的学说。对立统一规律是唯物辩证法的实质和核心，它以矛盾的客观普遍性为前提，这主要是基于传统自然辩证法的范畴思维（二元结构的对子思维）而言的。

历史唯物辩证法是基于三元结构的谱系思维：世界是普遍联系的、世界是永恒发展的、世界发展的过程即世界历史（包括自然史、社会史和精神史）是辩证互动的。

原来唯物辩证法的三大基本规律即对立统一规律、量变质变规律、否定之否定规律。在历史唯物辩证法看来可表现为三元结构：

一是对立统一规律表现为矛盾方面的共存、斗争、中和规律（也可称之为起—承—转—合规律）。

二是量变质变规律表现为量变、质变、度变规律（也可称之为质量度规律）。

三是否定之否定规律表象为肯定、否定、再肯定的规律（也可称之为正—反—合规律）。

三条基本规律的内在关系，一般认为对立统一规律揭示了事物发展的源泉和动力，质量互变规律揭示了事物发展的状态，否定之否定规律揭示了事物发展的趋势和道路。以毛泽东为代表的很多人主张最基本规律只有一条，即对立统一规律；毛泽东曾指出："应该是一元论，不应该是三元论"，但也有的人不赞成这个观点，而主张把三大规律并列化和立体化。本书主张以谱系化思维对待之。

历史唯物辩证法，是一种研究自然、社会和精神关系的哲学方法；是辩证法的三种基本历史形式之一；也是由马克思首先提出，经其他马克思主义哲学家（比较突出的如恩格斯、列宁、托洛茨基、毛泽东等）发展而形成的一套世界观、认识论和方法论的思想体系；是马克思主义哲学的核心组成部分。唯物辩证法指出："普遍联系"和"永恒发展"是世界存在的两个总的基本特征，从总体上揭示了世界的辩证性质；唯物辩证法的基本规律和各个范畴，从不同侧面揭示了这两个基本特征的内涵和外延；矛盾（即对立统一）的观点是唯物辩证法的核心。

唯物辩证法三大规律包括对立统一规律、量变质变规律、否定之否定规律。这三个辩证法规律在哲学上普遍性达到极限程度。这是黑格尔在《逻辑学》中首先阐述出来的，恩格斯则将它从《逻辑学》中总结和提炼出来，从而使辩证法的规律变得更加清晰了。

由于事物自身所固有的肯定因素和否定因素的对立统一，当事物的肯定方面占主导地位时，事物保持自身质的稳定性，处于量变阶段；而当矛盾双方长期斗争，否定方面战胜肯定方面而居于支配地位时，发生矛盾转化，量变也转化为质变，以致该事物死亡，发展为新事物。否定是新事物代替旧事物，新旧事物有着本质的区别。

马克思恩格斯在《雇佣劳动和资本》中有一段文字，恰好可以帮助我们理解《德意志意识形态》。其原初文本说：

"生产中不仅同自然界发生关系，他们以一定的方式共同活动和互相交换其活动，才能生产。为了生产，便发生一定的联系（Beziehungen）和关系（Verhältnisse）；只有在范围内，才会有对自然界的关系（Beziehung），才有生产。"①

马克思这里论述的"关系"，就是社会中人们的"活动"（wirken），而这种活动会相互影响；相应地，人"对（zu）自然界的关系"、"同自然界发生关系"（beziehen sich auf die Natur，直译即"联系到自然界上去"），也就是人对自然界发挥了作用。需要注意的是，"对"（zu）和"到××上去"（auf）是一种带有方向性的介词，其表达的"关系"，绝不是无方向、无顺序的纯粹个体连缀，更不是某种交互关系，而是单向的施加，即不能交换介词前后名词的位置："人对自然界"的关系，只是从人出发，施加到自然界之上。人与人之间的"关系"，从完成形态看是交互性的。"互相交换"形成双向作用，即 A 影响 B，B 影响 A，从而 A 和 B 双向影响，这就是 A 和 B 的"关系"（Beziehungen 和 Verhältnisse，复数）。

1891 年，恩格斯在重新发表马克思《雇佣劳动和资本》时，修改了文本中的两处措辞：第一，1847 年版的文本"人们生产不仅对自然界有关系（beziehen sich auf die Natur）"；1891 年版的文本"人们在生产中不仅影响自然界（wirken auf die Natur），而且也影响彼此"。第二，1847 年版的文本"才会有他们对自然界的关系（Beziehung）"；1891 年版的文本"才会有他们对自然界的影响（Einwirkung）"。结论就是：Verhältnis = Beziehung = Wirken/Einwirkung。

由此可见，恩格斯十分清楚，马克思所用"关系"一词是表示某种活动、某种影响作用的施加，只不过是他在 1891 年换了更加直白通俗的词来表示这种趋向动作，而不再保持更具隐喻性和理论色调的"关系"一词。马克思成熟时期也反复采用了"关系"的这种用法。

德语中，有几个词都是用来表示"关系"的，Beziehung 是空间的隐喻，原本表示物理空间上的覆盖、重合，引申为产生某种关系。而维特根斯坦则用另一个词表示"关系"——Verbindung，同样是从具象的交互缠绕而来。在《关于费尔巴哈的提纲》中马克思对另一个表示关系的词"联系"作了区分。他认为人的本质是社会关系的总和，同时批判费尔巴哈用"类"把人"联系"起来。费尔巴哈认为"宗教一词是从 reli-

---

① 《马克思恩格斯选集》第 1 卷，北京：人民出版社 1995 年版，第 344 页。

gare 一词来的，本来是联系（Verbindung）的意思。因此，两个人之间的任何联系（Verbindung）都是宗教"①，恩格斯认为费尔巴哈是在玩词源学的"把戏"，用 Verbindung 来表示广义的"关系"。拉丁词源 religare 所表达的德语 Verbindung 原初含义是"捆绑"，引申为人对神的依赖，进而引申为信仰、皈依，英语中仍然保留了演变过程的中间体 rely，表示依赖之意。

马克思选用 Verhältnis 一词表示狭义的"关系"概念，是由动词 verhalten 派生的，最初表示某存在者自身的举动，其动作要施加于他者，对他者发生作用。在德语语法中，动词 verhalten 本身就可以用大写首字母，直接当作名词来使用，就表示行为的施加，马克思恩格斯经典著作的中译本也常常直接翻译为"关系"。马克思在《1844 年经济学哲学手稿》中就这样表述黑格尔的理论：

"意识存在，以及某个东西的存在，就是知识。知识是意识的惟一的行动（Akt）。因此，意识到某个东西，那么对意识来说它就生成了。知识是意识的惟一的对象性的关系（Verhalten）。"②

所谓知识的"关系"（Verhalten）其实也就是知识的"行动"（Akt），是"对象性的"行动，不仅是自身的，同样也是涉他的，也就是说知识是施事者，有另外的某物作为该行为的受动者。如前文所述，在施动—受动框架中，需要注意的是通过"zu"之类介词前后名词顺序所表示出的这种方向性，"A 对 B 的关系"不同于"B 对 A 的关系"，比如我们可以看到《1844 年经济学哲学手稿》在《马克思恩格斯全集》中文第二版当中，改正了第一版译文的一些措辞：

中文第一版：

"在自然的类关系中，人和自然界的关系就是人和人的关系，而人和人的关系直接就是人同自然界的关系，就是自己自然的规定。"③

---

① 《马克思恩格斯选集》第 4 卷，北京：人民出版社 1995 年版，第 234 页。
② 《马克思恩格斯全集》第 3 卷，北京：人民出版社 2002 年版，第 327 页。
③ 《马克思恩格斯全集》第 42 卷，北京：人民出版社 1979 年版，第 119 页。

"人和人直接自然必然的关系是男女关系。"①"男女关系是人和人最自然的关系。"②

中文第二版则是：

"在自然类关系中，人对（zu）自然关系就是人对（zu）人关系，像人对（zu）人的关系就是人对（zu）自然关系，就是自己自然规定。"③"人对（zu）人的直接的、自然的、必然的关系是男人对（zu）妇女的关系。"④"男人对（zu）妇女的关系是人对（zu）人最自然的关系。"⑤

如《1844 年经济学哲学手稿》述："工业是自然界对人，也是科学对人现实历史关系。"⑥ 所谓"关系"，即施加了上述切实的影响，但有"对"的方向性特性在，施事者是自然，受事者是人。如果要反过来说人对自然的影响，那么则是要像《资本论》一处脚注里的表达：

"工艺学揭示出人对自然的能动关系（dasactive Verhalten），人的生活的直接生产过程，从而（damit auch）人的社会生活关系（Lebensverhältnisse）和由此产生的精神观念的直接生产过程。"⑦

在逗号前后"人对自然的能动关系"和"人的生活的直接生产过程"，又是平行对应的，它指同一件事情，连词"从而"（damit auch）则表示一种因果推理联系，"从而"后面的东西与两者不是并列关系，而是从这两者中产生的结果。人对自然的"关系"是指人单向地施加于自然的行为，是人对自然的改造，它是"能动"的，这一作用过程即是生产，人在社会生活中的"关系"（复数），则是指人们之间的双向甚至

---

① 《马克思恩格斯全集》第 42 卷，北京：人民出版社 1979 年版，第 119 页。
② 《马克思恩格斯全集》第 42 卷，北京：人民出版社 1979 年版，第 119 页。
③ 《马克思恩格斯全集》第 3 卷，北京：人民出版社 2002 年版，第 296 页。
④ 《马克思恩格斯全集》第 3 卷，北京：人民出版社 2002 年版，第 296 页。
⑤ 《马克思恩格斯全集》第 3 卷，北京：人民出版社 2002 年版，第 296 页。
⑥ 《马克思恩格斯全集》第 3 卷，北京：人民出版社 2002 年版，第 307 页。
⑦ 《马克思恩格斯全集》第 44 卷，北京：人民出版社 2001 年版，第 429 页。

多向交互的作用。

从侧重行为施加的含义出发，Verhältnis 和 verhalten，马克思的《关于费尔巴哈的提纲》正面使用复数 Verhältnisse，而反面使用则说费尔巴哈只是 verbinden，究其缘由，是费尔巴哈要么主张孤立的人的"个体"，要么主张"类"①，这就造成了"社会关系"和"自然联系"的对立。当说到"非自然"的"社会"，本身就是着眼于非内在的、非无声的活动和类似活动之间的交互作用和影响。费尔巴哈的这种"无声的合类性"（卢卡奇语），法国民众的袋中马铃薯式的加总性，是成员、部分单纯在概念上属于一个上位的整体，是整体与部分的"关系"。如果以黑格尔的标准衡量，也是"作为关系"的，但马克思并不愿意在这种思维中连缀和总称诸个体的意义上阐述"关系"的意义，马克思看重的是个体间施加了某种行为动作的确定性，即确实发生了影响和作用。

1. 关系范畴以及范畴之间的历史唯物辩证法

恩格斯在《路德维希·费尔巴哈和德国古典哲学的终结》一文就用"关系"范畴阐述哲学基本问题，即思维和存在的同一性问题。② 马克思主义唯物辩证法的范畴和规律实际上可以看作是研究客观世界的关系学科。主要揭示普遍联系的客观世界的三大规律及范畴关系。其中矛盾规律揭示事物间的对立统一关系，量变质变规律揭示事物数量—质量关系，否定之否定规律揭示事物发展变化关系……三大规律表现在社会存在上，就是马克思在《〈政治经济学批判〉导言》中对历史唯物主义理论所作的概括那样：

> "人们生活的社会生产中发生一定必然的不以他们的意志为转移即同他们的物质生产力相适应的生产关系。总和构成社会经济结构，即法律政治的上层建筑并有社会意识形式的现实基础。物质生活制约着整个社会政治精神生活。不是意识决定存在，相反，是存在决定意识。物质生产力发展同它们一直活动的现存关系发生矛盾。于是关系便由生产力发展形式变成桎梏。那时社会革命的时代就到来了。经济基础变更，上层建筑也或慢或快地变革。"③

---

① 《马克思恩格斯选集》第 1 卷，北京：人民出版社 1995 年版，第 56 页。
② 《马克思恩格斯选集》第 4 卷，北京：人民出版社 1972 年版，第 220 页。
③ 《马克思恩格斯选集》第 2 卷，北京：人民出版社 1972 年版，第 82—83 页。

在马克思主义方法论系统中，关系概念具有十分重要的作用。马克思在《〈政治经济学批判〉导言》中阐述了生产—交换—分配—消费的关系，着力研究政治经济方法，认为正确方法从抽象到具体，即从一些有决定意义的抽象的一般的简单规定开始，然后上升到理性具体。马克思进一步说明为什么从简单范畴开始：

"简单范畴是这样一些表现，不发展的具体已经实现，而那些较具体的范畴在精神上还没有产生；而比较发展的具体则把范畴当做一种从属关系保存。在资本存在之前，银行存在之前，雇佣劳动等等存在之前，货币能够存在，而且在历史上存在过。因此，从这一方面看来，可以说，比较简单的范畴可以表现一个比较不发展的处于支配地位的关系，或表现比较发展的整体的从属。"①

马克思经济学巨著的分篇，错综复杂地构思了范畴关系，研究方案一再修改后写作了《政治经济学批判》和《资本论》。

如何理解历史？传统形而上学一般有两种视角，一种是把历史看成客观精神的自我实现过程，即目的论历史观；另一种把历史看成是英雄人物的思想观念所决定的发展过程，即英雄史观。目的论历史观和英雄史观二者虽然表面不同，立场实质一致，即二者都将历史看成观念和精神的发展史。可见，传统形而上学的历史观与哲学观如出一辙，把观念和精神当作事物本质，把历史看成是观念和精神的演进过程。

许多传统形而上学哲学家在理解历史时都会体现出浓厚的目的论色彩。黑格尔哲学就是最典型的代表。黑格尔的所谓历史就是"绝对精神"按照辩证法的原则自己外化自己、自己否定自己最终达到认识自我和实现自我的过程。认识自己和实现自我的终极历史目的是"绝对精神"。似乎整个历史一开始就已经预先设定好了目的，好像一辆开向预先被规划好目的地的列车。与此对应，黑格尔认为，个体的活动说到底，只是为了实现历史的目的，即充当"绝对精神"自我实现过程的手段和工具，不可避免要成为历史的牺牲品。也就是说，个人生活是微不足道的。"个人存在与否，对客观伦理来说是无所谓的"②。青年黑格尔派尽

---

① 《马克思恩格斯选集》第 2 卷，北京：人民出版社 1972 年版，第 105 页。
② 〔德〕黑格尔：《法哲学原理》，范扬、张企泰译，北京：商务印书馆 1961 年版，第 165 页。

管把黑格尔哲学作为批判对象,但他们没有真正超出黑格尔的思辨哲学和历史目的论。如布鲁诺·鲍威尔只是用"自我意识"概念替代了黑格尔的"绝对精神"概念,把历史看作是"自我意识"实现自己的过程,与黑格尔把历史看作是"绝对精神"实现自己的过程是一样的。

目的论历史观和英雄史观有着共同的本质和立场,这是马克思要阐明的观点。二者都把思想、观念和精神看成事物的根本。具体而言,人们在他们自己的思想观念的引导下从事感性的生产实践,而正是这样一种极其常见却又极易产生误导的现象使传统形而上学哲学家认为,思想观念就是现实世界的本质和决定因素。整个传统形而上学的核心观念就是把人的本质当成理性,认为人与其他动物最大的区别就在于人会思想、有思维能力,是思想和理性使人成为人。而当思想观念成为人的本质的时候,意味着思想观念也成了世界的基础和根本,即思想观念支配着现实的感性的世界。如此一来,历史就被理解为思想的历史或观念的历史。对此,马克思在《德意志意识形态》中这样叙述的:

> "其他一切民族的意识形态与德国唯心主义没有任何特殊区别。同样认为世界受观念支配,思想决定本原"①。

即便时期不同、民族不同,其唯心主义的具体表现形式可能会存在分歧,但它们的基本立场是完全一致的,即认为"思想观念支配人们的现实生活物质世界和现实关系"②。也就是说,世界上所有的唯心主义都把思想观念当作世界的本质和解释历史的原则,这就是形而上学历史观的本质。

2. 马克思基于"关系"从三个方面批判了传统的形而上学历史观

传统的形而上学哲学观把现实生活的本质归于观念,认为把握观念的哲学是高于现实生活的。与此相应,就会认为观念决定着历史,而历史在根本上就是观念的变迁史。马克思认为,这种历史观是错误的,其不仅歪曲了真实的历史,还掩盖了历史发展变化的过程。因此,马克思从"实践关系"衍生出生产关系、交往关系和社会关系……"关系"的

---

① 《马克思恩格斯文集》第1卷,北京:人民出版社2009年版,第510页,注①。
② 《马克思恩格斯文集》第1卷,北京:人民出版社2009年版,第511页,注①。

关键词谱系，展开了对整个传统形而上学历史观的批判。

第一，立足于"关系"这一关键词，马克思批判了形而上学历史观中的目的论。

马克思拒斥传统形而上学历史观，批判把历史看成朝向既定目标发展的目的论历史观。目的论历史观把思想观念看作外在的神秘实体，认为历史就是神秘实体的自我实现，预设了整个历史的终极目的。马克思强烈地批判这种错误的历史观。在马克思看来，历史是社会关系的发展史，也就是共同的生产实践活动的发展史。而人们以一定社会关系联系在一起的共同活动所造成的实际上是"力的平行四边形"，所以历史不是预先设定好目的的实现过程，不是某种在人之外的神秘之物的自我发展。也就是说，在真实的历史中存在的是多种多样的可能性，而不是被设定好终极目标的单一性。因此，事实是，历史的主体是处于一定社会关系之中的，而历史不是人的主体。因此，人类真实的发展历史被目的论的历史观所歪曲。马克思对这种目的论的历史观的实质进行了彻底而严厉的批判。由此可见，目的论历史观倒果为因，把真正的主体变成客体，而把客体变成了主体，即将后续的结果当成了先在的原因去解释历史进程，而这样做是不可能对历史作出真正科学的理解和解释的。可以说，凭借对"许多个人的共同活动"即社会关系的深入认识和把握，马克思消解了目的论的历史观。

第二，立足于"关系"这一关键词，马克思批判了形而上学的英雄史观。

马克思立足于"关系"这个枢纽关键词，批判了形而上学历史观中的英雄史观。传统形而上学历史观的另一个重要表现就是把杰出人物看成历史进程的决定者，从这种历史视野和理论立场出发，一些重大历史事件往往被归结为个人的意志的体现。譬如，在1851年法国政变这一历史事件中，维克多·雨果和蒲鲁东都站到了这种历史观的立场上来。维克多·雨果将1851年的法国政变指责为路易·波拿巴的个人暴力行动。这次政变在雨果的著作中竟被描述成突如其来的晴空霹雳。尽管雨果的目的是批判、反对和贬斥路易·波拿巴，但当雨果把这一历史事件渲染成波拿巴的个人行为时，就显得肤浅可笑而南辕北辙了。也就是说，雨果的目的虽然是为了批评和贬斥波拿巴，但把这次重大历史事件完全归结为波拿巴个人的思想意志和行为，恰恰在客观上把波拿巴塑造成了一个决定历史进程的巨人,落入了形而上学历史观的陷阱。如果说雨果是不自觉地落入了这个陷阱,那么蒲鲁东则可以看作是自觉地站到了形而上学的立场。蒲鲁东把这次政变理解为强者思想意志的结果。蒲鲁东的错误除英雄史观外还混合了目的论历史观,不仅认为历史进程是"社会天才"推动的,还把历史看成是"天命"决定的进程。蒲鲁东不仅把路易·波拿巴发动的政变解释成个人行为,还把它强行塞进抽象的一般性的逻辑图式中,论证这次事件是合乎"天命"逻辑的结果。然而实际上,蒲鲁东所谓的万能公式不过是他自己虚构出来的,是脱离现实逻辑的。

传统形而上学的观点受到马克思主义严厉的批判。传统形而上学历史观往往把杰出人物看成历史进程的决定者,把一些重大的历史事件常常归结为个体意志的体现。马克思扭转了这种将历史的决定因素看成是个人的思想意志和行为的形而上学历史观,而是把历史和个人的思想、意志、行为理解为当时各种社会关系综合制约的结果。所以,马克思看待历史事件的角度是完全不同的①,这就是说,造成政变的深层根据是错综复杂的阶级利益关系即社会关系,是当时一定的社会关系使得"一个平庸而可笑的人物"似乎能扮演英雄的角色。当然,正如前文所言,这并不意味着个人完全失去主动性和能动性,而是表明个人主动性和能动性是在社会关系中发挥的。或者说,个人力量其实是一种共同力量,是许多个人的共同活动——这是马克思对社会关系的定义,至此,我们也可以理解为什么马克思说"共同活动方式本身就是'生产力'"② 也即社会关系本身就是生产力的思想。

第三,立足于"关系"这一关键词,马克思批判了唯心主义历史观。

马克思立足于"关系"这个枢纽关键词,批判了传统形而上学忽视生产力和生产关系的唯心主义历史观。马克思对传统形而上学将生产力、资金、社会交往形式等看成是历史附带因素的观点,进行了严厉的批判。在传统形而上学看来,思想观念是历史发展的主导因素,而在这种把观念变迁看成历史发展过程的认识中,物质生产力和社会关系所具有的基础地位遭到了忽视。用马克思的话说就是,

"一切历史观不是忽视了历史的现实基础,就是把它看成与历史

---

① 《马克思恩格斯文集》第2卷,北京:人民出版社2009年版,第465页。
② 《马克思恩格斯文集》第1卷,北京:人民出版社2009年版,第532—533页。

进程没有联系的因素。"①

这即是说，在形而上学历史观中，现实的物质生活关系被看成像腰带一样微不足道的装饰品悬挂在观念变迁史的躯体上，彻底沦为观念史的附属品。这样的一种历史观，完全歪曲了思想观念和现实社会关系之间的关系。对于这种歪曲社会关系和观念之间关系的做法，马克思在《资本论》中讽刺道：

> "中世纪生活不能靠天主教，古代世界生活不能靠政治。相反两个时代谋生的方式表明，古代世界政治起作用，而中世纪天主教起作用。对罗马共和国稍微有点了解，就会知道，地产构成罗马共和国的秘史。另一方面，堂吉诃德误认为游侠可以同任何社会经济形式并存，结果遭到惩罚。"②

不同的"谋生的方式和方法"和"社会经济形式"等等意味着不同的物质生活关系，而不同的物质生活关系决定了宗教、政治在人们全部活动领域乃至历史中所扮演的角色、地位和作用。也就是说，在马克思看来，人们在以生产为基础的感性活动中所结成的社会关系并不是由观念决定的历史次要因素，而恰恰是历史的真正基础，即

> "生产力、资金和社会交往形式是哲学家们想象为'实体'和'人的本质'的现实基础"③。

意识不到历史的这个真正的基础，使得形而上学历史观无法做到合理解释历史的现象。正是因为马克思将历史的决定因素理解为现实利益关系，所以他才对黑格尔的历史哲学和"德国历史编纂学"表示不满，因为这两者都把思想观念而不是物质利益关系当作衡量标准。

> "黑格尔的历史哲学是整个编纂学最终达到自己'最纯粹的表

---

① 《马克思恩格斯文集》第 1 卷，北京：人民出版社 2009 年版，第 545 页。
② 《资本论》第 1 卷，北京：人民出版社 2004 年版，第 100 页。
③ 《马克思恩格斯文集》第 1 卷，北京：人民出版社 2009 年版，第 545 页。

现'成果。对德国历史编纂学来说，问题不完全在于现实利益，甚至政治利益，而在于思想。"①

即马克思揭露出把现实社会关系归结为观念史附带要素的形而上学历史观是根本站不住脚的，从而破除了传统形而上学历史观的幻觉。

"这种联系由需要和生产方式决定，和人本身有同样长的历史；这种联系不断采取新形式。"②

马克思在《德意志意识形态》中的这段话表明，他在这里已经具备了将社会关系变迁史看作人类历史的思想萌芽，也即划分人类历史阶段的根据的思想萌芽。所以到了《大纲》中，我们见到那著名的历史三阶段理论时就不应觉得惊讶。在那里，马克思这样来划分人类历史阶段：人与人依赖的关系是第一个阶段，以物的依赖关系为基础的人的独立性则是第二个阶段，"共同生产能力成为共同财富的自由个性，是第三个阶段"③。对于依靠社会关系来划分这三大阶段，似乎不需要做过多的解释了。第二阶段对应的是在人与人分裂的斗争关系中对物——外化的社会关系的崇拜，第三阶段是指人们重新控制自身社会关系之后对物的驾驭和自身的自由发展。

既然历史在根本上是感性实践活动的历史，是社会关系的变迁史，那么意识在其中居于何种位置？亦即它扮演什么角色？处于什么地位？同感性活动和社会关系是什么关系？对于这些问题，我们可以依据马克思的文本加以详细的分析。马克思指出，"只有考察了原初历史的关系四因素后，我们才发现：人还具有'意识'。"④ 所谓"四个因素、四个方面"是马克思的细化或具体化的论述，即满足需要的活动、产生需要的活动，人同自然的关系、人同人的关系等。这其中每个因素、每个方面同其他因素和其他方面都是不可分割的。活动是关系中的活动，关系是活动中的关系。如同与意识的关系一样，这段话的意思不是表明前面论

---

① 《马克思恩格斯文集》第1卷，北京：人民出版社2009年版，第546页。
② 《马克思恩格斯文集》第1卷，北京：人民出版社2009年版，第533页。
③ 《马克思恩格斯全集》第30卷，北京：人民出版社1995年版，第107—108页。
④ 《马克思恩格斯文集》第1卷，北京：人民出版社2009年版，第533页。

述的四个因素、四个方面可以与意识分割开来。也就是说，马克思并不否认意识同感性活动和社会关系是交织在一起的，他的目的是为了说明人们的观念意识并不具有独立的地位和决定性的作用，而是由感性活动和社会关系所决定。因此可以说，感性活动和社会关系是基础的层次，而观念意识是以感性活动和社会关系为基础的上层建筑的层次，三者虽交织在一起，但层次是不同的，对这种层次的理解，"必须用抽象力来代替"①。以此为根据，马克思指出：

"意识并非一开始就是'纯粹的'"……"受到物质的'纠缠'"，"在这里物质表现为空气层的振动即声音、语言。语言和意识同样长久，语言是实践的为别人存在也为自身存在的现实意识。语言和意识一样，只由于需要和他人交往的需要才产生"。②

3. 构建了基于人的关系变迁史之上的历史观念变迁史

马克思揭露传统的形而上学的观念变迁史的历史观，把历史理解为"现实的人"的关系变迁史，基本内容包括社会关系和生产关系，以及社会存在与社会意识等。如果离开了人的关系变迁史，意识形态本身是没有历史的。通过对历史原初性及本原性分析，马克思最终揭露了传统形而上学历史观的实质，这就是它源于社会分工，是社会分工造成的结果。也就是说，传统形而上学历史观来自于社会关系的分化，或者说是社会关系使然。具体而言，最初感知自然对象的知觉性的意识还不是超越动物的人作为人的意识，真正使人成为人的意识来源于人同他人交往的需要意识，即

"只有意识到必须和周围个人的来往活动，即意识到人总是生活在社会活动当中的"③。

这种意识初步超越了人的纯粹动物式的本能意识——感知自然对象的意识，是人开始成为不同于动物的人的标志。社会分工不断发展，形成了从事物质劳动的专门人群和从事精神劳动的专门人群，哲学家就属

---

① 《资本论》第1卷，北京：人民出版社2004年版，第8页。
② 《马克思恩格斯文集》第1卷，北京：人民出版社2009年版，第533页。
③ 《马克思恩格斯选集》第1卷，北京：人民出版社2012年版，第161页。

于后者。不过，从这种分工发生的时间算起，意识才能把自己想象成非现实性的东西。但是，想象终归是想象，它的基础是感性物质活动及其社会关系，正如意识最初是对自然感性对象的意识。因此，以为意识仅凭自身就能够构造出"'纯粹的'理论、神学、哲学、道德"①等等实际上是一种幻觉，而正是这种幻觉使得形而上学历史观得以产生，即认为意识和观念自因自足，能够决定社会的发展变化。这便是传统形而上学历史观的实质内容，也就是歪曲了真正现实生活过程的本质。与传统形而上学历史观相反，在马克思那里，意识并不具有独立性也不是决定性存在，它实际上取决于感性活动及社会关系的物质性。

对现实社会关系的深入理解和把握是马克思消解传统形而上学历史观进而实现历史观变革的深层根据。正是从"关系"概念出发使马克思得出了这样的观点：那些被批判的有缺陷的概念不过是持有传统形而上学历史观的哲学家们的观点，"关于真正的经验性的束缚和界限的思想观点"，而"生活中的生产方式和社会交往形式就运动在这些束缚和界限的范围之内"②。由此可见，在马克思看来，人的社会关系通过人的观念意识体现出来，即不同于动物意识的人的意识，这种人作为人的意识以人同他人的关系即社会关系为前提。因此，意识在根本上是社会关系的产物，"意识一开始就是社会的产物"③。除了前面所提到的分工社会关系，马克思还认为，同分工一起出现的还有分配和所有制，而正是分工、分配、所有制这些现实的社会关系的不同决定了思想观念以各种不同的形式表现出来。即思想观念通常被现实的社会关系所决定，反之则不成立。正如马克思所言，"生产自己的物质和交往的人们，不仅在改变自己也改变着自己的思维乃至思维的产物"④。进一步讲，就是说"思想观念从来没有过自己的历史，更没有过发展"⑤，这里的意思是指观念意识不是独立发展的，没有自己独立的历史，它们在根本上是现实社会关系的理论表现，是现实社会关系的反响和回音。

根据社会存在决定社会意识的基本原理和社会关系决定思想观念的

---

① 《马克思恩格斯文集》第1卷，北京：人民出版社2009年版，第534页。
② 《马克思恩格斯文集》第1卷，北京：人民出版社2009年版，第535页。
③ 《马克思恩格斯文集》第1卷，北京：人民出版社2009年版，第533页。
④ 《马克思恩格斯文集》第1卷，北京：人民出版社2009年版，第525页。
⑤ 《马克思恩格斯文集》第1卷，北京：人民出版社2009年版，第525页。

基本原理，马克思概述了自己的历史思维：

> "这种历史观就在于：从物质生产的直接现实性出发阐述生产的现实过程，并把联系这种生产方式、以及其产生的各不同阶段上的市民社会即交往形式理解为全部历史的根基……市民社会阐明意识不同的理论产物，如宗教哲学道德等，并追溯其过程。……从根本上就与唯心主义不同，它不寻找时代范畴，而是站在现实历史上，不是从观念解释实践，而是从实践解释观念形态。"①

从这种历史观出发，马克思指出，消灭思想观念意识上的产物不能依靠纯粹的理论批判，必须诉诸改变不合理思想观念上的不合理的社会关系，即

> "通过精神批判不能消灭意识产物……只有通过推翻唯心主义谬论的现实的社会关系，才能消灭"②。

可以说，正是由于达到了对历史的本质——社会关系变化的真正理解，马克思寻找到了塑造人们理想生活的真实途径，即历史的动力是感性实践，不是纯粹观念的批判。

由此可见，马克思的历史观不同于传统形而上学历史观的根本之处在于他把历史理解为现实的人的多重关系变迁史，在根本上是社会生产关系的变迁史。正如生产实践、生产物质生活本身是共同的活动，即"许多个人的共同活动"，而这就是社会关系的更深层次的规定，即"社会关系的含义在这里是指许多个人的共同活动"③。即生产物质生活在一定社会关系中，它就是一定的社会关系的活动和生活，二者是一致的，生产实践活动同社会关系是不可分割的一体之两面。因此，对马克思来说，真正的历史是社会生产关系的变迁史，也是物质生产活动的变迁史，两者是内在统一的。总之，马克思立足于对现实社会关系的深入理解和把握达到了对人类历史的真实理解，从而实现了对传统形而上学历史观的变革。

---

① 《马克思恩格斯文集》第1卷，北京：人民出版社2009年版，第544页。
② 《马克思恩格斯文集》第1卷，北京：人民出版社2009年版，第544页。
③ 《马克思恩格斯文集》第1卷，北京：人民出版社2009年版，第532页。

四、《德意志意识形态》关键词谱系化
研究的对象、内容和要求

按照学术经验，越是经常使用某概念，其含义看起来就越是清楚，往往被认为是不证自明的，但其理论含义却极有可能模棱两可含混不清。只有抓住"关系"这个纽带关键词并从"关系问题式"切入，使散在的各种关键词谱系化才可能条分缕析而得其真谛。

（一）本书的研究对象是《德意志意识形态》核心关键词谱系

1. 什么是核心关键词？

在表象上，词语只是赋予某些意义的符号。雷蒙德·威廉斯开创《关键词》研究却给了我们更多启示。关键词一般来说是实践社会的浓缩，是政治策略的有效容器，是斗争历史的实际定位，也是理论创新的切入点问题。因此，对核心关键词的初始化分析，其实就是对我们整个生活世界、整个意义世界以及整个未知世界的分析和探索。

核心关键词是指用以描述学说体系的核心内容、主要功能、基本特色等方面的特征词汇和支点概念。如果说马克思主义经典原著中的概念异常丰富庞杂，初涉者犹如步入古希腊神话中克里特岛的迷宫。那么《德意志意识形态》关键词谱系化研究的目的就是要找到那根导引路径的丝线。依据逻辑整体性来筛选关键词，才能正本清源。

核心关键词的选取原则都有哪些？首先我们要考虑的就是关键词能否被认同。关键词谱系化研究就是要找到事实关联度和逻辑关联度，要分析目标关键词有没有整体性价值。因为核心关键词必须与整体有系统性关联才有谱系化价值。关键词之间的起承转合才是探索的目的。这样关键词的定位和定性才能给我们带来整体性认识。因此必须力求细致而深刻地解析其内涵和外延的谱系化意义。

在学术实践中，同一概念在不同学科往往都存在许多歧义。因为各学科只是从各自视角对某一方面的内容进行界定，差异较大，而各学科的学者往往又出于不同的学术追求和学术范式，使相同概念在不同研究框架中呈现出不同的面貌。所以，对一系列关键词及其相互关系予以澄清是非常有必要的。要研究《德意志意识形态》关键词谱系，初始化研究就必须首先明确"马克思主义""《德意志意识形态》关键词谱系"等基本的概念。理论研究的第一步，必须是明确概念的内涵和外延，界定

其性质上的确定性和实践形态上表现的非确定性。

2. 什么是谱系和谱系化研究？

谱系化方法源于谱系学。谱系学（genealogy）是研究类群谱系的学科。知识谱系就是知识发展的综合，知识发展就像族谱一样树状分布。

这个概念运用于哲学，出自尼采《道德的谱系》（*On the Genealogy of Morality*），是一种尼采权力意志的哲学。谱系学概念后来成了福柯哲学中的核心概念。谱系学不仅仅是一种深刻的哲学观点，而且也是一种学术分析方法。福柯和德里达都追随尼采，把谱系学视为对"本体论—神学—起源—目的论—末世论"之现代历史主义及其宏大哲学的基础性批判，视为对整个形而上学西方传统的根本性批判。

谱系化研究渊源于尼采，成熟于福柯①。谱系化研究的属性特征在于强调历史意识。古希腊哲学家柏拉图最早强调，我们并不叙述历史②，尼采哲学开创了历史意识的转向。1887 年尼采发表《论道德的谱系》，随后谱系学的哲学著作便多了起来。胡塞尔《经验与判断》（1933）的副标题也是"逻辑谱系学研究"。最重要的谱系哲学家是福柯等人。维柯《新科学》、黑格尔《精神现象学》和《逻辑学》、狄尔泰《精神科学中历史世界的建构》③ 都成了强调历史意识的哲学著作。恰如尼采所说：

"一切都是生成，没有永恒，一如没有绝对真理。——有必要从现在起，做哲学的历史性思考（das historische Philosophiren），并伴

---

① 倪梁康：《道德谱系学与道德意识现象学》，http://www.aisixiang.com/data/54741.html?page=1（访问时间：2019 年 10 月 5 日）。

② 海德格尔在《存在与时间》的第二节中引用柏拉图在《智者篇》（242c）中的主张"不叙述历史"："也就是说，不要靠把一个存在者引回到他所由来的另一存在者这种方式来规定存在者之为存在者。"（海德格尔，第 8 页）就这点来说，海德格尔当时恰恰站在与尼采相对的立场上。

③ 这里特别要提到尼采的同时代人狄尔泰。这位尤为强调历史意识和历史理性的历史哲学家，是为当代思想打上历史意识烙印的代表人物之一。他与尼采不仅都关注历史哲学，同样也关注生命哲学。或许因此之故，狄尔泰对待尼采的态度与胡塞尔对待尼采的态度不尽相同：他在其著作中有时会提到尼采，尽管次数很少，且持批判态度。看起来他并不将尼采视为严肃的精神对手。例如，在其代表作《精神科学中历史世界的建构》中，他仅有一次批判性地提及尼采："我们并非通过内省来把握人类本性。这乃是尼采的巨大错觉。因而他也不能把握历史的意义。"（Dilthey, S. 250）

之以谦逊。"

尼采意义上的道德谱系学，其实就是一种关键词谱系化研究。尼采自己说，道德谱系学研究是"道德概念的发展史"研究（Bd. 5，S. 289）。

"唯有历史服务于生活，我们才服务于历史"（Bd. 6，S. 103—110）。

尼采谱系学研究目的是：根据过去澄清现在。尼采认为，道德研究不但应还原为语言概念的研究，还应当还原为价值构成的研究。

尼采说，上帝死了！① 胡塞尔间接地回应：人只有通过自身认识来完成自身的担当！由此，自我主宰取代上帝主宰，必须有充分理性自知的主体自我。胡塞尔后期也试图进行"哲学历史性思考"。依据尼采的观点，道德研究应当还原为价值构成的研究。依照胡塞尔的想法，"哲学历史性思考"应当立足于"意义构成与积淀"的研究。②

在现象学家舍勒的《伦理学中的类主义与质料的价值伦理学》中，否定性批判康德伦理学的类主义，从而肯定性支持尼采《论道德的谱系》中解决价值的问题和规定价值的秩序。③ 舍勒提出不同价值在一个客观等级分明的体系中：从感性到生命由此上升到精神，直至神圣之物和世俗之物的价值。奠基关系体现在价值秩序上即划分为四个层次：感性—有用—生命精神价值—世俗神圣价值。划分为四种不同的感受：感

---

① 尼采曾认为，"上帝死了"这个"巨大事件"还在途中，需要两百年才能被人察觉。但实际上，这个事件并非是由尼采宣告的，而只是为他所引用。在尼采之前，黑格尔和马丁·路德都曾对"上帝死了"这句话做过分析和解释。由此算来，两百年的时间已到。（cf. Jüngel）这里需要补充的是：尼采真正宣告的不是"上帝死了"（Gott ist tot），而是后面的一句"上帝始终是死的"（"Gott ist tot! Gott bleibt tot!"）。（Bd. 3，S. 481）然而对于东方人来说，这句话并无意义，因为对于他们来说，上帝从来就没有活过。

② 这里可以参考胡塞尔在后期著作中对"历史"所做的一个著名定义："历史从一开始就无非是原初意义构成（Sinnbildung）和意义积淀（Sinnsedimentierung）之相互并存和相互交织的活的运动。"（Hua Ⅵ，S. 380—381）

③ 在尼采那里，这些价值的等级秩序就是善或善业的等级秩序（Rangordnung der Güter）。而他不同于舍勒的地方在于，他认为："善业的等级秩序并非在所有时代都是固定的和相同的。""它一旦确定下来，便可以决定一个行为是道德的还是不道德的。"（Bd. 2，S. 65）

性—生命—心灵—精神①。在这里，舍勒既反对主体性的纯粹价值，也反对客体性的纯粹价值。他借助于现象学的观点来探索中间立场，避开现象主义和本体主义。这对我们展开《德意志意识形态》关键词谱系化研究是有启示意义的。

谱系学分析方法不同于传统的思想起源方法，它不承认事物发展和历史发展的必然性规律，力图打破人们对纯粹、本原、本质、同一的幻想，而只关注事物在偶然间的反应、断裂间的存在以及差异中的重构。运用谱系学分析方法来考察一个概念的源起、发生、演变和传递的过程，从而更清楚地掌握一个概念丰富的内涵及其发展和演变的历史脉络。

一般认为，谱系学分析方法，从身体的视角审视"现在历史"和"真实历史"：将个体视为劳动—说话—知识的生物，致力于分析诸如此类的问题：人这种生物是如何在权力知识中被制造出来的；某种话语是如何被权力知识关系在欲望主体中产生并传播的。也可以说，谱系学分析方法就是生命政治的解剖术和微观权力的光谱仪。尤其是，福柯谱系学的分析方法，主要就是"权力谱系学"。

福柯谱系学分析的第一大步骤，是致力于多重记录解释的历史而不是唯一解释的历史。注意中介转换及表象细微轮廓，对每个事物都有多种解释。但每一个解释毫无疑问都不是必然唯一绝对正确的，都包含着任意成分。

福柯谱系学分析的第二步骤，是"标出对象的发生"，打破人们对本原纯粹、高尚、本质、同一的幻想，给考察对象留下"发生"的空间。

从福柯谱系学分析可知，历史的一致性和规律性完全是"虚构"的，是纯粹的假面具。福柯指出现代主义有两种表现：一是"根据现在写过去"。二是决定论。这种决定论从过去的某一点发现现在，然后揭示从那个历史点到现在的必然性。福柯认为历史不存在终极目的，历史没有普遍理性进步，历史也不是黑格尔意义上绝对观念，历史是人类从统治到统治的一系列权力游戏。

福柯谱系学分析的用处和当代性意义是什么呢？概言之，福柯谱系学分析力图使过去看起来"陌生"，从"简单"发现"复杂"，在过去人

---

① 〔德〕马克斯·舍勒：《伦理学中的形式主义与质料的价值伦理学——为一种伦理学人格主义奠基的新尝试》，倪梁康译，北京：商务印书馆2011年版，第909页。

们发现"同一"的地方找到"差异"。福柯谱系学分析是一种把握"异"的方法，也可以说是存同求异的"问题意识"方法，这也许就是我们可以从中吸取的营养。"谱系学"对要解决的问题进行追问，追问这一问题作为问题如何可能？说白了，"谱系学"的宗旨就是使事物问题化，即追问"问题化的历史"。据此我们引进谱系化研究方法以追问马克思主义的哲学"发生"问题。

列宁对马克思主义三部分组成的认识，构成了教科书的理论体系结构，在一定程度上为我们认识和掌握马克思主义基本原理提供了指导性思路，这对广泛传播和普及马克思主义发挥了不可磨灭的历史作用。正是依据这一基本理论体系结构设置三个专业，却又造成了对马克思主义整体性意义上的某种肢解。早在20世纪50年代，学界就开始意识到了这一缺陷。后来许多学者陆续批判了对马克思主义理论体系的这种肢解，并力图重构马克思主义理论体系，还有部分学者致力于马克思主义经典原著的"概念和范畴"研究，探索原生态的马克思学说。可以说，《德意志意识形态》关键词便进入了某种"无意识"的谱系化初始阶段。

在马克思主义发展史上，传统教科书体系既有对马克思主义的贡献与发展，也导致了某些迷茫和困顿。其关键的问题在于：到底有没有真正地把握马克思主义的核心和本质，到底有没有真正地弄清马克思本人的思想体系与逻辑结构。因为思想是由语言来表达的，语言是由概念来组合的，概念是由关键词谱系来赋予生命力的。关键词谱系化是思想体系化与逻辑结构化的载体。《德意志意识形态》关键词谱系化与新时代马克思主义哲学新综合有着内在的关联。

(二)《德意志意识形态》关键词谱系化的基本原理和内容

1.《德意志意识形态》关键词谱系化的基本原理在于强调一种"相对静止性"和"连续性"基本假设，用以构建"关系问题式"

历史本身是没有假设的，而关于历史的研究特别是关于"历史科学"的研究却可以是有假设的。这种假设有的是明示的，也有的是暗示的。物理学上的相对静止假设和数学上的"连续性"假设具有社会科学涵义，有助于构建"关系问题式"。正如汪丁丁所说，"人文"性质的学科通常会否定客体对于主体的"自在性"，在这之后再思考"存在"的意义。与此相对，社会科学性质的"科学"，首先要区分认识的主体与客体，然后再对客体进行连续地细化"界定"和假设，其基本条件是在认识主体的意识中研究对象具有某种"可分类性"和"连续性",并在连续性假设下可见某种"均衡状态"。没有连续性假设和均衡状态下的相对静止假设,任何科学研究都是海市蜃楼。

海德格尔(M. Heidegger)"科学不思"误导了社会科学。"科学"无法回避"概念"的叙述。一个泛泛而谈的完全没有概念的,乃至没有关键词谱系化的叙述,就玄化成了所谓"道"的叙述,没有"关系问题式"而随心所欲。目前关于中国社会科学的"话语体系"的讨论,从"规范"的概念讨论到"学术"的范畴推理,再到关键词谱系化研究,不能仅仅停留在单个概念之间,而要通过"关系问题式"使之谱系化,对马克思主义经典原著尤其要进行关键词谱系化研究。关键词谱系化研究所涉及的原本是涉及"意义"的、关于"说"—"思"—"行"如何达到辩证统一的实践问题。那种不涉及"意义"的所谓科学叙述仅仅是古典意义上的社会科学。因此关键词谱系化研究,不但要讨论"概念"的基础,还必须讨论概念之间"思"与"行"的连续性假设和相对静止假设的关系问题。

事物的相对静止性和连续性,不仅可以用标准的物理学语言和数学分析语言来定义和解释,还可以用社会科学语言解释。但是,任何一类社会科学的解释如果不是在那门具体科学的环境中对"相对静止性"和"连续性"作出的阐释就不能说这是合理的解释,因此而成为用数学分析思维和物理学推理定义的"连续性"和"相对静止性"概念的具体化。马克思恩格斯一些经典原著手稿并非成文稿,无论后人怎么排列组合均有道理,但是表达出来的"意义"却会千差万别。因此,如果抓住手稿类原著中的系列关键词,把它们视为一个个逻辑关键点,依据"逻辑在先"的原则和"均衡状态"分析,就可以定义其"意义"的连续性和相对静止性。以不同方式阐释"均衡状态",在社会科学的发展过程中显然更加重要。对关键词不同的阐释以及不同阐释之间的对话可推动马克思主义经典原著研究的多向度发展。

"相对静止性"和"连续性假设"是社会科学认识论假设的基本概念。同样也是关键词谱系化研究假设的基本概念。如果用数学语言来定义"连续性",那么,既可以在欧几里德空间里给出定义,也可以在一般的拓扑空间里给出定义。而连续性在某种意义上说是一种函数依赖的关系,即因变量对自变量所发生的变动连续的函数依赖关系。另外,对均衡存在性最常见的定理是：紧集自身的连续映射的不动点。不动点在一般经济均衡证明中得到了应用，我们同样可以把某一关键词视为关键词谱系化中的一个具有"相对静止性"的不动点，不动点定理将会是一个直观的、跨学科的、跳跃式推理过程的出发点。

2. 《德意志意识形态》关键词谱系化研究的基本内容

从狭义到广义，此中包括由具体上升到抽象、再由抽象下沉到具体思维辩证。马克思主义有广义和狭义，马克思理论体系也有广义和狭义，狭义的马克思理论体系相对于马克思主义来说是既成的理论体系，以马克思本人的文本为起点，并不包括后继者的发挥，因此，与生俱来就具有"相对静止性"。广义马克思主义因为众多的研究者的不同阐发，使得广义的马克思主义呈现出不同的形态。甚至在马克思身前，马克思主义就呈现出了多样化的发展，特别是在 21 世纪以来，其多元化倾向更为突出。MEGA2 陆续问世，马克思主义的狭义准确而全面的研究更进了一步，《德意志意识形态》的关键词谱系化研究水平也将得到相对持续的提升。

这与马克思主义理论体系相契合。列宁在著作中阐明马克思主义基本内涵，但《德意志意识形态》关键词谱系的基本内涵在列宁论述的基础上应作调整。理由如下：首先，《1844 年经济学哲学手稿》《德意志意识形态》等都是列宁去世后才出版的。列宁在世时，许多重要著作没有出版，列宁根本看不到这些著作，更不能把列宁的一些思想都纳入到《德意志意识形态》关键词谱系化进行分析，当作马克思主义的基本内涵。其次，是恩格斯系统地创立了辩证唯物主义。恩格斯《反杜林论》《费尔巴哈论》等著作系统地论述了辩证唯物主义思想。这样，《德意志意识形态》关键词谱系的基本内涵似乎应包括世界历史以及生产方式、生存方式和生活方式等，不过把内容结构作为体系研究对象则应把马克思主义看作是一个具有严密逻辑结构的整体，而这个逻辑结构具有贯通逻辑起点与逻辑归宿的逻辑中介。有人对《德意志意识形态》关键词是否存在谱系或许有怀疑。列宁的态度可以给我们启发：

"马克思主义是马克思理论体系的体系。"[①]

[①] 《列宁选集》第 2 卷，北京：人民出版社 1995 年版，第 418 页。

列宁肯定马克思主义理论体系的存在，为《德意志意识形态》关键词谱系化研究提供了理论支撑。此外，在翻译学中，"马克思主义"和"马克思的理论体系"以及"马克思学"的内容不同，三者是有区别的。其中，"马克思学"应该翻译为 Marxology，而为体系研究的本意应该是"马克思的理论体系"。学界通常使用"马克思主义"来替代"马克思的理论体系"，因此，本书遵循学界共识，"马克思主义"意指"马克思的理论体系"。

上述对相关概念的关系梳理，有助于厘清马克思主义、《德意志意识形态》关键词谱系的基本属性。马克思主义的基本属性应当包括：以马克思本人的文本为依据，以"现实的人"为世界历史起点，以"实践"作为逻辑中介，以"人的解放"为终极诉求，以历史唯物辩证法为哲学武器，揭露和批判资本主义政治、经济、社会、文化和生态，并在此基础上构建人类未来社会中理想的理论体系。这是按照"逻辑在先"的原则构建起来的统一性、整体性和动态性的思想体系。

马克思从"现实的人"出发，通过揭示"现实的人"自身存在的诸多矛盾，进而发现人的现实性矛盾才是人类社会发展的内在动力，同时这一矛盾也是其理论体系进一步展开的内在驱动力；人的现实性矛盾通过实践展开，并在革命中实现更高的回归——人的自由全面发展，而解决人的现实性矛盾也就成了《德意志意识形态》关键词谱系的核心逻辑链条。《德意志意识形态》关键词谱系就是围绕人的解放这一主线展开延伸。"现实的人"通过由低级到高级的历史实践活动，完成人本质的统一，实现人本质的复归。《德意志意识形态》关键词谱系就是从"现实的人"出发，通过实践活动，最终达到全面发展和人的解放。《德意志意识形态》关键词谱系表现为一个正—反—合的逻辑结构——以人的解放为主线，通过否定之否定逻辑来形成螺旋式上升和波浪式前进的辩证发展轨迹，这个过程包含着若干次级辩证发展轨迹。于是，马克思主义的逻辑起点就在否定之否定中实现了飞跃和与自身的统一。

马克思基于人的本质开启了哲学的新视野；围绕"现实的人"的物质生活、社会生活和精神生活，马克思开启了实践哲学的新视野，发现唯物主义历史观，进而以其为基本原则，彻底地批判资本主义社会。这部分内容就展开为政治经济学。马克思在批判旧世界中发现新世界，揭示了现实发展的趋势及其条件也正是从这种现实的矛盾出发，在对旧哲学的政治经济学中批判发现了历史唯物主义和剩余价值论，即在批判旧世界中发现新世界。马克思构建理论体系的关键是批判，批判也是《德意志意识形态》关键词谱系产生的根本路径。马克思对人的本质的揭示经历了从抽象的人，经过异化最后到达"现实的人"的层层深入三个阶段，正好表现为一个历史的唯物的正反合过程。人的本质的现实性矛盾正是人类历史的内在发展动力，同时也是马克思主义的内在展开动力。"现实的人"及其物质生产是《德意志意识形态》关键词谱系的逻辑起点，全面发展和人的解放是《德意志意识形态》关键词谱系的逻辑归宿，而革命的实践则贯通《德意志意识形态》关键词谱系的整个逻辑脉络。对《德意志意识形态》关键词谱系的逻辑起点与逻辑归宿之间的逻辑中介的准确定位是构建科学的《德意志意识形态》关键词谱系的前提和关键。要想真正理解什么是《德意志意识形态》关键词谱系，什么是《德意志意识形态》关键词谱系的根本属性，不仅要弄清《德意志意识形态》关键词谱系的基本原理和其产生的具体结论，还要搞清楚《德意志意识形态》关键词谱系赖以存在的最根本的思维方式，就是要弄清《德意志意识形态》关键词的历时态生成方式和共时态互动结构到底是什么。在《德意志意识形态》关键词谱系这一鸿篇巨制之下起支配作用的是其思维方式。对《德意志意识形态》关键词谱系化研究其实就是在探索马克思主义的"理论框架"，这个"理论框架"当属马克思主义的"元哲学"。元哲学应当规定对象、属性和功能，而《德意志意识形态》关键词谱系化元哲学是历史唯物辩证法，历史唯物辩证法是《德意志意识形态》关键词谱系产生的根本方式。马克思全部理论体系就是以历史唯物辩证法逐层展开的，而按照历史顺序依次展开的立体形态就是《德意志意识形态》关键词谱系的历时态逻辑。共时态研究和历时态研究是研究的维度，共时态研究追求的是结构性、系统性和整体性，是基于"相对静止假设"的马克思主义原理；而历时态研究专注《德意志意识形态》关键词谱系的结构形态以及逻辑演进关系，是基于"连续性假设"的马克思主义动态结构。马克思主义本身是历时态逻辑，按照历史顺序展开，共分为五个层次，这五个层次的主题统一，逻辑关系递进，思想承接有序。每个层次分别从各自最初的抽象开始上升成具体形态，共同构成马克思主义立体结构。正确构建《德意志意识形态》关键词谱系，不仅要进行历时态研究，还要进行共时态研究，共时态结构勾勒出的是《德意志意识形态》关键词谱系的宏大框架。从静态与动态、横向与纵向，历时态研究与共时态研究的两个维度考察社会以及文化理论的结构形态。共时态研究重在把握结构，而历时态研究重在把握过程。对马克思主义的层次性结构的正确划分是《德意志意识形态》关键词谱系共时态研究内容，是重建马克思主义整体性的前提条件。对《德意志意识形态》关键词谱系层次性存在不同的解读范式，如结构性解读和功能性解读。在此基础上，《德意志意识形态》关键词谱系被分成三个层次：第一层是人，第二层是历史唯物主义，第三层是其关键词谱系。以"现实的人"为元关键词构建的《德意志意识形态》关键词谱系的宏大结构是共时态研究的重要内容，《德意志意识形态》关键词谱系就是一个建立在历史唯物辩证法基础上，由正题—反题—合题构成的演绎轨迹，整个《德意志意识形态》关键词谱系化的正题是马克思的哲学，反题是马克思的政治经济学，合题是科学社会主义。《德意志意识形态》关键词谱系还包含若干低层的演绎轨迹，是一层嵌套另一层的逻辑演绎轨迹，多层次演绎轨迹环环相扣，组成《德意志意识形态》关键词谱系。马克思主义由一个庞大的关键词谱系构成，涉及众多学科领域，认识论角度认为这是纷繁复杂的，但在价值论角度上，整个《德意志意识形态》关键词谱系存在着一个基本的思想路线和一条非常清晰的逻辑脉络。全面且深刻地把握《德意志意识形态》关键词谱系，必须认真剖析这条脉络，从而科学地、严谨地理解《德意志意识形态》关键词谱系。从《德意志意识形态》关键词谱系本身的逻辑结构和内容结构来看，都存在这样一条主线，就是人的解放。"现实的人"及其物质生产是《德意志意识形态》关键词谱系的逻辑起点，对"现实的人"的正确认识是科学理解《德意志意识形态》关键词谱系的基本前提。马克思从人之本质的异化中发掘人之本质的真实内涵，进一步揭露"抽象的人"是人之本质异化的表现类。马克思关于人的本质命题的基本属性方面认为有生成性、否定性、统一性等属性，唯物主义历史观的科学性并没有终结马克思主义现代的批判性功能，马克思主义是真理观与价值观的辩证统一，异化概念仍然是马克思主义历史唯物辩证法的理论"构件"。批判前提与立场价值应该是哲学和社会科学构建的出发点。深入理解《德意志意识形态》关键词谱系还必须廓清《德意志意识形态》关键词谱系的本体论基础，整个《德意志意识形态》关键词谱系作为社会理论体系，存在统一的本体论，主体化存在本体是整个《德意志意识形态》关键词谱系的本体论基础。在《德意志意识形态》关键词谱系化结构分析基础上，我们必须回答《德意志意识形态》关键词谱系时代化价值问题，对《德意志意识形态》关键词谱系结构的揭示是回答《德意志意识形态》关键词谱系时代化价值演进的前提，《德意志意识形态》关键词谱系时代化价值演进的构建是《德意志意识形态》关键词谱系结构性研究的价值定位。《德意志意识形态》关键词谱系自诞生之日起，就面对着来自各方面的挑战，既有来自《德意志意识形态》关键词自身的谱系问题，也有来自实践中出现的新情况对其科学性的普遍质疑，还有来自当代西方哲学文化思潮对《德意志意识形态》关键词谱系的诘难。总而言之，当下《德意志意识形态》关键词谱系时代化价值受到了不同程度的质疑。到底是"历史的终结"，抑或"马克思是我们的同代人"？到底怎样解读《德意志意识形态》关键词谱系的科学性和时代化，是当代马克思主义工作者们的使命。我们坚信《德意志意识形态》关键词谱系是可以科学化的，《德意志意识形态》关键词谱系化是批判现实世界的一种研究范式。这是从《德意志意识形态》关键词谱系自身的本性中引发出的结论。《德意志意识形态》关键词谱系的主题、基本精神和生成法则是《德意志意识形态》关键词谱系科学性和时代化的根本保证。《德意志意识形态》关键词谱系科学性和时代化的三大法宝是人的解放学说、现代性批判精神和历史唯物辩证法。

（三）《德意志意识形态》关键词谱系化研究的基本要求

《德意志意识形态》关键词谱系化的层次功能性要求和结构功能性要求，都应到马克思主义理论体系的整体性研究当中寻找理论根据。马克思主义功能性层次划分是其理论体系中层次性谱系化研究的题中应有之义。这一议题在恩格斯和列宁那里早有定论，就是说马克思主义的三个部分包含着理解三个层次的划分："第一，新唯物主义哲学。这是整个体系的哲学基础；第二，马克思主义政治经济学。这是主要研究领域和经济基础；第三，科学社会主义。这是实践应用和政治基础。"①

1. 结构功能性学术要求

从结构上研究马克思主义层次性，是20世纪80年代以来的积极成果。这一学术范式致力于摆脱传统马克思主义教科书体系，重构马克思主义的

---

① 《列宁选集》第23卷，北京：人民出版社1990年版，第41页。

当代形态，为"重读马克思"，对马克思主义的形成、本质及其当代价值，在更加宽泛和完整的历史语境和思想语境中开辟了新的认识路径。

2. 层次功能性学术要求

必须要明确的是，上述马克思主义的三个层次一直存在于其理论内部，这种"关于研究的再研究"更不能忽视层次性。必须对新唯物主义哲学、马克思主义政治经济学和科学社会主义进行解释和规范，并深入进行层次结构分析和功能定位，侧重于《德意志意识形态》关键词谱系化中关注的那些现实问题。这一做法体现着马克思主义科学性和时代化的根据，同时也使马克思主义层次性学术范式研究走上了正轨。

3. 马克思主义体系化要求

一方面，马克思主义体系研究是《德意志意识形态》关键词谱系化研究的重要支撑与参照；另一方面，《德意志意识形态》关键词谱系化研究又是马克思主义体系研究的具体路径之一。通过探寻马克思恩格斯经典原著中关键词之间形成的马克思主义的逻辑结构、层次关系、逻辑起点、方法框架、主线脉络和本质内涵等，考察马克思学说的本意，是当下马克思文本研究的重要议题。围绕《德意志意识形态》，马克思主义与非马克思主义、西方马克思主义与中国马克思主义展开激烈争论，涌现出若干不同的结论和观点，大多是缘于范畴、概念和关键词之争。《德意志意识形态》关键词谱系多元化的认识系统，造成了对马克思主义本真含义的不同理解。

马克思主义自诞生之日起就遭到各种各样的歪曲误解，甚至是谩骂乃至攻击，不过，在形形色色的攻击中，最致命的方面就是否认《德意志意识形态》关键词谱系的存在，从而实现抹杀马克思主义科学性的目的。本书的研究重点就在于揭示《德意志意识形态》关键词谱系的客观性，进一步明确《德意志意识形态》关键词谱系的科学性与当代性，有力回击了对马克思主义的诽谤，诸如"两个马克思"、"认识论上的断裂"、反人道主义等各种各样歪曲和否定马克思主义科学性的错误思潮，对纠正以往理论界的各种误解具有十分积极的意义。

在马克思主义发展史上，尽管马克思主义理论体系问题是一个老问题，但对《德意志意识形态》关键词的特别关注和谱系化研究则是新鲜事。这些关注产生于对理论和实践上整体性对待马克思主义的需要。产生这一需要的重要背景就是马克思主义在国内外遭受到的误解、曲解和肢解。因此，明确《德意志意识形态》关键词谱系的结构是合理避免对马克思主义误解的前提。归根到底，《德意志意识形态》关键词谱系的体系问题其实就是"什么是马克思主义"的问题。弄清楚什么是《德意志意识形态》关键词谱系是理解马克思主义理论体系的关键。实践的整体性必然要求理论的整体性，理论的指导功能和认识世界过程中达到的实践必须预先规划。重建马克思主义的整体性正是《德意志意识形态》关键词谱系化研究的关键，揭示《德意志意识形态》关键词谱系的逻辑结构和内容系别，进而挖掘出马克思主义产生的前提条件、基础和根据以及其科学性和时代性的方法，以推动马克思主义在当代蓬勃的发展。正确构建《德意志意识形态》关键词谱系不仅能够帮助我们鉴别马克思主义和非马克思主义学派及理论，澄清二者界限，规范发展目的，还可作为中国当代马克思主义新的发展类：和谐社会理论与科学发展观中具有的马克思主义性质的理论根据，为中国马克思主义的发展取得了新突破。

五、《德意志意识形态》关键词谱系初始化研究应注意的几个问题

本书要解决的难点问题是通过"关键词谱系化研究"探索马克思恩格斯经典文本研究的新思路，吸收最新成果，充分彰显新时代新精神，尤其是要为广泛推进国家治理体系和治理能力现代化的发展研究提供哲学理论基础和学理支撑。这就涉及马克思思想体系与关键词谱系化研究的关系问题。

依照哲学解释学里面的看法，一切历史都体现为当代史。一切文本只能在当代视界的融合中才会产生新的历史效果和学术的高度贡献。马克思自身研究临界点内部的辩证法和他所提出的世界观和方法论，其相似的特点体现在：马克思主义的文本经典论述是静态的，但针对马克思主义文本著作进行融会贯通的运用方法却是动态的，是随着时代和实际情况的变化所发展的。该领域开展广泛研究的专家、学者们，通过孜孜不倦地研究，基本形成了马克思主义的全体性研究成果，从而为《德意志意识形态》关键词谱系化研究提供了借鉴。但学术界还鲜有对马克思主义范式构建中的著作文本关键词作专门的谱系化研究。当前学界普遍用研究该体系结构的建构过程来取代研究"马克思主义"体系本身的学术动态。本书在构建《德意志意识形态》关键词谱系的过程中，把《德

意志意识形态》关键词谱系化逻辑开端放置于"现实的人",从而抛出"现实的人"这一内在矛盾,是充分展开对马克思主义逻辑动力这一论断的研究,这在马克思主义生成理论上是一个突破;赋予马克思主义哲学以"历史唯物辩证法",实际上就是把历史唯物辩证法这一理论上升为马克思主义的元哲学,继而将《德意志意识形态》关键词谱系化认为是历史主体的辩证运动,同样的,将《德意志意识形态》关键词谱系本身构建视作是依照历史唯物辩证法进行构建的研究体系,这无疑是一个大胆的试炼;就马克思主义范畴内而言,宏观地说,马克思恩格斯两个人所有著作合并起来就是一个无可估价的价值宝库,其高度的贡献迄今没有被完全开发。笔者认为,全面、深刻、系统地对马克思恩格斯传世经典作充分实在的研究,有助于纠正对其理论内涵和意义的各种误读,这也是当今时代这一领域研究者肩负的使命。基于此,笔者认为必须处理好如下五个问题:

(一) 马克思主义体系教学与经典文本关键词谱系化研究的协调问题

马克思主义体系教学与经典文本谱系化研究,包含两个层面的问题。第一个层面是经典文本原文与文本解读的关系;第二层面是马克思思想体系研究与文本关键词谱系化研究的关系。

文本与思想的整合涉及原文与阐释的关系问题,与戴兆国在多年研究中所提出的,关于马克思主义的哲学原理的理论体系与学习实践体系的关系问题有所不同。马克思思想体系研究要追求客观必然性——往往会把简单的事情复杂化;文本关键词谱系化研究主要解决理解问题——往往要求把复杂的问题简单化。马克思思想体系研究有传统的思想起源方法,只有在遵从原始文本和其所构建的体系下,才能探索出事物发展和历史发展的必然性规律。而在关键词谱系化研究上,其所借助的谱系学类型化的分析方法,是与传统意义上类型化研究的思想起源方法相异的[1],它试图冲出人们对纯粹、本原和同一的固有认知牢笼,仅仅聚焦事物之间的反射,断裂间的存留,差异中的类比和解构。灵活使用谱系学的剖释方法来考察一个概念的起源、发生、变化、演变和传递全过程,只有如此,一个概念的内涵发展和生变的历史痕迹才能了然于心。[2] 这样的谱系化研究在

---

[1] 关于谱系学的方法最早可以追溯到尼采的《道德的谱系》,后被福柯成功运用并成为其哲学中的一个核心概念。

[2] 倪梁康:《道德谱系学与道德意识现象学》,http://www.aisixiang.com/data/54741.html?page=1 (访问时间:2019年10月5日)。

马克思经典著作导读中,不仅能轻松应对文化多元化和马克思主义形态多样化,而且也在沿着马克思主义思想范畴的单一化指导地位的道路上前进,既利于更好地解读马克思经典文本所体现的思想体系,适应社会生存、生产和生活实践的发展变化,也利于更好地发挥教学和宣传作用,促进其在普遍社会和知识分子领域等社会各个行业领域得到彰显和闪耀。

在马克思主义发展史上,《德意志意识形态》是一部标志马克思主义哲学产生的里程碑式重要著作。学界对《德意志意识形态》作为经典原著达成了如下共识①:首先,《德意志意识形态》基本上做到了对费尔巴哈人本主义哲学和黑格尔唯心主义哲学的驳斥,彻底地反思了过往提出的各种主要哲学思想,将生产力与生产关系这一矛盾运动作为历史发展动力的核心观点,彰显了唯物史观的基本原理,揭示共产主义运动作为一个普遍客观历程,其中实践具有基础性意义。马克思的实践观点可以说是人类史和人类哲学史上崇高的革命变动之一。实践的观点为我们领悟马克思主义哲学世界观与唯物史观的内部关系,进而为发展成完整的理论体系奠定了基础。

《德意志意识形态》是马克思恩格斯为后世遗留的哲学经典,虽历经沧桑仍然显示耀眼的光芒,为当代学者留下了崇高的思想财富。尽管在研究领域和研究内容上众说纷纭,国内外学界围绕着所谓"人道主义和异化""实践唯物主义和辩证唯物主义的区别与联系"等问题有较多争议。国际社会对马克思的思想认知存在着三个主要的范式偏向,一是偏爱"人本主义"解读模式,二是偏爱"阶级斗争"解读模式,三是偏爱"经济决定论"解读模式。这种类型研究曾在国际国内一度产生过极为特殊的,甚至根深蒂固的影响。中国改革开放以来,我国学者陆续提出,马克思主义研究的传统范式与中国社会发展的实际情况发生了碰撞,人文历史延续情况和社会成员的接受情况等与传统理论发生了碰撞,现在在中国呈现出了不同于上述三大解读模式的新模式。

《德意志意识形态》内容非常丰富而庞杂。对其内涵的解读难免产生非议。主要体现在:首先,身处不同时代的学者对经济社会发展不同阶段会有不同的研究重点。其次,同一时代的不同学者对研究爱好也因人而异。这是文化多样性的必然结果。最后,不管客观条件如何相似,不同学者之间思维的不同都会显现在不同的研究逻辑起点上。在此背景

---

① 侯惠勤:《〈德意志意识形态〉的理论贡献及其当代价值》,载《高校理论战线》,2006年第3期。

下，马克思主义经典著作研究作为中国特色社会主义的理论渊源，其范畴内涵的解读方式越来越面临着各种诘难。在马克思主义经典著作的研究和教学中，强调提高传播学效果，重点要正确处理好体系化课堂教学与谱系化学术研究之间的关系①。

（二）马克思主义体系与关键词谱系化研究的"排异性"方法问题

将固态的马克思主义经典原著与动态的社会历史发展相结合，是其教学实践的重点难点。马克思思想体系将马克思的经典作为其论证基础和理论渊源，马克思思想模式是其经典原著的理论核心，二者互为表里。既要具有学术意义又要彰显时代价值，把经典原著的关键词谱系化研究与马克思思想体系研究结合起来进行教学实践，才有可能形成一个良性互动的过程。半个多世纪以来，学界在马克思主义经典原著的普及化教学实践中取得了一定的实效，但对经典的理解产生了一些误导。这不但要归咎于传统教科书体系本身的问题，还要归咎于对马克思思想体系内容与马克思主义经典原著导读方法之间的内在矛盾。

毫无疑问，真正的马克思思想体系只有一个，一切其他的体系都是在马克思思想体系本原基础上的变化创新。确定了这一观点就可以解除某些误会。

原著思想体系与关键词谱系化方法之间呈现出两重关系：一是经典原著所隐含的马克思思想体系与分析框架之间的关系；二是马克思主义经典原著的教学体系与教学方法之间的关系。对体系与方法的争议主要有两类观点：一类学者强调原著中所隐含的马克思思想体系本身的自洽性是不容置疑的②；另一类则认为建构马克思思想体系是无意义的，解决问题的关键在于找到特定的方法。③

马克思的经典文本包含了其自身的体系化思想。既包括马克思在创作经典原著时的理论表述，还包括传播这一思想体系的各种方法，即马克思主义的学习体系与教学研究之间的关系。当把这一重要研究放到思想框架内部的研究范式中时，人们总是寄希望于已有的理论体系，其实

---

① 戴兆国：《原本与阐释——马克思主义哲学原理的理论体系与教学体系关系辨正》，载《安徽教育学院学报》，2004年第1期。
② 黄楠森：《论辩证唯物主义体系的不变性与可变性》，载《学术研究》，2001年第9期。
③ 孙伯鍨：《再论马克思主义哲学的体系与方法——我对马克思哲学中"体系"与"方法"问题的理解》，载《江海学刊》，2001年第2期。

这是一种前人栽树、后人乘凉的研究心态。但实际上经典原著隐含的思想体系却并没有提供现成的教学体系。因此，试图依照某种一成不变的教义进行教学实践是不可能成功的。要对经典理论进行框架式解读，将其发展与新时代新要求联系起来，才有可能获得对马克思主义经典原著精髓和马克思主义"活的灵魂"的真正理解。

（三）马克思经典文本关键词谱系化与马克思主义发展多样化的关系问题

学习马克思主义经典原著，不可脱离其自身的理论源流。但到底什么才可称作是马克思思想体系的理论源流呢？马克思思想体系理论本原就隐含在经典原著的关键词谱系中，这是正确解释和传播马克思思想体系的合法化依据。

关于这个问题的解释方式大致有两种，即类属于本体论的机械决定论和属于主体性的理性意志论。两者中无论哪一个都存在不足，或者不能完全适用于马克思原著的学术研究①。无论哪一种解释路径，都容易导致对马克思主义经典原著本原的疏离。

不管是哲学还是非哲学思想，其本质问题应该充分适应现实社会的发展，体系研究从头到尾应该呈现一致的连贯性，不能断节，甚至断代。马克思主义的经典原著是静态的，但对其解读则是动态的——总是要随时空环境、主体和受众的变化而与时俱进的变化。

六、《德意志意识形态》关键词谱系的历时态生成方式②

《德意志意识形态》关键词谱系化构建方法可从马克思《哲学的贫困》一书中获得启示。就理论分析而言，在《哲学的贫困》一文中，马克思其实已经暗示了历史唯物辩证法的基本内涵，只不过是没有提出历史唯物辩证法这个概念而已。

（一）《德意志意识形态》关键词谱系化的历时态逻辑与共时态结构

《德意志意识形态》关键词谱系化过程是以历时态逻辑与共时态结

---

① 王南湜：《新时期中国马克思主义哲学发展理路之检视》，载《天津社会科学》，2000年第6期。

② 王清涛：《以历史辩证法构建的马克思主义的历时态逻辑》，载《广西社会科学》，2010年第7期。

构相结合的历史唯物辩证法演绎过程。

为了驳斥蒲鲁东《贫困的哲学》一书的错误理论，马克思在《哲学的贫困》一书中第一次揭示了马克思主义的新世界观及其政治经济学中的所谓的"决定性的东西"。马克思在批判蒲鲁东曲解政治学的同时，旗帜鲜明地解释了自己的经济学见解。蒲鲁东在《贫困的哲学》一书中，错误地将政治经济学上升到哲学进而又上升到形而上学。他不再以人为出发点，不再坚持把人与上帝等质的"普遍理性"的逻辑原点，而错误地把理论的出发点变为对社会发展规律的认识。蒲鲁东在研究劳动和交换定律时把自己变成真正的形而上学者，还自以为这是"一种富有逻辑性的科学或是一种富有具体性的形而上学，根本改变了过去哲学的各项基础"[①]。黑格尔认定现代意义的学术高点即绝对观念，实质体现在当代资产阶级市民的社会经济运动轨迹中。而蒲鲁东却认为："社会经济的全部历史都写在哲学家的著作里。"[②]"事实的属性，是认定其真理的重要原因。相反的，我们大多数人持相悖的态度，我们之所以不将事实放在有形物的范畴之内，在于我们无法认定其所谓的属性。只能单纯的将事实作为无形观念的外形表现。"[③] 蒲鲁东以哲学认知替代政治经济学认知，这也是他利用哲学来驳斥经济学贫困论的利器。遗憾的是，管中窥豹并不能领会黑格尔历史辩证法的真理，只不过是一叶障目罢了；正—反—合（肯定、否定、否定之否定）的矛盾运动三段式，竟然在蒲鲁东这里无立锥之地。马克思因自己的政治使命使然，不单要表明自己的政治经济学思想，还要站在哲学的立场，以制高点的观点方法，对诸如蒲鲁东等人所曲解的"经济哲学"加以批判。

作为《德意志意识形态》关键词谱系化生成方式，历史唯物辩证法已经成为马克思主义整体体系的内在逻辑原则，决定了马克思主义持续在场的内在逻辑依据。由历史唯物辩证法所构建的历时态逻辑正是马克思主义基于"连续性假设"的动态逻辑。这些逻辑内在的相互联系，其内在逻辑结构从历史顺序依次呈现出多个层次，相互间主题统一并且相

[①]〔法〕蒲鲁东：《贫困的哲学》，徐公肃、任起莘译，北京：商务印书馆1961年版，第37页。

[②]〔法〕蒲鲁东：《贫困的哲学》，徐公肃、任起莘译，北京：商务印书馆1961年版，第178页。

[③]〔法〕蒲鲁东：《贫困的哲学》，徐公肃、任起莘译，北京：商务印书馆1961年版，第142页。

互衔接。以往在对《德意志意识形态》的整体性研究中，人们重视共时态结构研究而轻视历时态动态研究。简单化接受阿尔都塞有关马克思思想进程中所谓"认识论断裂"的结论是不可行的，但在一定意义上借鉴阿尔都塞结构主义的文本剖析法，对马克思主义作共时态的和历时态的双重结构分析则是值得借鉴的。

（二）在历史唯物辩证法基础之上的世界哲学化和哲学世界化

历史唯物辩证法包括精神辩证法，内含精神会自我发展运动的辩证观念。从1841年到1842年，马克思的《博士论文》和《黑格尔法哲学批判》这两篇经典著作，都体现了马克思在对思想形态进行批判时的精神辩证法，即在按照"世界的哲学化和哲学的世界化"这一马克思主义的逻辑展开。直至马克思恩格斯两人合著《德意志意识形态》一书，马克思才彻底实现了对过往哲学思想的总批判。在马克思著书立说的早年时期，二者的核心意识体现在主体的"自我意识"，并基于此展开对哲学与世界双向性关系的研究，但"这些单个的自我意识始终面临着双刃的要求：一面针对这物质世界，一面针对哲学理论本身。这全部的问题都归于一个，即怎样让世界哲学化，即'合理化'的问题"①。哲学和世界在互动过程中实现了两者的成功。马克思在应答资本全球化问题时回应说，"第一个建立起来的'世界历史观'无疑是'世界的哲学化'。"②由于黑格尔的研究内容在唯心史观的错位，马克思在进行解释时必然与世界范围内发生建构历史的真实现实发生矛盾，不可避免的在应对真实'世界历史'时，即全球化的革命斗争实践中遭遇失败。"③在担任《莱茵报》的编辑时期，马克思的实践内容主要聚焦于维护广大无产阶级的利益，在这一过程中"学习到'所谓提出的批判类的哲学'不能完全有效的科学的回答世界问题"④，这是促使马克思的世界观发生变化的关键原因。毫无疑问，马克思的哲学是历史发展的产物，但是历史上的经典作家与大多数人一样也具有自身的时代局限性，但

"一个伟大的理论，其真正价值就在于它能够厘清所谓妨碍它自

---

① 任平：《当代视野中的马克思》，南京：江苏人民出版社2003年版，第52页。
② 任平：《当代视野中的马克思》，南京：江苏人民出版社2003年版，第53页。
③ 任平：《当代视野中的马克思》，南京：江苏人民出版社2003年版，第53页。
④ 任平：《当代视野中的马克思》，南京：江苏人民出版社2003年版，第53页。

身发展的时代的局限,进化为'高卢的雄鸡'。马克思的哲学所追求的'哲学的世界化和世界的哲学化',这也是我们所说的正是共产主义在现实社会的实现。"①

何中华所认知的同样观点也看作是世界范围内共产主义的实现,这是当前学者对马克思主义研究的肯定意义。但不可否认的是,无论世界发展如何风云变化,实现全世界的人类解放——即实现共产主义才是马克思主义的终极研究归宿,也是马克思主义的全部总原则,基于精神历史辩证法根基之上的"世界的哲学化和哲学的世界化"是一个互相斗争、一定程度上相对于其他体系的比较完整的逻辑结构。

(三) 在历史唯物辩证法基础之上人之本质的异化和复归运动

从1843年10月至1844年8月,即从马克思筹办《德法年鉴》到二人首部合著《神圣家族》,马克思在此期间并没有停下研究的脚步,他不断充实学习并在这一时期写下一系列传世的经典著作,获得这些成果的根本在于马克思本人对世界历史发展孜孜不倦的研究与探索,以及他所胸怀的大局意识和忧患意识。在研究精神历史辩证法阶段,哲学的总问题停留在了对"世界的哲学化和哲学的世界化"的研究,在这个背景下马克思提出这样的哲学总问题,毫无疑问是时代的要求和学科发展的必然。也是在这个背景下,马克思开始将目光转向对世界哲学的研究,而世界哲学化的目标则是对人的本质的回溯。这是马克思主义整个理论的最终归宿,即实现共产主义的意义。同一时期马克思将人本学唯物主义理论从费尔巴哈全部理论宝库中摘取出来,作为探索的一个理论基点,并扬弃了费尔巴哈的唯心史观,但却同时吸收借鉴了黑格尔的异化理论,从而全面建立起了一个完整的阐释框架,这个框架是基于对所谓人本学唯物主义的理解和认识。

"超越'政治解放'再到最终达到'人的解放'是马克思试图达到的终极目标,也是使哲学和政治学面向物质世界客观历史的根本——即,人本身。"②

---

① 何中华:《重读马克思》,济南:山东人民出版社2009年版,第18页。
② 任平:《当代视野中的马克思》,南京:江苏人民出版社2003年版,第53页。

> "在批判黑格尔国家观念之后，政治学—法哲学批判必须将以往颠倒的'市民社会'与国家的关系颠倒过来，深入到市民社会中，从经济学中探索国家的秘密。"①

马克思在诸多著作中相继总结思考了经济学—哲学的关系，揭示出世界历史过程中资本全球化问题的关键所在，就在于资本与劳动力的根本对立，并同时把劳动的异化作为研究重点。最后，马克思把人的自由全面发展和消除人的劳动异化作为解决世界阶级问题和贫困问题的完美方案，进而提出人重新占有自己的类本质，这是共产主义作为人类历史发展的前进方向。这一时期马克思本人

> "以'劳动异化'为核心，逐步建立起人本学历史辩证法、批判的政治经济学和人本学共产主义的统一视野。"②

于是，马克思把研究的焦点和主要出发点放在了对人的本质这一重要领域的研究上，不仅回答哲学问题更关注人类本身。

（四）在历史唯物辩证法基础之上的世界实践化和实践世界化

马克思运用实践的历史辩证方法（用今天的话来说就是历史唯物辩证法）对旧时代的唯物主义展开辩驳，就是在写作《关于费尔巴哈的提纲》一文的同时展开的。《关于费尔巴哈的提纲》等著作是在马克思主义实践理论基础上，构建了本书称之为历史唯物辩证法的思想体系。此时马克思的历史唯物辩证法展现为"世界范围内的实践化实现和实践基础上和范畴内的世界化程度进展"。我们通常把经济看作是社会发展的根源，其实不然，社会经济和社会历史发展的主要动力说到底其实是人，是人构成了整个社会，并且产生了一系列的社会关系。在这个社会关系中，我们是以每个人的实践活动作为社会的根据。毫无疑问，人们有了具体的实践活动后，才能产生社会效果，发生社会变革。但究竟是什么给了所谓人的这种动力呢，我们不难看出，其实是人的需要，首先是人的物质需要，这也就是经济的影响。马克思直接指出，人的自我意义上的本质

---

① 任平：《当代视野中的马克思》，南京：江苏人民出版社2003年版，第54页。
② 任平：《当代视野中的马克思》，南京：江苏人民出版社2003年版，第54页。

异化，其实是不可避免的生存现状。青年时期的马克思，就看到了这个根本性问题，由于自身发展的局限性，还不能给出符合人的需要的，符合社会的，符合经济发展的，符合哲学学科发展的，乃至符合历史发展规律的有效答案。但是他一直在关于世界和人类发展的未来期望中探求答案。

人们都生活在现实的社会中，自然而然地形成了人与人之间、人与社会集体之间，以至集体与集体之间纷繁复杂的社会关系。社会关系不是人单个发展的结果，相反是每个人的本质在现实社会中的展现，但又因为每个人的具体个性不同，在动态处理社会矛盾时可能会表现出正常状态或非正常的扭曲状态。在实践中，每个人的本质与社会关系的本质之间的矛盾，就表现为马克思主义研究学者开展研究的内生发展要求。哲学要想通过批判性的载体实现现实世界的哲学化，就必须要解决这种矛盾难题。但正是这些矛盾难题的出现才导致了许多学者热衷于这一问题的研究，进而逐步深挖到这一问题产生的本质原因，即现实社会中经济发展的不均衡问题。因此，这一问题最关键的作用在于它实现了从哲学到经济学这两个重要学科之间的根本转变。

（五）在历史唯物辩证法基础之上的政治经济学与科学社会主义的矛盾运动

自1850年开始，马克思对人的本质问题的研究逐步过渡到对社会经济发展关系的研究，开始了研究层次的理论跃升。

> "1848年和1849年《新莱茵报》的出版以及随后发生的一些事变，打断了我的经济学研究工作，到1850年我在伦敦才能重新进行这一工作。"[①]

这一时期马克思的主要研究案例逐渐转向了政治经济学这一重要学科，历史唯物辩证法理论正是在对这一学科问题的批判中不断丰富，进而得出科学社会主义的逻辑结论，其内在动力体现为生产力与生产关系之间的内在矛盾，目标是实现政治经济学的科学社会主义化。这一时期，针对这一理论，马克思成果颇丰，从1849年到1859年，从《雇佣劳动与资本》到《资本论》，马克思的理论不仅呈现发展上的体系化，更重

---

① 《马克思恩格斯选集》第2卷，北京：人民出版社1995年版，第34页。

要的是，他做到了使哲学形态上的概念层次提升。从实践的唯物主义过渡到了交往的实践活动主义，不只是语言文字上的转换，更多的是马克思本人研究层次的上升。历史唯物辩证法是马克思主义展开的内在原则和根本途径，共产主义是马克思对世界哲学化问题的终极答案。在后期次第展开的马克思主义研究发展中，人不仅是内在的根据，更是从"抽象的人"到"类本质"这一概念发展到"现实的人"，从现实的社会关系中引发出对人的本质的多方面研究，而马克思主义研究发展中外在的根据则是"必然性"、"社会联系"①、"一切社会关系的总和"、交往实践基础上的交往实践关系等。

（六）基于历史唯物辩证法的原始共产主义与未来共产主义之间的矛盾运动

从1879年10月到1881年6月，马克思晚年相继写下了《人类学笔记》等四部手稿。这基本构成了马克思主义所包含的历史唯物辩证法以及后期展开的最后一个层次的全部内容。"在生命的最后日子里，马克思变得越来越接近在当时知识界流行的实证主义。"② 这很难得，但同时也应该清晰地看到，马克思虽然已经是一个老人但是他仍然致力于学术理论尤其是哲学理论的研究。在查尔斯·达尔文《物种起源》（1860）一书出版的第二年，马克思就马不停蹄地对这一自然科学著作展开了认真细致的阅读研究，并写信给恩格斯说：该书"为我们的观点提供了基本科学的自然史的基础"③。1866年，马克思再一次给恩格斯写信，直截了当地提出我们都生活在现实的社会中，人与人之间，人与社会集体之间，以及集体与集体之间自然而然地形成了纷繁复杂的社会关系，这不是人单个发展的结果，相反是每个人的本质在现实社会中的展现。

> "马克思无疑用了生物学的比喻来表达他的思想，认为他在研究经济结构时运用的方法更类似于生物学，而不是物理学或化学。"④

---

① 《马克思恩格斯全集》第42卷，北京：人民出版社1979年版，第24页。
② 〔英〕戴维·麦克莱伦：《马克思传》，王珍译，北京：中国人民大学出版社2016年版，第420页。
③ 《马克思恩格斯全集》第30卷，北京：人民出版社1995年版，第131页。
④ 〔英〕戴维·麦克莱伦：《马克思传》，王珍译，北京：中国人民大学出版社2005年版，第395页。

此后马克思还在写给斯图加特《观察家报》的文章中,详细阐述了他自身的观点,并与达尔文的观点进行了直接比较,他甚至将他的《资本论》第二卷免费送给达尔文,虽然这不足以作为马克思对达尔文全部观点的确认,但至少马克思借鉴了达尔文的研究方法,通过研究自然进而贯通到人类社会,这是马克思的重大的理论飞跃。但是随后马克思逐渐对人类学发生兴趣,他认真研读了路易斯·摩尔根的著作,并在1880年冬对摩尔根的经典代表著作《古代社会》一书,手抄了近百页的读书笔记,在对这一书籍的阅读过程中,马克思本人开始对原始社会产生兴趣,尤其是对原始社会的民主政治集体和他们的等额财产分配方式感兴趣,试图从原始部落中找到建构未来共产主义社会的新方式或者新的解决路径,或者说,从原始共产主义社会推测未来共产主义社会关于人的本质—实践—社会关系—生产关系—人的本质的异化与复归的历时态逻辑结构演变。

七、《德意志意识形态》关键词谱系化的共时态层次结构

共时态研究与历时态研究是两个不同的研究范式和研究方法。是《德意志意识形态》关键词谱系化研究的两个重要维度,更是《德意志意识形态》关键词谱系化这一关键问题动力结构的重要内容。《德意志意识形态》关键词谱系化的实质之一,就是要通过分析和归纳揭示马克思主义哲学的共时态结构。所谓的共时态结构,所描绘的内容是《德意志意识形态》关键词谱系的宏观框架。共时态研究是整体性研究马克思主义体系及其各关键词相互联系的不可分割的结构关系。历时态研究与共时态研究都是以对象运动的辩证统一过程,以及过程中的斗争变化发展的全部的规律为基础。但历时态研究与共时态研究体系存在很大差异。苏联 M. H. 格列茨在《结构主义》一书中对共时态分析方法和历时态分析方法做过说明:

> (共时态分析方法)"指沟通人与人共存关系的逻辑和心理联系,从而形成体系,这些是集体共同意识所能觉察到的";(历时态分析方法)"是研究集体共同意识没有觉察到的沟通人与人之间相互关系的联系,这些联系代代相传,但没有形成体系。"①

---

① 《哲学译丛》编辑部编译:《近现代西方主要哲学流派资料》,北京:商务印书馆1981年版,第274页。

19世纪很多的语言学家对历时态的分析方法很感兴趣并且开展了广泛的研究。但对于结构主义者来说更偏爱结构关系，认为历史更是无关紧要，重要的是"现时"即当下的关系。考察某一特殊历史事物，不太注重研究社会整体在长期历史发展过程中是如何发展的。也就是说，哲学并不仅仅是我们以为的整体的全部意义上的发展变化，而是在分类研究科学理论的基础上，重点研究某一个特定的历史对象，这个对象产生和发展的全过程就是我们全部的研究过程。西方学者将之归类于共时态结构研究的范畴。共时态（synchronicity）意味着同时性。《德意志意识形态》关键词谱系化研究中，更多地要借重于共时态的研究方法。共时态的研究方法宜于梳理《德意志意识形态》关键词谱系的基本概念、基本属性和基本原理等。在马克思主义理论体系的整体性研究历程中，大多研究者所采用的基本方法仍然是共时态研究方法。另外当下所展开的，关于对马克思主义的整体性研究和层次性研究大多也是从共时态视角展开的，对《德意志意识形态》关键词谱系研究具有基础性研究意义。所以，共时态研究的研究方法是《德意志意识形态》关键词谱系化研究及其构建过程中不可或缺的重要方法。本书对《德意志意识形态》关键词谱系的共时态研究分为两个视角：一是研究《德意志意识形态》关键词谱系层次性视角中的共时态结构，二是发掘《德意志意识形态》关键词谱系的结构构建原则，按照《德意志意识形态》关键词谱系的生成逻辑，以历史唯物辩证法为根本方法深究共时态结构的实质。

正确认识不同领域不同层次结构是重建马克思主义科学性和时代化的前提。但是按照马克思本人的文本逻辑对已有理论体系的层次结构进行全方位的解读，则需要对马克思主义理论进行范式转换。对《德意志意识形态》文本的溯源性研究和拓展性研究是对马克思主义进行层次结构划分的逻辑根据。在此基础上，马克思主义可以被分为三个逻辑层次：第一层次是人（底层），第二层次是唯物主义（灵魂层），第三层次是关键词谱系化（变现层）。人类社会发展到21世纪以来，从着重探索旧时代马克思主义哲学的发展趋势，到着重探索现代马克思主义哲学出场的逻辑证明，再到着重探索新时代重构属于马克思主义哲学的当代性、科学性和时代化已经迫在眉睫，已是不可以再推迟而必须抓紧破解的新时代命题。要想实现马克思主义理论在新时代的不断发展，并在新时代继续焕发出伟大的思想力量，"使马克思主义哲学的本真意蕴尤其是革命的科学的批判的方法在当代语境中自己呈现出来,以服务于我们对身处其中的现时代的批判性认识"①,就有必要运用文本学的和谱系化的研究方法,重释马克思主义的共时态结构,以期对新时代马克思主义提供新的正确认识路向。

(一) 按照《德意志意识形态》文本对马克思主义理论体系所进行的层次性划分

《德意志意识形态》文本对马克思主义哲学体系的层次性划分具有最高效力。"必须主要根据马克思本人的哲学文本来理解马克思哲学,而不能主要依据苏联模式哲学教科书体系来理解马克思哲学,甚至也不能主要依靠恩格斯通俗性、论战性著作来理解马克思哲学。"② 因此,依据《德意志意识形态》文本探寻关键词谱系,是正确理解马克思主义层次性、重建马克思主义的逻辑结构的一种研究方法。

1. 《德意志意识形态》文本关于马克思主义理论体系的层次性划分

《德意志意识形态》经典文本体现的马克思主义理论体系可细化为两个部分,即一方面是指导性研究原则,另一方面是在这一原则指导下形成的诸多研究成果。"我所得到的、并且一经得到就用于指导我的研究工作的总的结果……"③ 1859 年马克思的全部工作都集中在对这一问题的研究和梳理,在漫长的历史长河中,马克思在研究问题的同时也总结自己的成绩。

唯物主义历史观的发现与提出,在马克思时代具有不可比拟的意义,同时还深刻地影响了后面的历史。恩格斯把唯物主义历史观的发现看作是马克思一生中重要的两大发现之一。恩格斯作为马克思一生中最为亲密的战友和朋友,曾经与马克思一起合著了许多著作,并且通过写文章、著书立说,对当时非议和误解马克思主义的各种理论,进行了长期深入而系统的批判。可以说,没有恩格斯,就没有马克思主义完整体系的完善。在这里,我们可以看出马克思主义的两个基本层次:唯物主义历史观以及在唯物主义历史观指导下产生的理论成果。这两个层次的内容也

---

① 张亮:《中国马克思主义哲学史研究的范式生成与转换》,载《中国社会科学》,2006 年第 4 期。
② 王东:《马克思学新奠基》,北京:北京大学出版社 2006 年版,第 183 页。
③ 《马克思恩格斯选集》第 2 卷,北京:人民出版社 1995 年版,第 32 页。

是以往我们所理解的马克思主义的全部科学理论。

2. 唯物主义历史观是马克思主义文本逻辑的中间层次

"现实的人"是历史的起点，唯物史观属于中间层次。马克思主义其他应用理论成果属于第三层次。唯物主义历史观认为：第一，社会存在决定社会意识；第二，生产力决定生产关系，经济基础决定上层建筑；第三，"两个必然"和"两个决不会"的原理——这三个重要原理是马克思全部理论体系的整体性、系统性研究的根本指导原则。有了根本指导原则，就可以使马克思主义理论发展基本奠定在物质关系的客观基础上，从而使马克思主义学术研究获得真正的科学性。正如列宁所指出的那样：

> "马克思的历史唯物主义是科学思想中的最大成果。过去在历史观和政治观方面占支配地位的那种混乱和随意性，为一种极其完整严密的科学理论所代替。"①

(二) 在唯物主义历史观指导下的研究方法——马克思主义的关键词谱系化

马克思主义关键词谱系化的具体内容包括但不限于政治、经济、文化、社会和生态等方方面面的研究节点，这些研究节点不仅关涉人和人的精神世界的关系，也针对自然界以及由此产生的人与自然界的关系。这些研究节点共同组成了马克思主义关键词谱系，也彰显马克思主义理论体系的外缘层次。马克思的全部经济学—哲学研究，以及他后期所衍生的科学社会主义理论，都可以纳入马克思主义的关键词谱系。在恩格斯的《反杜林论》问世之后，由于各种流派纷繁复杂，加之对马克思的理论之理解缺乏系统化，有的把马克思的理论一味的割裂，完全忽视了马克思主义的整体性。从而把作为关键词谱系化的指导原则（唯物主义历史观）与关键词谱系本身的体系性研究分裂开来加以混淆。

(三) 马克思主义的核心层次——唯物主义历史观的出发点和关键词谱系的最终归属

马克思在《〈政治经济学批判〉序言》这一著作中认为，研究的本

---

① 《列宁选集》第 2 卷，北京：人民出版社 1995 年版，第 311 页。

质是为了提出"我解决使我苦恼的疑问"。马克思在获得唯物主义历史观之前又在研究什么问题呢？他在得到唯物主义历史观之后又研究了什么问题呢？都是人的问题，或者说人类生存发展中的解放问题。

人类生存发展的全过程是马克思全部理论体系的基础，也是马克思主义整体性研究的主线。青年马克思的理论研究早期，政治经济学还不是马克思主要的研究重点。这一时期的马克思将重心放在了他的博士论文的写作上，在完成论文写作到转向政治经济学的空档期里，他其实已经开始了有关政治经济学的初步研究。但因为这段时间马克思同时在《莱茵报》担任编辑的工作，以及在工作生活上的一些变故，"到1850年我在伦敦才能重新进行这一工作"①。到了伦敦以后，由于恩格斯的帮助，马克思得以全身心投入到关于政治经济学的研究中。这段时期，马克思把重心放在了研究人的解放问题上，在关注自然与社会关系的基础上，把原来的"自然人"概念放到社会关系中讨论，以揭示出人自身的本质在自身创造的社会关系中反而被异化的情形。通过深入探索这种现象发生的根源，探索实现和促进人的本质回归的路径。恰如原子在运动中"脱离直线的偏斜……偏斜打破了'命运的束缚'"②，因而原子追求个别——独特性和具体丰富性，从而实现"自我意识"的过程。

（四）唯物主义历史观在马克思主义层次结构中的地位

马克思主义的全部思想体系可以分为三个层次（如图2.1所示）。第一层次是"人"，这一重要的个体构成了整体研究体系的动力与原点，也正是因为人与社会关系的特殊关系，以及人的本质在社会关系中的彰显和矛盾体现，才得以推动马克思主义的全部研究体系向前推进，这既是斗争的矛盾点，也是事物前进发展的关键一步。因此在马克思的理论体系中关于人的理论是第一个层次，处于马克思主义的关键地位；唯物主义历史观则是第二个层次，是马克思主义的中间环节，更重要的是作为方法论原则而发生作用。唯物主义历史观的运用成果即马克思主义的科学体系是第三个层次，是马克思主义的外层。第一个层次解决了马克思主义发展的动力问题，第二个层次解决了马克思主义发展的规范，第三个层次是马克思主义按照第二个层次理论来回答第一个层次的问题的

---

① 《马克思恩格斯选集》第2卷，北京：人民出版社1995年版，第35页。
② 《马克思恩格斯全集》第1卷，北京：人民出版社1995年版，第33页。

结论。马克思主义的三层次性结构不是马克思主义所独有的规范。大凡描述人和世界关系的理论体系都具有此类逻辑层次结构。①

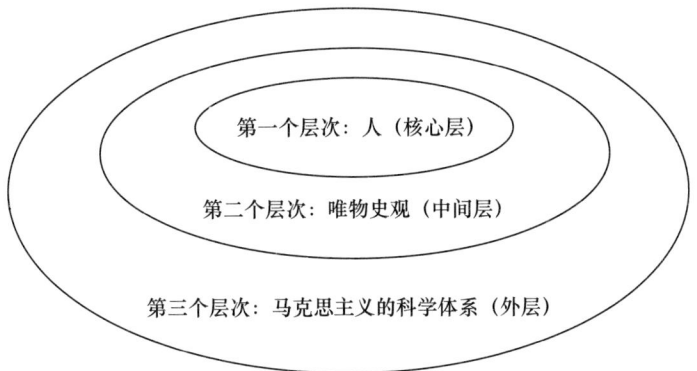

图 2.1 以人为本与马克思主义人的解放学说②

---

① 参见王清涛:《从马克思文本逻辑看其理论体系的层次结构》,载《甘肃理论学刊》,2009 年第 5 期。
② 参见王清涛:《从马克思文本逻辑看其理论体系的层次结构》,载《甘肃理论学刊》,2009 年第 5 期。

第三章 "现实的人"之历史唯物辩证法
——以"三重人性"为奇点并以"三重矛盾"为逻辑前提

《德意志意识形态》关键词第二谱系基于"自由/自觉是人本的同义语"这个理论支点,以"自由自觉"为奇点并以"三重人性"和"三重矛盾"为逻辑前提,构建关于"现实的人"的关键词谱系化奇点解析式。

没有矛盾就没有世界。唯物辩证法的实质和核心是矛盾规律即对立统一规律。唯物辩证法试图回答的问题是"世界的存在状态问题",而历史唯物辩证法试图回答的问题是"世界历史进程中人的存在与发展状态问题"。"现实的人"及其物质生产是世界历史的出发点。"现实的人"之"三重人性"以及"三重矛盾"就是《德意志意识形态》关键词谱系化的逻辑前提。科学地理解《德意志意识形态》关键词谱系的基本前提无疑是要认真诠释所谓"现实的人"及其本质矛盾。马克思对这个问题的研究可谓是经历了一段漫长的时间。马克思也正是在这个过程中发现并且总结出了唯物主义历史观。这不得不说是世界社会主义发展史上的重大成果突破。从青年马克思到晚年马克思的不竭努力中可知,正是在揭示人的本质过程中逐步发现和完善了唯物主义历史观。可以认定,历史唯物主义与"现实中的人"这一概念具有内在的联系和规律。马克思主义哲学是我们认识世界和改造世界的世界观和方法论。马克思主义哲学既是历史的,也是唯物的,还是辩证的,所以可以称之为历史唯物辩证法,也就是"现实的人"之历史唯物辩证法。马克思的社会历史理论是从解决实际发生的问题出发,在试图回答资本主义社会一系列现实问题的基础上诞生的。但马克思主义并不因此就拘泥于科学主义原则而拒斥人道主义原则。马克思主义在诞生后仍旧遵从价值观和真理观这两个重要世界观的有机统一,在世界观发展脉络上呈现出两条历史发展主线上的合一。"现实的人"及其物质生产是马克思主义哲学的逻辑起点,"人"是马克思主义关注的核心。因此,在"以人为本"的当代语境下,以"自由自觉"为奇点并以"三重人性"和"三重矛盾"为逻辑前提,来构建"现实的人"之历史唯物辩证法,有利于澄清马克思主义人的本质理论之真实内涵,揭示其理论意义和实践价值。

一、关于《德意志意识形态》逻辑起点和逻辑前提的多样化观点研究

文本与思想的整合方法之一是"逻辑在先"。马克思恩格斯在《德意志意识形态》中指出"现实的人"是唯物主义历史观的出发点。这不仅奠定了人类历史的出发点,更是《德意志意识形态》关键词谱系化研究的逻辑起点和逻辑前提。《德意志意识形态》关键词谱系化研究的逻辑起点和逻辑前提意味着马克思主义理论体系的逻辑起点。《德意志意识形态》关键词谱系的逻辑起点究竟是什么?近20年来对马克思主义逻辑起点和逻辑前提的研究取得了怎样的进展?21世纪以来,许多学者试图认定马克思主义理论体系及其内部各个学科的逻辑起点,诸如经济学、哲学、社会学、伦理学、美学、历史学等学科的逻辑起点和逻辑前提,虽研究众多但成果不多见。现在究竟应该怎么来理解《德意志意识形态》关键词谱系的逻辑起点和逻辑前提呢?首先需要明确的是,马克思主义是一个整体性的理论体系,必须确认初始的逻辑起点和逻辑前提。而具体归结到哪个学科则需要从马克思主义自身的内在逻辑来探索。从大体上看,首先应该把马克思主义哲学看作马克思主义全部体系的理论基础,而马克思主义哲学的逻辑起点和逻辑前提,可以说就是"现实的人"。因此,我们需要特别重视《德意志意识形态》逻辑起点和逻辑前提及其相关关键词谱系化研究。

(一)"现实的人"及其"三重人性"作为马克思主义的逻辑起点

历史上很长时间并没有把"现实的人"作为马克思主义哲学的逻辑起点和逻辑前提。

传统苏联教科书的经典定义是把"物质"当作是马克思主义全部理论体系的逻辑起点和逻辑前提。但"也有不少学者不赞同把'现实的人'作为唯物史观理论体系的逻辑起点,认为这样很容易把马克思主义

归结为人道主义"①。不错，把物质定义为马克思主义全部理论体系的逻辑起点和逻辑前提，是苏联教科书体系发展过程中经常使用的定论。这似乎无疑是属于辩证唯物主义的答案。斯大林在哲学理论研究上也留下了诸多著作。其中最为著名的便是《辩证唯物主义和历史唯物主义》。不仅在苏联，在当时的国际社会都产生了巨大的影响，也影响了中国几代人。相较于其他人对物质的定义和在整个哲学体系中的定位，斯大林作出的这一定位在当时的哲学学术界产生了重要的作用力。并且经过长期发展，似乎充分证明了物质就是马克思全部理论体系的起点这一论断。但不可否认，这个理论仍有不足之处，即，它忽视了"物质"作为"存在"同义语的社会历史含义，忽视了社会存在中人的作用，忽视了人作为社会关系的形成者和参与者的作用。斯大林的这一观点则把人的作用后移。对这个问题的模糊解释在当时有一定的误导作用。

长期以来，中国的学者也没有放弃对这一问题的努力。虽然苏联时期的斯大林成效显著，但是马克思主义是发展变化的科学，不是一成不变的。1982 年张奎良在文章中指出，存在问题是整个哲学的基本问题，它体现了哲学的世界观和方法论，是最具有通行的概念问题。这一文章发表于第四期《求是学刊》，对这个问题的研究，在当时激起了千层波浪。

改革开放以来，特别是"真理标准大讨论"以来，最初主要是为了对"文化大革命"进行拨乱反正，特别强调实践是检验真理的唯一标准，便有了实践本体论观点和实践唯物主义学派。后来我国新编的教科书把"实践""劳动实践"作为马克思主义理论体系的逻辑起点。实践唯物主义学派，其代表人物众多。由陈先达主编的教育部示范教材《马克思主义哲学原理》一书中，"实践"这一概念被认为是初始化范畴，对这个问题的崭新回答非常具有科学性和时效性，成为这一领域的代表著作。该教材的基本观点是实践的观点。长期以来，马克思主义哲学研究中的重要主题转换为对历史唯物主义的重新定位，在这一问题上，中国学界众多学者通过自己的研究，认识到其核心要义，即历史唯物主义，是马克思哲学的内核；在对内容的研究上，立足于人的实践来重新建构。20 世纪 80 年代后期以来，杨耕以实践本体论为基础，展开对历史唯物主义的重构。他较为全面地论证了实践这一根本性问题在马克思主义哲

---

① 赵绥生：《唯物史观理论体系逻辑起点问题研究综述》，载《重庆邮电大学学报（社会科学版）》，2008 年第 7 期。

学体系中的底层逻辑。

> "实践作为人的存在方式,有一个极其重要的特征,这就是实践是一种对象性活动。所谓对象性活动,是指实践活动的对象性质,即它是以人为主体,以客观事物为对象的现实活动,更重要的,是指实践把人的目的、知识、能力等本质力量对象化为客观实在,创造出一个属人的对象世界。对象性活动使人们有目的地把自身的本质力量凝结在对象中,使其取得客观实在的形式,成为客体,同时,又通过客体来认识和确认自己的本质力量。"[1]

近20多年的理论争鸣中,又有了一些新发展,出现许多有代表性的新观点:

一是何中华的系列著作和诸多论文,进一步阐释实践作为马克思主义逻辑起点学理基础,他深入挖掘实践的新意与深意,深刻论证从实践出发来建构马克思思想体系的观点。[2]

二是以任平为代表的现实主义学者,提出了所谓交往实践唯物主义这一概念,并指出只有"交往实践"才可以作为马克思主义理论体系的逻辑起点。[3] 之后,在他的系列著作中相继对交往实践这一理论进行论述。在全部马克思主义理论体系中的起点和地位作了系统全面的论述。研究对象也同样基于此的社会历史理论产生,而此时提出的交往实践概念是对既有实践研究的跨越性超越,是马克思理论不断探索的结果,也是最高的境界实践。交往实践才是马克思主义全部理论体系的研究起点。

三是以俞吾金为代表的关系本体论者,这一类学者强调"关系"和"社会关系",认为这些"关系"才是马克思主义理论体系的逻辑起点。他在反思总结马克思主义实践观的过程中,从抽象认识论转变到生存论

---

[1] 杨耕:《重建中的反思:重新理解历史唯物主义》,北京:北京师范大学出版社2022年版,第52页。

[2] 参见何中华的如下几部著作:《哲学:走向本体澄明之境》,济南:山东人民出版社2002年版;《社会发展与现代性批判》,北京:社会科学文献出版社2007年版;《重读马克思》,济南:山东人民出版社2009年版。

[3] 参见任平的如下系列著作:《交往实践与主体际》,苏州:苏州大学出版社1999年版;《走向交往实践的唯物主义——马克思交往实践观的历史视域与当代意义》,北京:人民出版社2003年版;《交往实践的哲学——全球化语境中的哲学视域》,昆明:云南人民出版社2003年版;《当代视野中的马克思》,南京:江苏人民出版社2003年版。

本体论，并在实践中发现探索马克思实践仍存在很大欠缺的问题。他认为要从生存论的逻辑来解释实践，而这一逻辑"首先应该关心在生产劳动中人与人之间的关系"①，这是通往人文社会科学的必经之路。所以他提出"关系本体论"才是马克思主义理论体系逻辑起点。

总之，无论是哲学还是历史社会主义的发展，马克思关于这一问题的研究肯定不是一意孤行的，必然是在整个社会历史发展的洪流之下。同时可以看到，在那个时代许多与马克思一样有相同感受的学者，也相继投入到了对这一问题的研究中，虽然成果没有马克思来的那么伟大，但是不可否认，也是在整个世界激起了巨大的涛声。

(二) 对逻辑起点与历史起点（出发点）的区分意味着什么？

逻辑起点和逻辑前提问题与历史起点问题一样，同样作为《德意志意识形态》关键词谱系化的起点。确立《德意志意识形态》关键词谱系起点的基本工作就是区分二者的不同，加强二者的联系。许多学者近年来开始从事这一问题的研究。

如何澄清各种理论误解？对马克思主义经典原著的解读方法可以供我们吸收借鉴。一是要严格按照马克思主义经典作家的自身思想发展的内在动力来理解他们自身的思想，即不能抛开他们自己的思想去研究，要切实关注他们本身，而不要用后人或别人的思想去解读。二是要根据作家所处的历史背景和当时的条件来解读，即要基于当时当地社会历史发展的客观实际，而不要用后来的实践及其需要来解读。三是系统地阅读，把各个经典作家不同时期的不同著作中的思想有机联系起来，加以整体性的系统思考。四是比较不同的马克思主义经典作家的原著，既看到他们思想之间的相同点，又看到他们的差别，利用这些差别实现互相补充。

赵义良和崔唯航论证了"逻辑在先"的哲学意义，由此可以转化为《德意志意识形态》谱系化解读的方法论指导。黑格尔曾经指出要进入并研究哲学"需要一种特殊的能力和技巧"②；柏格森更为明确地讲"研究哲学，就在于扭转思想活动的习惯方向"③。解读《德意志意识形态》

---

① 俞吾金：《对马克思实践观的当代反思——从抽象认识论到生存论本体论》，载《哲学动态》，2003年第6期，第2—4页。
② 〔德〕黑格尔：《小逻辑》，贺麟译，北京：商务印书馆1980年版，第63页。
③ 转引自洪谦主编：《西方现代资产阶级哲学论著选辑》，北京：人民出版社1979年版，第125—126页。

这部有争议的巨著同样如此，方法论指导很重要。这就是要把思维模式从时间在先转向逻辑在先。①

二、马克思关于人的本质"三重人性" 命题的特征及其关系辨析

"现实的个人"的本质是什么呢？马克思恩格斯在《德意志意识形态》中说"人的需要，即人的本性"。马克思关于人的本质的思想是贯穿马克思主义理论的一条核心线索，完整而准确地理解它对于我们掌握和应用马克思主义具有十分重大的意义。简要地说，马克思关于人的本质的三个命题分别是：自由的有意识的活动或者说"自由自觉的活动"（劳动/实践）是人的类特性；人在其现实性上是一切社会关系的总和；人的需要即人的本质②，从而赋予了人的本质以"三重人性"含义。

（一）马克思关于人的本质三个重要命题及其"三重人性"含义

在马克思关于人的本质的论述中，以下三个命题尤其重要，具有"三重人性"含义。按照其大致先后顺序及含义加以追溯，最后都归结到《德意志意识形态》。

1. 命题之一（"主体性"）：自由的有意识的活动是人的形式本质（劳动/实践），也就是自由自觉的主体性

对这一命题，马克思在《1844年经济学哲学手稿》中有十分确切的论述。马克思在分析劳动者的劳动异化过程中首先指出：

> "人是类存在物，不仅因为人在实践上和理论上都把类——他自身的类以及其他物的类——当作自己的对象；而且因为——这只是同一种事物的另一种说法——人把自身当作现有的、有生命的类来对待，因为人把自身当作普遍的因而也是自由的存在物来对待。"③

---

① 赵义良、崔唯航：《论"逻辑在先"的哲学意义》，载《哲学动态》，2008年第12期，第11—15页。
② 陈忠宁：《马克思关于人的本质的三个重要命题及其关系》，载《求实》，2008年第4期。
③ 马克思：《1844年经济学哲学手稿》，中共中央马克思恩格斯列宁斯大林著作编译局译，北京：人民出版社2000年版，第56页。

而人作为"普遍的""自由的"存在物,主要是相比较于其他一般动物而言的。

"动物和自己的生命活动是直接同一的。动物不把自己同自己的生命活动区别开来。它就是自己的生命活动。人则使自己的生命活动本身变成自己意志的和自己意识的对象。他具有有意识的生命活动。这不是人与之直接融为一体的那种规定性。有意识的生命活动把人同动物的生命活动直接区别开来。正是由于这一点,人才是形式现存物。或者说,正因为人是形式现存物,他才是有意识的现存物,就是说,他自己的生活对他来说是对象。仅仅由于这一点,他的活动才是自由的活动。"①

在理解马克思关于人的形式本质的思想时,学界有人持这样一种看法,认为人的形式本质是马克思在理论上的一种先验预设。这种看法对马克思的上述论证要么是视而不见,要么是没有真正理解。马克思关于人的形式本质的思想与费尔巴哈的"形式"的思想也有区别。费尔巴哈把人的形式本质归结为"理性、意志、心"。马克思在《1844年经济学哲学手稿》中所说的"形式"也是指人的一般本性,但这种一般本性却被诠释为人的实践的生命活动的性质。

"通过实践创造对象世界,改造无机界,人证明自己是有意识的形式现存物"②。

"正是在改造对象世界中,人才真正地证明自己是形式现存物。"③

这些话表明了马克思所说的"形式"的规定区别于费尔巴哈脱离实践来规定人的"形式"本质的思路。马克思在《德意志意识形态》中进

---

① 马克思:《1844年经济学哲学手稿》,中共中央马克思恩格斯列宁斯大林著作编译局译,北京:人民出版社2000年版,第57页。
② 马克思:《1844年经济学哲学手稿》,中共中央马克思恩格斯列宁斯大林著作编译局译,北京:人民出版社2000年版,第57页。
③ 马克思:《1844年经济学哲学手稿》,中共中央马克思恩格斯列宁斯大林著作编译局译,北京:人民出版社2000年版,第58页。

一步指出,"他把人只看作感性对象,而不是'感性活动'。因此他在这里也仍然停留在理论的领域内,没有从人们现有的社会联系,从那些使人们成为现在这种样子的周围生活条件来观察人们——这一点且不说,他还从来没有看到现实现存着的、活动的人,而是停留于抽象的'人',并且仅仅限于在感情范围内承认'现实的、单个的、肉体的人',也就是说,除了爱与友情,而且是观念化了的爱与友情外,他不知道'人与人之间'还有什么其他的'人的关系'。他没有批判现在的爱的关系,可见,他从来没有把感性世界理解为构成这一世界的个人的全部活生生的感性活动。"①

2. 命题之二("社会性"):人的本质,在其现实性上,它是一切社会关系的总和

这一命题出现在1845年《关于费尔巴哈的提纲》中。和前一命题一样,这也是人们非常熟悉的命题。但熟知不一定真知。学界有不少人不能很好地把这两个命题统一起来。有的强调前者而有的则强调后者。这里先来看看如何理解"一切社会关系的总和"。社会关系当然是指人的社会关系,而人在这里不是抽象的人,而是"现实的人",从事实际活动的人。因而社会关系指涉的也就是处在现实生活中的人的关系,而现实的人作为一种现存,是一种对象性的现存,马克思曾指出,"非对象性的现存物是非现存物。"② 人作为一种对象性现存物,必须以人之外的事物作为自己的现存对象。但任何一种自然现存物都是一种对象性现存物,所以仅以对象性存在来说明人的生命活动的性质是远远不够的。需要进一步把人的活动诠释为一种"对象性活动"。马克思在这一点上曾批评费尔巴哈的不足:

"费尔巴哈想要研究跟思想客体确实不同的感性客体,但他没有把人的活动本身理解为对象性的活动,因此,他在《基督教的本质》中仅仅把理论的活动看作是真正人的活动,而对于实践则只是从它的卑污的犹太人的表现形式去理解和确定。因此,他不了解

---

① 《马克思恩格斯选集》第1卷,北京:人民出版社1995版,第77—78页。
② 马克思:《1844年经济学哲学手稿》,中共中央马克思恩格斯列宁斯大林著作编译局译,北京:人民出版社2000年版,第106页。

'革命的''实践批判的'活动的意义。"①

对象性的活动可以理解为实践活动,那么,现实中从事实际活动的人的社会关系也就是人们之间的实践关系。

如何诠释实践中的人的本质是"一切社会关系的总和"呢?我国学界基本有了共识,只是表述的角度各有特色。譬如,有的学者主要从人与自然、人与社会、人与历史这些维度来分析综合人的一切社会关系。有的学者这样表述:在对象化活动的实践中,作为对象性现存物的人会构成这样一些对象世界(人化的自然和自然的人化),包括作为人的现存对象的自然,作为人的现存对象的社会,以及作为人的现存对象的历史。相应地,人也分别是作为自然存在物的人,作为社会存在物的人,以及作为历史存在物的人。这里,人的自然存在、人的社会存在和人的历史存在并不是人的存在的三个阶段,也不是人的存在的三个并列的方式,自然(人化的自然和自然的人化)、社会和历史之间的关系,是后者包含前者、前者归入并受制于后者的关系。所谓"生产力"不过是一种"人化的自然和自然的人化"。所谓"生产关系""国家""法""意识形态"等及其与"生产力"的关系属于社会范畴。所谓社会形态的变迁及其内在机制则属于历史范畴。② 有的学者从主体与客体、主体与主体、主体与本体等多重维度来分析和综合人的"一切社会关系"。与此相关,还有的学者从人的自由问题来理解"一切社会关系的总和"——自由理所当然是指人的自由,人又是处于现实社会关系中的人,人们不能脱离人的社会关系来谈论人的自由和人的本质。不少人还没有真正意识到,所谓现实性就是处于关系网中的人所受到的时间约束性、空间局限性以及主—客矛盾性。

3. 命题之三("利益性"):人的需要即是人的本质,"需要"是"利益"的同义语

马克思曾经说过:"分工是私有制的同义语。"我们同样可以说,"需要"是"利益"的同义语。这一命题在《德意志意识形态》中明确提到,原文是:

---

① 《马克思恩格斯选集》第 1 卷,北京:人民出版社 1995 年版,第 58 页。
② 黄克剑:《人韵——一种对马克思的读解》,北京:东方出版社 1996 版,第 330 页。

> "由于他们的需要即他们的本性，以及他们求得满足的方式，把他们联系起来。"①
>
> "你自己的本质即你的需要"②。

在《詹姆斯·穆勒〈政治经济学原理〉一书摘要》中，马克思写有这样的文字。如何理解人的需要即人的本质呢？我们看到，马克思在《1844年经济学哲学手稿》中一直都表现出了他对人的本质的极大关注，透过他的字里行间，我们能够发现，在其内在逻辑中，马克思关注人的本质完全是关注人的需要。马克思认为，人的需要的对象，是表现、确证他的本质所不可缺少的重要的对象。

> "劳动这种生命活动，这种生产生活本身对人来说不过是满足一种需要即维持肉体生存需要的一种手段，而生产生活就是形式生活。"③

但是，在异化劳动中，

> "劳动对劳动者来说是外在的东西，也就是说，不属于他的本质；因此，他在自己的劳动中不是肯定自己，而是否定自己，不是感到幸福，而是感到不幸，不是自由地发挥自己的体力和智力，而是使自己的肉体受折磨、精神遭摧残。因此，劳动者只有在劳动之外才感到自在，而在劳动中则感到不自在，他在不劳动时觉得舒畅，而在劳动时就觉得不舒畅。因此，他的劳动不是自愿的劳动，而是被迫的强制劳动。因此，这种劳动不是满足一种需要，而只是满足劳动以外的那些需要的一种手段。"④

马克思分明告诉我们，人的本质的异化就是作为人的需要的被扼杀。

---

① 《马克思恩格斯全集》第3卷，北京：人民出版社1960年版，第514页。
② 马克思：《1844年经济学哲学手稿》，中共中央马克思恩格斯列宁斯大林著作编译局译，北京：人民出版社2000年版，第180—181页。
③ 马克思：《1844年经济学哲学手稿》，中共中央马克思恩格斯列宁斯大林著作编译局译，北京：人民出版社2000年版，第57页。
④ 马克思：《1844年经济学哲学手稿》，中共中央马克思恩格斯列宁斯大林著作编译局译，北京：人民出版社2000年版，第54—55页。

"过去在这里也仅仅是一种被迫的活动，它加在我身上仅仅由于外在的需要、偶然的需要，而不是由于内在的必然的需要。"①

那么，人对自己本质的占有即是对本体内在的必然的需要的满足。他又说：

"在社会主义的前提下，人的需要的丰富性，从而某种新的生产方式和某种新的生产对象具有何等意义：人的本质力量的新证明和人的本质的新的充实。"②

这何尝不是在说人的需要就是人的本质。马克思恩格斯在《德意志意识形态》中又进一步深入而明确地阐述了这一命题：

"一切人形式生存的第一个前提，也就是一切历史的第一个前提，这个前提是：人们为了能够'创造历史'，必须能够生活。但是为了生活，首先就需要吃喝住穿以及其他一些东西。因此第一个历史活动就是生产满足这些需要的资料。"③

人的需要蕴含着人的目的、意向等价值，因而对生产实践的理解就必然离不开从主观方面去进行，感性的生产一开始就不是脱离人的某种价值追求的纯客观的物质运动。

"第二个事实是，已经得到满足的第一个需要本身、满足需要的活动和已经获得的为满足需要而用的工具又引起新的需要，而这种新的需要的产生是第一个历史活动。"④

从这里我们又可看出人的需要与动物的需要之间质的差别，即人的

---

① 马克思：《1844 年经济学哲学手稿》，中共中央马克思恩格斯列宁斯大林著作编译局译，北京：人民出版社 2000 年版，第 184—185 页。
② 马克思：《1844 年经济学哲学手稿》，中共中央马克思恩格斯列宁斯大林著作编译局译，北京：人民出版社 2000 年版，第 120 页。
③ 《马克思恩格斯选集》第 1 卷，北京：人民出版社 1995 年版，第 79 页。
④ 《马克思恩格斯选集》第 1 卷，北京：人民出版社 1995 年版，第 9 页。

需要在生产过程中会不断地增减和更新，动物的需要是单调的、平面的，是为直接的生理状况所限定的。人的需要则是复合的、立体的、超越肉体的支配而不断地展开的。

> "诚然，动物也生产，它为自己营造巢穴或住所，如蜜蜂、海狸、蚂蚁等。但是，动物只生产它自己或它的幼仔所直接需要的东西；动物的生产是片面的，而人的生产是全面的；动物只是在直接的肉体支配下生产，而人甚至不受肉体需要的影响也进行生产，并且只有不受这种需要的影响才进行真正的生产；动物只生产本体，而人再生产整个自然界；动物的产品直接属于它的肉体，而人则自由地面对自己的产品。动物只是按照它所属的那个种的尺度和需要来构造，而人懂得按照任何一个种的尺度来进行生产，并且懂得处处都把内在的尺度运用于对象；因此，人也按照美的规律来构造。"①

这里，我们完全感受得到需要和生产之间有着多么密切的关联。从初始逻辑来看，好像是人的需要引导着人的生产，人的需要不断现成地从自然界满足催逼着人去改变自然；生产着自己的所需；但生产既然是人的生产，它便一定会带着人的能动性，并且因此会激发、扩展人的各种潜在的需要。人的生产与人的需要之间因而相辅相成，这种相辅相成使得作为人的现存对象的自然日益成为"人化的自然"，而作为自然现存物的人亦日益成为作为"人的自然现存物"的人。正是在这种意义上，我们才可领会"你自己的本质即你的需要"和"他们的需要即他们的本性"的深刻含义。

（二）马克思关于人的本质三个命题的歧义辨析

"人"这一概念在马克思主义理论中占据核心位置，但世人对"人"的理解却始终都有争议。通过对人之本质的异化进行批判，马克思进而挖掘出人之本质中的真实内涵。在批判"国家""抽象的人""宗教""法"作为人的本质的异化表现之后，马克思将"一切社会关系的总和"

---

① 马克思:《1844 年经济学哲学手稿》，中共中央马克思恩格斯列宁斯大林著作编译局译，北京：人民出版社 2000 年版，第 57—58 页。

定义为人的本质异化的总类。马克思认为关于人的本质命题的三个基本属性是生成性、否定性和统一性，唯物主义历史观中重要的科学性并没有终结马克思主义的现代性批判功能。马克思主义是真理观与价值观的辩证统一，异化仍旧还是马克思唯物主义历史观中的重要理论"构件"。并且前提批判与价值立场则应是新时代哲学与社会科学理论构建不能缺少的出发点。

一直以来，人们总是简单地将"一切社会关系的总和"这一概念，作为马克思对人的本质的界定，并且据此区分马克思的新旧世界观：

> "马克思和费尔巴哈相反，他提出了人的本质实际上'是一切社会关系的总和'的原理。这样，马克思就把唯物主义应用来理解人类社会了。"①

这似乎在关于人之本质这个命题上，对马克思的观点所作的最权威或最正统的解释。但事实上这个解释却与马克思对人之本质的理论理解大不相同。马克思把人之本质的异化的总类解释为"一切社会关系的总和"。通过对人之本质异化的各种类的批判，马克思从中总结出人之本质所隐匿的真实内涵，进而揭示人之本质的各种不同异化类型，也就是把法、道德、宗教或抽象的人等，统统都归结为是"一切社会关系的总和"。

> （马克思）"连续用不同的单独小册子来批判法、道德、政治等等，最后再以一本专著来说明整体的联系、各部分的关系并对这一切材料的思辨加工进行批判。"②

所以，"一切社会关系的总和"是人之本质的总异化，也是人之本质异化的总类，更是否定的、现实的、具体的和历史的。

1. 马克思关于人的本质命题的深层含义及其歧义

怎样理解马克思对人之本质的命题？无论是对其进行判断或简单的陈述、命题抑或是下定义，在马克思的文字表达中一直以来都是直接、

---

① 《马克思恩格斯全集》第3卷，北京：人民出版社2002年版，第8页。
② 《马克思恩格斯全集》第42卷，北京：人民出版社1979年版，第45页。

规范，而不会引起歧义的。但是不同的人，进行不同的解读却会引起不同的歧义。马克思在《〈黑格尔法哲学批判〉导言》中提道：

"对宗教的批判是其它一切批判的前提。"①

"批判的武器当然不能代替武器的批判，物质力量只能用物质力量来摧毁"②。

"德国人的解放就是人的解放。"③

马克思在《1844年经济学哲学手稿》中指出：

"凡是在工人那里表现为外化的、异化的活动的东西，在非工人那里都表现为外化的、异化的状态。"④

马克思在《关于费尔巴哈的提纲》中指出：

"人的思维是否具有客观的真理性，这不是一个理论的问题，而是一个实践的问题。"⑤

"费尔巴哈是从宗教上的自我异化，从世界被二重化为宗教的、想象的世界和现实的世界这一事实出发的。"⑥

"全部社会生活在本质上是实践的。"⑦

"哲学家们只是用不同的方式解释世界，而问题在于改变世界。"

《德意志意识形态》解释：

---

① 《马克思恩格斯选集》第1卷，北京：人民出版社1995年版，第1页。
② 《马克思恩格斯选集》第1卷，北京：人民出版社1995年版，第9页。
③ 《马克思恩格斯选集》第1卷，北京：人民出版社1995年版，第16页。
④ 《马克思恩格斯选集》第1卷，北京：人民出版社1995年版，第52页。
⑤ 《马克思恩格斯选集》第1卷，北京：人民出版社1995年版，第58页。
⑥ 《马克思恩格斯选集》第1卷，北京：人民出版社1995年版，第59页。
⑦ 《马克思恩格斯选集》第1卷，北京：人民出版社1995年版，第56页。

"全部人类历史的第一个前提无疑是有生命的个人的存在。"①

"统治阶级的思想在每一个时代都是占统治地位的思想。"②

马克思在《哲学的贫困》中提出：

"正如经济学家是资产阶级的学术代表一样，社会主义者和共产主义者是无产者阶级的理论家。"③

"被压迫阶级的存在就是每一个以阶级对抗为基础的社会的必要条件。"④

俄文《共产党宣言》序言中说：

"《共产党宣言》的任务，是宣告现代资产阶级所有制必然灭亡。"⑤

并且在正文中说：

"至今一切人类社会的历史都是阶级斗争的历史。"⑥

"无产者在这个革命中失去的只是锁链。他们获得的将是整个世界。"⑦

从大量马克思著作中所作出的判断和界定中能够轻易地看出，马克思本人在文本中所使用的文字表述本身是无法使读者生成歧义的。但是《关于费尔巴哈的提纲》中，马克思对人之本质这一概念的定义，在《马克思恩格斯选集》第 2 版中被译为：

---

① 《马克思恩格斯选集》第 1 卷，北京：人民出版社 1995 年版，第 57 页。
② 《马克思恩格斯选集》第 1 卷，北京：人民出版社 1995 年版，第 98 页。
③ 《马克思恩格斯选集》第 1 卷，北京：人民出版社 1995 年版，第 155 页。
④ 《马克思恩格斯选集》第 1 卷，北京：人民出版社 1995 年版，第 195 页。
⑤ 《马克思恩格斯选集》第 1 卷，北京：人民出版社 1995 年版，第 251 页。
⑥ 《马克思恩格斯选集》第 1 卷，北京：人民出版社 1995 年版，第 272 页。
⑦ 《马克思恩格斯选集》第 1 卷，北京：人民出版社 1995 年版，第 307 页。

"人的本质不是单个人所固有的抽象物,在其现实性上,它是一切社会关系的总和。"①

然而在第2版的《马克思恩格斯全集》(以下简称《全集》)中,被译为:

"人的本质不是单个人所固有的抽象物,实际上,它是一切社会关系的总和。"②

在选集版本的说明里指出:

"马克思批判了费尔巴哈对人的本质的抽象理解,指出人的本质不是单个人所固有的抽象物,在其现实性上是一切社会关系的总和。"③

但是在第2版《全集》的说明里,却是直接地指出"他提出了人的本质实际上'是一切社会关系的总和'"④。我们轻而易举地可以看出,这两者的表述并没能够完全一致,那么究竟其中的哪一种表达方式更能够接近马克思自己想表达的原意呢?我们可以查看英文版本的译文,显而易见选集中的表述与英文版本的译文更为接近,而继续查看德文版本的原文,马克思想表达的意思就很清楚了。"reality"⑤ "Wirklichkeit"⑥的意思是"现实",而"现实"很明显地与"实际"有所区别,那么为何在第2版《全集》中没有译作"在其现实性上",却是被译为"实际上"一词呢?"在其现实性上"这句话,应该被理解为"(人的本质)在'现实的'人类社会中表现为……",而不是指"人的本质实际上就是……"这二者是有着本质差别的。"现实"一词其实是一个否定性的

---

① 《马克思恩格斯选集》第1卷,北京:人民出版社1995年版,第56页。
② 《马克思恩格斯全集》第3卷,北京:人民出版社2002年版,第5页。
③ 《马克思恩格斯选集》第1卷,北京:人民出版社1995年版,说明第4页。
④ 《马克思恩格斯全集》第3卷,北京:人民出版社2002年版,说明第8页。
⑤ *Marx/Engels Selected Works*, Volume One, Moscow, USSR: Progress Publishers, 1969, pp. 13–15.
⑥ *Diese Versionaus Karl Marxu. Friedrich Engels*, Werke, Bd. 3, Berlin, 1978, S. 5–7.

概念，并且马克思要做的是对现实进行批判，从而继续推翻现实中存在的不合理的社会关系，但是"实际"这一词中却无法包含这一含义。在《关于费尔巴哈的提纲》中，马克思对人之本质的命题所运用的叙事方式和语言逻辑，与他在同时期对其他问题的大量判断、界定所运用的叙事方式和语言逻辑并不一样，马克思之所以会进行这样的表述，想要突出的可能就是在字面背后所隐藏的更具深刻的哲学意蕴。

2. 马克思揭示"一切社会关系的总和"是人的异化本质

马克思主义诞生以前，所有的哲学家们所触及的关于人之本质的概念，都可以说仅仅只是人之本质所呈现出的不同异化类型。而马克思在不同阶段，曾经分别剖析了人之本质异化的各种表现类型。最早在《莱茵报》任职时，马克思就已经开始致力于揭露法律与人的自由之间存在的矛盾。如在《评普鲁士最近的书报检查令》一文中，他把当时政府颁布的书报检查令与新闻出版的自由之间的尖锐矛盾揭露出来，而且在《关于林木盗窃法的辩论》一文中，他又一针见血地揭示了普鲁士国家的法律制度与穷苦群众所需的物质利益这两者之间亟须化解的矛盾。在另一文章《摩泽尔记者的辩护》里，他则披露了隐匿在各种社会关系背后的更重要的客观本质，认为这才是导致摩泽尔河岸地区的广大农民群众生活贫困的一大根源。马克思在这个时候已经开始运用"异化"理论，将国家和法律制度等对实现的人的自由本质的束缚进行批判。其实在这个时期，马克思已经揭示出人的本质异化是政治国家和法律等异化的表现。马克思在《〈黑格尔法哲学批判〉导言》中，进一步对"宗教"这一人之本质的异化现象进行了深刻批判，并且直接断言"人是人的最高本质"。在《1844年经济学哲学手稿》中，马克思是将人的最高本质界定为"自由自觉的活动"，而"实践""劳动"理应是人所有的本质活动。不过由于经济模式是私有制，劳动不仅不能作为人的本质而存在，还是以人的本质的异化——一种与人的本质相对立的类存在。然而在《1844年经济学哲学手稿》文本中，马克思还没有认识到人的本质异化与资本主义生产关系的逻辑关联性。这是由于青年时期的马克思无法直接确认人之本质和社会关系之间的直接联系。后来马克思在《关于费尔巴哈的提纲》中，通过对旧唯物主义与唯心主义进行总批判，进而把人之本质异化的总类定义为"一切社会关系的总和"。

3. 社会关系的"现实性"异化和"理想性"真实

马克思在《詹姆斯·穆勒〈政治经济学原理〉一书摘要》（1844年）中，就已经清晰地提出：

"人的本质是人的真正的社会联系。"①

"只要人不承认自己是人，因而不能按照人的样子来组织世界，这样的时候联系就以异化的类出现。因为这种社会联系的主体，即人，是自身异化的存在物。"②

"人自身异化了以及这个异化的人的社会是一幅描绘他的现实的社会联系"③。

"现实的社会联系"只能是作为人之本质的异化而存在，并且唯有"真正的社会联系"才能体现人的本质。对于"真正的社会联系"这一说法，在现实生活里显然是不存在的，只是因为它的合理性，进而能够体现出现实性，所以仅仅存活在人的"理想"之中，仅仅是处于"应然"的状态。当马克思对自己所研究的人之本质理论做更进一步的展开和构建之时，"他的思想的运思，便一直在人们具体特殊的实践活动方式与人类生成发展的总体性的历史这两个向度之间反复展开；它不断地深入到人类历史的过去和未来之中"④。

把人的理想本质这个的理论架构完成之后，又回到当下对人的现实本质做进一步构建，"从而不断深化对于人类命运问题，尤其是现代人命运问题的认识和解答"⑤。

马克思通过"具体特殊的实践活动方式"发现只有"在其现实性上"人的本质才是一切社会关系的总和。由此可知，人的本质在理想性上与"一切社会关系"这个理念是相通的。

---

① 《马克思恩格斯全集》第42卷，北京：人民出版社1979年版，第24页。
② 《马克思恩格斯全集》第42卷，北京：人民出版社1979年版，第24—25页。
③ 《马克思恩格斯全集》第42卷，北京：人民出版社1979年版，第25页。
④ 张曙光：《马克思主义哲学研究应有的现实性与超越性》，载《哲学研究》，2006第4期。
⑤ 张曙光：《马克思主义哲学研究应有的现实性与超越性》，载《哲学研究》，2006第4期。

(三) 对马克思关于人的本质命题不同理解引发的批判性思考

是把马克思主义看作纯科学，还是把马克思主义看作是真理与价值的辩证统一？马克思主义是推崇单一的"自然历史过程"，还是始终贯彻着人的解放这一主题？对诸如此类的问题，学术界由于对马克思关于人的本质命题的不同理解，引发了种种批判性反思。

唯物主义历史观和剩余价值学说是马克思主义的两块基石。正是立足于这两块基石，马克思在批判旧世界的过程中去发现新世界，进而形成和构建全新的世界观与方法论。这也是《德意志意识形态》的理论体系与旧理论体系之间的最根本区别。正因如此，我们才能明确地说，批判性反思是《德意志意识形态》关键词谱系化研究能够产生的根本路径。其中，关于人的本质问题始终是贯彻马克思主义批判性反思的最核心问题。反之亦然，正是基于人的问题进行批判性反思和基于人的本质理论进行创造性构建，马克思才发现唯物主义历史观和剩余价值学说这两块基石。可以说马克思主义的诞生肇始于对人的本质理论的探索。关于人的本质理论的整个探索过程，顺其自然地就成为了马克思主义隆重出场的路径。随着对人的本质理论探索的不断深入，马克思主义一步一步得以完善。马克思是采用批判的方式发现了人的本质，并在批判中进一步完善了马克思主义。通过对《德意志意识形态》关键词谱系人之本质理论的考察，我们也发现了《德意志意识形态》关键词谱系的展开路径也是如此。通过对人之本质的内在矛盾的进一步剖析，我们可以找到《德意志意识形态》关键词谱系中所蕴含的内在动力。"现实的人"，以及其全面生产是整个马克思主义进而展开的一个逻辑起点，并且人的本质所具有的内在矛盾也是使得马克思主义能够完全展开的一个重要的内在动力。

"现实的人"及其物质生产是人类历史的起点，也是马克思主义的逻辑起点，最开始马克思认为"自我意识"才是人的本质，后来马克思用"人是人的本质"来定义人的本质。随后马克思将"类本质"概念用于解释人的本质，并且把"类本质"当作是"自由自觉的活动"。在《神圣家族》中，马克思把人的本质看作是"人的活动"。在《德意志意识形态》中，马克思把人的本质表述为"现实的人"。马克思主义中人的本质的构建是一个历史的过程。对于人之本质的理解，马克思自身在不同时期所关注的侧重点也是不一样的。马克思关于人的本质的理论是在批判过程中一步步完善的。

（马克思）"打算连续用不同的单独小册子来批判法、道德、政治等等，最后再以一本专著来说明整体的联系、各部分的关系并对这一切材料的思辨加工进行批判。"①

1. 对绝对必然性进行批判，"自我意识"才是人的本质的重要体现

青年马克思在自己的博士论文中进行了详细的比较，把德谟克利特的自然哲学观与伊壁鸠鲁的观点作了对比和分析，探讨两种观点的差别，并且阐述了自己的见解。可以说马克思关于人的本质的理论构建，最初是从他写作博士论文时开始的。德谟克利特认为原子在虚空中做的是直线运动，而伊壁鸠鲁完全不同意这一观点。伊壁鸠鲁认为原子只有做偏离直线的运动时，才能够将其独立性体现出来，并且着重指出了在事物发展过程中偶然性的重要作用。伊壁鸠鲁直接批判了德谟克利特的必然性。在马克思看来，伊壁鸠鲁所推崇的原子主义契合了人的本质之自在性、独立性和个体性，摒弃了可能的自在自为状态。马克思在批判人的本质的必然性基础上，把原子偏离直线的运动加以理论延伸，使之提高到整个物质世界发展的推动力理论："如果原子不偏斜，就不会有原子的冲击，原子的碰撞，因而世界永远也不会创造出来"②。青年马克思在博士论文里，明显还受黑格尔的"绝对精神"概念影响，将人的本质看作是"自我意识"，进而提出自由才是人的本质之本性。

2. 在批判宗教本质的语境中，着重强调"人是人的最高本质"

马克思在写作《〈黑格尔法哲学批判〉导言》时期，就已经着手对人的本质的不同异化类型进行批判，在批判过程中探索到了人的本质的真正内涵。马克思坚持"对宗教批判最后归结为人是人的最高本质"。"人创造了宗教，而不是宗教创造了人。"③ 在马克思看来，宗教仅仅反映了人的一种错误的认识。"宗教是还没有获得自身或已经再度丧失自身的人的自我意识和自我感觉"，本质上可以说，宗教是"人的自我异化

---

① 《马克思恩格斯全集》第42卷，北京：人民出版社1979年版，第45页。
② 《马克思恩格斯全集》第40卷，北京：人民出版社1972年版，第216页。
③ 《马克思恩格斯选集》第1卷，北京：人民出版社1995年版，第9页。

的神圣形象"。① 总而言之，马克思先是指出宗教是人创造的，但宗教却又是人的本质的一种异化。因而马克思既批判使人异化的尘世，又批判宗教及其本质。正是在这种双重批判过程中形成了关于人的本质理论。

3. 对劳动异化理论进行批判，提出"人的本质是自由自觉的活动"

青年马克思在《1844年经济学哲学手稿》中，系统地批判了劳动的异化和异化劳动，并提出劳动异化在资本主义社会里的两种表现类型：

第一，劳动者与商品相异化。劳动者自身所具有的应然的人的本质，在资本主义市场经济条件下已经丧失殆尽。"劳动者降低为商品，而且是最贱的商品。"② 这个过程可以被划分为三个阶段：一是劳动的劳动者们与商品之间的关系异化。劳动者们在劳动过程中使自己的本质力量对象化，对象化的重要成果就是商品之类的财富，但"劳动者生产的财富越多，他的产品的力量和数量越大，他就越贫穷"③。二是劳动活动的他者化。

"作为一种异己的存在物，作为不依赖于生产者的力量，同劳动相对立。劳动的实现就是劳动的他者化。劳动的这种实现表现为劳动者的失去现实性，他者化表现为他者的丧失和被他者奴役，占有表现为异化、外化。"④

三是劳动成果的存在变化为一种异己的力量。"劳动者同自己的商品的关系就是同一个异己的他者的关系。"⑤ 这种异化的结果就是使劳动者们成为了自己的劳动他者的奴隶。

"首先，他得到劳动的他者，也就是得到工作；其次，他得到生存资料。因而，他首先作为劳动者，其次作为肉体的主体，才能够生存。这种奴隶状态的顶点就是：他只有作为劳动者才能维持作为

---

① 《马克思恩格斯选集》第1卷，北京：人民出版社1995年版，第2页。
② 《马克思恩格斯全集》第42卷，北京：人民出版社1979年版，第89页。
③ 《马克思恩格斯全集》第42卷，北京：人民出版社1979年版，第90页。
④ 《马克思恩格斯全集》第42卷，北京：人民出版社1979年版，第91页。
⑤ 《马克思恩格斯全集》第42卷，北京：人民出版社1979年版，第91页。

肉体的主体的生存，并且只有作为肉体的主体才能是劳动者。"①

这样一来，资本主义使人掉进了一个劳动异化的恶性循环陷阱。

第二，劳动者与劳动本质相异化。劳动者是劳动的主体，而劳动本质上是劳动者本质力量的对象化，是劳动者自由自觉的活动。但在资本主义市场经济条件下劳动已经无法体现劳动者的本质力量。劳动者与劳动活动本身异化及外化就必然导致劳动者与劳动他者异化。

"在自己的劳动中不是肯定自己，而是否定自己，不是感到幸福，而是感到不幸，不是自由地发挥自己的体力和智力，而是使自己的肉体受折磨、精神遭摧残。"②

"他的劳动不是自愿的劳动，而是被迫的强制劳动。"③

人的异化劳动"是一种自我牺牲、自我折磨的劳动"④。而劳动的外在性质，"就表现在这种劳动不是他自己的，而是别人的；劳动不属于他；他在劳动中也不属于他自己，而是属于别人。"⑤ "他的活动属于别人，这种活动是他自身的丧失。"⑥ 人就在这个过程中自我异化，"活动就是受动；力量就是虚弱；生殖就是去势；劳动者自己的体力和智力，他个人的生命（因为，生命如果不是活动，又是什么呢?），就是不依赖于他、不属于他、转过来反对他自身的活动。这就是自我异化，而上面所谈的是物的异化。"⑦

4. 在对青年黑格尔派主观唯心主义的批判过程中，指出人的本质是"历史中行动的人"

马克思在《神圣家族》中，运用人本论的思维方法以及实践的思维方式去批判青年黑格尔派的唯心主义观点，并指出人之本质应是"历史中行动的人"。青年黑格尔派的思辨哲学认为世界的本质是自我意识，人

---

① 《马克思恩格斯全集》第 42 卷，北京：人民出版社 1979 年版，第 92 页。
② 《马克思恩格斯全集》第 42 卷，北京：人民出版社 1979 年版，第 93 页。
③ 《马克思恩格斯全集》第 42 卷，北京：人民出版社 1979 年版，第 94 页。
④ 《马克思恩格斯全集》第 42 卷，北京：人民出版社 1979 年版，第 94 页。
⑤ 《马克思恩格斯全集》第 42 卷，北京：人民出版社 1979 年版，第 94 页。
⑥ 《马克思恩格斯全集》第 42 卷，北京：人民出版社 1979 年版，第 94 页。
⑦ 《马克思恩格斯全集》第 42 卷，北京：人民出版社 1979 年版，第 95 页。

不过是自然中的一部分。

"不承认任何有别于思维的存在、任何有别于精神的自发性的自然力、任何有别于理智的人的本质力量、任何有别于活动的苦痛、任何有别于本身行动的别人对我们的影响、任何有别于知识的感觉和欲望、任何有别于头脑的心灵、任何有别于主体的客体、任何有别于理论的实践、任何有别于批判家的人、任何有别于抽象的普遍性的共同性、任何有别于我的你。"①

思辨哲学将人和自然都看作是能够抽象思辨的工具，继而又认为人和自然都是感性对象。思辨哲学先是把自然存在的人从"实体"中抽象出来，继而又否定这个被自己抽象出的"实体"，然后把这个"实体"看作是抽象的真正本质，由此对自然存在的人进行抽象的逻辑演绎。也就是说，思辨哲学从抽象的"一般观念"演绎具体的感性对象，要求现实的个别的具体的感性世界满足抽象理念的需要，以至于曲解人性和人的本质。马克思在《神圣家族》中还批判了费尔巴哈的"半截子"人本唯物主义。

5. 从整体结构论证《德意志意识形态》中所提出的"现实的人"之人的本质定义

马克思恩格斯最终在《德意志意识形态》中完成了对德意志形态的系统性批判，实现了唯物主义历史观的界定，完成了对人的本质——"现实的人"的历史唯物主义解读。所谓人的本质，不是简单地理解为抽象意义上的人，也不是理想化地归结为所谓理想的人。《德意志意识形态》最终诠释了在现实世界切实存在的人，自由自觉和自在自为活动的人，具有实践能力的人，以及将一切社会关系包含在内的人。但德意志意识形态"玄想家"们却宣告人的"这一切都是在纯粹的思想领域中发生的"②。马克思认为思辨哲学这种观点从某种意义上来说局限在对宗教观念的批判，其出发点被局限在现实的宗教和真正的神学框架体系内。青年黑格尔派的意识形态批判"都没有离开过哲学的基地。这个批判虽然没有研究过自己的一般哲学前提，但是它谈到的全部问题终究是在一

---

① 《马克思恩格斯全集》第 2 卷，北京：人民出版社 1995 年版，第 180—181 页。
② 《马克思恩格斯选集》第 1 卷，北京：人民出版社 1995 年版，第 62 页。

定的哲学体系即黑格尔体系的基地上产生的"①。老年黑格尔派观点错误的根源主要表现在思想方法上——老年黑格尔派误以为"只要把一切归入黑格尔的逻辑范畴，他们就理解了一切"。青年黑格尔派则以宗教观念代替一切，或者宣布一切都是神学上的东西，以宗教观念来批判一切。青年黑格尔派有一个观点与老年黑格尔派的观点是相同的，都认为是抽象的概念和普遍的东西统治着现存世界。这种观点必然会产生与之不容的观念。马克思恩格斯明确地聚焦于对德国哲学的批判，花费更多精力从"他们所作的批判和他们自身的物质环境之间的联系问题"②出发，也就是首先要辨析费尔巴哈的旧唯物主义的概念，最终确立新唯物主义历史观。马克思恩格斯对德意志意识形态进行辨析和批判，最终目的是为了揭示人是"现实的人"的本质原理。他们认为人只有在开始生产自己的生活资料时，才真正从本质上把人与其他一般动物相区别。

在对德意志意识形态作批判的同时，对自我异化导致产生"一般的人的本质"和"抽象人的本质"的矛盾根源作出了相应论证。马克思认为：

"统治阶级的思想在每一时代都是占统治地位的思想。"③
"一部分人是作为该阶级的思想家出现的，他们是这一阶级的积极的、有概括能力的玄想家，他们把编造这一阶级关于自身的幻想当作主要的谋生之道。"④

某些编造出来的思想被赋予普遍性意义，恰恰是他们。

"为了达到自己的目的不得不把自己的利益说成是社会全体成员的共同利益，就是说，这在观念上的表达就是：赋予自己的思想以普遍性的类，把它们描绘成唯一合乎理性的、有普遍意义的思想。"⑤

---

① 《马克思恩格斯选集》第1卷，北京：人民出版社1995年版，第64页。
② 《马克思恩格斯选集》第1卷，北京：人民出版社1995年版，第66页。
③ 《马克思恩格斯选集》第1卷，北京：人民出版社1995年版，第98页。
④ 《马克思恩格斯选集》第1卷，北京：人民出版社1995年版，第99页。
⑤ 《马克思恩格斯选集》第1卷，北京：人民出版社1995年版，第100页。

在这种情况下，德意志意识形态基于统治阶级自身利益的需要而实现自我异化，同时其作为历史上占统治地位的阶级存在，将这部分个别的思想和概念简单地异化为历史长河中发展着的一般存在或普遍概念，也正是在这种异化中，在意识形态领域中，形成了以普遍性赋予抽象的人的本质规定性的解释观点。

人的本质理论可以说是马克思恩格斯在系统批判德意志形态的基础上阐发的基础理论。把"自由自觉的人的活动"与已经被异化了的现实相结合才能解释清楚"现实的人"之本质以及"社会关系的总和"。

二人将社会关系归结为私有制和劳动，他们认为："在大工业和竞争中，各个人的一切生存条件、一切制约性、一切片面性都融合为两种最简单的类——私有制和劳动。"是分工在当时条件下引起"资本和劳动之间的分裂以及所有制本身的各种不同的类"，进而导致资本主义条件下这种分裂愈发尖锐，但需要明确承认的是"劳动本身只能在这种分裂的前提下存在"。① 劳动者仅仅在劳动者个人与生产力分离之时，在失去现实生活内容的境况下，在以个人为基本单位发生彼此之间实际联系的过程中，才成为抽象意义上的个人。

三、主体化存在本体论的三重矛盾运动：
天人矛盾—群己矛盾—身心矛盾

人作为一种自由自觉的、面向整个自然界的存在者，生存的过程即生活，而生活过程是由多重矛盾运动推动的。任何人一来到这个世界上生活都会受三大矛盾关系制约。以实践为枢纽，从主体化存在本体论来讲，这三大矛盾就是人与自然之间的"天人矛盾"、人与人之间的"群己矛盾"以及人自身肉体与精神之间的"身心矛盾"。

（一）"天人矛盾"：马克思关于人与自然之间的历史唯物辩证法（人化自然和自然人化：本体—主体—客体—实践……）

要从本体论的角度弄清马克思哲学中人与自然之间互为本质或互为根据的依存关系，首先需要弄清马克思是如何在实践的基础上理解人和自然的存在的。什么是人和自然的存在，人和自然以怎样的方式存在？这是谈论人和自然之间的存在关系的前提问题。

---

① 《马克思恩格斯选集》第1卷，北京：人民出版社1995年版，第127页。

1. 人类的存在和发展是以实践为基本方式，把人通过实践活动引起自然界的改变称作"人化"

所有生命及其生活都有自己存在的方式方法。人类社会的主体是人，每个人都将实践活动作为自己的生存方式。实践活动的实质是人类社会发展的实质。实践活动的主观因素包括人们超越极限使自己的本质力量对象化。实践活动的全过程使人的自然能量和本质力量相合并以视觉方式呈现于世，这就有了马克思所说的"人化的自然"和"自然的人化"。

"自然的人化"是客体主体化的结果，是人们的主动性得以充分体现的结果；或者可以表达为自然为人类所反映所认可。"自然的人化"包括目标之自然的人化和人自身之自然的人化。"自然的人化过程"是指人类活动发生连续性变化的历时性性状和样态，也就是说，客观性事物连续进入人类主体活动的整个过程，然后又得到更新，即人类对客观事物的主观化推进的整个过程。在马克思主义哲学中，神或绝对的灵魂不是独立存在的本体，而敏感的人和自然才是独立存在的本体。那么，人与自然之间有什么联系呢？如果人类不是由上帝或造物主创造的，而是自然而然存在的，那么，自然与人类之间是否存在相互依存的关系呢？如果承认自然与人类之间的相互依存关系，人的存在是否取决于过程的存在，能反过来说过程的存在取决于人的存在吗？还是这两者都离不开相互依存？研究透这些棘手问题才可能从本质上揭示人与自然之间的辩证关系。

2. 人是人类（Sein）归属于人们的日常生活（Leben）

在《德意志意识形态》中，我们可以更清楚地看到：马克思确实将人与人们的日常生活关联起来。在理解马克思常说的日常生活定义时，我们还必须解释日常生活和生产这两个定义之间的关系。"日常生活"一词最初分为感性常识与理论范畴。理论范畴的关键是指人们对主体活动的即时享受，即消费者的主体活动，无论是对尚未生产或加工过的自然物质或天然材料的享受，还是对生产品和制造品的享受，都关涉人的主体活动。但是，在马克思看来，人们在生产、加工、更新和改造天然材料过程中的主体活动，就是人类主体——劳动者的生活和生产活动，同时也是人类日常生活活动的一部分。马克思将人类的存在视同人类的日常生活，此时他所理解的日常生活显然是指理论上的日常生活，即包括生产和制造的劳动者主体活动在内的实践活动。

3. 自然界的自在存在不仅呈现在人的意识或观念当中,而且更重要的是呈现在人的感性实践活动之中,必须把自然置于人的社会活动关联当中来理解,将自然的自在存在与其属人的存在贯通起来

自然界存在二重性:纯粹自在的自然和属人的自然。

一方面,自然具有某种"自在性"——不依赖于人的独立的存在,叫作自然的自在存在,简称自在。在人们的普遍意识中,人与人之间的关系从头到尾自然是相对而言的。因此,人的存在与自然的存在当然不同。所有与人类意识和客观现实无关的物体都归于自然。在马克思的哲学中,显然也存在着类似的意识:他认识到,不仅在人类外部,而且在人类中,都有不依赖于人类意识的客观的物体。太阳、月亮、繁星点点的天空,以及人类以外的所有事物,都将按照其原始规律存在和运转。身体的物理组织也具有相对独立的性质。换句话说,自然的定义从一开始就具有"自我生成""自主存在"的含义。自然的存在和发展是完全归因于人类和依赖于人类。马克思关注人与自然之间的区别。毫无疑问,自然界中的所有事物,包括人自身,都受制于原始定律。自然界拥有不依赖于人类而存在的独立生物。我们一般把这种独立的存在称为自给自足的存在。关于这种自给自足的存在,人们通常都是从时间的角度来理解。在人类出现之前,自然就已经客观地存在了。人类只是自然的长期进化的结果。相对于自然而言,在漫长的发展历史过程中,人的生存只能持续很短的时间。即便是在人类兴起之后,即便是在人类意识或主体活动的范围之内,实际上自然仍旧具有自然存在的自在本质,自然并不依赖于人类的信仰变化而变化。另一方面,人们认识到虽然自然具有"自我满足"的原始特征,但并不意味着这种"自我满足"会使自然与人类完全无关。相反,马克思常说:

"自然,从头到尾,它与人类的存在,即日常生活密切相关。自然,它被包含在人类生活实践的主体活动中,因此人的本性不断变化。因此,自然的存在具有一种二重性:一方面,它具有自始至终的自给自足的特征,因此,在与人类不同的实践意义上,自然可以称之为自然。另一方面,它具有自始至终自给自足的特征。马克思曾经说过,被抽象地理解的,自为的,被确定为与人分隔开来的自

然界，对人来说也是无。"①

这表明马克思拒绝讨论与人无关的事情。自然意味着纯粹的自我满足，但是自然只有在与人的关系中才能理解它。

另一方面，对于马克思来说，从自然的角度来看，人是自然界物质长期演化和进化的结果，人是自然的一部分，所以人属于自然。但从人类的角度来看，自然也可以说是人的一部分。世界万物是人类生活主体活动的目标和原料，因此自然是人类日常生活的一部分。更重要的是，如果自然界还没有转化为人类实践的载体，那么自然界从头到尾都以纯粹的自给自足的实际意义存在，而自然不可能以人的类出现并完成其人的存在。从亚里士多德哲学的共同原因来看，自然是运动的全过程，趋向于人类的基本目的。人作为尚未完成的人，从头到尾只是一个潜在的人。自然，只有当自然的运动演变为人类的运动时，才成为人类的健身运动，然后才获得了自己的特殊人类。在这里，每个人都可以从实践意义上说：人是自然的精髓，因为人自然是健身运动和进化的目标。人类的生存和日常生活自然是进化的基本目的。人类的生存和生活必须建立在必要的条件和基础之上。相反，人的自然存在也恰巧是根据人的存在即日常生活而产生和发展的。

（二）"群己矛盾"：马克思关于人与人之间的历史唯物辩证法（个人—社会—国家—共同体……）

人与社会之间的群己矛盾关系是人类社会最为复杂的社会关系，始终是古今中外哲学和社会学等理论争论的焦点和力图超越的难点问题。马克思经典的话语是：

> "代替那存在着阶级和阶级对立的资产阶级旧社会的，将是这样一个联合体，在那里，每个人的自由发展是一切人的自由发展的条件。"②

---

① 马克思：《1844年经济学哲学手稿》，中共中央马克思恩格斯列宁斯大林著作编译局译，北京：人民出版社2000年版，第116页。
② 《马克思恩格斯选集》第1卷，北京：人民出版社1995年版，第294页。

这其中深刻揭示了"共同体"与"个人"之对立统一关系，蕴含着马克思关于人与人之间的"群己矛盾"的历史唯物辩证法思想。

1. 广义的自由人联合体提供了个人—社会—国家—共同体四个因素的内在统一

在马克思经典著作中，关于共同命运的解释很多。共同的命运反映在家庭、氏族、部落、社会和国家等存在方式上。它们是反映马克思关于群体与自我之间矛盾概念的差异性构件。如果说马克思在《1844年经济学哲学手稿》中是从社会经济学的广义角度，即从人性与人的本质相统一的角度讨论了个人与群体之间的共同命运关系。马克思从类上进一步基于经济原理加以解释，认为责任的划分和私有制造成了人们对共同命运的虚假描述和对真实共同命运崩溃的掩盖，从而导致宗教—信仰的二元化"自由联盟"的明确建议，这实际上也是对人性异化和"人际关系之和"的一种本质反映。

2. 共同体与个人之间的关系是伴随人之生存、生产和生活的第二大基本关系

在马克思之前的历史发展过程中，古代社会的保守主义共同命运观念是个体与共同命运之间联系的使用价值之体现。现代的自我保守价值观念否定了古老的共同命运保守主义观念，成为了自我的框架。新的立足点与共同命运联系在一起。现代社会再次使用个人意识标准来处理自我与命运共同体之间的关系问题，从而导致命运共同体意义的下降。马克思超越了自我与命运共同体的双重对立的思维方式，在共产主义的社会发展中，表明了自我与共同命运之间真正的共存和相互依存的对立统一关系。马克思的"自由人联盟"概念包含两个层次：一个随机的人和一个和谐的命运共同体。它为个体—社会—国家—人类命运共同体提供了一个基于对立统一关系的分析框架。

如果说新自由主义首先关注的是命运共同的善意，只不过是基于个人命运的善意优先于共同命运的善意，那么马克思的"自由人联盟"就是基于对立统一的实践关系而关注个人自由和共同命运之间的和谐问题。因为和谐是同一件事的两个方面。人们发展和谐的生存方式有赖于共同命运的驱动。自由与和谐的统一体现了共产主义社会的终极意义，因为只有这样，个人和真正的共同体才能拥有同一性的共同命运。

3. 马克思认为人类共同体思想有三个演变阶段：原始共同体、自然共同体、市民社会与国家共同体，人类最终追求的共产主义社会是自由人的联合体

马克思强调，没有共同的命运，自由人的联合体就不可能形成。只有在共同的命运中，人才能以他们可以适应的实践方式得到充分发展。最初的人通常只是一个随机人，并且是彼此独立的。人与人之间的合作所创造的虚假共同命运始终是相对于每个人的。因为这种共同命运是一个资本家与另一个资本家之间的协调。就执政的资产阶级而言，这不仅是一个完全虚幻的共同命运，而且是一个新的约束。在一个真正的命运共同体中，每个人都受制于自己所在的协调机制，并在这种协调的基础上获得自己的自由。这句话包括三层意思：第一，某个人离开命运共同体就无法生存。第二，在真正的命运共同体完成之前，必须有虚假地描述命运共同体的"资产阶级任意"以及"任意"的方法。第三，在阶级社会中，只有资产阶级是随意的，在共产主义社会中必须克服资产阶级的随意性，这样，自由人的联合就会出现。这种共产主义社会，作为完整的现实主义，等同于人道主义；而作为完整的人道主义精神，等同于现实主义精神。"自由人的联合体"作为真正的人类命运共同体与既往存在的其他各种共同体存在着本质区别。"自由人的联合体"更有利于消弭客观化与主体性的悖反、随机性与确定性的折冲以及个体与群体的对立。

首先，"自由人的联合体"是马克思构想的人类社会的共产主义总体目标。西方的启蒙思想和自由主义思想孕育了马克思。人类初期理想化的英雄是为人类取火的普罗米修斯，"被缚的普罗米修斯"是被追求自由的人们所释放的。回顾马克思早期的概念，无论是年轻时期的诗歌创作还是他的博士论文，都显示出他曾受到过黑格尔理性主义的浸润。马克思认为人的客观性和随机性是善良的本质。而这种自然随机性仍然是社会性的。在学习方面，尤其表现出精神自由的个性。在1842年的"莱茵"阶段，马克思对黑格尔的客观唯心主义观点表示了明显的怀疑和反对，因为他反叛来源于对日常生活的关注，特别是对书籍和期刊的研究。此后，马克思的思想与当时的公民社会思想融为一体，开始为现实生活的人们探索共同命运的真正途径。马克思感到在资产阶级的规章制度下，人们失去了自由享受劳动的乐趣和效率，人民和劳动者被异化。

因此，马克思攻击了超越个人得失而捏造的虚幻的共同命运，并将自由概念与社会主义运动联系在一起。马克思认为人们的自由解放取决于社会发展水平和制造业标准的完善。社会的基础设施建设，特别是生产力的高度发展、全球范围内高水平协调和人的全面发展有利于"自由人的联合"，从而形成理想化的人类命运共同体。

马克思在《1844年经济学哲学手稿》中强调任意而有目的的主体活动只是人类的特征。人类根据实践活动创建全球目标，更新和改造无机世界，人类自由自主的活动证明自己是有目的的存在。动物只能生产和复制自己，而人类则能适应和改造自然。人类生产是根据物种的极限进行的。人类了解自然的极限用以确定所追求的目标，并且人是根据规律构造的。因此，人的随机性是基于人不同于其他自然存在物的生活取向，主要表现为人的活动中的随机主动性、主动创造力和自我认同感。另外，马克思进一步证明了人类的内在本质，即

> "人的本质不是单个人所固有的抽象物，在其现实性上是一切社会关系的总和。"①

从狭义上说，世界的历史只不过是人类的历史。从人类劳动者兴起的整个过程来看，人类本质上是随机存在的。人类之所以有自由与异化的分野需要从世俗社会中寻找根本原因。从马克思的角度来看，随着生产与销售市场分工的出现和私有制的出现，人类不仅随着自己的主体活动而发展成为全球化的主体活动，取得巨大经济效率的同时也正日益遭受某种痛苦。归根结底，生产力的不断扩展主要体现在国际市场上能量的操纵。每个人的释放水平与历史完全转变为世界历史的水平是一致的。一个杰出的人能否解决民族的许多局限性和地区局限性，要看他能否使本民族与全世界的生产和制造保持特定的联系，能否进入全方位的世界。因此，马克思认为，消除劳动异化，消除人性异化，使人的本质重新复归是实现共产主义社会的基础。在这个历史发展过程中，宗教信仰的解放，政治的解放与人类的释放是紧密相连的。

其次，符合人类个体全面发展的共同命运必须是和谐的共同命运。

---

① 《马克思恩格斯选集》第1卷，北京：人民出版社1995年版，第56页。

马克思强调人类"不仅是一种合群的动物,而且是只有在社会中才能独立的动物"①。经济发展的全球化和全球历史背景将人与人紧密联系在一起,人的本质和社会发展的本质在共同命运的本质中得以体现。作为"实践中介",人类社会使个人本质与社会发展本质,技术本质和绿色生态本质的融合成为现实。人的个人发展趋势不能完全等同于人的自由解放。马克思关注人的个体化"任意"和"全面"发展趋势,完全有可能实现人的自由解放。随意性自由是人们梦寐以求的生存的幸福存在,但事实上人们没有社会财富就无法生存,也无法与共同的命运区分开。自由意味着一种随意性,这是人类对历史趋势的孜孜追求。自由永远不会是一个人、一个国家或种族的问题。自由人联合体的真正含义是,只有随机的人是前提,共同的命运是保证,才有可能完成自由人的解放。如果共同的命运是不和谐的,两极化的,并且是一场"狼与狼的战争",那么人类自由发展的趋势就无法谈论。不难看出,从当前的经济全球化的角度来看,马克思的"自由统一"概念对于合作共赢的命运共同体概念也具有一定的现实意义。

马克思也认为人是有目标的,他关注人的社会和相似特征。既然人类是一种"众生"和"一种社会动物",我们就必须充分考虑人与人之间交流的标准问题。与费尔巴哈不同,马克思认为,人与人之间的交往概念,既不是靠爱和奉献精神,也不能说是利己主义使然。自由人的联合体应该是利己主义和利他主义的辩证统一。

4. 关于群己矛盾的三种观点:个体主义、整体主义和折中主义

无论是本体论意义上的唯实论与唯名论、方法论上的整体主义与个体主义,以及价值观上的集体主义和个人主义,都把群与己视为抽象的、无条件的至上本位,从而形成了群己之间形而上学的二元对立,并企图在非此即彼的基础上实现二者的本质统一。

第一,个体主义主张以个人为本位和中心,尊崇自我,倡导个体人格独立、思想自由和个性解放,把个人生命、利益、权利、幸福、自由、尊严视为至上的追求,遵循着由个人导入社会的路径。遵循自我引导进入社会发展的路径,可以说,个人主义是最佳结构,似乎这是真实地反映当代社会和经济发展的历史发展趋势。但是,个人使用价值的过度自

---

① 《马克思恩格斯选集》第 1 卷,北京:人民出版社 1995 年版,第 2 页。

我表达，市场竞争中集团权力的过度分割，以及商业化的过度自由产生了一系列的负面影响，反过来反噬了人的使用价值，导致了人际沟通的蔑视、疏远和社会和谐的缺乏。由于类似的二元形而上学逻辑思维，以自我为中心的个人主义所作出的决定，将他人和社会发展视为权利或利益的实际或潜在竞争者，并且过于关注差异，过于关注市场竞争、市场阻力和市场吸引力。结果，群体与自己之间的关系只会变得冷漠、残酷和自私，甚至是矛盾、冲突和对立，并使过度的紧张情绪瓦解，个人将从独立变得孤立、痛苦、沮丧乃至从群体迷失。"他人是炼狱"的存在主义信条、无政府主义、唯我论、悲观主义、虚无主义等，是那些信奉个人高于群体者的必然精神皈依。另外，完全现实主义者则相反，他们把社会发展的总体功能和个人归属与标准共识等同起来。

第二，整体主义所关注的着力点是群体精神以及整体人格的塑造，社会、群体、国家的利益高于一切，个体必须服从整体。 整体主义认为个人是如此渺小，以致于个人的利益往往可以轻易地成为公共利益的牺牲品。因为他们认为生活中个人信仰的目的仅仅在于对整体的无私奉献和完全顺从。在整体主义者的信念中，似乎个人对群体负有无尽的责任和义务，而个人只是在成为服务于群体的特殊工具或方式时，个人对社会发展才更有意义。因此，整体现实主义以抽象和虚幻的整体名义否定、消除、压制和抹杀个人的信仰和权利，但实际上，却完全没有阐明清楚究竟什么是与个人权利无关的所谓共同利益。因此，整体现实主义不可避免地陷入了权力现实主义和专制主义的泥潭。社会的发展已成为抑制个人任意性、自主性和主体性权利的外来力量，这势必导致群体与自我之间关系的扭曲、焦虑、僵持和冲突。

第三，中国儒家文化独辟蹊径，在个体主义和整体主义之间奉行中庸（中和）之道和"内圣外王"，重在群己和谐。

东方和西方在人性问题上的分野呈现两种相反的趋势：西方倾向于认为人性是自私自利的（人性恶论），而中华文明则倾向于认为人性是利他利公的（人性善论）。一般而言，抽象的人可以是这样一种趋势，也可以是那样一种趋势，但是具体的人只是两种不同趋势的混合。它不可能是纯粹的自私或纯粹的利他。在不同条件下，实际情况会有不同的偏差。

孔子传承了《尚书》中的"允执厥中"和《周易》中的"中以行

正"等思想，并加以创新和超越，把中庸（中和）之道作为认识世界、洞察人生和处理群己人际关系的基本方法，由此形成了先秦儒家直至中华文明注重中道和谐的理论向度和思维方式。不难看出，"中庸不仅是儒家学派的伦理学说，更是他们对待整个世界的一种看法，是他们处理事物的基本原则或方法论。"① 实际上，就群体与自我的关系而言，儒家思想是以共同体思维方式为突破口，以中庸主义为主体，即中庸主义是团体与自我和谐融合的基本方法。这种团体自我观致力于教育每个人，无论是了解和解决团体自我关系还是其他人际关系，都应遵守适度、控制、审慎、宽容、放松等原则，遵循规律。这种"快乐但不伤害"的生活状态，有必要防范"极端逆转的事情"发生。中庸之道本质上是契合儒家思想和科学方法论的。儒家重视对政治与气质的研究，而儒家倡导中庸之道的最终目标是期待塑造"修身、齐家、治国、平天下"的中国士大夫"内圣外王"理想模式。个人的本质蕴含社会道德。"天下"的理想人格特质成全"内圣外王"的理想角色，致力于群体和自我之间和谐的人际关系，并崇尚"天人合一"，使人与自然融为一体，相互支撑，相互依存并共同构建"和谐世界"。

孔子的群体自我和谐观是一种既不是群体保守主义也不是自我保守主义的混合保守主义，即伦理关系保守主义或人际关系保守主义。正如梁漱溟所说，保守主义是群体与自我两者之间的一种人际关系，是一种和睦、合作与和谐的关系。这样一个理想的境界，不仅可以安放个人的内心，而且可以填充社会思想，甚至可以包容和谐统一的一切。"人与自然的统一"的社会是"舍己相守，恢复礼节"的理想社会。尽管这种诉求犹如朱熹所言"未尝一日得行于天际之间也"，但这已经成为成千上万中国人不断追求完美的过程。

（三）"身心矛盾"：关于身体与精神的历史唯物辩证法及其拓展性研究（存在—物质—实体—身体—心灵—观念……自我、自然、人类、社会、精神、意识……）

恩格斯概括地说：全部哲学的重大的基本问题就是存在与思维的关系问题。近代哲学中的唯物主义和唯心主义、经验论和唯理论等，实际上都是围绕如何回答存在和思维、物质和精神、肉体和灵魂、身和心之

---

① 庞朴：《庞朴文集》第4卷，济南：山东大学出版社2005年版。

间的关系而展开的。所以,全部哲学似乎都可以依照对这个基本问题的回答而划分为不同的哲学阵营和哲学流派。

1. 美国学者关于身心关系的八种主要理论

美国哲学家理查德·泰勒(Richard Taylor)在其《形而上学》一书中讨论了各种身心分离的学说。他将身心关系的理论概括为八种主要观点:唯物论、唯心论、相互作用论、副现象论、双重形态论、身心平行论、偶因论、预定和谐论。①

唯物主义认为自己是指他的身体。你无需考虑身体与心灵之间的关系。你既不可能询问两者之间的关系,也没必要询问两者之间的关系。如果坚持要求一定要询问身体与心灵之间关系,那么这就超出了唯物主义的前提。

唯心主义的观点则完全相反,认为身体只是存在于心灵中的意识。唯一的存在是内心的精神实质。永恒的存在是内心的主要体现。

身心二者相互影响论者则认为,人是一条线,不仅具有身体,而且具有内心。身体在心灵中的功能以及内心在身体中的功能两者相互影响,呈互为因果关系。两者之间的逻辑关系将两者连接在一起。

现象学认为,内心本身不具有生活资料的功能,非物质的内心对身体无直接效用,而身体才是实际的生活资料。身体作用于内心心灵。心灵进而导致诸如感觉和概念的心理过程。

身心双向互动论认为,心灵可以在身体上起作用,而身体也可以在心灵上起作用。心灵和身体是身体线的两种形状。这两个形状相互影响,并与线的各种功能配合。

心身并行论认为,心灵和身体不是同一线的两个形状,而是两个完全不同的线,这两条线不会互相影响。由于心身并行着潜在的因果效应,心灵中的前一个恶性事件是心灵中的后一个恶性事件的诱因;与此并行的是,身体中先前的恶性事件是身体中后来的恶性事件的诱因。心灵不能归因于身体,身体也不能归因于心灵。两者始终是平行的,并且不会交叉,但是两者不能完全分开。

身心和谐论认为,上帝在创造人类时就预先安排了这种身心关系。

---

① 〔美〕理查德·泰勒:《形而上学》,晓杉译,上海:上海译文出版社1984年版,第19页。

创造者规定，人的心灵和身体始终彼此和谐相处，但不会产生相互影响。

偶然主义认为，人们无意间将自己内心所发生的事情赋予了自己的身体，似乎造物主使人们的心身生活在和谐统一之中。

上面的八种基本观点，其中一些由于过度趋向于妄想症而与基本常识相悖，并且其中一些由于过度的宗教信仰（例如偶然因素）而削弱了其基本的理论逻辑。这里重点要讲的是以上八个基本观点中的四个。这四个基本定义的关键问题是，身心究竟是两个线的两个特征或元素还是两个线完全相同？说身体和心灵是两个分别的对象，不就陷入了二元论吗？当然，这种观点的好处似乎在于可以防止一元论的某些困顿，例如身体姿势如何影响内在主体的活动，或如何引起精神状态的某些变化。应对诸如此类的问题非常困难。即使对身体的作用和系统的整个过程进行深入研究，也仍然不可能使人们对诸如信念、信仰和艺术美等心理过程产生生理反应。可能令人满意的表达还是这样的说法——二元论摆脱了上述"量子纠缠"似的难题。二元论力求为身体而表达身体，为心灵而表达心灵，立足于两者之间的功能不同，以免自己掉进陷阱集。但是问题在于，人的思想和身体不能表示为两个质量不同的项目的简单积累。人不仅在身体活动或心理活动描述上，而且在生理主体活动上，其身心都是交融存在的而不是分别存在的。身体和心灵之间的交融存在是有实际依据的。否则，那就不是人了。如宗教信仰或神话传说所描述的那样，只有不朽的神仙，里面没有身体。反过来说也行，没有像木头或石头这样的灵魂。人之所以是人，就在于人是既有思想又有身体的主客观相统一的一种存在——人是身心融合的，既不能用机械唯物主义也不能用主观唯心主义或客观唯心主义来加以解释，而只能由历史唯物辩证法来加以解释。二元论者将身心分开进行科学研究，却无法明确解释它们之间的相互影响。很明显，如果一个人将自己的身体和心灵区别为两个不同的物体，将造成基本定义的困难，并且是所有荒谬理论的基础。反之，"身心辩证融合论"就更符合基本常识，并且与哲学史上对身心问题的学术研究紧密结合在一起，可以对哲学的基本问题进行有效的简明化描述和预测性分析。

2. 笛卡尔提出心物二元论，进而斯宾诺莎提出过一个完备的身心合一论，而怀特海（Whitehead）则从过程哲学来看待身心问题

身心关系是两个层次之间的关系。由于身心两个层次在质上不相同，

因此头脑无法对身体作出决定，身体也无法作出关于思想的决定。恰如现代神经医学所描述的那样，植物性神经系统即自主神经系统。自主神经系统（autonomic nervous system）是脊椎动物的末梢神经系，由躯体神经分化、发展，形成机能上独立的神经系统。单一地或主要地由传出神经组成，受大脑神经的支配，但有较多的独立性，特别是具有不受主观意志支配的特征。或者可以说，意识是受制于意识，肉身受制于肉身，它们分别受制于各自因果关系的程序编码。尽管它们彼此互不伤害，但是两者是密不可分的。斯宾诺莎在"伦理学"的第二部分提出了主观秩序和客观秩序的关系问题，明确指出"意识的秩序和联系与事物的秩序和联系相同"。关于心与物之间的相互影响，斯宾诺莎将其理解为不同身心一体的影响：身体和心灵总是融合在同一条线的两侧，很难发现心灵和身体的相互影响。实际上，这仍然是心身并行论，但从本质上讲，斯宾诺莎是将身体和心灵的两个特征识别为线的并行性。

斯宾诺莎的身心线性并行观是西方思想界很有影响力的观点，是笛卡尔的心身并行论的更新和转变。这种更新和改造实际上源于笛卡尔主—客二分的绝对理性。笛卡尔绝对理性方法的基本原理是：将思想和物质划分为两个不同的质量对象，并且思想与物质之间的关系是科学上可区分和可理解的，既没有神秘的冥想训练和混乱的身份交叉，也没有封建迷信和对哲学信仰的盲目顺从，一切都具有严格的逻辑关系和对社会科学方法的清晰分析。这种思维模式最早源于希腊哲学，并在18世纪由哲学延续的客观精神已经顺延下来了。这意味着现代欧洲文化的精神实质在各个层面得到了传承和体现。

心身并行性是内在的心灵与外在的身体相互影响的主要体现。心身并行论对知识定义的危害在于，当人们调查专业知识的特征和起源时，似乎显得始终是客观的，但事实上却很难以客观性来完全排除主观性，诸如人的工作经验、行为主体、心理状态、认知能力、推理、证明、梳理和解释等就不可能排除主观性。如果局限于心身并行论范围内发展，而完美的发展却是完全否定形而上学的，不可能不使用经验研究来创建哲学方法论，反之亦然，不可能不使用哲学来创建经验科学。有效的方法是科学与哲学事实上相互促进的方法。就心身关系而言，正如上面反复提到的那样，身体和心灵是两个相对不同的对象。但是我们不能再局限在西方的旧思路来研究身心的特征以及彼此之间的相互影响。该如何诠释这种身心统一的存在方法和主体活动方式,这就是需要进一步深究的问题。

许多为哲学家们所分析的概念起源于日常生活,或至少可以说起源于哲学外的语言,例如感知(perception)、知识(knowledge)、因果(causation)以及心灵(mind)等。但仅仅根据自己的亲身经历和经验,并不能否认世界上存在另一种存在,即精神、本质、内心、观念和生命的存在。二元哲学的含义是笛卡尔首先得出的结论——除了生活资料的物质线之外,世界上还存在一种精神线。它们是彼此关联的两种线,每种线都具有自己的特征和规律性。两者通常非常和谐,最终它们由全能的创造者预先设定,笛卡尔称之为"预订和谐"。

事实上,把身心视为二重性的或两个始终线性平行的东西是难以服众的。身心相通且处于不可截然区割的状态,其背后的逻辑关系及其深层次的原因不在科学研究的范围之内。人们的研究对象是情况以及情况之间的关系和分类。每个研究者都使用哲学辩证法,或者说历史唯物辩证法,来研究人类精神和身体的实质条件以及其他隐含特征的实质内容。每个研究者都可能使用代表性的、类比的或隐喻的中介方法,并不相信那种身心二分法的所谓全面客观的统计分析方法。在这里拒斥禁欲主义的所有精神方法和结果,而心灵中出现的许多情况并非都被视为身心统一的自然属性,无论如何要考虑这些情况是否是心理对心理发生的影响,是否是身体对身体发生的影响,还是身体对思想发生的影响。

3. 怀特海过程哲学的基本内容和启示意义

怀特海的过程哲学批判了实体哲学。首先,"'现实存在'——亦称'现实发生'——是构成世界的最终的实在物。在这些现实存在背后再也找不到任何更为实在的事物了。"[1] 尽管所有宇宙中所有客观存在的必要性具有不同的层次,并且它们的功能也有所不同,但就其特异性而言,它们都处于同一层面。宇宙中最终的客观事实就是这种客观存在。从远古时代到现在,思想家和其他任何人都要应对生活世界的变化,而生活世界是由客观存在构成的。诸如现代物理学和日常社会经验将始终为该问题的定义提供实际的检验剂和实在的支持点。但问题是,

---

[1] 〔美〕怀特海:《过程与实在》(修订版),杨富斌译,北京:中国人民大学出版社2013年版,第23页。

如何总结和描述这种客观存在？西方传统的实体线哲学，特别是基于牛顿力学的现代流行哲学认为，这种客观存在本质上是"生活资料"。牛顿力学为这种生活资料建立了既定的但抽象的数学叙述。牛顿力学的代表作被称为"自然哲学的数学原理"。根据现代流行的哲学见解，世界是由如此高质量和丰富的生活资料组成的。所有自然都是这样的基本存在。

怀特海的"全过程哲学"是用动态思维来消化和吸收人类哲学史上所有相关概念的基础。它借鉴了人类经验、宗教信仰和现代科学技术（例如物理学的量子科学）。感受和感觉是审美的基础。与传统西方实体线的整个过程不同的是，怀特海的"全过程哲学"往往采用联想哲学的处理方法。

但就怀特海过程哲学的概念推理来看，无论是从客观上将"客观存在"简化为"生活资料"还是"精神实质"，还是将"客观存在"归纳为"生活资料和精神实质"这两种线，都是令人反感的。这正是人们常说"具体性错位"。由于最初构成现实世界的各种客观存在都是刚性的、有机的和动态的，按怀特海的话来说，就是"粒子的深海"。这些"深海的粒子"一直在进行健身运动，并且彼此联系、彼此缠绕和互相影响。它们不仅是基本的，而且还是有神经系统的。就像所有人面前的一棵树、一张桌子或一个玻璃茶杯一样，它们表面上是独立的存在，但从物理学的角度来看，实际上是由动态的深海驱动的。因此，如果仅仅将一棵树、一张桌子或一个水杯视为独立的线，并且以为它们可以独立存在而不依赖其他客观存在，那么这就等于将原始实际对象概括为抽象对象，反过来又错误地将这种抽象归纳视为实际存在。例如，西方旧唯物论者通常将分子、原子或离子等看作是构成世界的最基本的物质单位，而中国古代的朴素唯物论者则将具体的物质如金、木、水、火、土和空气当作构成世界的基本物质形态。旧唯物主义者把物质作为"宇宙空间的砖块"，感觉到整个世界都是由它们组成的。新唯心主义者看到了旧唯物主义者的局限，认为基于此类具体可塑的生活资料不可能表现人的精神实质、内心思想、社会生活以及其他条件。但是唯心主义者走到了另一个极端，固执地认为只有仰赖精神实质、抽象概念，以至心灵和精神才能表现人的生命存在和生活状态，甚至有人认为生活世界是由精神实质制造和创造的。黑格尔坚持认为全球外部化的核心概念是自然和社会的辩证发展。

这体现了黑格尔客观唯心辩证法的典型要义。尽管黑格尔拥有丰富多彩的过程辩证法概念，并创建了庞大的客观唯心主义体系，但他的立足点却是实质客观性的核心概念。但是伯克利的毅力意志论认为偏爱主观的复合类型和主体存在论见解。这是主观唯心主义的典型诉求。笛卡尔明确提出的二元哲学不仅没有超越唯物主义和唯心主义，反而在一定程度上还兼有唯物主义和唯心主义的双重缺点。最终笛卡尔的折衷主义通常会陷入深层的唯心主义形而上学危机之中。

由上述可见，既不能把这些现实存在合理地概括为实体性的物质，也不能概括为所谓实体性的精神，同时也不能合理地概括为物质或精神实体。究竟如何对它们作出哲学概括呢？为避免走传统实体哲学的老路，怀特海另辟蹊径，并且有意识地回避传统的哲学范畴，以免人们因思维定势而走传统实体哲学的老路。他独具匠心地创造了一套新术语、新概念。

（1）怀特海过程哲学的基本内容

首先，怀特海把构成世界的最小单位称作"事件"。在"过程与现实"的后面，是每个人正在处理的实际事件。

换句话说，怀特海将客观存在或实际生产的整个过程总结为"工作经验"。怀特海所描述的"工作经验"既不是物理性状的，也不是静态数据的存在，而是主观的和神经系统的目标存在。因此，怀特海的一个理论继承人格里芬将怀特海的全过程社会学称为有机化学社会学的"泛经验理论"。但是怀特海的批评者说，怀特海坚持万物都能经验，所有现实存在都有经验，这是非常不可思议的。因此，有些人指责怀特海将人们的工作经验泛化为宇宙的特征。实际上，怀特海强调，这种客观存在是一种工作经验，目的是表明这种实际事件是一个人的主体活动，而不是抽象的静态数据，也不是实质性物质或精神实质。它们主要表现为实体存在，但实际上它们是相关的全过程存在。日常生活中的许多生物都是有身体的。从外部角度来看，日常生活实际上是一个深深的粒子海洋，并且具有"波粒二象性"。一个事件本质上就是一个波粒。因此，称它们为"实体"是不准确的，而应该称之为现实过程。在"过程与现实"中，怀特海巧妙地将事件称为"现实发生"（actual occasion），用于表明该客观存在不是静态数据，而是独立且永恒的。一旦具体地"发生"了这些实际事件，它们便成为永恒不变的主观实体，可以被其他新的"过程"吸收，也可以由其他"发生"引起。

就所有实际实体或实际事件而言，怀特海认为它们都有两个光学旋转，即化学极和智力极（物理极和智力极）。换句话说，从怀特海的观点来看，相对于传统社会学中的化学物质和精神实质，或者人体和生命，身心是两个客观存在的必不可少的旋光。就像中国道教的阴阳，身心是同一物镜存在的两个层面或两个旋光。从简单的微观粒子到复杂的分子结构，从植物、一般动物到人与自然，再到整个宇宙，都是这种化学物质和精神实质的统一体。整个宇宙空间是这样一个和谐的混合体，化学物质和精神实质在其中相互缠绕，相互渗透和相互影响。只是就客观存在的不同结果而言，化学物质和精神实质之间的存在方式和相互作用机制是不同的。例如，在微观粒子中，绿色植物以及变形虫等低级生物在动物和人类的不同存在方式中，化学物质和精神实质的存在方式以及与之相互影响的作用方式彼此不同。化学物质主要体现在人体作为生命的物质载体，精神实质主要体现在意识作为生命的非物质载体，而宇宙中的生命是怀特海整个过程的社会学所理解的"神"。就像中国古代人经常提到的"天"和"天道"一样。社会生活中的精神、思想和意识规律与自然规律一样，在天地万物形成和发展的整个过程中不停地发挥谐调与操纵的作用，和谐地作用于每个人的身体。

其次，微观领域的身心关系统一性和协同性最终依赖于和受制于宏观领域的宇宙万物的统一性和协同性。在客观性和独特性中，所有宇宙的统一与协作最终反映在每个事件"身心连接"的不可分割性上。从社会学全过程的角度来看，身心关系本身并不神秘。秘诀在于，实体哲学弄乱了原始思想与身体之间必不可少的关系，使其在不正确的实体本体预设之上创建，并且无法证明其合理性。身心关系两极化，更易于使人们的工作经历受到错误理论和流行观点的影响，越来越看不清楚现实存在和真实事件的本质。

现代科学发展至今，物理学家对量子纠缠现象的表述仍然很难摆脱经典物理学定义和传统社会学思维的桎梏。即便在完全接受量子物理学的科学家中，也仍有一些人还在不懈地企图用牛顿力学的机械观点来探索一切自然的物理是否具有价值。例如，自然的运动是否具有目的？大自然有其自身的使用价值吗？世界有自己的内在价值吗？世界的运动是否具有生态系统的联动机制？毫无疑问，对这些问题的回应是与宇宙学以及整体过程哲学的理论诉求相一致的。但从实际的角度来看，却仍未超越机械唯物主义的自然观限制。即使每个人都说世界是由化学物质、物理动能和信息含量组成的，如果对诸如此类变量的科学研究严格地限制在经典阈值范围之内，这自然也没有什么逻辑错误。但从实践的社会学意义上说，那么仍然没有解决机械的自然观问题，仍然无法探索身心的"量子纠缠效应"。

最后，过程哲学坚持身心不可分割和内在有机统一论。整体过程哲学涵盖有社会学、宗教信仰、美学和价值论等方面的间接证据，而教育者、宗教信徒和普通百姓都有很多直接的经历和感情经验可以用来加以佐证。这些社会学、宗教学和美学的经验和观念为理解和接受身心之有机化学的统一性似乎提供了一定的经验基础，但不得不说仍然缺乏严谨的科学论证。

(2) 怀特海过程哲学对于"身心矛盾关系"研究的启示意义

第一，身心统一论是哲学研究的对象，而严格意义上讲不属于单一科学研究的对象。因为仅凭科学无法真正证明身心是密不可分的。正如科学方法论所规定的那样，科学研究的目标不能得到确认或伪造。只有通过可重复和可量化的分析，凭借明确的客观事实或直接证据，并基于严格的逻辑判断，才能作出一般归纳推理和概念定义。由于无法确切观察，无法量化分析，无法实证研究人的精神实质、内心感受和生命本质力量的确定性和非确定性，使得每个人都不可能对自己身心的"量子纠缠效应"进行严格的定量分析或科学判断。即使是根据有效方法对身心进行的社会心理学科学研究，也是基于高科技方法的生理现象科学研究，也不可能像社会科学那样科学观察、科学测量和科学研究人的心理变化过程和思想变化过程，从而准确测量其质量、空间和物质结构。这样，试图基于严格有效的方法对人的心理状态、精神实质、内心感受、思想观念，以致生活态度进行科学研究似乎超出了预期。自古以来，精神、观念、心灵和生命主要是社会学和宗教信仰的研究对象。如今，有人尝试使用高科技方法对心理和生理问题进行科学研究，并且出现了实验社会学，其合理性、合法性和合情性仍有待实践活动检验。

第二，对精神、意识、心灵、灵魂等相关现象的哲学研究，不能采用自然科学的方法和手段，只能以哲学社会科学的方法来进行。哲学社会科学必须考虑整个宇宙和整个世界，必须从相对有限的角度考虑社会科学研究的无限性，从相对论角度考虑科学研究是肯定的，从某些学科角度考虑一般科学研究也是可以的，从独特性考虑广泛的科学研究更是值得提倡。具体来说，可以选择一种具有洞察力和判断力的方法，从源头上加以突破。各种各样的数学命题和科学研究问题，实际上，也要依靠辨别力和判断力，而不能全靠工作经验和实证研究。有了辨别力和判断力，所有的规律、问题和结果都可以从相对有限到无穷无尽加以明确的区分。

第三，期望哲学和宗教中的普遍性命题都必须有经验的根据，都能通过实证确认，这种期望本身就是对哲学和宗教的极大误解。例如，天主教的观念是：世界上所有的创造都是由造物主创造的。这种观念本身并不是实践经验的总结，而只是一种信念。再例如，天主教会坚持不懈是因为有一种信念，即造物主与我们同在。教徒们相信造物主是真诚的，是万能的，是无懈可击的，是无所不在的。这不是实践经验的总结，也不是科学研究的结论，而是教徒们的信念。同样，佛教经典坚信存在的四个崇高真理和十二个从属起源理论，都不能从科学研究的客观事实、类逻辑、日常感知和客观反应的角度加以考虑，只能是基于佛教徒对世界的整体理解加以信仰，并根据冥想训练、反复练习和感性觉悟来支撑和延续这种信仰。

第四，从美学和价值论意义上说，身和心作为一种存在，只有处于和谐统一的关系网中才是现实的，才具有审美意义和价值意义。如果身与心彼此不相关，就很难具有实用的美学意义，本质上也就没有原始使用价值。从社会工作经验来看，每个人的身心都自然而然维持某种程度的和谐，以至于自己都不知道身心之间"隐藏的"差异究竟在哪里，不知道身心之间联系的网络究竟是什么。精神实质和生命活力都在每个人的体内隐藏着，视而不见却自动如神。哪里是"隐藏的"？正如怀特海经常所说的那样，如果有人一定要刻意挑剔这个问题，那么每个人都很难在人与自然之间划清界限。人体的四肢五官、皮肤头发、所穿的衣服裤子、所吸入的气体、所吃的食物和所排泄的粪便……以至于自己的孩子父母，以及个人资产包括文化、艺术和专利权等，可以说，它们都是每个人的一部分。身心之间的互动依存是相通的，很难在两者之间划清科学界限。

4. 中国式身心合一论是可资借鉴的传统学术资源

中华思想兴起时就具有全面性、统一性和整体性，所关注的是情境而不是构成的特征。从一开始，中国古代的观念就将身心两者视为人的功能统一体和混合体。在中华文化观念中混沌是无关紧要的。中国人倾向于以统一的方式而不是二分法来讨论身体和心灵问题。这使得身心问题在概念开始时就拒斥了并行性，并且没有将身心视为相互排斥的两个事物。这样，中国式科学研究就很容易摆脱西方式二元对立的科学研究的桎梏，从而把身心研究纳入了哲学、美学和伦理学范畴。

中国最早明确定义身心关系的恐怕要算墨子了。墨子说："生，形与知处也。"① 也就是说，人的形体与灵知相合，则其有生命力，人的灵知与形体是不可分的。这意味着人类生活在类和思想上是相同的。这样简单地解释了肉身形体和思维精神是人的活着必不可少的因素。只可惜身心相互作用问题还没有进入后期墨家的视域。

《黄帝内经》所述的身心关系论有鲜明的中华文明特色。《黄帝内经》以气为构成一切事物的基质，人的身体乃气传合而成，身体的各器官以其功用不同而有不同的名称，这就是"气合而有形，因变以正名"②。身体是生命的住所，心灵是生命的本质。身心互动是生活的节律。恰如每个人在各自的职位上履行职责，整个群体就会坚强。如果三个中丢失一个，就会损害其他两个。因此，自我修养取决于是否能将这三个人带到各自的位置并发挥各自的功能，既互相制约又互相促进从而形成合力。在身体或精神上发生恶性事件往往是因为在身体或精神上发生了另一种恶性事件。身和心的关系也是如此。尽管"淮南子"的主要思想是相同的，但它分为三个部分，每个部分研究其责任，并讨论这三个部分相互影响的方法，特别是气的作用。金木水火土五种元素的阴阳结构对汉代的栽培基质产生了巨大影响，其间作为经验化学之物质元素的气是构成事物的一种物质抽象。这种观点是汉代身心理论的基本形态，并影响了后来的王充，甚至影响了道家的内外炼金术理论。

宋明理学③是一种新的理论形态，它吸取了佛教和道教的精神资源，

---

① 《墨子·经上》。

② 《六节脏象论》。

③ 参见朱熹：《四书章句集注》《太极图说解》《通书解说》《周易读本》。

特别是吸纳了佛教和道教的修养方法，用以丰富和发展传统儒学，形成新儒学。朱熹也成了自古以来的儒学集大成者。新儒学以具有伦理意义的整套形而上学作为实现理想人格的途径，提倡在每个人的特定生活中实现理想的个性。它不会降解人心，也不会对人体产生特别的负面影响，而是通过简明地诠释身心统一论来发展其形而上学。在宋明新儒家中，朱熹的身心观是新儒家最典型的观点。朱熹以气代表事物的类和质量，以理作为万物的基本要素，代表事物之所以如此的类的基础，用以说明类和质量的原理——理是万物的精神。人既是理性的又是正确的，但却是局部的。

朱熹关于人物异同的基本观点是：在万物的原理上，原理是相同的，但气是不同的；从万物的不同本体来看，气是相似的，但气是绝对不同；朱熹的心性理论与他的气理论相对应；在朱熹的心性理论中，最突出的主张是"思想与自然"。性是理性，性是情感的基础，而情感是发自内心的，例如，性是仁爱，是慈悲；性是公义。内心所产生的情感是欢乐、愤怒、悲伤、爱与邪恶；欲望与七种情感是气质的气的表达；在朱熹的美德理论中，美德突出道德在人性中的决定性作用。气质之间的关系是美德的本质。

朱熹也有"人心"和"道心"的概念。人心和道心只是心灵对天堂和人类欲望的影响。在朱熹的系统中，身心属于形而上学。尊重是道德修养的问题，而不良的原则则是知识的增长。朱熹以天为秩序谈论人性，在同一身心的前提下，他更加关注性的理论和性的归纳。这表明朱熹更加重视身心的精神实质和精神活动过程。

第四章 《德意志意识形态》关于生存方式的关键词谱系
——以"存在"为奇点并以"主体化存在本体论"为逻辑基础

《德意志意识形态》关键词第三谱系基于"存在是物质的同义语"这个理论支点,以"存在"为奇点并以"主体化存在本体论"为逻辑基础,搭建有关"生存方式"的关键词谱系化奇点解析式。重新构建逻辑上自洽周延的马克思主义历史唯物辩证法的分析架构。这是推进马克思主义哲学研究的一个基础理论任务。探寻关键词谱系化的逻辑基础是本书研究的原理性难点。

马克思在《政治经济学批判》导言中曾提出人类掌握世界的四种基本方式,即理论思维的、艺术的、宗教的与实践—精神的。这是就哲学思维的层次提出的,而非从人类学本体论角度进行的阐明。从人类学本体论的角度,人类掌握世界的方式,亦即人类的生存方式,有学者称之为精神—实践方式。① 马克思写作《资本论》为后人树立了科学研究的楷模。《资本论》的科学方法论实际意义远远超越了西方经济学原理的范畴。马克思为我们留下了"资本论"的科学研究逻辑,从"资本论"的逻辑性可知,大多思想体系并不都是以剖析实际物品开始的。在全过程研究中,这类太具体的剖析通常只会造成愈来愈凸显"裂缝的抽象性"。

当实际的事物以其多元性内涵在逻辑思维中被谱系化再现时,《资本论》式"从抽象到具体"的科学研究方法的底层逻辑就被压实了。② 以"存在"为奇点并以"主体化存在本体论"为逻辑基础,实际上这也是

---

① 刘士林:《论精神—实践方式》,载《云梦学刊》,1995年第4期,第6—22页。
② 《马克思恩格斯选集》第1卷,北京:人民出版社1995年版,第46页。

《德意志意识形态》关键词谱系化研究的底层逻辑。

一、从"小写的人"到"大写的人"：人与其他一般动物之间的本质区别

人与其他动物之间的本质区别指的就是本体论区别。从"小写的人"到"大写的人"，对主体→实体→本体→主体化存在本体溯往开来，旨在分析生存方式的历史唯物辩证法。

当年德意志青年黑格尔派中最著名的唯物主义者是费尔巴哈。他的哲学开始于对宗教神学和思辨哲学的批判，后来费尔巴哈逐渐确立了激进的唯物主义原则，从多角度对人的本质及其内容作了界定和诠释，形成了自己的人本学说，打破了思辨哲学一统天下的局面。费尔巴哈哲学在很大程度上实现了对传统哲学的超越，为西方哲学注入了新的活力，最初一度影响了青年马克思。但后来在《德意志意识形态》中，马克思依据历史唯物辩证法批判了费尔巴哈的人本学"半截子"唯物主义。马克思说：

"一个种的全部特性、种的特性就在于生命活动的性质，而人的类特性恰恰就是自由的有意识的活动。"[①]

"可以根据意识、宗教或随便别的什么来区别人和动物。一当人们自己开始生产他们所必须的生活资料的时候，他们就开始把自己和动物区别开来。"[②]

高清海提出的"类哲学"虽然在哲学界引起了颇多的歧义，但确实能给人以思路的启迪。"类哲学"从人的价值存在、类生命本性入手，探讨人的"主体化存在本体论"，对我们重新理解"哲学""人"的意义，从价值层面上去关注人、理解人，才可能真正在哲学中把握住"人"。

（一）"大写的人"与"小写的人"之缘起和寓意

简言之，有思想的人就是"大写的人"。这可溯源到古希腊。古希

---

① 《马克思恩格斯全集》第42卷，北京：人民出版社1979年版，第96页。
② 《马克思恩格斯全集》第3卷，北京：人民出版社2002年版，第24页。

腊智者派代表人物普罗泰戈拉接受了赫拉克利特关于万物流变的思想，认为变动不居的感觉现象是真实的，万物是在不断地运动变化的。但是他从这种素朴的感觉论出发，断言每个人的感觉都是可靠的，人们对一切事物都根据各自的感觉作出不同的判断，无所谓真假是非之分。因此他在《论真理》中提出了一个"人是万物的尺度"的著名命题，认为事物的存在是相对于人的感觉而言的，人的感觉怎样，事物就是怎样。万物的存在与否、性质形态都是相对的，完全取决人的主观感觉。由此又断定"知识就是感觉"，主张只要借助感觉即可获得知识。这种观点对传统宗教神学提出了怀疑，强调人是认识客观事物的主体，否定了神或命运等超自然的力量对人生的作用，维护了人的尊严。后来苏格拉底进一步补充强调"有思想力的人是万物的尺度"。故此，人们誉之为"大写的人"。

当然，这种把感觉看成是真理的标准，含有主观唯心主义意味。"大写的人"的本意并不是要否认事物的客观存在，不同于后来典型的主观唯心主义。人们从中看到了不同人的感觉有对立与差异，触及主观和客观的关系问题，表现了人类认识的深入。"大写的人"强调人在现实中的主体地位，在当时有破除传统神学观念的启蒙作用，具备明显的反传统意义。"大写的人"成为重要的哲学研究对象，这是古希腊自然哲学时期向后一阶段过渡的重要标志，在当时旧思想是以神为天地万物的限度；事物存在与否，是好还是坏全是由神决定的。普罗泰戈拉让"大写的人"替代了神的影响力，这在西方哲学史上毫无疑问具有重大的人学意义。

"大写的人"意味着只有人才有能动性和自觉性，才能使人自身的本质力量对象化。事物和行为本身无所谓好坏。因为人有文化，就有信仰和价值观，事物和行为就有了好坏之分……"大写的人"也如中国古人张载所说的那样"为天地立心"，像康德说的那样"人为自然立法"，这是康德所谓"哥白尼革命"达成的一个重要结论。

人自身是大自然长期物质演化的结果，是生物所在的自然环境中并和这一自然环境一起发展进化出来的。人作为高级动物与其他一般动物之间的界线划分是哲学基本问题中最重要的难题，如不认真回应这个问题，那么，既不太可能明确地提出也不太可能恰当地确证"主体化存在本体论"。

从物种生活的"类特性"可知,人是众多社会生物"之一",而不是"唯一"。人之外的其他某些社会生物,如蜜蜂,也有职责分工,也有某种"社会认知"。假如只是拘泥于"社会性存在本体"而不是"主体化存在本体",那不过是由社会动物本能反应所支配的"小写的人",也就是费尔巴哈笔下的那种抽象的"人"。

(二)"人化自然"和"自然人化"是有机体论、文化论还是存在论?

人和其他一般动物的区别不取决于人是日常生活的群居性和社会性,而取决于人们具备某种唯一区别性的类特征,那便是人所独具的文化特征。尽管"文化"一词可作多义诠释,但在这些多义性中也有某类特征。要是完全科学地研究文化作为人区别于其他一般动物的唯一性本质特征,那么,从人的主体性创造思维中就能找到答案。

大凡都把人的本质含糊而简单地理解为人的本性。许多人又把人的本性误解为人的生物式社会性乃至形而上学的唯物性,这样在无意识中就把人的本质给阉割了。有些人觉得,既然全球的统一性终归取决于物质性,那么就需要在人的遗传基因中去寻找社会历史发展的底层逻辑。人们进而觉得,人的解剖学有机体机理也罢,人的动物学特点也罢,以及人的群体社会行为也罢,追根溯源,似乎全是被遗传基因所注定的。好像基因作为身心的初始物质条件便是人的本质和本性的终极唯物主义基础,好像人的有机体乃至社会组织有机体是根源于人的生物机制,以致认为人与其他一般动物的区别不过是一类动物与另一类动物的一般类区别。

确实不错,包括人在内的动物全是生物有机体。动物的类行为是有机体的作用方式之一。不同的有机体构造决定着不同动物不同的本能反应、不同的本能需要和不同的本能动机,这些明显表现在饮食搭配、应激反应和正当防卫等方面。似乎都由有机体构造规律使然,如饮食搭配的本能反应自然就会表现为食肉或食草的需要。因而就说,动物的类行为特性全部都是由基因遗传决定的。这样把人这种高级动物混同于其他一般动物,从而落入了旧唯物主义的老套中。

活力论(Vitalism)、机械论(Mechanism)与机体论(Organicism)全是老套的机械唯物主义理论。其中活力论觉得生命存在是不能用物理学和有机体转变来表述的。这派理论造就了一个称为"隐得来希(Entelechy)"的物品,把一切不容易表述的状况都作为一个物品的迷幻功效。

而机械论却觉得生命存在都能用物理学和有机体转变来表述，觉得生命存在就像由各种各样的原素所组成的物质一样，不同的原素组成不同的物质，就造成了不同的特性，就有了生命存在和生命活动。费尔巴哈的"半截子"唯物主义就滞留在这里。马克思恩格斯在《德意志意识形态》中用历史唯物辩证法对这种老套的机械唯物主义作了深刻的批判。

人与其他一般动物的类特性是不一样的。理应把人的本性理解为"人之所以是人"的类特性，即理解为作为高级动物区别于其他一般动物的人类独有的类特性——人类的唯一区别性。一般动物的个体行为只是本能地表现为生物学状况。但是，人的许多行为状况无法在生物学范畴内获得科学而翔实的诠释。人的行为，不论是人类群体中间的个人行为，还是彼此之间的互动行为，或者说，不论是不同社会发展组织间的个人行为区别性，还是同一社会发展组织中的个人行为关联性，都不能用有机体构造的生物特性来诠释。人类个人行为并不是在基因遗传上被要求和被注定的，而是受生活环境、受生活习惯和社会习俗所要求、所制约、所决定的。同一社会发展组织中人们的个人行为往往在实质上是一样的。这是由于同一社会的人都遵循着同一的个人行为流程。不同社会发展群体的不同个人行为区别是由于不同的生存方式、不同的生产方式和不同的生活方式在人的行为模式中发挥不同的历史功效。

动物遗传密码嵌入在身体细胞中，人们的个体行为方法和生活习惯隐含在人们的传统观念和文化习俗中。前辈个人行为习得的实践经验便是传统观念和文化习俗来源之一。这里所说的传统观念和文化习俗是祖祖辈辈活动的普遍化社会经验、有发展意义的工作经验，以及代代相传的且不断进化累积的生活经验、生产经验和生存经验。

社会学家很少把文化同遗传规律加以比照；而生物学家却注意到人类根据中介公司规范双向传送工作的经验孕育了最初的管理文化，有的甚至把这类传送方法同生物遗传方法相类比，从而确证人是受复式基因遗传全过程影响的。所谓复式基因遗传影响，就是既受生物性基因遗传影响，也受观念性基因遗传的影响。马克思曾经以一种"完成了的人道主义"来表达自己的新唯物主义世界观，用最一般的方式描述"完成了的人"所具有的无限性和普遍性，用以描述人类初始群体。在列宁的著作中也提及了抑止"动物的个人意识"的原始群，或者说，初始群体。

俗话常说"人一半是魔鬼一半是天使"。可以说，"小写的人"关键是形容那种过于受生物性基因遗传支配的生物化的人，这种生物化基因遗传特指畜生的动物本能自私性、非文明性和非道德性。而"大写的人"主要是称誉那些受文化基因遗传影响并以文化基因遗传影响他人的人。这种文化基因遗传影响特指人作为高级动物的文化性、文明性和道德性。由于人的个人行为在实质上主要是由文化基因遗传的主体性因素决定的，而并非完全由人的有机体构造决定的，人在许多层面是能够超机体存在的。从"自然的人化"到"人化的自然"可知，人与其他一般动物的实质区别主要取决于人有文化道德价值观，而动物则只有受制于基因遗传的生物本能和受制于环境变化的有限的适应性进化能力。

但是人们要问，人的文化是哪儿来的呢？主要来源于人类活动的实践经验。但实践经验自身的基础又是什么呢？第一，决定于已有实践经验据以孳生的生产方式、生存方式和生活方式；第二，决定于使生产方式、生存方式和生活方式发生变化的新的矛盾运动。结果就使社会实践活动在社会历史矛盾运动中沿着波浪式前进并螺旋式上升的运动轨迹循环发展起来：生产方式、生存方式和生活方式由实践经验决定，实践经验由实践活动决定，而生产方式、生存方式、生活方式中的实践活动又由不断积累的实践经验而推进。这样，一个开放式的进化发展系统就运转起来了。

从人的物质生产制造的生产方式来剖析，人能够超越其他一般动物的封闭式循环系统。人的物质生产制造的生产方式决定人与大自然相互影响的全过程，是人的主体性存在与生物性物质存在相互作用的全过程。在人的物质生产制造的生产方式过程中，人改造自然，称作"人化自然"和"自然人化"，赋予自然以人化的样貌。人化自然并不是随意行动，只有一条：人要遵循客观规律才能采取现实有效的行动。换句话说，个人行为方式归根结底是由人所能把握和应用的客观规律和现实要求来决定的。人的行为对与错，都在于人对客观现实的主观性把握水平。人的实践行为，也即人与自然以及人与人彼此之间的互动行为，其功效有赖于观念，离开了主观能动性就没有也不太可能有实践的行为方法。结果似乎就是这样的——观念决定个人行为，而个人行为又决定观念。人的行为全过程中不太可能仅仅依靠生物本能而不依赖于文化观念。但在文化超机体论看来，人们的行为规则本质上变成了人们想象力的随意物。这样一来，逻辑上封闭的循环系统好像被摆脱了。问题在于：假如认可观念对个人行为而言是第一性的、关键性的，这又掉进了唯心主义的圈套。

早在1847年,马克思在《哲学的贫困》一书里,早已明确提出过社会有机体的观念。马克思主义是以动态的历史唯物辩证法视角来研究一定的社会制度中诸社会发展因素之间相互依赖、互相牵制和互相促进的历史动力和发展趋势。这有别于无机物的系统反馈作用和生物有机体的纯粹本能反应。因为社会有机体的自我调整很大程度上可以说主要取决于人为因素的调整,是作为社会发展行为主体的人根据有目的的主体活动,即为解决人类社会的生产矛盾、生活矛盾和生存矛盾所开展的人际关系调适活动。只有遵循马克思主义历史唯物辩证法,我们才能摆脱这种或那种误解,正确认识人的真正本质,明白辨析人与其他一般动物之间本质区别的世界观意义、价值观意义和人生观意义。因为只有马克思主义历史唯物辩证法才能找到解决这个问题的钥匙。

马克思强调人是历史的"剧作者"又是历史的"剧中人",人的这种双重性意味着人的行为是人为因素和非人为因素相互作用的结果。人的主观能动性也受制于社会历史规律的基本客观性,人的行为的客观性就是来自于此。归根结底,生产矛盾、生活矛盾和生存矛盾是人的行为主观性和客观性的基本来源。

难点在于,人们大多都意识到人区别于其他一般动物的独特性在于文化,在于人拥有超越生物本能的主观能动性,这时不少人又会错误地将超生物的概念直接或间接地视为为人类意识乃至文化,把文化归纳为抽象的观念和理念,像德意志青年黑格尔派那样,把实践局限于抽象的理论活动,以抽象的"观念革命"替代具体的"社会革命",从而陷入唯心主义泥潭而不能自拔。

人的意识是一种超生物的现象但不仅仅是超生物的现象。除了超生物的精神现象外,还存在超生物和超商品的社会意识和历史观念。社会意识和历史观念出现在精神实质的表面层。反过来,超生物和超商品的性质被隐藏了,这导致了对超生物现象"纯"精神实质特性的抽象幻想。只有按马克思主义历史唯物辩证法把存在视为物质的同义语,而存在既表现为自然存在[①]也表现为社会存在,这样阐明物质的存在本质,

---

① 自然物质指物理形态和化学形态的物质。物质为构成宇宙万物的实物、场等客观事物;是能量的一种聚集形式。物理上呈现固态,液态,气态,等离子态,费米子凝聚态,玻色爱因斯坦冷凝态。化学上是由基本成分"元素"分子、原子、离子等,即化学元素所组成的,化学元素呈游离态时为单质,呈化合态时则形成化合物。——笔者注

才能阐释文化的意识本质，进而正确辨析人类社会与客观自然的联系与区别，才能跳出机械唯物主义或机械唯心主义的形而上学窠臼。

存在是物质的同义语，这个论断是按照列宁的物质定义推理得出的。物质是标志客观实在的哲学范畴……三条原则（一元论或唯物论的原则、可知论的原则和辩证的原则）和三条界线（与唯心论的界线、与不可知论的界线和与形而上学唯物主义的界线）。

从达尔文的进化论可知，动物种群的形成和发展不是根据其自身独特规律进行的一个单一的全过程，而仅仅是该种群或该生物种进化过程中的一个环节，这完全取决于分子生物学定律。从社会学规律可知，基于相关的社会意识管理系统的人类社会是一种具有社会学实用性的独特的物质，即社会存在，依据不同于非社会物质演化规律的历史唯物辩证法规律而发展变化。正是在此基础上，有理由强调人们的社会经济发展本来就是社会存在这种特殊物质适应运动的一种高级社会意识方法，与生物方法不同。

马克思说，在现实性上，人的本质是社会关系的总和，这种所谓"现实性"就是人的实践性，主要体现在三大基本关系之中。这三大基本关系包括人与环境之间的关系，人与人之间的关系以及人自己的灵魂与身体之间的关系。这是社会发展有机体的经济基础。它决定了社会发展有机体的上层建筑，包括社会制度以及相应的意识形态、理想信念以及观念理念概念，决定了个人主体活动的主观因素和行为动机，反过来又决定了制约所有个人的社会行为方式，包括生存方式、生产方式和生活方式。这些社会行为方式最后集中表现为人区别于其他一般动物的类特征。如果说其他一般动物的生物遗传本能对个体行为具有绝对支配性，那么人的生物遗传本能就必须从始至终受到文化传统、社会制度和其他人为道德动机的节制。也就是说，人的生物机制和动物本能只能在一定范围内发挥作用，必须自始至终都受到社会发展的文化节制，而人的生存方式、生产方式和生活方式是人与环境之间的关系、个人与群体之间的关系以及人的灵魂与身体之间的关系的物质文化表达框架。在正常情况下，人们的生存方式、生产方式和生活方式是人的有意识的有目的的实践方式。因此，从哲学意义上讲，也是人的自由自觉的主体性活动方式。按马克思的话说，人的主体性活动不只是动物式地适应环境和适应世界，而是要在认识世界的基础上更好地适应环境和改造世界，既要改造主观世界也要改造客观世界。

人的生存活动、生产活动和生活活动从一开始就是有目的和有信念的实践活动。传统马克思主义哲学教科书最看重的是物质资料的生产活动，认清这个历史事实不容易与马克思的历史创造者、劳动价值论，特别是剩余价值论问题相悖。显而易见，物质资料的生产活动不是由人单独引起的，但应该是由人主导的。人们意识到了现代科学技术难于解释人类与其他一般动物之间的本质区别。从哲学意义上可以讲，存在是物质的同义语，但存在又有自然存在与社会存在之分。在物质资料的生产方式中，自然存在的物质和社会存在的物质同时交互发挥作用。其中，社会意识和社会意识形态是必不可少的，从自然世界、动物世界到社会有机体的发生发展，从古代农业文明到现代工业文明的发生发展，初始方式到完善形态贯穿整个社会历史演变过程。在整个社会历史演变过程中，如果人的生物本能从古至今未随着文明的发展而不断受到方方面面的限制，那么社会关系习俗甚至新的个人行为动机就不太可能出现。马克思指出：

"全部社会生活在本质上是实践的。凡是把理论……引到神秘主义方面去的神秘东西，都能在人的实践中以及对这个实践的理解中得到合理的解决。"①

总之，人类历史发展是受到"自然人化"和"人化自然"的文明规律的独特约束的。

二、"人化的自然"与"自然的人化"：
哲学的基本问题即本体论问题

本体论作为形而上学的元概念最初是西方学术的第一哲学和最高原理，力求为其他部门哲学和全部人类文化找到终极原因、"第一推动力"，用以奠定元哲学基础，因而《德意志意识形态》关键词谱系化研究是不可能回避这个问题的。

---

① 《马克思恩格斯文集》第1卷，北京：人民出版社2009年版，第501页。

（一）主体化存在本体论探索可为《德意志意识形态》关键词谱系化研究夯实逻辑基础

哲学的基本问题是由恩格斯最先明确提出的。在恩格斯《路德维希·费尔巴哈和德国古典哲学的终结》这一著作中，他提出了如下著名论断：

"全部哲学，特别是近代哲学的重大的基本问题，是思维和存在的关系问题。"①

内容包括两个层次：第一层次或者说根本层次是思维和存在何者为第一性的问题，对这个本体论问题的不同回答，是划分唯物主义和唯心主义的唯一标准。第二层次是思维和存在有无同一性的问题，也就是说，世界是否可以被人认识和人是否能够认识世界，即思维能否正确认识存在的问题，这也是由本体论派生出来的认识论问题。对这个认识论问题的不同回答，是区分可知论和不可知论的根本标准。因为这是人们在生活和实践活动中首先遇到的且无法回避的基本问题，也是一切哲学都不能回避、必须回答的问题。它贯穿于哲学发展的始终，对这一问题的不同回答决定着各种哲学的基本性质和基本方向，进而也决定着对其他问题如何回答的哲学方法（形而上学或辩证法）。

恩格斯的观点是人们几千年的认识世界历史和哲学史的总结。在解释这个问题时，恩格斯回顾了思维和存在的进化历史，表明本体存在论和认识论哲学问题沿着人们的理解历史发展了数千年，并且在不同的历史时期有不同的表现形态。逻辑思维的实际进展和社会存在的相关问题，首先揭示意识的内在含义。古代思维的"原始方式"，主要表现在梦和身体上，诸如："生命与外界相通的意识""灵魂不灭的意识"和"万物有灵的意识"体现了原始人类的意识形态。如何解决逻辑思维与自然存在的关系问题，罗马时期的古希腊文化开创了"纯朴之路"，主要表现在对世界起源以及耕种基质是"原始物质"还是核心概念的思考中。18世纪的经院哲学沉迷于上帝与世界之间的联系问题。与之有关产生了唯名主义与现实主义之间的纠纷。发展到现代社会，关于如何处理逻辑思

---

① 恩格斯：《路德维希·费尔巴哈和德国古典哲学的终结》，中共中央马克思恩格斯列宁斯大林著作编译局译，北京：人民出版社2018年版，第17页。

维与社会存在之间的关系获得了所谓"彻底的方式",即"精神实质与物质的联系问题"成了哲学研究的重点。这个问题本质上包括人与环境之间的自然关系问题、人与人之间的社会关系问题以及人自身的物质与精神之间的身心关系问题。这样复杂的三重矛盾关系要从本体论上处理好无疑是困难的。

马克思有本体论吗?我们应该如何理解马克思本体论?这是《德意志意识形态》关键词谱系化研究所不能回避的棘手问题。对马克思本体论的回应有利于增进对马克思学说的理解。马克思的本体论是所有关于《德意志意识形态》关键词谱系的科学研究的逻辑基础。

有人说马克思学说中没有本体论,因为"本体论是旧社会学的技术术语"。"拒绝形而上学"的流行口号在近代西方哲学中十分盛行,这似乎否认了本体论在马克思哲学中留有立足之地。当然,至今否认本体论在马克思哲学中合法性的观点已受到学术界的广泛批评。但"本体论是所有马克思基本理论的预制成分"这一话题却并未得到学术界的充分认可。

一些专家学者认为,本体论是一个纯西方哲学范畴。人们大多以为本体论作为形而上学隐含在马克思学说的底层逻辑中,只不过是由于马克思的话语体系不喜欢形而上学而摒弃了本体论概念。理由是,对马克思学说体系中产生整体性基础性影响的是实践论而不是本体论。但是实质上本体论并没有在马克思经典著作研究中缺席。尽管在《德意志意识形态》关键词谱系化研究的分析框架中,"本体"概念似乎找不到马克思原著的援引依据,那是因为"本体"本身只是马克思哲学基础理论的预制成分。借鉴西方哲学方法研究马克思哲学时,对马克思主义本体论概念的追问就顺理成章了。

本书力图说明主体化存在本体论是整个马克思主义统一的本体论。在马克思主义理论体系整体中,"主体"就是"实体","实体"上升为"本体"。这与西方哲学中"本体""实体"和"主体"之间的转换关系正好相反,在古典西方哲学语境中,"本体"被具体的"实体"所标识。在近代西方哲学语境中,"本体"被抽象的"理念"所代表,恰如黑格尔那样"实体就是主体"。

在客观性基础上高扬主体化存在本体论是当代马克思主义的一个很有意思的课题。主体化存在本体论来自马克思的实践活动本体论或关联本体论，或者可以说，主体化存在本体论是马克思的实践活动本体论与关联本体论的辩证统一。这也是《德意志意识形态》关键词谱系化研究的逻辑基础。

主体化存在本体或相关本体显示了本体对于"真正的共同命运"的底层逻辑支撑。这不同于霍布斯和洛克的"社会契约论"。"社会契约论"基于人类与生俱来的人权，并将社会发展的共同命运依赖于彼此之间的契约，却无法理解其本体论的底层逻辑支撑。马克思特别注重人的物质资料生产方式，以及经济基础和上层建筑，立足于现实的人的实践活动，并且将人类共同命运建立在彼此相处的实践活动基础之上。一些专家和学者曾经认为，马克思描述的共产主义社会似乎没有社会道德诉求。理由是马克思在《德意志意识形态》里批判了德意志青年黑格尔派过度地沉迷于抽象的社会道德理念。马克思明确指出：

"共产主义者根本不进行任何道德说教，施蒂纳却大量地进行道德的说教。共产主义者不向人们提出道德上的要求，例如你们应该彼此互爱呀，不要做利己主义者呀等等；相反，他们清楚地知道，无论利己主义还是自我牺牲，都是一定条件下个人自我实现的一种必要形式。"①

实际上，马克思的重点是强调道德教育是由社会发展水平决定的，必须与生存、生产和生活实践紧密结合，而不能以妄想为基础。马克思说，

"在共产主义社会中，即在个人的独创的和自由的发展不再是一句空话的唯一的社会中，这种发展正是取决于个人间的联系，而这种联系部分地表现在经济前提中，部分地表现在一切人自由发展的必要的团结一致中，最后表现在以当时的生产力为基础的个人多种多样的活动方式中。"②

因此，在共产主义"自由人的联合体"中的个人自我与群体共同命运之间的辩证统一，不仅体现在经济发展的实践意义上，而且体现在社

---

① 《德意志意识形态》，北京：人民出版社 2003 年版，第 443 页。
② 《德意志意识形态》，北京：人民出版社 2003 年版，第 100 页。

会公德的实践意义上。这种对未来的真正命运共同体的社会发展是人的自由本质的回归。这种共产主义学说还是自然主义和人道主义的统一。马克思在《1844年经济学哲学手稿》中指出：

"这种共产主义，作为完成了的自然主义＝人道主义，而作为完成了的人道主义＝自然主义。它是人和自然界之间、人和人之间的矛盾的真正解决，是存在和本质、对象化和自我确证、自由和必然、个体和类之间的斗争的真正解决。它是历史之谜的解答，而且知道自己就是这种解答。"①

相比之下，传统西方哲学通常都把重点放在主体—客体二分法上，而且在主客二分的基础上偏向主体。而马克思主义历史唯物辩证法超越了主客二分的思维定式，把重点放在如何真正解决人与自然界之间、人与人之间以及身与心之间的矛盾，立足于人与自然、人与社会之对立统一关系来把握人类的解放。所以说，马克思的共产主义学说就是关于人的解放学说。

由于受到认识论争议的交叉影响，特别是受黑格尔式理念化实践概念的影响，马克思的实践论一度陷入了困惑迷茫。当胡塞尔晚年的现象学超越了"日常生活世界"的定义，海德格尔在《存在与时间》中阐述了"基本本体论"对于生存论的优先影响，诸如此类理论发展，为理解主体化存在本体论提供了学术的参考框架。毫无疑问，马克思具有本体论，但马克思的主体化存在本体论与传统本体论相比有根本性差别。也许可以这样说，正是因为立足于实践论基础上的主体化存在本体论，马克思才实现了"哲学的革命"。

本体论是哲学的基础理论，或者说，本体论已经成为哲学无法忽略的基石。如果将马克思学说视为一个整体，那么，其主体化存在本体论就是马克思主义哲学的隐形的基础理论。探索主体化存在本体论可为《德意志意识形态》关键词谱系化研究夯实逻辑基础。

马克思学说的学科归属问题是学界的一个争论焦点。马克思学说涉及广泛的学科领域，因此，把马克思学说限囿于哪个具体的学科难免有

---

① 马克思：《1844年经济学哲学手稿》，中共中央马克思恩格斯列宁斯大林著作编译局译，北京：人民出版社2000年版，第81页。

贬斥马克思学说的丰富性之嫌。但还是有众多的中外学者把马克思学说视为哲学，认为只有哲学的包容性才能诠释马克思学说的学科属性。何中华就认为：

> "马克思思想不是各种知识的折衷和杂糅，因而不能对其采取一种折衷主义的知性式的处理和看待方式。它的整个体系乃是人的存在的现象学，即拿现象学的方法反思性地把握人的存在的历史展现及其完成。这也就是马克思在'终结'了以往的旧'哲学'之后建立起来的新的哲学形态。因此，马克思思想在总体上是一种哲学，而不是其他学科。这既是由马克思思想的人的存在的现象学性质所决定的，也是由马克思思想固有的批判立场所内在地要求的。"①

马克思学说的第一块基石被视为哲学，自然而然拥有自己的本体论。在批判并超越传统本体论的实践论基础上，马克思实现了哲学的革命。

马克思学说基于人类生存活动、生产活动和生活活动的实践之中，由问题和问题组成的历史唯物辩证法原理只是一种客观的反映和思想主体活动。马克思哲学革命的目的并不是要否定本体论，只是要超越传统的学科学术，创建一种新型的哲学、政治经济学和科学社会主义的系统理论来代替传统的意识形态系统，旨在探索人类社会最终走向一个真正的"自由人的联合体"的历史发展规律。

(二) 马克思主义实践本体论的内容变革和形态转换

邹诗鹏指出：

> "马克思实践生存论思想中蕴含的人及其生存的历史的未完成性恰当地体现了当代哲学生存论转向的未竟性，并由此提供了一种克服当代人类生存困境的信念支撑。"②

马克思学说是通过对旧式本体论生成范式的批判，而实现本体论基础形态的实践论转换：

---

① 何中华：《马克思思想的学科归属问题》，载《长白学刊》，2009 年第 1 期。
② 邹诗鹏：《当代哲学的生存论转向与马克思哲学的当代性》，载《学习与探索》，2003 年第 2 期。

一是由虚构本体论向现实本体论转换。传统本体论远离人的生活世界，试图从人之外的虚构本体中寻求世界的终极本原和统一性。马克思对传统本体论进行了彻底的批判，对传统哲学那种抽象的超验的本体论进行超越，实现了本体论的内容变革和形态转换。高清海指出了传统本体论在构建方式上的四个错误：

> "1. 追求终极存在、永恒原则和绝对真理的哲学妄想；2. 与现实相脱离、由概念构建起来并加以实体化的所谓独立的本体世界；3. 从初始本原、预设本质去解释并推论现存世界的前定论和先验论思维；4. 从两极观点追求单极化、绝对论的认识方法；等等。"①

马克思学说通过思维方式的转换，实现了本体论构建方式的转换。马克思开始以"现实的人"之生存、生产和生活作为本体论的构建基础，把哲学拉回到了人的生活世界，消解了"本体"的至高无上、唯我独尊的绝对权威，从而推进了哲学革命。

二是原来以过去为定向的、决定论的和还原式的本体论范式转向了以未来为定向的、生成论的和开放式的本体论范式。

马克思的实践哲学是最自觉地体现人的自由和最能超越人的动物本能的哲学。在马克思的实践哲学视界中，任何造物主都不可能再成为超人的实体，任何形式的外在"实体"都不值得赋予神一样的崇拜。本体论是在人的开放性生存、生产和生活的世界历史进程中生成的。

（三）作为"历史前提"和"现实基础"存在的马克思主义本体论

马克思批判和超越了传统的本体论，其开放性生成式的本体论究竟该如何定位？吴元梁指出"历史前提"和"现实基础"是社会历史的本体论。他明确指出马克思恩格斯在《关于费尔巴哈的提纲》和《德意志意识形态》中"不仅没有正面论述本体、本原之类的范畴，就是他们过去使用过的'实体''人的本质''类''人'等范畴也是在批判过程中提到的。但是，他们既然要讨论人们思想观念和人们现实生活的关系，讨论人类历史发展的原因和规律，也就必然会以自己的方式和语言来回答本体论式的问题。因此，我们在这一著作中虽然没有读到社会历史的

---

① 高清海：《马克思对"本体思维方式"的历史性变革》，载《现代哲学》，2002年第2期。

本体或本原之类的范畴,但却遇到了'历史的前提''历史的基础''物质实践''现实基础''现实前提''自然基础'等等说法①。"历史前提"和"现实基础"受制于人的自然存在与社会存在。马克思主义的本体论是在人的自然存在与社会存在相统一的实践基础上构成的。恰如赵剑英和俞吾金所说的那样:

> "人的社会存在的形态变化是通过改造社会的各种实践活动实现的。人的两重性存在的理论在马克思主义理论体系中处于极为重要的地位,是一种初始化、前提性、始源性即本体性的理论。"②

诚然,我们不主张直接用"历史前提"和"现实基础"来表述马克思主义的本体论,但"历史前提"和"现实基础"确实是构建马克思主义本体论的基础内容。

三、主体→实体→本体→主体化存在本体的溯往开来

本体、实体、主体三者之间的联系和转换是西方哲学发展过程中呈现出来的本体论演化轨迹。这是人的主体性地位在人与世界的统一关系中从逐渐被重视到最终被确认的反映。正因为人的主体性地位在生存方式、生产方式和生活方式的互动过程中演进,"现实的人"也就有了"小写的人"与"大写的人"之分野。一个人之所以被贬之为"小写的人",是因为那种人是被异化的而缺乏主体性的人;一个人之所以被誉之为"大写的人",是因为那种人是比较自由自觉的主体化的人。把马克思主义的本体论综合概括为"主体化存在本体论",意在确证主体在本体论中的价值、地位和意义,从而把世界看成一个以主体化存在为本体的活生生的、处在不断发展进化中的灵动世界。

(一)传统哲学到现代哲学:从本原、本体到实体再到主体的学术史演绎

从古希腊哲学到中世纪经院哲学再到文艺复兴和启蒙运动,西方哲

---

① 吴元梁:《关于马克思哲学本体论思想的几点思考》,载《天津社会科学》,2003 年第 1 期。
② 赵剑英、俞吾金主编:《马克思的本体论思想》,北京:社会科学文献出版社 2006 年版,第 305 页。

学中的实体范畴经历了一个从"物"到"神"再到"人"的转换过程。

本原标志着实体范畴的原初状态。在古希腊哲学中,实体也译为本体,表示万事万物的本原原初状态。本原是指某种原初的独立存在的东西,一切存在物之所以存在的基础都由本原构成。一切存在物最初都从本原派生,最后又复归于本原。

最初,柏拉图的本原或本体是完全抽象的:

"一个东西之所以能够存在,只是由于'分有'它所'分有'的那个实体"。①

具体事物所"分有"的那个"实体"即"理念",它是精神性,柏拉图的实体(理念)是精神实体。后来,从泰拉斯到巴门尼德,古希腊对本原的认识经历了从感性具体上升到哲学抽象的过程,即从把水、气或原子当作万物的本原,最后把最一般最抽象的哲学概念"存在"作为万物的本原。

经院哲学利用亚里士多德哲学中的唯心主义成分为基督教神学作论证,贬抑人和自然界,把上帝视为最圆满的实体。亚里士多德的观点是"主体即实体,实体即基础",用主体表示一切性质、变化或状况的载体,把主体赋予了基础或实体的含义。因为主体(subject)源自希腊文subjectum,原意是指在地底下的东西。亚里士多德在《范畴篇》中把"存在"作为"这个"的替代词,把"这个"所替代的存在名之为"实体",还把数量、性质、关系、状况、时间、地点等视为"实体"的分类存在。亚里士多德认为这种实体是其他各类存在物的存在基础,反过来说,其他各类存在现象都是实体的"属性"。从此"实体"替代主体开始进入了哲学"本体论"混战。

关于"实体""主体"和"本体",西方哲学在经验论与唯理论之间争论了很久,其核心问题就是人们的主观认识如何与外在的客观世界相符合,即人如何能认识真实的客观世界。无论是经验论还是唯理论似乎都有着自身不可回避的局限,从而最终导致了休谟的不可知论。传统的认识论遵循的是用主观去符合客观的办法。在休谟的不可知论中,西方

---

① 〔古希腊〕柏拉图:《斐多》,杨绛译,沈阳:辽宁人民出版社2000年版,第100—102页。

传统的思路已走到了尽头。近代哲学家批判经院哲学，提出了新的实体观。

笛卡尔、霍布斯、洛克等认为具有长、宽、高的"形体"是独立的实体，但笛卡尔还认为，除了"形体实体"之外还有"心灵实体"，形体和心灵分别以广延和思维为属性，二者并立而互不依赖，但却依赖于一个共同的原因，即最圆满的上帝，上帝是绝对的实体。笛卡尔把自我灵魂或心灵视为主体，认为主体的本质就是"思想"。

斯宾诺莎致力于克服笛卡尔机械唯物主义的不彻底性，认为思维和广延并不是分属于两个实体的属性，而是唯一实体的属性，这唯一的实体是独立自存的"自因"，他虽然也称之为"最圆满的上帝"，但斯宾诺莎的实体却清除了神学目的论思想，从而等同于自然。

莱布尼茨不同意机械论的实体观，并认为实体不是僵死的东西，具有内在的活力。莱布尼茨把实体规定为无限众多的精神性的"单子"，每个单子是独立自存的"单纯实体"，彼此之间"没有窗户"，不能相通，其一致的根源，是上帝的"前定和谐"。莱布尼茨不仅把"单子"称作"灵魂"（隐得来希），把知觉活动视作单子的本质规定性，明确地宣布"单子"就是"形而上学的力的中心"。

巴克莱认为，既然感觉不到物质，物质就是不存在的，只有个人的心灵和上帝才是实体，休谟又认为这二者也不是实体，从而取消了实体，成为不可知论者。狄德罗反对唯心主义的本体论，力图建立起唯物主义一元论，把有广延的、能运动的、有感受性形体的物质作为唯一的实体。狄德罗不承认存在有精神实体的上帝。德国古典哲学对实体加以辩证地考察，康德认为过去的哲学家们离开主体谈论实体，是非批判的独断论，实体并不独立存在，而只是知性的一个范畴，是知性构成判断的条件，但康德还保留着"物自体"这一概念，物自体是不可认识的。费希特剔除了物自体，只保留"自我"，谢林又用"客观精神"代替"自我"，但无论"物自体""自我"或"客观精神"都不是原来意义的机械唯物主义实体。黑格尔根本改造实体范畴，把"绝对理念"当作最高、最丰富的范畴，实体只是理念发展过程中的一个重要阶段，对实体的认识必须经过一个辩证的中介过程，并且黑格尔不满足于斯宾诺莎的"实体"，把费希特的"自我意识"结合进来，主张的实体是"活的实体"——实体即主体。

斯宾诺莎的"实体"指抽象的自然，却不是通常所理解的在思维之外的感性"自然"，而是笛卡尔的"广延"和"思维"。笛卡尔的所谓"广延"是物质的特性，广延和思维在实体内的同一，就是西方哲学史上的"思维与存在同一"，所以黑格尔在阐发"实体即主体"的原则时强调："实体性自身既包含着共相（或普遍）或知识自身的直接性，也包含着存在或作为知识之对象的那种直接性。"① 也就是说，实体本身包含了思维与存在的同一性。

在西方哲学史上，康德几乎颠覆了西方的认识论与方法论，开创了一场认识论上的"哥白尼式的革命"，提出了这样一个著名的命题——"人为自然立法"。康德对以往的主体范畴进行批判总结，重新规定人在自然界的中心地位，将主体改造、规定为先验主体。

黑格尔把亚里士多德的观点颠倒过来，进一步提出"实体即主体，主体即自我"。黑格尔的主体不仅是认识论意义上的自我或意识，也是一种存在形态。黑格尔不满足于斯宾诺莎的"实体"，把费希特的"自我意识"结合进来，主张实体是设定自身的"活的实体"。费希特认为，主体即"自我"或"自我意识"，自我通过而设定"非我"，最后设定"自我与非我的同一"，是指思维能够展开自身，能够自我否定，黑格尔的"活"是思辨意义上的生命，然后扬弃否定，并通过否定和否定的扬弃而实现自身的成长。这一过程分为三个阶段：从单一的东西的分裂为二的过程或树立对立面的双重化过程开始，经过对这种漠不相干的区别及其对立的"否定"，最后达到重建其自身的同一性或在他物中的自身反映。这里强调的是"否定物的严肃、痛苦、容忍和劳作"以及"异化"和"异化的克服"。经历这样一个艰苦的辩证过程，思维和存在最终实现同一。

马克思拒斥了黑格尔的客观唯心主义而汲取了黑格尔辩证法的"合理内核"，在历史唯物辩证法的本体论意义上使用了主体概念。"自然的人化"和"人化的自然"使"人化的存在"，或者说，"主体化存在"成了"物质"的哲学同义语。所以，现在把马克思主义哲学的本体论称之为"主体化存在本体论"。这是一种历史的、唯物的和辩证的本体论转化。

---

① 〔德〕黑格尔：《精神现象学》上卷，贺麟、王玖兴译，北京：商务印书馆1979年版，第10页。

(二) 马克思从主体到实体再到本体的逻辑演绎

马克思认为:"在黑格尔的体系中有三个因素:斯宾诺莎的实体,费希特的自我意识以及前两个因素在黑格尔那里的必然的矛盾的统一,即绝对精神。第一个因素是形而上学地改了装的、脱离人的自然。第二个因素是形而上学地改了装的、脱离自然的精神。第三个因素是形而上学地改了装的以上两个因素的统一,即'现实的人'和'现实的人'类。"① 黑格尔虽然把实体作为主体,但这只是黑格尔对旧哲学唯心主义改造,并没有实现真正意义上的本体论革命,只有把主体看作是实体,才是真正意义上的本体论革命——哥白尼式的革命。黑格尔把实体看作是主体,而马克思则认为实体是由主体构建起来的。亚里士多德曾在分析主体和实体关系时说:

"实体,就其最真正的、第一性的、最确切的意义而言,乃是那既不可以用来述说一个主体又不存在一个主体里面的东西,例如某一个个别的人或某匹马。"②

在亚里士多德看来实体是不依赖于主体而独立存在的自在事物,但近代哲学在这一领域的功绩就在于建立了实体与主体的联系,黑格尔最终指出实体即主体,而马克思则反转了实体与主体之间的关系,在《关于费尔巴哈的提纲》的第一条就开宗明义地提出:

"从前的一切唯物主义(包括费尔巴哈的唯物主义)的主要缺点是:对对象、现实、感性,只是从客体的或者直观的形式去理解,而不是把它们当作感性的人的活动,当作实践去理解,不是从主体方面去理解。"③

马克思从主体的视角理解、构建实体,就是要把实体当作感性人的活动,当作实践去理解,是从主体方面去理解。实践本体论正是从这一

---

① 《马克思恩格斯全集》第 2 卷,北京:人民出版社 1995 年版,第 177 页。
② 〔德〕亚里士多德:《范畴篇》,聂敏里译,北京:商务印书馆 1959 年版,第 11—13 页。
③ 《马克思恩格斯选集》第 1 卷,北京:人民出版社 1995 年版,第 54 页。

条出发把马克思主义本体论归结为实践本体论,但是,实践本体论对提纲的第一条没有完整理解,至少没有去理解"从主体方面去理解"的含义,应该说,"自然的人化"和"人化的自然"就从主体方面去诠释实体,诠释存在,诠释物质,这也是马克思批判旧唯物主义所要达到的目的和所要揭示的新唯物主义的本体论实质。

主体与实践相比较,或者与关系等相比较,更具有根本、原初的意义,更是本原性的。马克思早在博士论文期间,只是把世界的本原看作是原子主体,世界就是具有自我意识的原子在争取自我解放的运动中构建起来的。在马克思研究社会历史问题之后,马克思把类主体、实践主体、关系主体当作世界的本原。

马克思的这种主体化存在本体论是历史的、唯物的和辩证的。意义有三:

一是主体化存在本体论确立了人在世界当中的地位——人是发现世界、改造世界的主人,人又是世界的审美主体。人既在世界之中又是世界创新的力量。人不但要认识世界,同时,更重要的是要改造世界。

二是主体化存在本体论把人同世界捏合为一个统一的整体,使世界成为主体的一个延伸,并且最终成为主体的重要内容,也只有奠定人与世界的统一性,才能最终确立人在世界中的地位,但这种地位并不是把自然只是当作客体来看待,而是把自然当作主体的一部分,自然与主体的关系已经不是改造和被改造的对立关系,也不是主体之间的关系,而是在新的基础上形成的有机统一体。人与自然,以及人与社会共同进步的基础只能是革命的实践。

三是主体化存在本体论意味着人在世界的发展中要承担应有的责任,人类不仅要摘取社会历史的硕果,也要接受人类文明走向误区的痛苦洗礼。人不但要认识和改造客观世界,同时要认识和改造自我(主观世界)。人类要担负其责任,就要致力于实现世界历史和人类历史的统一,也只有在二者的统一中,每个个人才能达到全面发展,整个社会才有可能逐步形成一个真正的"自由人的联合体"。

(三)主体化存在本体论的生存论特质及其解放意义

20 世纪 80 年代以降,主体性问题引起广泛重视。主体化存在本体论表现在三个生存论特质:一是以未来为定向的、开放式的、生成论的本体论范式,在"历史中行动的人"及其实践的对象世界就是全部存在的本体；二是使一切存在的本体总在主体化生成中，本体最终成为开放本体，使世界成为活的世界；二是使哲学从传统的超验式的、实体性的、抽象存在论转向奠基于现实生活世界之上的感性的、历史性的生存性本体论。因为

> "生存论转向是整个当代哲学转型中哲学存在论从超验的、实体性的抽象本体论向奠基于现实生活世界之上的感性的、历史性的生存论本体论的转换。"①

在马克思主义本体被赋予主体化存在意义之后，人的自由问题因主体性而被提升到本体地位来认识。人的自由与解放才能被真正理解和逐步得以实现。一旦从主体化存在本体论视角考察人的自由与解放，人们就可以把世界的本质与人的本质统一起来，表现人之本质的自由个性的积极性才能得以充分展示。

主体化存在本体就是人的本质力量作用于生存世界、生产世界和生活世界的对象化辩证统一。主体化存在本体决定了世界的本原是一种生成性存在。在马克思看来，人的活动世界或现存的感性世界表现出来的普遍而基本的事实和问题，主要是如何面对和处理主体和客体的关系、人和世界的关系、原始的自在存在和人的实践活动所创造的主体化存在关系。

> "各种事物的生成、发展和变化的实际过程，即是生成性存在；在这种关系和过程中人的生存（生活）结构、生存方式、生存处境及其改变，即是人的生存性存在。'关系''过程''人的生存性存在'，是人的生活世界首要面对的问题，而这些核心问题实质上就是人的生活世界中的本体问题，它要求寻求处理各种关系并使各种关系达到统一的基础、根据和方法；寻求存在（事物）自己生成、发展和变化的根源、成因；寻求人之所以是这样的现实存在并成其为理想存在的根据；揭示人对其现存状况的扬弃即人的解放和发展何

---

① 邹诗鹏：《当代哲学的生存论转向与马克思哲学的当代性》，载《学习与探索》，2003年第2期，第5—10页。

以可能的根据。"①

主体化存在本体论充分表达了这么一种思想：在人的生存、生产和生活过程中，人道世界向天道世界转化人的本质力量，以及"现实的人"转换"理想的人"的主体性。马克思对人的异化现状之批判，就是人对自身解放和全面发展的向往，从而主体化存在本体论就建立起了与"现实的人"的解放的内在联系。

主体化存在本体论所蕴含的解放意蕴是贯穿于马克思主义始终的一个话题。早在博士论文中，青年马克思就不认同德谟克利特的原子论，而赞扬伊壁鸠鲁的原子理论，把原子偏离直线的运动看作是原子打破必然性，追求自我的本质，从而也把原子的这种运动视为人的自我解放的根源。在后来的类主体化存在本体论、实践主体化存在本体论以及关系主体化存在本体论的学术讨论过程中，马克思主义本体论的解放意蕴就越来越清晰。主体化存在本体论的生存论特性和生成性本质使人类对解放的追求永远在路上。在这个过程中，人的生存、生产、生活的活动内涵不断丰富，不断充实着主体化生存本体的含义，同时，也不断给人的自由而全面发展提出新任务，并开拓人类解放新空间。

（四）关于"信息社会"主体化存在新问题研究引发的学术争论

一些思想家，尤其是西方启蒙运动的思想家，他们一直把理性与笛卡尔的理性主义哲学联系起来，认为理性使人类与自然、与其他一般动物区分开来。理性是身心对立的核心要素。笛卡尔式的这种本体论，恰如"存在说"和"占有说"那样表明人的心理特征或认知本性与外在事物无关，或者说是独立于外在环境的。总体上有两个相对应的世界：一个是客观世界，是自然科学研究的对象；另一个是主观世界，是哲学社会科学研究的对象。这似乎是毋容置疑的传统认知范式。

20世纪50年代以来，特别是进入后工业社会，后现代社会，晚期资本主义以来，或者说进入信息时代以来，如何理解"主体化存在"引发了新的学术争论。一种观点认为最近几十年，原有的社会理论范式依然流行，理论范式创新阻力重重。但另一种观点认为，范式转换的时机

---

① 赵剑英、俞吾金主编：《马克思的本体论思想》，北京：社会科学文献出版社2006年版，第309页。

已经快要到来了。因为科技革命推动社会机制发生了日新月异的变化，原有的总体化理论范式越来越无法胜任对信息时代新变化的解释。西方以丹尼尔·贝尔和马克·波斯特为代表形成了两种对立的观点。

美国的丹尼尔·贝尔（Daniel Bell，1919—2011）被人称为西方晚期资本主义的研究大师。他的《后工业社会的来临》《资本主义文化矛盾》《意识形态的终结》等著作都有巨大的社会影响。"后工业社会"这个术语虽然不是贝尔的首创，但却是因为他的讨论被学术界广泛接受。贝尔认为后工业社会与以往所有社会的形成方式都截然相反。贝尔的后工业社会理论是一种总体化理论范式。

贝尔总体化后工业社会理论所持的理据有三：第一，后工业社会的收入来源主要与信息相关，而非以前的采掘和制造；第二，后工业社会的劳动力主要是信息工人；第三，知识和信息是后工业社会的轴心原则。所以，收入、劳动和知识的指数就证明了后工业社会这样一个新的社会经济结构的出现。但问题在于，贝尔把对于社会经济结构的分析提升到更高深的总体结构层面，从社会分析转向本体论分析。换句话说，贝尔从分析社会经济结构入手，把经济、政治、文化等因素统统纳入到后工业社会的一元化定义当中，对社会某一新现象的界定被扩展为对整个社会的总体化界定。

西方新马克思主义批判理论家波斯特对这种总体化理论范式持批判立场。波斯特[①]认为，现在不应该以一种总体化框架代替另一种总体化框架，只需要一种局部理论来应对和诠释新现象。总体化理论的缺点在于以偏概全，往往把研究领域之外的敌对观点边缘化或者排斥别人的新观点。自以为自己已经将整个社会领域的意义研究透彻。在波斯特看来，"后工业社会"这个术语对信息时代的解释在理论上完全失效。后工业社会理论意图重新界定社会现实，重构分析场，刻意造成新旧理论的总体化断裂。特别是，后工业社会理论忽视信息革命的新变化，回避关于信息的商品化与反商品化之争，没有把知识、信息、通信等信息社会现象作为新的哲学问题来对待。贝尔认为后工业社会的中心特征是知识和信息在经济中扮演新角色，仅仅把信息当作经济事实来对待，只是在资

---

① 马克·波斯特（Mark Poster）是美国加州大学尔湾校区历史学系、电影与传播学系教授，批判理论研究所所长。他主要研究西方文化思想史、批判理论、新媒体研究，代表作有《第二媒介时代》等。——笔者注

本主义的经济范畴之内来理解信息社会现象。虽然贝尔意识到了信息与一般物质商品的不同之处，但并没有把这种不同上升到理论原则高度。贝尔把信息归为商品却忽视了许多知识和信息是可以自由获取的这么一种非商品化现象。在波斯特看来，信息全球化本应成为促进这个自由主义原则的进而深化知识民主化的动力，但贝尔却把信息全球化变成了限制自由、拓展犯罪领域（知识侵权、隐私曝光、信息盗窃等）的现实基础。波斯特认为，电子信息具有某种程度的反商品化的特征。信息既不适用于资本主义经济理论的首要原则（物质资源的限量原则，即"稀缺性"原则），信息也不适用于马克思主义政治经济学的首要原则（劳动价值论和剩余价值理论）。相对于"稀缺性"原则而言，总体上信息资源是无限量的（只不过各人掌握的信息是不对称的）；相对于劳动价值论和剩余价值论而言，无法确定信息主体对于信息生产贡献的确切比例。随着电子信息技术的发展，信息保护的措施总是跟不上信息传播的能力。但是后工业社会理论却对信息的这种反商品特性视而不见，结果就是仅仅把信息当作经济事实，而非当作具有公共性的语言事实来处理。

波斯特认为，正确的立场应该是，一方面不必全盘否定和抛弃马克思，而要对马克思的理论立场进行补充完善，这样就可以使马克思的劳动价值论和剩余价值论适用于分析新的信息社会现象；另一方面马克思和韦伯基于行动的理论对于信息机制的语言学分析能力有限。马克思早在《1844年经济学哲学手稿》中就预感到，技术的进步、自动化的发展有可能导致劳动价值论的失效。资本主义的生产方式因科学技术革命而发生根本性的改变。这种改变当然会对工人阶级的革命主体性造成影响。但是马克思当时只是说会导致"社会个人"的出现。马克思敏锐地意识到了自动化将会带来的生产过程中的巨大转型，但对生产方式所造成的影响却只字未提。即便如此，马克思所预见的这种变化也已经为马克思主义的两块基石（历史唯物主义和剩余价值理论）的进一步发展埋下了某种伏笔和想象空间。

话语是形式，思想是其内容，思想统治往往表现为话语统治。科学技术是一种知识话语的形式。马克思开启了对资本主义核心道德话语的批判，也认为科学话语与劳动的生产、分配、消费受不同的逻辑支配。科学话语深层介入生产过程，这对马克思主义的许多基础性假定提出了新挑战。

波斯特认为，马克思学说最初受启蒙运动的直接影响，也具有主客二元对立思维模式的典型特征。认为科学是维护人的利益的工具，与人、主体、精神、理性属于同一个阵营。但事实上，科学与工业的相互纠缠融合却要求人们必须重新审视启蒙运动主客二元对立的逻辑假定。这意味着不应该再把与信息科学相联系的认知活动当作是纯精神活动。这种视角的转换是由于信息科学介入到生产过程所引起的新变化。法兰克福学派的西方马克思主义者，包括霍克海默、阿多诺、马尔库塞、哈贝马斯等人曾经试图完成这样一种视角的转换。比如，他们都思考过现代资本主义生产过程中科学技术与意识形态的对立与融合问题，甚至创立了"科学技术意识形态"这样要素含义对立的合成词。这从表面上看来是有严重的主体性缺陷的，但却有助于解释信息时代的主体化存在本体论。因为信息技术可以使人工智能赋予"人"与"自然"相融合的意义。生物学意义上人工智能通过融合"人"与"自然"的关系，迫使人类放下造物主式的主体化面孔，重新反思信息对人的作用和人对信息的反作用。从这个意义上说，人工智能的胜利也是人本身的胜利。人工智能是人的本质力量对象化与自然演化相结合的必然产物。

信息技术+新材料+AI智能有可能使社会活动的中心人物，从自然人→经济人→生物智能机器人，既开发自然智源，又开发人工智能，并在开发智源过程中发展自己的智能和价值观。非自然反常规现象正在逐渐渗透人的生存方式、生产方式和生活方式。AI智能机器人的出现，使人类有可能打破与机器的界限，出现"电子人""生化人"，甚至可以使人类在体力、智力及生命力上突破生物学意义上的生存极限。人的思想可以储存、转换。通过记忆复制和转移存储，人的肉体死亡，基因信息乃至精神却可以"永生"。

信息技术+新材料+AI智能有可能使人类生存方式、生产方式和生活方式加速"去中心化"，使传统主体论祛魅，使人与自然、人与其他一般动物以及人与机器之间难以划定分界线，使得人类不得不从技术与身体的界面反思主体哲学。人工智能产品更代升级，甚至直接利用生物基因编辑技术改变动物和植物的品种及其性状，身体与物结合的生物芯片，如假肢、植入芯片等物与人的结合，技术不仅仅是人体的延伸或附属物，而且有可能"被结合"进人体，如"生化人""现代智人""生物智能机器人""超级人类"……建立在赛博空间上的"人类机器化"

神经通道。阿兰·麦席森·图灵（Alan Mathison Turing）① 早在20世纪40年代末就意识到，研究人工智能有必要同具体的物理系统相结合。具身意义上的人工智能出现长得像人一样的生物机器人，将是一个有机体与机器相结合的生物杂糅体，一个社会现实的创造物，同时也是虚拟创造物。

例如，以自然人为起点，分别备份他的人格信息包、仿生人体和再生人体；然后，把他的人格信息包复制到互联网上，形成一个他的"网络人"；把人格信息包复制到他的仿生人体上，形成一个他的仿生人；把人格信息包复制到他的再生人体上，形成一个他的再生人；通过信息转换器实现他与网络人、仿生人和再生人的互动。（见图4.1）

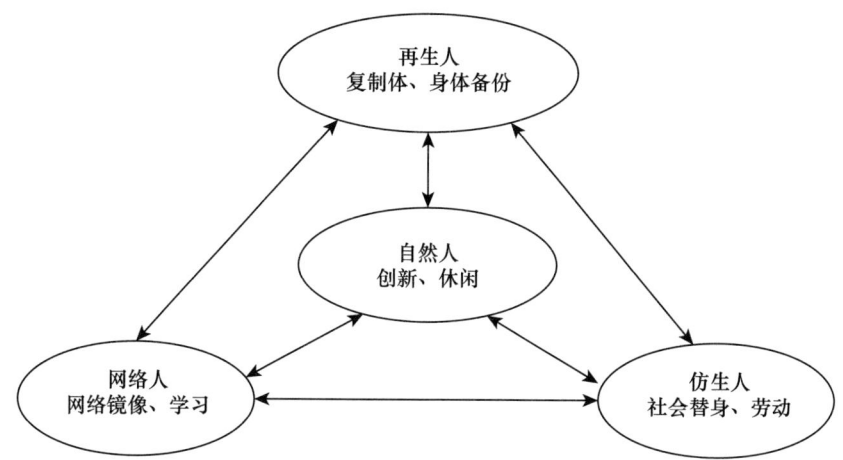

图 4.1　未来人的四种"生存形式"②

传统形而上学意义上的"纯粹的"本体论遭到挑战。以前科幻意义上的后人类性，打破人与物以及社会科学与自然科学研究的传统边界。这不只是从生物科技和信息技术层面上为人类服务，促进了劳动生产率的提高，而且有可能改变人的生存方式、生产方式和生活方式，更应该引起注意的是，也还有可能引发不可控的科学负效应和不可预测的社会生态伦理问题。

---

① 阿兰·麦席森·图灵（Alan Mathison Turing），英国著名的数学家和逻辑学家，被称为计算机科学之父和人工智能之父。
② 何传启：《科技革命与大国兴衰》，载《时事报告（党委中心组学习）》，2017年第3期。

后人类是产生于认知科学和人工智能领域的新型主体，意味着哪怕生物条件（肉体）没有被完全改变也不是传统意义上的"大写的人"了。人类有适应文化的倾向和能力，就像我们适应技术一样，人类制造和使用工具显然是为了改善未来的生存方式、生产方式和生活方式。AI新技术的不断出现，改变或提升了人类的"外部能力"，也重塑了人类"内部"的心理结构，进而影响精神世界和社会伦理道德。

人与自然界的边界越来越模糊，人与自然以及科学技术越来越不能分开。人的主体化可以呈现某种精神溢出现象。虚拟现实技术使人可以在虚拟世界中投射一个数字自我。换句话说，就是用数字化信息技术构建一个替代性的"语境"或者"环境"，创造出一个替代性的主体。现代社会物质越来越丰富而精神越来越贫瘠。人与自身创造物、感知与被感知、真实与虚幻之间的边界越来越模糊。

爱因斯坦的相对论已经成为人类通信交往工具的理论基础，也成了现代人类的生存写照。人虽然在表面上越来越倾向于私密性，但事实上却越来越无隐私可言。大数据时代数据在线，各处遍布着各式各样的通信网络，使人的隐私以海量数据存储形式泄露无遗。再加上引力波、量子纠缠等微观世界物理现象的新发现，传统主体化意义上独立的人，似乎已经很难存在。

如果承认物也具有能动性就等于剔除了人的主体意识之唯一排他性，也就颠覆了以人为本基础，颠覆了人们习以为常的传统边界：一是可能突破人类与其他一般动物的界限；二是可能突破人与机器的界限；三是可能突破自然的与非自然的界限。这就有可能进入所谓"后人类时代"。用伽达默尔"前理解"概念来说明解释者隐含的假设，对于"人—物"结合的理解过程是一个隐含着不可言说的前提的过程。"后人类"最终有可能走向"非人类"。因为人工智能不能简单地理解为技术对身体的超越、延伸或渗透，而是通过信息技术将人的身体转型或扩张，使得人的本质化问题复杂化。

信息相对于物质似乎具有量子物理的波粒二象性：既有主观性又有客观性。信息社会的人不再是孤立的主体。因为自然语言被置入人的生存、生产和生活环境中，同时又置身于社会语境之中，人必须根据具体的"人—机"环境作出选择并基于自己的理解作出具体决策，其中物理学意义上的、生物学意义上和数学（数字化）意义的多重媒介成为人与自然融合的"交往工具"。这在性质上区别于完全物化了的早期物理工具，也不再是仅提供信息或符号交换的中介，而是一个承诺和解释的融通过程。一个个单一的局域网构成了类似区块链这种承诺的系统域，形成复杂的"交往行为"域。所以，从实践活动关系上看，人工智能更强调语境的重要性。对于人类语言的理解不得不考虑自然语言理解。这无疑加大了人类对于完备理解的难度，也扩大了人类理解自身生存本真意义的可能性。对于扩充人的生命能量和生存方式而言具有启迪作用，有助于人们理解亚里士多德在《形而上学》提及的"潜能与现实的跨越"，而这也是人追求更好的生存方式、生产方式和生活方式的意愿。

四、"现实的人"：主体化存在本体论的历史唯物辩证法

究竟应当如何界定《德意志意识形态》关键词谱系的本体论基础？这个问题比较难以回答的。正如刘福所说的那样，改革开放以来，学界从实践的观点出发对马克思哲学的总体性质进行了新的研究，称马克思哲学是"实践本体论""实践的思维方式""实践生存论""实践的观点"以及"实践唯物主义"等等，也仅仅强调了实践观点在马克思哲学中的基础性作用，并没有说明实践概念同唯物主义的本质联系以及"把实践观点作为马克思哲学的基础性观点何以成为唯物主义"的问题。①

（一）以往既有的三种马克思主义本体论见解

马克思所实现的哲学革命并不单指方法论上的革命，从终极意义上来说，马克思的哲学革命是本体论意义上的革命。在本体论框架内理解马克思哲学革命，有三种不同的解读路径：

1. "实践本体论"

"实践本体论"对传统哲学教科书把实践的作用限制在认识论的范围内的做法加以批判，强调实践概念是本体论中的核心概念。苏式传统的哲学教科书虽然把本体论等同于旧哲学而加以摈弃，但强调"世界统一于物质"，坚持的是旧唯物主义的"物质本体论"。实践本体论者从《德意志意识形态》一书中找到根据：

---

① 刘福森：《马克思哲学研究中三个不可回避的重要问题》，载《哲学研究》，2012年第6期。

>"……实际上和对实践的唯物主义者，即共产主义者说来，全部问题都在于使现存世界革命化，实际地反对和改变事物的现状。"①

正是从这里出发，他们把马克思哲学理解为"实践唯物主义"。"实践唯物主义"以实践为中介，而不是以物质作为考察和理解世界的出发点，把人的实践性视为一切存在物的统一性基础。

>"只有当物按人的方式同人发生关系时，我才能在实践上按人的方式同物发生关系。"②

实践本体论较物质本体论更加重视主体的地位，更加切合马克思哲学革命的本意。但实践本体论同样有其缺憾：

>"其一，按照传统的哲学观念，本体论是从属于形而上学的，而形而上学则属于超验的范围，但'实践'是一个具有经验意义的概念，因而实践本体论的提法就缺乏充分的理据。其二，'实践'概念具有无限丰富的含义，在解释过程中经常出现各种歧义，从而导致把握上的困难。"③

2. 社会存在本体论

人们一旦触及社会存在概念，实质上就真正地进入了马克思主义的本体论视域。当读到晚年卢卡奇的《社会存在本体论》，似乎就告诉我们可以把社会存在作为《德意志意识形态》关键词谱系的本体论基础，看来比实践本体论可能更接近马克思哲学革命的本质。人们认为"社会存在"超验地居于基础地位和本原地位。马克思关注人类的实践活动，但在一切实践活动背后的社会存在比实践更具有本体意蕴，诸如商品的交换价值、货币、资本等就是社会实践的抽象。

>"分析经济形式，既不能用显微镜，也不能用化学试剂。二者都

---

① 《马克思恩格斯全集》第3卷，北京：人民出版社2002年版，第48页。
② 《马克思恩格斯全集》第42卷，北京：人民出版社1979年版，第124页。
③ 俞吾金：《马克思哲学是社会关系本体论》，载《学术研究》，2001年第10期。

必须用抽象力来代替。"①

社会实践的最高抽象就是社会存在。社会存在构成马克思主义哲学的本体。当然，与实践本体论一样，卢卡奇的社会存在本体论也有其局限性。正如俞吾金所批驳的那样，社会存在本体论有三个方面的局限性：

"其一，他强调自然存在本体论是社会存在本体论的基础，这就使社会存在失去了那种把自己的意义赋予全部存在物（包括自然存在物）的统一性和普遍性，相反，这种统一性落到了自然存在的身上，而自然存在本体论实质上也就是物质本体论；其二，他把超验性的社会存在理解为经验性的实践活动，所以他的社会存在本体论实际上只是我们前面提到过的实践本体论；其三，'社会存在'概念同样具有丰富的内涵，容易做出各种不同的解读，从而导致对马克思哲学理解上的模糊性。"②

所以，还得重构《德意志意识形态》关键词谱系的本体论基础。

3. "社会生产关系本体论"

社会生产关系本体论认为，一切社会存在在形式上和本质上都是人与人之间的社会关系，整个社会关系表现为社会存在的本质。马克思在《关于费尔巴哈的提纲》中指出：

"人的本质不是单个人所固有的抽象物，在其现实性上，它是一切社会关系的总和。"③

马克思在《雇佣劳动与资本》一文中还有这样的论述：

"人们在生产中不仅仅影响自然界，而且也相互影响。他们只有以一定的方式共同活动和相互交换其活动，才能进行生产。为了进

---

① 《马克思恩格斯全集》第44卷，北京：人民出版社2001年版，第8页。
② 俞吾金：《马克思哲学是社会关系本体论》，载《学术研究》，2001年第10期。
③ 《马克思恩格斯选集》第1卷，北京：人民出版社1995年版，第56页。

行生产，人们相互之间便发生一定的联系和关系；只有在这些社会联系和社会关系的范围内，才会有他们对自然界的影响，才会有生产。"①

马克思这段话似乎就是社会关系本体论者立论的依据，因为可以从中得出这么一个结论：

"每个人借以进行生产的社会关系，也就是'社会生产关系'，而社会生产关系正是使人的最基本的实践活动——生产劳动得以展开的本体论前提。"②

"马克思不但从'社会存在'的概念深入到作为'社会存在'本质的'社会关系'概念上，而且进一步从'社会关系'的概念上深入到作为'社会关系'的基础和核心的'社会生产关系'的概念上，并在这一概念上确立了自己的本体论。"③

马克思认为社会生产关系

"在一切社会形式中都有一种一定的生产决定其他一切生产的地位和影响，因而它的关系也决定其他一切关系的地位和影响。这是一种普照的光，它掩盖了一切其他色彩，改变着它们的特点。这是一种特殊的以太，它决定着它里面显露出来的一切存在的比重。"④

社会生产关系本体论者认为：

"马克思哲学革命的性质乃在于他创立了'社会生产关系本体论'，正是这一理论为我们透视一切社会现象提供了一把钥匙。"⑤

---

① 《马克思恩格斯选集》第 1 卷，北京：人民出版社 1995 年版，第 344 页。
② 俞吾金：《马克思哲学是社会关系本体论》，载《学术研究》，2001 年第 10 期。
③ 俞吾金：《马克思哲学是社会关系本体论》，载《学术研究》，2001 年第 10 期。
④ 《马克思恩格斯全集》第 46 卷（上），北京：人民出版社 2003 年版，第 44 页。
⑤ 俞吾金：《马克思哲学是社会关系本体论》，载《学术研究》，2001 年第 10 期。

(二) 马克思主义主体化存在本体论的来龙去脉

如上所述，理论界长期存在着关于马克思哲学的本体论之争：物质本体论、实践本体论、物质—实践本体论、社会存在本体论等。同时，其中有的学者却在探究构建本体论的方法问题。丰子义概括了关于马克思主义本体论的四个构建视角：

"1. 从'关系'的观点看待本体问题；2. 从活动、过程的观点来看待本体问题；3. 从生成论的角度来研究本体问题；4. 从'人'的观点来看待本体问题。"[①]

在马克思主义本体论构建方式发生转换的前提下，究竟什么才能充当马克思主义的本体呢？马克思主义方法论定位为本体论探索提供了参考。纵观马克思主义本体论探索的多种观点，马克思的"主体"即本体。既在整个《德意志意识形态》关键词谱系中居于初始化地位，又不失本体论属性与特质，马克思主义的本体应当是"主体"，马克思主义的主体化存在本体论有着丰富的内涵，在不同历史时期又包含着不同的内容，这在马克思主义本体论生成过程中的历时态逻辑中表现为四个阶段：

1. 第一阶段：《德谟克利特的自然哲学和伊壁鸠鲁的自然哲学的差别》——"原子主体化存在本体论"阶段

我们可以从马克思的博士论文**《德谟克利特的自然哲学和伊壁鸠鲁的自然哲学的差别》**中看到青年马克思的原子辩证存在的双重性：现象世界的客观性和本质世界的主体性，就像信息相对于物质似乎具有量子物理的波粒二象性那样：既有主观性又有客观性。这样一来，马克思的本体论构建就包含如下两个层次：

第一层次，马克思确立原子的实体地位："原子概念中所包含的存在和本质、物质和形式之间的矛盾，表现在单个的原子本身内，因为单个的原子具有了质。由于有了质，原子就同它的概念相背离，但同时又在它自己的结构中完成。于是，从具有质的原子的排斥及其与排斥相联的

---

① 丰子义：《马克思本体论思想的方法论》，载《天津社会科学》，2002年第6期。

聚集中，就产生出现象世界。"①

"在这种从本质世界到现象世界的过渡里，原子概念中的矛盾显然达到自己最尖锐的实现。因为原子按照它的概念是自然界的绝对的、本质的形式。这个绝对的形式现在降低为现象世界的绝对的物质、无定形的基质了。"②

第二层次，肯定原子的主体化本质，指出：

"那在物质的形态下同抽象的物质作斗争的抽象形式，就是自我意识本身。"③

"原子诚然是自然界的实体，一切都由这种实体产生，一切也分解为这种实体，但是，现象世界的经常不断的毁灭并不会有任何结果。新的现象又在形成，但是作为一种固定的东西的原子本身却始终是基础。所以，如果按照原子的纯粹概念来设想原子，它的存在就是虚空的空间，被毁灭了的自然；一旦原子转入了现实界，它就下降为物质的基础，这个物质基础，作为充满多种多样关系的世界的承担者，永远只是以对世界毫不相干的和外在的形式存在。这是一个必然的结果，因为原子既被假定为抽象个别的和完成的东西，就不能表现为那种多样性所具有的起观念化作用和统摄作用的力量。"④

最后，马克思进一步通过对德谟克利特和伊壁鸠鲁的原子论的比较，指出了德谟克利特的原子论的不足，德谟克利特只认识到原子的物质存在——一种无形式规定的抽象存在，把一切归结为必然性。"德谟克利特承认不可分割的、用理性可以直观的物体是自然界的本原。"马克思肯定了伊壁鸠鲁的原子偏斜说，赞扬伊壁鸠鲁对于偶然性的承认：

"伊壁鸠鲁原子偏斜说就改变了原子王国的整个内部结构，因为

---

① 《马克思恩格斯全集》第 1 卷，北京：人民出版社 1995 年版，第 49 页。
② 《马克思恩格斯全集》第 1 卷，北京：人民出版社 1995 年版，第 49 页。
③ 《马克思恩格斯全集》第 1 卷，北京：人民出版社 1995 年版，第 61 页。
④ 《马克思恩格斯全集》第 1 卷，北京：人民出版社 1995 年版，第 49—50 页。

通过偏斜，形式规定显出来了，原子概念中所包含的矛盾也实现了。"①

马克思指出，正是原子偏离直线的运动，才是原子的本质，正是原子偏离直线的运动，才使实体性原子成为"主体"。在此，马克思揭示了原子概念的内在矛盾以及从本质世界到现象世界的过渡。青年马克思的"原子"概念就像现代信息社会的"信息"那样具有量子物理式的波粒二象性，很难用列宁的"物质"定义加以准确描述。马克思在这里所讨论的问题实质上就是典型的主体化存在本体论问题，从青年马克思更重视原子偏斜学和行动自由的可能性看来，我们可以称之为原子主体化存在本体论。

2. 第二阶段：《1844年经济学哲学手稿》——"类主体化存在本体论"阶段

在1844年前后，社会问题成为马克思理论研究关注的焦点，他从对工资、资本、地租之间的利益关系分析入手，批判资产阶级国民经济学。资产阶级国民经济学从私有财产的事实出发构建理论体系，但却没有揭示其本质，没有揭示劳动与资本相分离以及资本与土地相分离的社会根源，直接把私有制作为其理论体系的出发点。马克思弄清了私有制与劳动、资本、地产三者分离之间的本质联系，揭示了三者背后的社会根源。马克思把费尔巴哈人本主义哲学的类本质思想与黑格尔的异化理论结合起来，阐明了自然存在物、对象性存在物、对象性存在等概念，并从存在论的角度论述了人的本质的双重属性——人不但是自然存在物，而且还是类的存在物：

"人不仅仅是自然存在物，而且是人的自然存在物，是为自身而存在着的存在物，因而是类存在物。他必须既在自己的存在中也在自己的知识中确证并表现自身。正像一切自然物必须产生一样，人也有自己的产生活动，这是人有意识地扬弃自身的活动。"②

"人是类存在物，不仅因为人在实践上和理论上都把类——自身

---

① 《马克思恩格斯全集》第1卷，北京：人民出版社1995年版，第38页。
② 《马克思恩格斯全集》第42卷，北京：人民出版社1979年版，第169页。

的类以及其他物的类——当作自己的对象；而且因为——这只是同一件事情的另一种说法——人把自身当作现有的、有生命的类来对待，当作普遍的因而也是自由的存在物来对待。"①

既然人是类的存在物，人总是在一定的目的和欲望支配下从事实践活动。人的实践活动把人的自由自主的活动与其他一般动物无意识的生命活动区分开来。其他一般动物只是被动地适应世界，而人通过有意识的实践活动主动地认识世界和改造世界。人类的实践活动就是人的本质力量的对象化过程，自然界转化为人化自然正是人的类本质物化的结果。人化自然或自然的人化与人的类本质是统一的。人的世界只是人的类本质的物化形式。

"从理论领域说来，植物、动物、石头、空气、光等等，一方面作为自然科学的对象，一方面作为艺术的对象，都是人的意识的一部分，是人的精神的无机界，是人必须事先进行加工以便享用和消化的精神食粮；同样，从实践领域说来，这些东西也是人的生活和人的活动的一部分。人在肉体上只有靠这些自然产品才能生活，不管这些产品是以食物、燃料、衣着的形式还是以住房等等的形式表现出来。在实践上，人的普遍性正表现在把整个自然界——首先作为人的直接的生活资料，其次作为人的生命活动的材料、对象和工具——变成人的无机的身体。自然界，就它本身不是人的身体而言，是人的无机的身体。人靠自然界生活。这就是说，自然界是人为了不致死亡而必须与之不断交往的、人的身体。所谓人的肉体生活和精神生活同自然界相联系，也就等于说自然界同自身相联系，因为人是自然界的一部分。"②

自然变成了人的无机的身体，人以类的方式占有着自然界，自然界成为人身体的延伸：

"正是在改造对象世界中，人才真正地证明自己是类存在物。这

---

① 《马克思恩格斯全集》第 42 卷，北京：人民出版社 1979 年版，第 95 页。
② 《马克思恩格斯全集》第 42 卷，北京：人民出版社 1979 年版，第 95 页。

种生产是人的能动的类生活。通过这种生产，自然界才表现为他的作品和他的现实。因此，劳动的对象是人的类生活的对象化：人不仅象在意识中那样理智地复现自己，而且能动地、现实地复现自己，从而在他所创造的世界中直观自身。"①

马克思通过对象化、异化打通了人与自然界的联系，并且把自然界纳入人的创造性活动之中，使自然成为类主体的作品，实现人与世界的统一，而在这个统一体系中，人的主体地位被确立，自然没有成为哲学的终极本原，人作为类主体成了世界统一体的最终决定力量，成为世界统一体的本体，这就是青年马克思的类主体化存在主体论。

3. 第三阶段：《关于费尔巴哈的提纲》和《德意志意识形态》——"实践主体化存在本体论"阶段

马克思在《关于费尔巴哈的提纲》中阐述了不同于黑格尔的新实践观，进而把人的本质、人的思维、感性直观、世俗基础、社会生活、宗教感情等问题作为他的考察对象，表明了新唯物主义不同于包括费尔巴哈唯物主义在内的旧唯物主义的立场，强调新唯物主义并不满足于解释世界，改变世界才是新唯物主义的最终目的。《关于费尔巴哈的提纲》和《德意志意识形态》在思想上是一致的。《关于费尔巴哈的提纲》是马克思新世界观的纲要，《德意志意识形态》则是《关于费尔巴哈的提纲》思想的展开。在《德意志意识形态》中马克思按照《关于费尔巴哈的提纲》的线索第一次系统地诠释了唯物主义历史观。马克思哲学正是在这一阶段上，进入了实践主体化存在本体论时期。但是，唯物主义历史观究竟是在何种意义上构成了世界的本体？在《关于费尔巴哈的提纲》中，马克思以实践来表征人的主体性活动，强调要从主体角度理解世界。整个世界也应该是按照主体的原则构建起活的、生动的世界：

"从前的一切唯物主义（包括费尔巴哈的唯物主义）的主要缺点是：对对象、现实、感性，只是从客体的或者直观的形式去理解，而不是把它们当作感性的人的活动，当作实践去理解，不是从主体

---

① 《马克思恩格斯全集》第42卷，北京：人民出版社1979年版，第97页。

方面去理解。"①

主体不仅是理解世界的原则,而且也是世界构建的原则,由此,主体成为世界的本体,不过这个主体是实践主体,这一本体论,也是实践主体化存在本体论。但是马克思所指的"实践"是"革命的实践"。

"环境的改变和人的活动或自我改变的一致,只能被看作是并合理地理解为革命的实践。"②

在马克思的视野中,不仅对象性世界——客观自然界是革命实践的对象,而且人类社会活动本身,也是实践活动的结果,他认为"全部社会生活在本质上是实践的"③,并且进一步指出：

"直观的唯物主义,即不是把感性理解为实践活动的唯物主义至多也只能达到对单个人和市民社会的直观。"④

在《德意志意识形态》中,马克思恩格斯批判了包括费尔巴哈在内的青年黑格尔派的观点,从总体上完成了对德意志意识形态——德国旧哲学的批判。对于本体论,马克思恩格斯不再正面论述世界的本体、世界的本原之类的问题,就是他们过去使用过的"人的本质""实体""类""人"等范畴也是以批判的方式提及。但《关于费尔巴哈的提纲》和《德意志意识形态》集中论述了唯物主义历史观,致力于剖析人们思想观念和现实生活的关系,讨论人类历史发展的原因和规律,本体论问题就不可回避,马克思恩格斯在《德意志意识形态》这一著作中没有使用社会历史的本体或本原之类的范畴,而是转换了叙述本体论的语言和方式,使用"历史的前提""历史的基础""物质实践""现实基础""现实前提""自然基础"等说法来表征本体论：

---

① 《马克思恩格斯选集》第 1 卷,北京：人民出版社 1995 年版,第 54 页。
② 《马克思恩格斯选集》第 1 卷,北京：人民出版社 1995 年版,第 55 页。
③ 《马克思恩格斯选集》第 1 卷,北京：人民出版社 1995 年版,第 56 页。
④ 《马克思恩格斯选集》第 1 卷,北京：人民出版社 1995 年版,第 56—57 页。

> "我们开始要谈的前提并不是任意想出的,它们不是教条,而是一些只有在想象中才能加以抛开的现实的前提。这是一些现实的个人,是他们的活动和他们的物质生活条件,包括他们得到的现成的和由他们自己的活动所创造出来的物质生活条件。因此,这些前提可以用纯粹经验的方法来确定。"①

在马克思的唯物主义历史观中,马克思的本体包含两个对象:在"历史的前提"和"现实的基础"。

在《德意志意识形态》中,马克思恩格斯确实论述了观察和分析社会的历史前提和基础理论。而社会的历史前提和现实基础是否就是本体呢?应该说,社会的历史前提和现实基础只是本体的两个对象和结果,本体只能是唯一的实践主体,无论是历史前提还是现实基础都是实践主体的对象化,实践主体才是社会的历史前提和现实基础的本原。这在《关于费尔巴哈的提纲》第一条中马克思就已经明确表明自己的态度。历史前提虽然能够充任历史起点,现实基础构成分析社会结构的逻辑起点,如果从逻辑和历史一致的角度出发,历史的起点也应当是逻辑的起点,反之亦然。但社会历史的本体却不能就理解为历史前提和现实基础。

4. 第四阶段:政治经济学批判——"关系主体化存在本体论"阶段

社会生产关系表现社会存在的本质,社会生产关系是人的最基本的实践活动——生产劳动得以展开的本体论前提。在政治经济学批判阶段,马克思已经将社会关系作为主体来理解。马克思的政治经济学批判也是缘起于《关于费尔巴哈的提纲》。早在《关于费尔巴哈的提纲》中,马克思就指出:

> "人的本质不是单个人所固有的抽象物,在其现实性上,它是一切社会关系的总和。"②

人的本质理论的界定确立了马克思主体人与社会关系的统一性,马克思将关系作为本体论来看待,但关系只是主体活动的连接形式,这样,

---

① 《马克思恩格斯全集》第3卷,北京:人民出版社2002年版,第22页。
② 《马克思恩格斯选集》第1卷,北京:人民出版社1995年版,第56页。

与其说是关系本体论，倒不如说是关系主体化存在本体论。

马克思政治经济学批判阶段把社会关系上升到本体地位来认识，在此基础上，20世纪以来的马克思主义研究把关系本体论发展到新的层面上来认识，哈贝马斯的主体间性理论就其本质来说就是关系本体论的不同表达方式。主体间性是主体间（"主体—主体"）关系中内在的联系，其实质是个人与他人、个体与群体、个人与社会，以及个人与国家的关系问题，它涉及多个主体间的主体互动关系，从而超越了传统主体客体间的单纯的主体—客体关系或主体—中介—客体的关系模式。主体间性理论强调主体间关系，而不是强调主体—客体关系，形成一种新的处理人与人、人与自然的关系思路和方法。哈贝马斯把劳动与交往当作人类最基本生产方式，交往的目的是达到主体间的理解和沟通，而在晚期的资本主义社会，在科学技术快速发展的前提下，劳动的合理化得以实现，并且劳动的合理化和科学技术的进步相得益彰，并驾齐驱，但其结果却是扼杀和湮灭了主体间的合理交往，把主体间关系降格为物的关系，所以，要扬弃技术异化，就要建立合理的交往模式，以主体间性取代劳动在传统社会和传统社会理论中的核心地位，从而取得社会历史理论的转向，实现历史理性的关注点从主体—客体结构向主体—主体结构的主体间性转换，据此，哈贝马斯要重建历史唯物主义的基础。交往合理性构成他全部理论的核心价值。哈贝马斯提出的交往合理化是单一主体性向主体间性的转向。近年来，我国学者针对马克思的政治经济学批判，不仅提出了关系本体论，而且以交往实践来表征马克思这一阶段的理论本质。任平提出的交往实践理论就是其中的代表。事实上，把马克思这一阶段理解为关系本体论、交往实践本体论只是从两个角度对一个问题的分别表述，交往实践本体论与关系本体论是存在的两个侧面：交往实践是活动的存在，而关系则是交往实践的形式。交往实践是动态的，关系是静态的，是存在的两种表现形态。然而二者都有缺陷，二者都是在忽视前提的前提下讨论本体问题，被二者所忽略的前提就是"主体"，因为无论是"交往实践"还是"关系"都是主体的"交往实践"和主体的"关系"，而交往实践本体论和关系本体论都避开主体来讨论本体论问题，显然是在舍本逐末。应当说，关系本体论是马克思主义的重要内容，交往实践本体论也是马克思主义本体论的重要内容，但二者分别构成马克思主义本体论内涵的一部分而不是全部，马克思主义的本体论应该是关系主体化存在本体论，只有关系主体才能担负起马克思政治经济学批判的历史使命，只有关系主体才最终构成一切实践活动背后的社会存在。由此说，关系主体是马克思这一阶段的本体论。

要想重建马克思主义的统一性，必须探索马克思主义哲学统一的本体论。马克思主义哲学的统一本体虽然是"主体"，但主体在马克思主义的构建历史中并不是一成不变的，而是经历了一个逐步完善的过程。这个过程就是"原子主体化存在本体论"—"类主体化存在本体论"—"实践主体化存在本体论"—"关系主体化存在本体论"四个阶段。在这四个阶段中，马克思主义本体论的属性即"主体化存在"没有改变，但主体的具体形式（原子、类、实践、关系）却伴随马克思理论探索的扩展而不断深化。其中，马克思的"主体化存在"打通了早期、中期和晚期马克思思想的联系，把分割的马克思主义啮合为一个统一的整体。现在按最大公约数通分把"主体化存在"提出来，由此推断马克思主义哲学的本体论可称之为"主体化存在本体论"。

在以往对马克思主义的认识中，无论是正统的马克思主义还是以各种面貌出现的新马克思主义，往往是选取某个阶段，或者从某个环节某个专业视角切入，进而展开对马克思主义的解读，由于缺乏马克思主义哲学的统一本体论基础，难免导致对马克思主义的肢解。既然在哲学上可以说，"存在是物质的同义语"，那么马克思在不同时期的不同语境中所说的原子、类、实践、关系之类具象化物质全都可以抽象为"存在"。在哲学意义上，"唯物主义"之物即"存在"。所谓"主体化存在"意味着"主体化物质"或"物质主体化"。其实就是马克思所说的"人化的自然"和"自然的人化"。说白了，"人化"就是"主体化"。由此可见，主体化存在本体论是在深入分析马克思话语体系的基础上，综合发掘的马克思主义哲学的统一基础，有利于《德意志意识形态》关键词谱系化研究服务于马克思主义整体性研究。

五、马克思主义"生存方式"概念及其生存论影响

厘清"现实的人"的"三重本质"或曰"三重人性"，旨在展开对资本主义生存方式进行现代性批判。马克思哲学诞生时的德国，资本主义逐渐兴起，原本的封建主义生产关系被新的资本主义生产关系所代替，大批农民脱离土地，不得不到资本家的工厂去劳动，结果导致了劳动异

化以致人的本质异化。人的生存方式从对人的依赖变成了对资本的依赖。在这个现实基础上马克思的哲学主旨就是要通过认识和改造世界来改变人被异化的生存方式。

(一) 马克思关于"生存方式"的现代性批判

马克思在《关于费尔巴哈的提纲》中大声疾呼:"哲学家只是用不同的方式解释世界,而问题的根本在于改造世界。"① 在他看来,以往的西方传统哲学是纯粹抽象的思辨活动,将哲学的对象——人与世界看作是静态的存在加以分析,秉持知识论立场的传统西方哲学家的最终目的是将哲学归纳为一种知识体系。正是传统西方哲学的知识体系无法真正融入人的生存意识之中,造成了其自身的发展困境。因为这种知识体系建立在主客分离且二元对立的思维模式基础上,无法真正地把人与世界连接起来,无法真实阐释人的生存方式性状。在马克思看来,实践是连接主观与客观世界的中介,或者说,实践把世界作为人的活动目标与活动意向的载体,是主客观的辩证统一。人在改造世界过程中同时必须改造自己的主观世界。这样才能更有效地把自己的主观目的通过实践贯注到客观对象中,从而实现人的本质力量对象化。人的本质通过这种主体化实践活动得到了升华,人因而进化成了区别于其他一般动物的高级动物,才有所谓"人是万物之灵长"。

人的实践活动也影响了自然世界。"人化的自然"与"自然的人化"使客观对象不再是与"我"无关的纯粹自在的外在世界了。马克思指出:

> "正是在改造对象世界中,人才真正地证明自己是类存在物,这种生产是人的能动的类生活。"②

不仅如此,正是因为实践活动这种人类特殊的生存方式,使得人与其他一般动物产生了本质性的区别:动物与其生命活动是直接同一的,只能按照自然的规定来维持生命,而人则是能够有意识地有目的地改造自然环境来实现自身的价值。

---

① 《马克思恩格斯选集》第 1 卷,北京:人民出版社 1995 年版,第 61 页。
② 马克思:《1844 年经济学哲学手稿》,中共中央马克思恩格斯列宁斯大林著作编译局译,北京:人民出版社 2000 年版,第 58 页。

> "可以根据意识、宗教或者随便别的什么来区别人和动物,一当人们开始生产他们所必须的生活资料的时候(这一步是由他们的肉体组织决定的),他们就开始把自己和动物区别开来了。"①

人的生存方式表现为人的本质属性的生成过程与实践活动是同一的,人的生命超越了动物的本能生命。人可以通过自己的力量改变世界,使之成为自己的对象,从而在不断的物质交换中实现人的自然本质的回归,这就是实践所蕴含的生存论内涵。

在《1844年经济学哲学手稿》中,马克思从劳动异化出发,全面揭示了资本主义条件下人的本质的异化问题,不仅揭示了人的社会本质的异化,而且还揭示了人的自然本质的异化。人的自然本质的异化,就体现在劳动产品和劳动本身的异化之中。

人的自然性是人的本质,马克思从这一前提出发分析了劳动产品异化。为什么说劳动产品的异化就是人的自然本质的异化?因为它意味着对人的生命的扼杀,对人的生活欲望的否定。什么是劳动产品?劳动产品是人的劳动的对象化结果,是人的生命在对象中的贯注,是人的自然本性的现实,是人赖以生存的物质资料。因此,人的自然本性要求人必须享有自己的劳动产品。但资本主义私有制使

> "劳动者同自己的劳动产品的关系就象同一个异己的对象的关系一样。""劳动者耗费在劳动中的力量越多,他亲手创造的、与自身相对立的、异己的对象世界的力量便越强大,他本身、他的内部世界便越贫乏,归他所有的东西便越少……劳动者把自己的生命贯注到对象里去,但因此这个生命已不再属于他,而是属于对象了。"②

马克思十分明确地把生命、生活、人的需要的满足,同人的本质看成是一个东西。马克思在《1844年经济学哲学手稿》中批判了国民经济学。

---

① 《马克思恩格斯选集》第1卷,北京:人民出版社1972年版,第24—25页。
② 马克思:《1844年经济学哲学手稿》,中共中央马克思恩格斯列宁斯大林著作编译局译,北京:人民出版社2000年版,第45页。

"基本教义是：自制，对生活和一切人的需要的摒弃"，结果是"你存在得越少，你表现自己的生命越少，你就有得越多，你的外化了的生命就越大，你的异化了的本质也积累得越多"。①

显而易见，如果否认自然性是人的本质，就无法理解劳动产品的异化何以构成人的本质的异化，因为这是用人的社会性所无法加以解释的。

为什么说劳动本身的异化体现人的自然本质的异化？因为在这里，马克思并不是从社会性来考察劳动，而是从自然性方面来考察劳动异化的。在马克思看来，人的生活就是活动，劳动正是人的活动的机能，是人的肉体力量和精神力量的自由发挥，是人的需要的满足，是人的内在的本性，是人对自身的肯定。但是，在资本主义的雇佣劳动当中，劳动者的劳动不是人的活动的机能，而成了动物的机能，不是人的肉体力量和精神力的自由发挥，是对自己肉体的损伤和精神的摧残，不是人的需要的满足，而是满足劳动以外的其他各种需要的手段，不是人的内在本性，而是不属于他的外在的东西，不是人对自身的肯定，而是劳动者自身的丧失。如果从人的社会性来考察，就无法理解资本主义的雇佣劳动何以是人的本质的异化。道理很明显，从社会性角度来看，劳动总是社会劳动，雇佣劳动则是社会劳动的具体形式，人的社会本质是社会关系的总和，工人的雇佣劳动者地位集中体现了他的社会关系，正是工人社会本质所在，何谈本质异化？因此，笔者认为，马克思所讲的劳动本身的异化，就是人的自然本质的异化。

总之，马克思的劳动异化理论确实包含着人的自然性是人的本质的思想。那么，我们能否把它作为研究人的本质的理论依据呢？长期以来，理论界一直存在着这样的观点，即马克思在异化理论中关于人的自然本质的论述，不过是费尔巴哈人本学的残迹，马克思在他后期成熟的理论中已经抛弃了这些观点。因此，它不能成为我们研究人的本质的理论依据。这种观点是有待商榷的。

首先，决不能把马克思在异化理论中关于人的本质的论述归结为费尔巴哈人本学的衍生品。诚然，在马克思的劳动异化理论中带有从费尔巴哈哲学脱胎出来的"痕迹"，这主要表现在一些术语的运用上。但是，

---

① 马克思：《1844年经济学哲学手稿》，中共中央马克思恩格斯列宁斯大林著作编译局译，北京：人民出版社2000年版，第88页。

在实质内容上,马克思的劳动异化理论远远高出于费尔巴哈的哲学。其中关于人的自然本质的思想也决非费尔巴哈思想所能比拟的。由于费尔巴哈"不了解'革命的''实践批判的'活动的意义",因此他心目中的人仅仅是感性的对象,并不是活动的主体。这样一来,不仅使他认识不到人的社会性,而且使他对人的自然性的理解也仅仅局限于人对自然界的依赖上。而马克思的异化理论,则始终围绕人的实践活动——劳动来阐发人之自由自觉的本质。这样就不仅揭示了人的社会性,而且赋予了人的自然性以主观能动性的含义。在马克思看来,人的自然性不仅在于人对自然的需求,而且在于人具有改造自然的"潜能",它表现在人的劳动活动和物化在人的劳动产品之中。因此,我们决不能看到一些费尔巴哈的术语,就否认了马克思对人的自然性的创造性思想同费尔巴哈理论的本质区别。其次,马克思在他后期成熟的理论中决没有否认劳动异化理论中关于人的自然本质的思想。当然,马克思在《关于费尔巴哈的提纲》等文章著作中确实着重强调了人的本质的社会性。但是,这并不和人的自然本质的思想相矛盾,而且和他关于人的自然本质的论述两璧合美,相得益彰。事实上,在马克思的后期著作中仍然有关于人的自然本质的论述。比如,马克思在《政治经济学批判大纲》中,谈及财富时指出:

> "其实,所谓财富,倘使剥去资产阶级鄙陋的形式,除去那在普遍的交换里创造出来的普遍个人欲望、才能、娱乐、生产能力等等,还有什么呢?财富不就是充分发展人类支配自然的能力,既要支配普通所说的自然,又要支配人类自身的那种自然吗?……在资产阶级经济学以及与其相当的生产时代里,把这种彻底发掘人类内在本质弄成了彻底空虚,把普遍物化弄成了全面异化,把打破一切固定的片面目的弄到为一种纯粹外在目的而牺牲人类本身的目的。"[①]

在这里,青年马克思是把人的自然性,诸如生存欲望、生存能力看成人的内在本质。因此,马克思关于人的自然本质的思想是马克思主义人性论的有机组成部分,足以成为我们今天研究人的本质的理论依据。

---

① 马克思:《政治经济学批判大纲》第三分册,刘潇然译,北京:人民出版社1963年版,第104—105页。

马克思认为，人最本质的生存活动应该是自由自觉的实践活动，但人的实然生存状态却处在被异化的状态中。劳动异化在资本主义制度下表现得非常明显。马克思对异化，尤其是对资本主义劳动异化，进行了深刻的批判。

劳动异化具体表现为劳动者所生产出来的产品变成了资本家赢利的商品，而不被劳动者所占有、所支配和所享用，反而成了奴役劳动者的外在的力量。青年马克思在《1844年经济学哲学手稿》中指出：

"劳动所生产的对象，即劳动的产品，作为一种异己的存在物，作为不依赖于生产者的力量，同劳动相对立。"①

劳动作为人的实践活动方式是一种基本生存方式。资本主义生存方式难以正常地体现人的本质力量对象化。一是工人同劳动产品之间相异化：工人生产物质资料的过程就是丧失这些物质资料的过程；二是工人与劳动过程相异化：在劳动过程中工人没有幸福只有痛苦——工人不仅仅要遭受过重的体力透支，而且也要遭受精神上的折磨；三是工人与人的类本质相异化：工人在劳动中无法实现人本身的基本属性。马克思对资本主义异化劳动下的生存状况作了深入的分析，由表面现象扩展到人的生存异化过程，最后深入到人的本质异化问题，逻辑清晰严密。

异化劳动下的生存状态使人的类本质发生了扭曲，使人自由自觉的实践活动变成仅仅是维持人类生存的手段，使人的主体化本质被物化与工具化。但同时马克思又指出，异化劳动是社会发展的必经过程，人的生存异化过程与社会进步过程是如影随形的，在历史发展过程中是无法避免的，也是符合历史发展规律的。不能简单地否定劳动异化现象。而是要探索克服异化劳动的历史规律和未来路径。所以，马克思提出了共产主义的解决方案。

异化劳动使人的实际生存方式表现为非主体化生存方式。若想实现人的主体化生存必须扬弃异化。扬弃异化就是要扬弃私有制，消灭剥削制度，实现共产主义。马克思指出：

---

① 马克思：《1844年经济学哲学手稿》，中共中央马克思恩格斯列宁斯大林著作编译局译，北京：人民出版社2000年版，第52页。

> "共产主义是私有财产即人的自我异化的积极扬弃，因而是通过人并且为了人而对人的本质的真正占有；因此，它是人向自身、向社会即合乎人性的人的复归，这种复归是完全的、自觉的和在以往发展的全部财富的范围内生成的。"①

共产主义才能结束人的劳动异化状态，使劳动成为真正自由自觉的主体化实践活动，使人的本质力量重新属于人自己，实现人对自身本质的真正的占有。在共产主义社会中，人成为总体全面发展的人，人的生存是自由自在的。人的自由生存不仅仅体现在个体上还体现在全社会。因为个人不是孤立地存在于世界之中，而是始终处于一定的社会关系中，每个人的自由发展都会成为他人自由发展的条件。

> "他自己为别人的存在，同时是这个别人的存在，而且也是这个别人为他的存在。"②

每个个人都成为为他的人，整个世界形成为一个完美的有机体社会。马克思恩格斯把共产主义称为"自由人的联合体"。马克思说："社会性质是整个运动的普遍性质。"③

马克思进一步指出人与自然的和谐关系体现在人与人的社会性中。自然只有进入到具有社会性的人的视野中才能够成为人的活动对象，才能具有属人性，才是"人化的自然"和"自然的人化"。所以，马克思说：

> "这种共产主义，作为完成了的自然主义＝人道主义，而作为完成了的人道主义＝自然主义，它是人和自然界之间、人和人之间的矛盾的真正解决，是存在和本质、对象化和自我确证、自由和必然、

---

① 马克思：《1844年经济学哲学手稿》，中共中央马克思恩格斯列宁斯大林著作编译局译，北京：人民出版社2000年版，第81页。
② 马克思：《1844年经济学哲学手稿》，中共中央马克思恩格斯列宁斯大林著作编译局译，北京：人民出版社2000年版，第82页。
③ 马克思：《1844年经济学哲学手稿》，中共中央马克思恩格斯列宁斯大林著作编译局译，北京：人民出版社2000年版，第83页。

个人和类之间的斗争的真正解决。"①

人的自由而全面的发展是马克思针对私有制对人的本质的反噬而提出的。马克思认为人应该

"以一种全面的方式,就是说,作为一个整体的人,占有自己的全面的本质"②。

只有扬弃私有制,实现共产主义才能使人以一种全面的方式实现自由而全面的发展。

马克思的生存论哲学与价值追求与人的自由而全面发展都是息息相关的。马克思的生存论以人自身的实践活动来理解人的主体化生存,没有将人的生存理解为固定的抽象的形而上学的存在,而是理解为超越主客二分的发展的具体的辩证的存在。③

(二)西方马克思主义者弗洛姆关于"两种生存方式"的比较研究

"重占有"还是"重存在",这是西方马克思主义者弗洛姆对"生存"概念的两类型解读。弗洛姆认为要"重存在"而不要"重占有"。这是弗洛姆生存论的核心观点。

弗洛姆认为,马克思主义之所以被称为新唯物主义,其"新"就新在不同于旧唯物主义仅仅是关注于物质与意识何者第一性的问题,而是理论聚焦于人的存在意义,即"人的现实的生存状态怎么样"。弗洛姆认为空谈人的本质或者空谈外部世界都是没有存在论意义的,重要的是关注世界对人的意义。因为人的本质就是人的生存,而生存本身已经加入了时间因素,是一种可能性和不确定性的辩证统一。弗洛姆比较好地诠释了马克思生存本体论的原意。他认为所谓人的本质就是一种潜能,是一种生成性的、动态的存在,而不是一种现成的、静态的存在。人作

---

① 马克思:《1844年经济学哲学手稿》,中共中央马克思恩格斯列宁斯大林著作编译局译,北京:人民出版社2000年版,第80页。
② 马克思:《1844年经济学哲学手稿》,中共中央马克思恩格斯列宁斯大林著作编译局译,北京:人民出版社2000年版,第85页。
③ 邹诗鹏:《对象化、非对象化与人的本质活动——兼论美感生成的生存论根据》,载《江西财经大学学报》,2011年第5期。

为高级动物，与其他一般物种相比，自然禀赋是有限的，为了弥补自身先天的不足，人类需要在现实的实践活动中去改造自己、发展自己和不断完善自己。

人类生命的本质是存在，必须"重存在"。但关于外部世界的理解，以往的哲学通常关注于"存在（Being）是什么？"这实际上就把"本体论"转化成了一个知识论的问题。马克思所关心的是"人是如何在历史中自己完成自己的"。马克思不是在探究自然的存在，而是在探究自然对于人的生存的意义，也就是所谓"自然的人化"，进而探究人与世界的联系是如何通过人的实践活动完成的，也就是所谓"人化的自然"。实践本身是一个生存论概念而非知识论概念。人在实践中所关心的是如何去认识现存的世界，并探究如何将一个可能的、潜在的世界变为现实世界，即可对象化的世界。可对象化的世界才能成为与人的生存方式相关的价值世界。这样一来，问题的重点再也不只是如何解释世界，而更重要的是如何改造世界。这样，马克思哲学就从纯粹本体论哲学升华为了生存论哲学。这就体现了新唯物主义的哲学意义。恩格斯是这样描述马克思新唯物主义的伟大贡献的：

"历史破天荒第一次被安置在它的真正基础上，一个明显而以前完全被人忽略的事实，即人们首先必须吃、喝、住、穿，就是说首先必须劳动，然后才能争取统治，从事政治、宗教和哲学等等，——这一很明显的事实在历史上应用的权威此时终于被承认了。"①

对于人类而言，生存永远是第一位的。人类只要在满足衣食住行等基本生存需求之后，才能追求别的需求。生存价值是人类追求的终极目标，也是人类各种行为动机的终极原因。马克思将生存这一主题凸显出来，表明了他对以往哲学的一种超越，马克思将这一问题提高到人类一切活动的基本前提，从生存论推动了哲学的革命。

弗洛姆正是在继承和弘扬马克思主义生存论哲学的基础上，进一步区分了人类生存方式的两种类型，即占有（to have）或存在（to be）。在日常生活中，人只是在这两种生存方式取向中二者取其一，要么以占

---

① 《马克思恩格斯选集》第3卷，北京：人民出版社1995版，第335—336页。

有（to have）为取向，要么以存在（to be）为取向。"占有"和"存在"概念并非弗洛姆首创，而是受马克思的《1844年经济学哲学手稿》的启发，从对资本主义的生存论拓展批判中引申来的。马克思指出：

"私有制使我们变得如此愚蠢和片面，以致一个对象，只有当它为我们拥有的时候，也就是说，当它对我们说来作为资本而存在，或者它被我们直接占有，被我们吃、喝、穿、住等等的时候，总之，在它被我们使用的时候，才是我们的。一切肉体的和精神的感觉都被这一切感觉的单纯异化即占有这一感觉所代替。人的本质必须被归结为这种绝对的贫困，这样才能从自身生育出它的内在的丰富性。"①

在弗洛姆看来，"重占有"或"重存在"这两种生存方式是马克思关于人的本质理论的核心。人与物之间的占有关系式是私有制的产物，而且资本主义社会只是将人当作物，进而把物转化为资本。人作为劳动力被物化为获利的工具，人与物之间所有的一切都转化为异化关系，即占有权。于是，人的主体化存在本质被颠覆了。弗洛姆认为在马克思的著作中无论是经济学范畴还是人类学范畴，始终都是围绕着人的"重占有"或"重存在"这两种生存方式展开的。

关于"重占有"和"重存在"这两种生存方式的论述，实际上在马克思的原著中并没有明确的表述，只是弗洛姆对马克思所提出的基础概念所进行的拓展性解读和引申。弗洛姆认为，对马克思原著精神的理解和概念的解释必须以实践经验为基础。正因为这一点，弗洛姆的理论体系比法兰克福学派其他学者的更为贴近马克思原意。因此，在解释"重占有"和"重存在"两种生存方式的区别时，经验依据主要来源于他所进行的临床心理治疗案例，他对大量个体和群体病症进行了具体研究。通过对这些第一手的案例进行充分的分析之后，弗洛姆认为两种生存方式的差别表现在对活物和死物的爱的不同，更进一步地说，这是两种截然不同的生存体验。每个人之所以体验强弱不同，是因为各自的性格不同，以及"重占有"还是"重存在"这两种不同生存方式对每个人

---

① 《马克思恩格斯全集》第42卷，北京：人民出版社1979年版，第124页。

的影响不同。从以上解读可见，弗洛姆认为，"重占有"还是"重存在"不仅仅表现为性格上的差异，更重要的是反映了各自生存方式和生命体验的区别。马克思原来主要强调经济领域的差别，弗洛姆进而加以扩充。弗洛姆为了证明自己这种扩充的合理性，进一步引用了马克思在《1844年经济学哲学手稿》中的这段话：

> "你的生存越微不足道，你表现你的生命越少，那你占有的也就越多，你的生命异化的程度也就越大。国民经济学把从你那里夺取的那一部分生命和人性，全用货币和财富补偿给你。"①

弗洛姆认为马克思这里所说的"占有"，就是一种感觉，就是对物的欲望以及那种自私自利的心理感觉。从本质上讲，马克思所说的"重占有"意味着一种生存方式，并不是指占有财富本身。

对人类思想史加以推敲便可知道，许多关注人的生存方式的哲学家，大多数理论核心就是对于"重占有"还是"重存在"这两种不同生存方式的抉择。马克思也不例外。在马克思看来，人过上了奢侈的生活是因为已经拥有占有物，人还处于贫穷状态是因为还没拥有占有物。但二者的"占有欲"并无本质区别，都是罪恶的。人生存的真正目的应该是去充分地实现人的"存在"而不是"占有"。从人的感觉角度来看，"重占有"还是"重存在"实质上是人对生存方式的两种不同形式的体验和终极考量。人类需要通过占有一定数量的东西来满足自身需求，用以获取基本满足。但在弗洛姆所处的资本主义社会中，有社会生产力的高度发展，财富急剧的增加，人类的物质欲望可以无限制的满足。但是，人占有许多东西的同时却没有得到幸福。这就是弗洛姆要批判"重占有"的生存方式的缘由。

从"重占有"转向"重存在"的生存方式，人可以充分发挥自己的潜能。马克思是这样描述的人的存在状态：人与人、人与自然之间的关系是充满活力和创造性的。人与人交往时不是依靠僵化的言语而是依靠自己的行动力。人要与自然融为一体。人的生活要与自然的特性保持一致。弗洛姆据此认为存在是指一种人的生存方式，在这种方式中人不占

---

① 《马克思恩格斯全集》第 42 卷，北京：人民出版社 1979 年版，第 135 页。

有什么,也不希望去占有什么。人与世界融为一体,充分发挥自己的创造能力,心中充满欢乐。人类与世界的联系就是这样一种真实的生存状态。这种存在状态是一种无法用语言描述的内心体验。

"重存在的生存方式的先决条件是:独立、自由和具有批判的理性。其主要特征就是积极主动地生存。"①

当这种生存状态普遍出现并成为人们的主要生活模式时,一个真正意义上的社会主义社会就真正出现了。因而,对"重占有"和"重存在"加以界定,这不但是评估人类真实生存状态的终极抽象,而且是弗洛姆眼中理想社会的愿景。

弗洛姆简明扼要地指出,重占有的生存方式"是建立在私有财产、利润和强权这三大支柱之上的"②。在重占有的社会中,人追求权力就是为了不断地攫取资源、占有财产和斩获暴利。重占有的生存方式使人的自我塑造和自我发展必须依赖占有,没有占有物人就无法生活。财富成了财富拥有者拥有力量和强权的象征,至于财富获得的路径和方法问题,似乎没有成为一个引人关注的重要问题,似乎财富与义务之间没有任何关系,似乎财富的获取正当性问题无需进行道德的考量。似乎只要不触犯法律的硬约束,人就可以无限地拥有绝对权利去获取财富和支配财富。

重占有和重存在这两种生活方式并不是截然分离的。"重占有"可以区分为功能性占有和纯粹的占有两种类型。其中,功能性占有就是生存性占有。因为无论是重占有的生存方式,还是重存在的生活方式,都是以保障人的基本生存为条件的。人要生存必须占有一定的生活资料,这是由人的自然属性所决定的。正如马克思所说,

"人们为了能够'创造历史',必须能够生活。但是为了生活,首先就需要吃喝住穿以及其他一些东西"③。

---

① Erich Fromm, *To Have Or To Be ?*, New York: The Continuum Publishing Company, 2008, p. 57.
② Erich Fromm, *To Have Or To Be ?*, New York: The Continuum Publishing Company, 2008, p. 57.
③《马克思恩格斯选集》第1卷,北京:人民出版社1995年版,第51页。

这些吃喝住穿等就是所谓的功能性的占有。功能性占有是体现在人的生存状态之中的，因而可以称为是生存性占有。为了维持人类基本生存的占有不会与人类的本真生存发生矛盾。那种为了维护强权的纯粹占有势必与生存性占有发生对抗性矛盾。弗洛姆认为，

"重占有的生存方式是从私有财产派生出来的。"①

占有观念实质上源于私有制观念。在重占有的生存方式中，人们唯一信奉的就是据众物为己有，并且一旦占有就可以永远将其保存下去。重占有这种生存方式的最大特点就在于排斥分享，消磨人性（主体化创造性）。人与占有物之间的关系是僵化的。主体一旦获得了占有物，在享用占有物过程中就无需再付出自己的能动性和创造性，所占有的一切就变成了死物。乍一看起来，人似乎拥有一切，但是实际上却一无所有，因为人所有的、所占有的和所统治的对象都是生命过程中的暂时瞬间。

"在重占有的生存方式中，我与我所拥有的东西之间没有活的关系。"②

人所拥有的东西与人本身都变成了物的关系。甚至反过来，人所拥有的物也占有了人自身。因为要证明自己的实力必须尽可能多地占有。这使人的存在是以物的存在为依据。主体和对象之间是没有任何生命力，更不要说创造性。重占有的生存方式导致了人的异化。

弗洛姆在综合马克思和弗洛伊德的观点后，对重占有的生存方式提出自己独到的观点。"重占有"的生存方式之所以普遍流行，是因为受制于社会的基本规范，是因为

"有效的社会规范也影响到社会成员的性格。……他们的主要特

---

① Erich Fromm, *To Have Or To Be?*, New York: The Continuum Publishing Company, 2008, p. 63.
② Erich Fromm, *To Have Or To Be?*, New York: The Continuum Publishing Company, 2008, p. 63.

征是，有要获取财产，保持它和让它增殖即赚取利润的意愿。"①

在这种主流的社会规范的引导下，人们会认为"重占有"的生活方式是唯一选择。

在"重占有"的社会中，人们会迷恋自己的占有物，并且在占有的基础上，人们还要想尽一切办法使自己所占有的东西增值，以便从中获取更多的利润。例如，在农牧社会中流行的观念是，

"最大的享受由于大概不在于对物的占有上，而在于对生物的占有。"②

男人占统治地位的世界在人类历史上延续了五至七千年，虽然到今天这种制度已经开始动摇和瓦解，但在许多落后的国家和地区还是广泛存在的。从法律制度表面上看，妇女儿童的被占有地位发生了改变，似乎已经被解放了。但实质上，由于当今大多数发达社会建立在私有财产、利润和强权的基础之上，"重占有"的现象并没有消失而是在不断扩大其范围。根据弗洛姆的观察，人们不但可以把有形的事物作为占有对象，如金钱、财富、艺术品等，而且可以将无形的东西纳入占有的范围，如友谊、爱情、健康。人们不仅对物采取占有的方式，而且对人、对情感、对思想也表现占有的态度。人与人之间在交往过程中也有占有感，如人们现在总是习惯说我的老板、我的员工等。这些人际关系表述凸显了其中的占有关系，把本来生动活泼的互动关系或者说互相依存关系，异化成了权力阴影下的被动关系。更难以理解的是，人的自我本身（包括自己的肉体、姓名、地位、知识、想法等）也被"重占有"异化为权力的牺牲品。在"重占有"的状态下，人的自我存在价值似乎不是依靠自身潜力的发挥和富有创造性的劳动来丰富的，而是依靠自己能占有多少占有物来体现的。总而言之，"重占有"的影响无孔不入，渗透到了生存方式的方方面面。

---

① Erich Fromm, *To Have Or To Be?*, New York: The Continuum Publishing Company, 2008, p. 58.

② Erich Fromm, *To Have Or To Be?*, New York: The Continuum Publishing Company, 2008, p. 58.

弗洛姆从研究 19 世纪以来西方社会观念的结果发现，除了上述占有范围的扩展之外，人们的占有观念和占有心态也在发生变化。在第一次世界大战之前后，人们为了能长期拥有自己所占有的一切，总是将自己所能获得的东西都长久保存起来。于是，流行的观念便是"东西越旧越好"。第二次世界大战以来，科学技术日新月异，社会经济高速增长，生产过剩的经济危机周期越来越频繁，为了巩固私有制，赚取更大的利润，社会观念特别是消费观念也随之发生改变。超前消费、过度消费和透支消费成了一种趋势。这种思想观念指导下的消费是一种非理性的异化行为。人们生活在资本主义物欲横流的世界中，产品新旧更替加快，因而占有的模式也发生了变化，从长期的占有变成了一种暂时的占有，即

"购买—暂时占有和使用—扔掉（或尽可能地做一笔有利可图的买卖，换一种更好的型号）—买进新的，如此往复"①。

弗洛姆从当代消费行为的异化性中深刻剖析其生存论分析意义。以汽车消费为例，弗洛姆发现其中存在一个矛盾，即一方面汽车是占有对象而被占有，而另一方面则是对每款车型的兴趣极其短暂而频繁更新，不再像传统的"重占有"行为了。究其原因有五：

原因之一，人与汽车之间的关系非人化——物化或者说异化了。如前所述，某人所占有的小汽车成为了自我占有的一部分，成了某人社会地位的象征，成了某人的一种权利扩张。

原因之二，频繁更换新的汽车似乎在强化自我占有感。人把对不同汽车的占有和使用过程当作一种掠美行为体验，增强了自我支配物的统治感、征服感。

原因之三，占有感的基础之一就是利润，小汽车以旧换新可以满足人们内心深处的获利感。

原因之四，人需要寻求新的刺激，而新汽车被占有的时间越长，这种刺激感也就越小。频繁地更换小汽车就可以使这种刺激的强度和持续时间得到加强和延长。

原因之五，"重占有"的社会表现从资产囤积型逐渐转变为一种商

---

① Erich Fromm, *To Have Or To Be ?*, New York: The Continuum Publishing Company, 2008, p. 59.

品销售型。但并不意味"重占有"社会取向的消失,而仅仅是以一种新形式替代原有形式。

私有制、利润和强权三个关键点是维护"重占有"的生存方式的三大主要因素。此外还有其他一些因素。

第一是人类的语言。"重占有"的社会通过语言向人们灌输并强化"重占有"的价值理念。特别是通过广告传播,把人的姓名或某个语言符号类比为人的等价物,暗示所指代等价物是可以永存不灭的。在叙述某个商品时,似乎都是一成不变的实体,而实际上对这些商品消费不过是引起人们身体产生某种感觉的能量转变过程而已。"社会教会了我们把身体上的感觉转变为知觉,从而能控制我们周围世界(和我们自己),以便在一定的文化环境中生存下去。"① 也就是说,人们永久占有某物的想法只能是一种幻想。表面上人可以拥有一切,但实际上却一无所有。人所拥有的只能是生命过程中的某种体验而已。

第二是人类的求生本能。在一个"重占有"的社会中,求生本能被不断地突出和强化。如埃及法老建造金字塔,用以保存死后尸体永远不朽。人们的潜意识中似乎自我等于我占有的物,只要这些物不消失,那自我就不会消亡。

"只要我是资本的拥有者,那么继承法的机制就会使我的生存是永恒的。"②

古代埃及人通过不朽的木乃伊来保证自己的永生,而当今的人们则通过遗嘱来使自己长存,虽然发生了形式转变,但实质上都是以占有来象征生命的永恒。

第三是人类的生理性"纯粹消极感受期"。将弗洛伊德的精神分析知识融入到哲学理论中来,这是弗洛姆的生存论的重要特色。弗洛伊德发现所有的孩子都存在一个纯粹消极感受期——所谓"肛门期"。这种性格癖好的人是为存储物品而生的,不断存储的对象可以是财物、饰品、

---

① Erich Fromm, *To Have Or To Be?*, New York: The Continuum Publishing Company, 2008, p.67.
② Erich Fromm, *To Have Or To Be?*, New York: The Continuum Publishing Company, 2008, p.67.

情感和语言。弗洛伊德意在通过对这种性格表象进行直观的精神分析，而对所处的社会运转方式和"重占有"生存方式进行间接批判，因为这种社会性格会成为决定人行为的潜在力量。弗洛姆认为这种社会性格特征已经成为"重占有"社会的病态黏合剂。在一个"重占有"作为大多数人价值取向的社会中，人们一旦扔掉财富的拐杖，便会感到不安和失落。其实，这都是这个"重占有"的社会灌输给人的错觉。如果"重占有"在整个社会中是主导性价值取向，那么，这个社会就是病态社会。

"重存在"的生存方式的基础是什么？这个问题似乎不好直接回答。弗洛姆认为，现在人很难体验到"重存在"的生存方式。因为在一个私有制社会中，只有"重占有"才能生存下来，而一无所有就意味着自我消亡。这是"重占有"社会的主流观念。

现在还很难明确地定义"重存在"的生存方式。弗洛姆力图通过对两种生活方式对比来探索答案。"重存在"的实质是一种体验，而体验是难以用语言进行准确描述的。因为"重占有"涉及了物，而物是具体有形的，因而是易于加以描述的。一旦用语言来定义"重存在"的生活状态，展现出来的只是每个独特自我的人格面具。而人格面具本身也是一种死气沉沉的物，难以表征朝气蓬勃的人。究其根本原因，人只可意会而难以言传，因为人的存在是由许多方面的体验组成的。就像各人的指纹一样都是独一无二的，试图将其独特性说完整、说精确，那必定是徒劳的。因为

> "一种体验转变为思想和语言的时候，这种体验就烟消云散了，它变得僵死干瘪，成为单纯的思想。"[1]

人的体验是丰富多彩的，而语言本身就像是个容器，人们可以用它去容纳自己的体验和经历，但是容器与它所容纳的体验以及体验本身已经截然不同，甚至完全是两回事。

尽管人们很难用语言对"重存在"加以定义，但还是可以明确地指出它产生的条件和特征。弗洛姆认为，"重存在"的生活方式之首要条件和最大特征是人要具备独立的、自由的批判精神，并积极主动地视生

---

[1] Erich Fromm, *To Have Or To Be ?*, New York: The Continuum Publishing Company, 2008, p. 72.

存为第一。而这种积极主动性是一种发自于人内心的活动，是人在生存过程中富于创造性的活动，人可以自我更新、自我成长，不断地贡献自己的智慧和力量。弗洛姆认为，"重存在"的生存方式本身就是人们对各种层面"重占有"习惯的动态改造过程。弗洛姆特别援引了 M. 洪茨格尔的例子来说明"重存在"生活方式的特点。一块蓝玻璃看上去是蓝色的，并不是因为蓝玻璃占有了什么蓝色因子，而是因为它的存在本来就是那个样子。"重存在"的生存方式倾向于引导人们逐步摒弃自我中心和自私自利的想法，把自己所占有的物看作身外之物。那么，生存的本质，即自由自觉的本质，就渐渐地显现出来了。一旦人们抛弃对一切外在的东西的占有之后，人能够充分地使自己的本质力量对象化，失去的只是"重占有"的生存方式，站立起来的则是一个真正意义上的人。

重存在的生存方式倚重积极的行为能力。重存在与人的主观能动性是相一致的，而与人的消极被动情绪则是背道而驰的。关键要辨析清楚主动与被动的不同含义。

在现代社会中，人的主动性意味着通过自己有目的行为引起有利于社会的变化。这样去定义主动性从表面看似乎没有什么不合理。但是，弗洛姆从中看出了问题，在这种定义描述中人的感受被忽视了。现代意义的主动性只是注意了行为本身，而忽视了这样"主动"的人与其所从事活动是否有任何内在的关系，到底是出于自身对工作的兴趣，还是仅仅因为生活所迫不得已而为之。弗洛姆认为非常有必要从更深层次探讨"主动性"的含义。必须把真正的积极主动与被动忙碌加以区分。换句话说，必须要区分假主动与真主动。所谓忙碌，恰如当今人们热议的"内卷化"现象，也就陷于了异化的"主动"之中。由于异化的主动行为本身是外在的，因而人并未感觉到自己是主体。人的体验只是行为的结果，单就这个结果本身来说，要么与行为主体相脱离，要么超乎于人之上，要么是与人相对立的"彼岸"的东西。人如果是在内在的或外在的力量驱使下才进行活动，就无法体验自身的存在，而最终活动结果与自我感觉是相脱离的，是没有自我满足感的。弗洛姆以临床催眠状态下的强迫性神经官能症病人为例，用来证明在重占有社会中存在这种假主动。而这种假主动实际上不过是一种被动的变种或被动的变相而已。

与上述假主动的"忙碌"相对立的是真主动。在整个社会活动过程中，"主动"的原动力来自人自身，人可以清晰地体验到自我的主体性。

这种的主动是一个创造、生产的过程。这个过程是自我力量与能力的表现过程。我、我的活动和我的活动结果连结为一体。主动活动的一个重要特点就是具有创造性。弗洛姆这里所说的创造性并不是像艺术家和科学家那样一定要创造某种新的、新颖的、有独创意义的东西，而主要是指人类活动要体现人所共有的主体化行为特质。也就是说它不太注重行为结果，因为那只是物，而注重的主要是行为者在行动过程中的内心体验和主体化感受。弗洛姆举例说，读者在阅读诗歌时只要能感受到作者用语言词汇表达出来的思想情感，并产生了思想情感共鸣，那么虽然读者并没有创造任何新东西但却有新的感受和感情，所以可以说他的阅读活动是创造性的。阅读本身并不带有功利性，阅读的目的不是为了产生某种艺术或者学术成果。弗洛姆认为每一个具有健康感情的人都具有这种创造性性格取向。一个具有创造性的人可以把自己的全部身心融入到活动中去，赋予其活动对象以生命力。在赋予他人或物以生命力的同时，自我潜能也就得到了实现。

简而言之，"主动"与"被动"的含义完全不同。浑浑噩噩的"忙碌"只是假主动，身体表面上看起来是主动的，而心灵和精神实际上是被动的，因而没有任何主体创造性可言。但与之对立的真主动，显得悠然自得，实质上是真正具有创造性的。

仅仅这样总结"主动"与"被动"两者间的差别似乎还是不够的。回顾一下历史便知，具有创造性的真主动是存在过的。从许多伟大的思想家的相关论述就可以找到答案。在古希腊罗马时代，伟大的思想家亚里士多德就用"实践"一词来概括主动的活动。他所描述的主要是城邦中的自由人。因为他所说的实践是不包含体力劳动在内的。那时生产力水平低下，还谈不上资本使劳动异化的问题。当城邦自由人进行活动时，他们所从事的必然是一种富有创造性、充满活力的工作。

> "实践中的最高形式——甚至高于政治活动——是专心致志地寻求真理的冥想生活。"[①]

冥想本身是人类理性活动中最高贵的部分。奴隶虽然有时候也可以

[①] Erich Fromm, *To Have Or To Be?*, New York: The Continuum Publishing Company, 2008, p.75.

像自由人一样享受感官的感性乐趣,但却无法分享幸福的生活,因为奴隶的劳作是一种被动的活动。奴隶只是被当作会说话的牲口而无人格。只有自由人才有人格,才可以在冥想中达到与道德相一致,才能感受到身心愉悦幸福。在亚里士多德看来,"冥想"让人生贡献给内心的静寂和精神上的启迪,是人的活动的最高形式。但托马斯·阿奎那则认为一般人的日常生活,只要是为了达到幸福目的,只要是能控制自我的感情和身体的话,那这种生活也算是具有主动性的。与托马斯·阿奎那同时代的教士埃克哈特也认为,主动来自最高的道德和精神信念。因此,以上三位思想家都对无意义的忙碌持否定态度,因为这种假主动的忙碌与人的精神和灵魂是相脱离的。

进入到资本主义时代的斯宾诺莎对主动的含义有了比前辈更深刻的理解。他观察到社会和一般民众的变化,发现了"无意识"现象。他借此对主动和被动之间的区别作了更为系统而精确的分析。斯宾诺莎在《伦理学》中把主动和被动视为人的心灵的两个基本功能取向。

首先,"主动"的一个显著标志,即行动符合人的本性。在斯宾诺莎看来,出于人的本性的行动就是"主动"。不管行动是发生于人的内部或外部,行动的原因在于人自身。因而人也就能非常清晰地说出其原因并彻底了解行为本身的意义。在此基础上,斯宾诺莎进一步说明,判断善恶、成败、幸福或痛苦、主动或被动的唯一标准是看行动是否体现人的特性。人的行为越接近人性,人在行动中所体验到的幸福感和自由感就越多。

其次,"主动"的另一个属性就是人的理性。人的理性指的是人们的行动与自己的生存条件的适应性,并且能意识到这些条件的现实性和必然性。也就是说,人能认识自己采取行动的理由。反之,人如果不明白自己为什么采取行动,这样的行动就是盲目的行为,就是被动的和消极的行为。

再次,斯宾诺莎区分了情感上的主动和被动。"主动"的情感内生于人的生存条件之中,而被动的情感则是受生存环境内外畸变而引起的。"主动"与理性、自由、幸福、快乐和自我完善相联系,被动则与非理性、屈从、悲哀、软弱和人性畸变相关联。因为"受非理性的激情驱使的人的心灵是病态的"[①]。人的生存方式是正确还是错误决定人的心理是

---

① Erich Fromm, *To Have Or To Be?*, New York: The Continuum Publishing Company, 2008, p.77.

健康还是病态。心理健康是正确生活的体现，心理变态则是人不能按人性去生活的结果。斯宾诺莎对主动和被动的区分是非常具有现代意义的。斯宾诺莎身处资本主义的初始阶段，以其敏锐的眼光发现了"重占有"的自由资本主义时代，人性受到多方面扭曲，特别是心理方面。如今到晚期资本主义时代，对金钱、财产和名誉孜孜以求已经成为主流社会意识中的正常信条。但按照斯宾诺莎的观点，这样的现代人恰恰是消极、被动的人。斯宾诺莎以其主动和被动的思想穿越了时空，对当代工业社会进行了激烈的批判。弗洛姆与斯宾诺莎的思想是一脉相承的。

弗洛姆的思想源泉主要是马克思的经典原著。因而，弗洛姆特别重视马克思关于人的本质和存在问题的理解。马克思在《1844年经济学哲学手稿》中专门谈到"自由的、有意识的活动"是"人类的性格特征。"也就是说：

"劳动就是人的活动，而人的活动就是生活。"①

劳动就是人类的生存方式。在马克思看来，资本代表着过去，因为资本是积累的产物，是僵死的。因而，劳动与资本之间的斗争，就意味着生存与占有、人与物、现在与过去的斗争。在资本主义制度下人的"自身活动"遭遇了障碍，而在未来的共产主义社会中，人的生活将得到各方面重建，人通过劳动达到人性的复归。深层次的意义在于，除了突出人的主动性——主体性这一本质标志之外，人的生存环境契合人的性格结构和行为动机。每个人的行为似乎都可以反映人的生存本性。

但弗洛姆认为这还不够完美，这还只是反映人本质的一个面具、一个侧面而已。人的真正的生存在于人的内心之中，那是人所未察觉，也不能直观的深层部分。这一层次就是弗洛伊德所说的"无意识领域"。无意识领域是不合理压抑性体验、幼稚初始化体验和纯粹个人化体验的综合。被社会认为是正常的人意味着这个人的行为是建立在意识之上的。

"我们所意识到的那些动机、观念和信念是有错误的信息、偏见、非理性的热情、合理化和成见混合而成的，在这些成见当中有

---

① Erich Fromm, *To Have Or To Be?*, New York: The Continuum Publishing Company, 2008, p.78.

某些漂移不定的真理，从而使我们产生了一种（当然是错误的）可靠感，以为这种混合物是真实的。"①

但这实际上是错误的观念，真正被压抑的是对实际存在的"知"和对真实事物的"知"。人们往往是按照未被压抑的意识去生活。真正人的生存恰恰应该注重真相，而不该被虚幻的假象所蒙蔽。"任何扩大生存领域的努力都意味着我们对周围世界、他人以及我们自我的真实存在有了更多的了解。"② 只有透过表面现象看本质，把握了人的真实状况，才能达到真正意义上的主体化生存。

弗洛姆所处的时代资本主义高度发达，重占有的生活方式主宰社会的方方面面。大多数人认为，在这样一个社会中，重占有的生活是势在必行的、无法变革的。况且，人性有懒惰和被动的本能。如果没有物质刺激，整个社会将无法前进。但是，弗洛姆认为事实恰恰相反，在每个人的本性中都具有重占有或重存在的因素。对于这两种生存方式人都有可能去实践。由于现代社会的基本特征使然，重占有在人性中成为了主导倾向。从日常生活表层看，似乎重占有成了人的"天性"。其实，在人的许多点滴行为中都可以反映出，与生俱来的人性中具有主体化生存的深刻愿望。例如，在战争环境中表现出人的牺牲精神；在罢工斗争中，工人们为了提高工资和维护自己的尊严而团结一致；护士、医生、修女等在职业工作中体现出不计任何报酬而奉献自己的精神；人类之间拥有真正的爱；等等，这些实例说明人的无意识中就有"重存在而不重占有"的潜意识。

人在内心深处是渴望与他人结合为一体的，而这种感情需求就是深植于人的生存条件之中，是人的外在行为的内在动力。当人类脱离自然界获得理性时，在人的内心深处也出现了一种孤独感。为了消除这种孤独感，人们渴望与他人结为一体，而这种内心的冲动也就成了人的行为动力。与外界结合的形式可以是多样的，例如劳动中联合、偶像崇拜、民族认同等。一个社会要能够前进和发展，就必须要促进人的联合和团

---

① Erich Fromm, *To Have Or To Be ?*, New York: The Continuum Publishing Company, 2008, p. 80.

② Erich Fromm, *To Have Or To Be ?*, New York: The Continuum Publishing Company, 2008, p. 81.

结。由于在每个人的人性中都有两种可能性,一种是占有倾向,它源于人要活下去的生物需求;另一种是存在的倾向,它源于人的精神永存的文化需要,以奉献、分享和牺牲为乐,受特定的生存条件和文化信仰的影响。所以,对两种生存方式进行抉择的可能性都是存在的。在一个"重占有"为主导的社会中,社会结构和价值规范强化"重占有"的倾向,促使人们去追求财富、金钱和地位等,这样一来,"重占有"的生存方式就可能成为社会的主流。相反,如果社会结构和价值观等鼓励人"重存在"和重分享,那么人们"重存在"的潜能就可以自由释放,"重存在"的生存方式就会成为社会的主流。弗洛姆认为:

>"我们的决定在很大程度上是受一个社会的社会经济结构制约的,社会让我们优先做出这一选择或那一选择。"①

因而,鼓励"重存在"的生活方式要从主观和客观两方面努力。首先,要致力于社会经济结构的根本性变革,扬弃资本主义私有制,重建"个人所有制"。其次,人类对自我的本性要有充分认识和觉悟,要致力于主—客观两者的相互作用。最终要把"重存在"当作一种人类追求的全新生存方式,一种未来社会的主流生存方式。

(三) 海德格尔生存论后现代转向及其启示

海德格尔哲学的底层逻辑是生存论后现代转向。但海德格尔哲学早中晚期用到的术语却是不能互通的。早期海德格尔哲学关键词是"此在";中期海德格尔哲学关键词是"林中空地";晚期海德格尔哲学关键词是"诗意栖居"。

20世纪20年代的德国经历了第一次世界大战的失败,德国人在心理上受到了重创,其民族自豪感与优越感沉沦,惶惶不可终日于怀疑与不确定性之中。于是,愁云惨淡中兴起了存在主义哲学。这就是海德格尔从主体论向生存论转向的历史背景。美国的威廉·巴雷特《非理性的人》一书对此作了这样的描述:

---

① Erich Fromm, *To Have Or To Be?*, New York: The Continuum Publishing Company, 2008, p. 86.

"1914年8月粉碎了那个人类世界的基础，它使人们看到社会的表面稳定、安全和物质进步同一切人间事物一样，都是建立在空无的基础上的，以致于欧洲人，像面对一个陌生人一样面对自己。当他不再面对一个稳定的社会和政治环境的容纳和庇护时，他看到理性的、开明的哲学不再能够保证令人满意的回答'人是什么'这一问题，来给他慰藉。因此存在主义哲学（同许多现代艺术一样）是资产阶级社会处于解体的产物。"①

资本主义社会生产力的发展没有带来文明的辉煌，反倒带来了战争与毁灭。第一次世界大战后出现的存在主义哲学表明，人们迫切希望回到人本身，重新审视人自身生存的意义。

哲学发展史是一个不断进行自我否定的历史，传统西方形而上的哲学，一直追求着终极本体和绝对价值，将人与生活世界分离开来，不是依据生活世界的实践来理解人和寻求人的价值，而是把人的价值维系在遥不可及的彼岸的所谓终极本体上。这种传统源于西方哲学非此即彼二元对立的思维方式。这种二元对立的世界观内含无法解决的问题，即无法解决人与其现实生存世界的矛盾对立。此时欧陆上大多数人已经无法再接受这样的世界观。新锐哲学家们发现了传统哲学的不合理之处，开始从对彼岸终极本体的追求转向对此岸人的现实生活的关注，及其对"大写的人"生存方式的启示。

海德格尔的生存论哲学总的来说可以分为两个不同的时期，海德格尔的前期思想与后期思想虽然关注的侧重点有所不同，但始终都是在研究人的生存方式，并把该问题作为自己哲学研究的核心主题。《存在与时间》是海德格尔前期思想的代表作，其生存论关键词叫作"此在"。1936年发表的《荷尔德林和诗的本质》是海德格尔后期思想转向的代表作，主要转向批判技术对人的统治以及回归诗意般的栖居，"大写的人"有了某种终极意义上的生存方式。海德格尔的生存论产生于后现代转向的理论大潮之中，开创了新的研究范式。可以说，海德格尔哲学开创了人的生存论革命。

——海德格尔早期的"此在"生存论。德国哲学家海德格尔从存在

---

① 〔美〕威廉·巴雷特：《非理性的人——存在主义哲学研究》，杨昭明译，北京：商务印书馆1999年版，第33—34页。

出发，认为存在不是自明之物，人们往往认为存在是最基本的概念，其实人们在说一件物的时候，不是在说存在，而是在说存在者。其代表作《存在与时间》描述了人生在世的情形，即"此在"（人之存在）生存论。海德格尔开启了从对主体中心论的质疑——此在者终有一死，问题在于如何"向死而生"返回本真存在，这是一种存在世界的全新世界观。

在《存在与时间》中，海德格尔对"此在"下过这样的定义：

> "这种存在者就是我们向来所是的存在者，就是除了其他可能的存在方式以外，还能够对存在发问的存在者。"①

由此可知海德格尔所指的"此在"不是随便某一固有的现成的一般存在物，而是一种特殊的具体存在者。

> "此在"的存在者具有"向来所是"以及能够"对存在发问"的性质，"总也就是我的存在"。②

包含着向来我属的性质（Jemeiningkeit），似乎属于唯我论。也就是说，"此在"的存在具有个体性，生存是按个体自身进行的——一个个体就是一个生命、一个人。个体生存的发展变化就是"此在"的发展变化。"此在""对存在发问的"性质指的是"此在"的存在者（人）能够对自身进行领会，这就是中国人所说的"自觉"和"觉悟"，并且"此在总是从它的生存来领会自身：总是从它本身的可能性——是它自身或不是他自身——来领会存在"③。"此在"的两种属性都揭示了"此在"的过程论性质，即"生存"。"此在"的"生存"本质上表明了人不是永恒固定的存在物，而是在存在过程中可以不断生成多种多样可能性的存在物。如果要真正理解"此在"的生存本质就要理解"它怎样存

---

① 〔德〕海德格尔：《存在与时间》，陈嘉映、王庆节译，北京：生活·读书·新知三联出版社2006年版，第9页。
② 〔德〕海德格尔：《存在与时间》，陈嘉映、王庆节译，北京：生活·读书·新知三联出版社2006年版，第42页。
③ 〔德〕海德格尔：《存在与时间》，陈嘉映、王庆节译，北京：生活·读书·新知三联出版社2006年版，第49页。

在"的过程。

在海德格尔看来,"此在"的存在虽说形体具有个体性,但生命过程却不是个体化的。"此在"(我)并不是孤立地存在于世,而是结构化地存在于世。"在世界之中存在"(In-der-Welt-Sein)"我"从来不是一个孤立的主体。"在世界之中"也可称作"在世",从字面上的意思来理解,"此在"不是孤立地存在世界之外的,而是与其所处的世界紧密相联,不可分割的。

海德格尔所指的世界是否就是人居的生活世界呢?或者说,是否就是诸多具体存在物的总和呢?不是的!海德格尔认为:

>"'世'在'在世'这个规定中的意思根本不是一个存在者。也不是一个存在者的范围,而是存在的敞开状态。"①

这样看来"世界"就是"此在"这种可能性得以实现的依托。"此在"与世界是"统一"的。世界本身就是"此在"的一种性质。那么,研究"此在"就必须研究"此在"的在世"世界"。

既然"此在"的生存结构"在世界之中",那么对在世"世界"的把握就可通过"此在"的"在之中"来理解。

>"在之中"即在世。那么"此在"的在世状态是怎样的呢?不是孤立地存在世界之中,而是与他人共在。"世界向来已经总是我和他人共同分有的世界,此在的世界是共同的世界。'在之中'就是与他人共同存在,他人的世界之内的自在存在就是共同存在。"②

"此在"在世之中与他人共在,此时的"此在"已经不是它本身所是的存在了,而是沦为常人了。海德格尔认为,"此在"的常人状态在现世生活中是最常见的最普通的状态。常人看似无处可寻,却又始终存

---

① 〔德〕海德格尔:《论人道主义》,见徐崇温主编:《存在主义哲学》,北京:中国社会科学出版社1986年版,第120—121页。
② 〔德〕海德格尔:《存在与时间》,陈嘉映、王庆节译,北京:生活·读书·新知三联出版社2006年版,第138页。

在于世。常人总是处在一种庸庸碌碌的庸俗化状态,这种状态却是"此在"的非本真状态,这种非本真状态表现为自我沦陷的过程,这就叫"沉沦"。

"此在"在世虽然具有选择与筹划的自由性,却自我沉沦为常人。这是因为"此在"在世无法避免与他人共在,也无法避免受到他人的影响。然而即便是自我沉沦为常人,"此在"依旧在进行选择与筹划,只不过常人的选择与筹划无法实现自我生存的超越性。那么要如何实现真正的超越呢?海德格尔给出的答案是:"……从本质上向各种可能性筹划自身。"① 从而能够实现生存本质上的超越。人最本质的恐惧是死亡,而"此在"是向死而生的存在者,只有领会到这一点,才可以完全摆脱常人的沉沦状态而重新寻求到自我在世的可能性。但遗憾的是,对于死的畏惧往往使人们选择沉沦。因此,海德格尔的"此在"生存论意在告诉人们,只有向死而生才能实现人的本真生存。

——海德格尔中期的"形而上学"生存论。海德格尔中期主要关注存在的历史,代表作《艺术作品的本源》追问的是存在本身的命运和形而上学最本质的问题。该书最基本的主题是"林中空地",从而进一步追问存在的真理。林中有树、影、空地,因为林中空地总是处在遮蔽和祛蔽之中,海德格尔由此认为这是真理的显现之处,其中形而上学的存在即意味着真理的再现。海德格尔追问形而上学的本质意在澄清形而上学的迷思。

——海德格尔晚期的语言生存论。海德格尔晚期对生存论思考的角度转向了对科技的批判,对语言信息现象的反省以及对诗意栖居的追寻。

海德格尔晚期主要从语言入手探究生存论意义。海德格尔晚期代表作有《诗、语言、思》和《通向语言的途中》。海德格尔认为,天地人神四元一体。语言是存在之家。语言即言说,即思之信息,像宁静的排钟,是自身显明之物,是无蔽之道说。工业化时代是图像和技术规训的时代,我们离神太晚了,离存在又太早,表面上像"林中空地",实际上却把哲学意义上的存在(人)逼入了窘境。现代人的精神无家可归,那种对神圣的追逐者,只能诗意地栖居在大地上,通过语言来倾听诗和思的召唤,超越上帝从而成为神圣者,趋向"此在"的存在,终成人化

---

① 〔德〕海德格尔:《存在与时间》,陈嘉映、王庆节译,北京:生活·读书·新知三联出版社2006年版,第217页。

的存在。

现代世界进入了图像时代,存在都成了被表象化的存在,世界与人的关系变成了表象与被表象的关系,这样的关系看上去不再体现西方传统哲学的主客二分的思维模式。在这样的关系下,存在者的状态是遮蔽的、晦暗不明的。对于存在者遮蔽状态的解蔽,海德格尔以"座架"作为解蔽的象征来加以分析。

在海德格尔看来,"座架"与解蔽是共通的,"座架"指代解蔽的方式。"座架"在德文词义中是用具的意思。但在海德格尔这里"座架"指代的并不是某种工具,而象征一种生存方式。这种生存方式逼迫着人,统治着人。

"座架的聚集,这种座架摆置着人,也即促逼着人,使人以订造方式,把现实当做持存物来解蔽。"①

所谓"订造"就是无论是人还是自然物按照某种既定的目的和既定的规则而运行。在现代技术统治的社会中,技术本质上是危险的而不自由的。无论是人还是其他存在者都处在既定的设定中,人被安排在某种框框中,被逼促着,被索取着,就像海德格尔所说的那样:

"人被座架于此,被一股力量安排着,要求着,这股力量是在技术的本质中显示出来的,而又是人自己所不能控制的力量。"②

总的来说,海德格尔对现代技术持否定的态度。他认为人类的生存方式处于由科学规定的状态。但同时,海德格尔也意识到了现代科学技术的发展是无法回避的。对如何在技术统治的时代探寻人类生存的家园,海德格尔给出了自己的答案。如何才能使人的生存从被技术统治遮蔽的状态回归到去弊澄明之境?海德格尔借用荷尔德林的诗来表明自己的观点:"哪里有危险,拯救之力就在哪里生长。"

---

① 〔德〕海德格尔著、孙周兴选编:《海德格尔选集》下册,上海:上海三联书店出版社1996年版,第938页。

② 〔德〕海德格尔著、孙周兴选编:《海德格尔选集》下册,上海:上海三联书店出版社1996年版,第1307页。

"这样技术的到场，实在在它自身隐含着我们绝难想象的拯救之生长的可能性。"①

要回到技术自身之中用技术来克服技术产生的负面问题。也就是说，对技术负面问题的克服有赖于加深对于技术自身的认识。海德格尔考察古希腊最初的语言系统，发现"技术"一词具有美好艺术之意。于是，他将"拯救之生长的可能性"与艺术联系在一起。海德格尔认为在技术统治的时代，人与其他存在物都是处在既定的预设中，是被订造出来的。艺术的性质则不然。在艺术活动中人与其他存在物分别呈现出来的是自身本来的状态。如何通过艺术来达到无蔽的澄明状态呢？就是要通过"诗"与"思"。于是，就有了"大写的人"关于"诗与远方"的遐想和追求。

理解"诗"与"思"，必须理解海德格尔的语言存在观。海德格尔明确指出：

"语言是存在的家。人以语言之家为家。思的人们与创作的人们是这个家的看家人。"②

海德格尔没有从信息交往工具的角度来理解语言，而是从存在方式来理解语言。所以我们称之为"语言存在论"或"语言生存论"。海德格尔认为，语言并不是对存在者的客观描述，而是展现人的存在方式。海德格尔进一步指出：

"语言是诗，并不是因为语言是原诗歌；而不如说，诗歌在语言中发生，因为语言保存着诗的源始本质。"③

海德格尔认为，"诗"不仅仅是艺术的表现形式，同时还是对人的

---

① 〔德〕海德格尔：《人诗意的安居——海德格尔语要》，郜元宝译，桂林：广西师范大学出版社2002年版，第114页。
② 〔德〕海德格尔著、孙周兴选编：《海德格尔选集》下册，上海：上海三联书店1996年版，第358页。
③ 〔德〕海德格尔：《林中路》，孙周兴译，上海：上海译文出版社2008年版，第54页。

生存方式的去蔽。海德格尔不同于传统意义上对"思"的理解，认为"思"是显示思的对象本身的活动。按青年马克思的话语来解读，"思"并不是人的本质力量对象化，而是对象本质的再现（反作用），即对象世界的人化或者说"自然的人化"。海德格尔认为"诗"与"思"都是技术统治时代下人的生存的解蔽方式，由此他才会指出"思的人们与创作的人们是这个家的看家人"。唯有"诗"与"思"才能使人回到"诗意的栖居"。

"栖居，即带来和平，意味着：始终处于自由之中，这种自由把一切保护在其本质之中。栖居的基本特征就是这种保护。"①

海德格尔的所谓"诗意的栖居"，并不是一般意义的居住，而是一种自由的居住，一种向死而生的生存方式。因为人作为终有一死者，向死而生的生存方式是"大写的人"最好的归宿。这样一来，海德格尔的"语言存在论"为技术统治下人的生存窘境提供了一条拯救之路和一种新的世界观、人生观和价值观。

总而言之，海德格尔早期侧重于探讨存在"过程"的意义，中期偏向探讨存在的形而上学"本质"，后期着重探讨现代性如何影响人诗意栖居的"生存方式"。海德格尔始终都在追寻"此在"的生存方式。虽然，因为海德格尔没有从社会与历史的实践角度去深入剖析现代技术的本质，他"向死而生"的解决方案并不具有改变人的生存困境的现实力量，在现实中也很难产生实际效应。但是，海德格尔的生存论思想，深入思考了人所面临的生存困境，全面地批判了西方传统哲学，力图在荆棘丛生的人生困境中开辟一条"向死而生"的林中之路，回应了现代社会的精神呼唤。"向死而生"的生存方式作为一种海德格尔式的世界观、人生观和价值观，对于丰富和完善马克思主义历史唯物辩证法具有某种独到的启示意义。

---

① 〔德〕海德格尔著、孙周兴选编：《海德格尔选集》下册，上海：上海三联书店1996年版，第1192页。

第五章 《德意志意识形态》关于生产方式的关键词谱系
——以"实践"为奇点并以"三重生产"为逻辑中介

《德意志意识形态》关键词第四谱系基于"实践是劳动/生产的同义语"这个理论支点,以"实践"为奇点并以"三重生产"为逻辑中介,构建关于"生产方式"的关键词谱系化奇点解析式。

马克思主义哲学从实践出发解决哲学基本问题,即思维和存在的关系问题,是对人与世界的关系的最高抽象。马克思主义哲学深刻地指出人与世界的关系实质上是以实践为中介的人对世界的认识和改造关系。

马克思把自己的哲学对象规定为作为现存世界基础的人类实践活动,把哲学的任务规定为解答实践活动中的人与世界、主体与客体、主观与客观的关系,从而为改造世界提供方法论。马克思第一次把实践提升为哲学的根本原则,转化为哲学的思维方式,从而创立了以实践为核心和基础的新唯物史观,即历史唯物辩证法。

正是马克思的新"实践"观消解了关于人的本质的愁云疑雾,用历史唯物辩证法诠释了人的现实生存状况与人的理想生存状态的对立统一。尽管马克思当初并没有使用过现在流行的"谱系化"一词,字面上也没有追问过人的本质是什么,但事实上通过对"实践活动"这个关键词进行系统化研究而超越了黑格尔的历史唯心辩证法,推动马克思主义哲学转向,从而实现了哲学的革命。

诠释马克思哲学的革命,需要一个严密的辩证逻辑体系,按对立统一方式和层次结构功能来对《德意志意识形态》关键词进行谱系化研究。逻辑基础、逻辑前提、逻辑起点、逻辑中介和逻辑归宿就是谱系化奇点解析式的支点链。特别重要的是起点、中介和归宿,因为

"抓住了这三点，才算抓住了一门科学理论的'纲'。而每一门新兴学科的最后形成，也都必须首先准确确定逻辑起点，这样，全部理论才能从起点开始逐步展开"①。

就像马克思的《资本论》从"商品"分析开始那样，确定逻辑起点与逻辑归宿之间的逻辑中介，是《德意志意识形态》关键词谱系化研究正确与否的根本保证。因为严谨的谱系化理论都是从逻辑起点出发，严格遵循逻辑规则展开，依照层次规律构建起来的逻辑体系。逻辑起点是谱系化研究的开端，规定着谱系化研究的展开和演绎的进程，起点的范畴与谱系化研究具有内在的逻辑联系。只有建立在起点的基础上，经过逻辑中介，才能走向逻辑归宿。因为只有经过逻辑中介的链接才能展开全过程和全方位的逻辑演绎，最终才可能构成黑格尔所说推崇的那种理论体系。

在《小逻辑》中，黑格尔极力反对的仅仅是"零碎的知识的联系"，坚信体系化才是理论科学化的规范。《德意志意识形态》关键词谱系中的"现实的人"是马克思主义的逻辑起点，全面发展的人是马克思主义的逻辑归宿，而革命的实践则是贯通《德意志意识形态》关键词谱系逻辑起点与逻辑归宿之间的逻辑中介。这里对"实践"这个关键词的基本含义及其历史源流加以考察，就是题中应有之义。

一、关于"实践"这个关键词的基本含义及其历史源流

什么是实践？要从哲学基本问题去认识实践。要点有五个：其一，实践是人类自由自觉的活动形式，包括生产方式、生存方式和生活方式，与受生物本能支配的动物活动具有质的区别。其二，实践是相对于认识活动而言的，是人们旨在改造自然界和社会存在的物质性活动。其三，实践是主体为了达到一定的、预先提出的目的而实现的对象化活动。其四，实践具有社会历史性，实践的具体形式取决于社会发展的水平，行为主体的目的归根到底是由社会需求决定的。其五，实践中的社会活动与社会关系是具体的历史的辩证统一现象。这五大内涵界定反映了"实践"的历史唯物辩证法，通常很少引起异议，因为这是由历史积淀的基

---

① 冯振广、荣今兴：《逻辑起点问题琐谈》，载《河南社会科学》，1996年第4期。

本共识。

"实践"这个关键词最早可以追溯到古希腊时期。尽管在亚里士多德之前，柏拉图等一些古希腊先哲曾先后在其著述中使用过"实践"一词，并讨论过一些"实践"问题①。但是，是亚里士多德最先赋予"实践"这个关键词以哲学内涵，并明确把"实践"提炼为一个重要的哲学范畴。亚里士多德在《尼各马科伦理学》《政治学》等著述中关于"实践"的论述，成了西方实践思想研究的滥觞，开了实践哲学之先河。

亚里士多德是古希腊哲学集大成者，他把人类行为方式分为创制/生产、实践和理论三种。此后关于人类行为方式的三分结构就成了后来学界考察"实践"问题的理论源头。从亚里士多德对人类活动的一分为三来看，"实践"作为范畴的本质规定性有两个要点。

(一) 实践是人的特有的本质性活动

实践不同于其他一般动物本能的行为方式，是人的特有的本质性活动和行为。

从词源学来看，实践源自于古希腊文 praxis 一词。在古希腊文中，praxis 是一个非常宽泛的关键词，它泛指一般有生命的东西的行为方式，有生命的东西既包括人、动物、植物，也包括上帝、众神、宇宙等。亚里士多德在《尼各马科伦理学》中指出，感觉、理智和欲望是灵魂中三种主宰实践的重要因素，但是三者中感觉决不能是实践的开始点。因为动物虽然也有感觉，但本能的感觉与实践无缘。② 在《优台漠伦理学》中他更加明确地指出：

> "在动物中，只有人是某种行为的本原；因为我们不能说其他动物有行为。"③

由此可见，亚里士多德基本上祛除了实践这个关键词的生物学意义，而将其规定为人类所特有的行为方式。所以说，实践不同于动物本能的

---

① 徐长福：《论亚里士多德的实践概念》，载《吉林大学社会科学学报》，2004年第1期。
② 〔古希腊〕亚里士多德：《尼各马科伦理学》，苗力田译，北京：中国人民大学出版社2003年版，第119页。
③ 〔古希腊〕亚里士多德著、苗力田主编：《亚里士多德全集》第 VIII 卷，北京：中国人民大学出版社1994年版，第367页。

行为方式，是人特有的本质性活动行为。早在《精神现象学》中，黑格尔通过对"主奴关系"进行考察，意识到劳动形成了人的品性，劳动是人的本质的确证。他说：

> "正是在劳动里（虽说在劳动里似乎仅仅体现异己者的意向），奴隶通过自己再重新发现自己的过程。才意识到他自己固有的意向。——在这一返回自己的过程中，两个环节：恐惧的环节和一般服务以及陶冶事物的环节是必要的，并且同时两个环节必须以普遍的方式出现。
>
> "在陶冶事物的劳动中则自为存在成为他自己固有的了。他并且开始意识到他本身是自在自为地存在着的。"①

这说明人只有在劳动过程中才能产生真正的自我意识，才能真正成为命运的主人，即成为一个自由自觉自主的人。由此，黑格尔提出实践是人的本质的命题，认为

> "人的真正的存在就是他的行为"②。

人特有的本质主要表现在"实践"上，因为"实践"体现人的自觉自为的目的性。亚里士多德把实践规定为人所特有的行为方式，但是这并不意味着所有人的所有行为都属于实践的范畴。亚里士多德认为，宇宙万物都是向善的，人的行为同样如此。但是行为目的不同，表现也不相同——有时候它表现的是活动本身，有时候它表现的是活动之外的结果。亚里士多德把人的行为分为创制/生产、实践和理论三种基本方式。"创制"主要是指生产活动、技术活动等。创制/生产活动是以人自身之外的东西（即人所生产的产品）为目的，其目的是外在的而不是在活动本身之内。活动本身只是一种手段，因而属于低贱的活动。"实践"是指免于从事生产劳动的人处理人与人之间关系的行动，是一种以人自身

---

① 〔德〕黑格尔：《精神现象学》上卷，贺麟、王玖兴译，北京：商务印书馆1979年版，第131页。
② 〔德〕黑格尔：《精神现象学》上卷，贺麟、王玖兴译，北京：商务印书馆1979年版，第213页。

为目的的活动，主要指以追求正义、追求真—善—美的伦理行动与政治行动，比如道德修养的目的便是道德修养本身。所以，亚里士多德认为"实践并不是创制，创制也不是实践"①。实践的目的在于人自身的好，创制/生产的目的在于人所生产出来的产品的好。实践不同于创制/生产，理论实践的本性是求知，因而人自身便是目的。所以亚里士多德又常常把"理论"与"实践"视为同一类活动。由此可见，亚里士多德的实践范畴并不包括生产劳动等物质性活动，把人与自然之间的活动排除在实践范畴之外，亚里士多德的实践主要指人与人之间的伦理行动和政治行动。所以，亚里士多德认为，实践以人自身为目的，实践的最高形式是理论思辨。但是理论与实践之间还是存在着一定的差异。实践行为虽然以人自身为目的，但是却不可能达到人类认识的普遍性目的，因为没有哪一政治行为或者伦理行为可以适应于人的普遍需要。然而，人类可以通过理论思辨或沉思而达到对世界的普遍性原理的认识，通过沉思达到认识的彼岸。因此，

"理论在最终意义上自身便是目的，故它是最高的实践。"②

从亚里士多德关于实践活动的界定可见，理论与行为同属于实践的范畴，而生产活动则被排除在实践活动之外。在他那里，创制/生产、实践、理论三种活动具有明确的等级之分。理论活动由于以自身为目的且其对象是永恒不变的，因而是最自由的活动。实践活动的对象虽然是不断变化的，但由于以自身为目的，因而是仅次于理论的自由的活动。创制/生产活动由于以自身之外的事物为目的，因而是一种非自由的、低贱的活动，处于人类活动的最低层次。亚里士多德关于人的活动的这种划分与古希腊当时的奴隶制现实是密切相关的。在古希腊人看来，政治活动是公民从事的活动，而生产劳动则是奴隶所从事的活动。人们只是把奴隶当作会说话的畜生，因而奴隶的活动不具有人格性（非主体性）。奴隶的劳作是被动的。由此体力劳动的生产意义被贬斥，而只把自由人的理论活动看成是最高的实践，反映了亚里士多德哲学与整个古希腊文

---

① 〔古希腊〕亚里士多德：《尼各马科伦理学》，苗力田译，北京：中国人民大学出版社2003年版，第122页。
② 张汝伦：《历史与实践》，上海：上海人民出版社1995年版，第95页。

化传统的局限性。亚里士多德虽然开创了实践哲学之先河，但是由于把理论思辨看作是最高形式的实践，所以总体上亚里士多德哲学还是属于形而上学的理论哲学范畴。在亚里士多德看来，第一哲学只能是形而上学，而不是实践哲学。实践哲学只是理论哲学当中的一个分支和部门而已。

近代以降，正是创制/生产这种古希腊看来是卑微的活动彻底推动了世界历史与人的生活以及社会的发展。亚里士多德关于目的性活动与手段性活动的区分对于整个西方哲学产生了深远的影响，特别是影响了黑格尔的唯心主义"实践观"。与亚里士多德把生产等创制活动排除在实践之外不同，近代哲学一开始便趋向于抹平实践与创制之间的差异，试图用"实践"这个关键词来指称一切人类活动。近代哲学将生产等创制活动纳入到实践范畴中来的做法，无疑具有重要的理论价值。马克思哲学以生产劳动为基础来重构历史唯物辩证法的实践观，实现了目的性活动与手段性活动的辩证统一。但马克思之后的西方哲学关于实践本质的论述几乎都是在目的性活动与手段性活动这两者之间摇摆不定。譬如，杜威的行动哲学为了反对普遍主义而把一切活动都看成是手段性的。也就是说，原来亚里士多德所强调的"以自身为目的"的实践观也逐渐被人们所抛弃。实践范畴已经被人们随意使用，基本上可以泛指一切人类活动。

西方哲学在经验论与唯理论之间争论了很久，无论是唯物主义经验论还是唯心主义唯理论似乎都有着自身不可回避的局限，从而最终导致了休谟的不可知论，认为用主观去符合客观的办法，人不可能认识真正的客观世界，只能被动受制于客观世界。康德的"人为自然立法"，几乎颠覆了西方的认识论与方法论，开创了一种全新的哲学思路，在西方哲学史上被誉为一场"哥白尼式的革命"。

康德认为人类能够产生先天范畴，认识的过程就演变为主观和客观相互作用的过程，这就为诠释实践提供了全新的思路。无论康德是在何种程度上解决主客观的统一问题的，"人为自然立法"的提出又一次使人在认识论领域占有主体性地位，人的认识不再仅仅是外在客观世界或客观精神的反映，而是成为了认识论领域的核心。

康德认为在表象世界背后还存在着一个"物自体"的世界，即不掺入任何主观的纯粹的客观世界，但是他认为"物自体"世界是不可认识的，由此可见康德并没有抹干净可知论的色彩。于是，康德在《判断力批判》导论中提出了两种实践概念的观点。

> "但迄今为止，在以这些术语来划分不同的原则、又以这些原则来划分哲学方面，流行着一种很大的误用：由于人们把按照自然概念的实践和按照自由概念的实践等同起来，这样就在理论哲学和实践哲学这些相同的名称下进行了一种划分，通过这种划分事实上什么也没有划分出来（因为彼此之间有相同的原理）。"①

在康德看来，自然概念的实践与自由概念的实践存在着根本性差异。自然概念的实践属于现象领域，主要是指人们按照自然规律认识和改造自然的实践活动，可以称之为"技术实践"；自由概念的实践属于物自体领域，主要是指人们按照道德法则处理相互之间关系的实践活动，可以称之为"道德实践"。虽然康德勉强地将生产技术活动纳入了实践的范畴，但是他认为生产技术活动只是反映人与自然之间的关系。所以，两种实践在地位上并不是完全平等的，其中"道德实践"才是实践的最主要形式。甚至可以说，只有那种以自由为基础的"道德实践"才是真正的实践。

康德关于"技术实践"与"道德实践"两种实践的划分，具有重要的意义与影响。一方面，将亚里士多德所谓的创制活动看成是"技术实践"，用以表示理论命题的应用，构成了理论哲学的实践部分，肯定了技术活动的重要性，在一定程度上拓宽了实践这个关键词的基本内涵。现代技术发展的历史表明，"技术实践"不但改变了人们的物质生活，而且也极大地影响了人们的思想观念。另一方面，偏向把涉及人与人之间关系的自由的政治伦理活动看成是"真正的实践"，反叛近代哲学中的功利主义自然技术观，恢复和继承了亚里士多德"以自身为目的"的实践概念，重新确证了实践的自由本性。但是，康德的实践范畴同样也未能摆脱近代哲学所固有的局限性。

首先，康德对"技术实践"与"道德实践"两种实践进行了严格的区分，但是如何在两种截然对立的实践概念之间寻求统一性是康德哲学

---

① 〔德〕康德：《判断力批判》上册，宗白华译，北京：商务印书馆1964年版，第8—9页。

乃至整个西方哲学所面临的一个重要理论难题。康德试图以"道德实践"为基础来统一"技术实践",但是由于"道德实践"被严格地定格在本体世界,而"技术实践"则完全局限于现象世界。对本体世界与现象世界的严格区分使康德追求二者统一的努力落空。正如俞吾金所指出的那样:

> "虽然康德力图运用反思判断力和目的论来统一感性与超感性、自然与自由、理论哲学与实践哲学、'技术地实践的'活动与'道德地实践的'活动、'遵循自然概念的实践'与'遵循自由概念的实践',然而,在他那里,现象与物自体之间的鸿沟是如此之深,以致这个统一工作收效甚微。"①

后来,这种有机统一工作只能由马克思的历史唯物辩证法来完成。

其次,在康德看来,"真正的实践"是"道德实践",而且这种"道德实践"是以自由为基础的实践。但是,康德的自由并不是基于感性条件的自由,而是基于超感性原理的自由。康德的超感性原理是以先验的道德法则为基础的。也就是说,康德的所谓"真正的实践"不是感性的现实的活动,而是一种意志活动。由此可知,康德的实践哲学实际上也只是一种先验的理论哲学。

亚里士多德哲学的局限性在于,将实践视为与生产劳动相对立的自由人的思想活动。康德虽然进一步勉强接受了近代哲学将生产劳动等技术性活动纳入实践范畴的观点,但是他仍然固执地将"道德实践"才视为"真正的实践",并且在现象与物自体截然二分的基础上提出了"技术实践"与"道德实践"的二元对立问题。黑格尔用辩证法消弭道德实践与技术实践之间的缝隙,在绝对精神的基础上将两种实践活动统一起来,并将劳动看作是实践的主要形式。当然,黑格尔的劳动概念实际上不过是实践概念的具体化而已。黑格尔正是通过这样阐发劳动概念来揭示实践的本质。正如德国学者柏耶尔所说的那样:

> "我们今天,在黑格尔的'实践'这一问题领域里可以采取

---

① 俞吾金:《一个被遮蔽了的"康德问题"——康德对"两种实践"的区分及其当代意义》,载《复旦学报(社会科学版)》,2003年第1期,第16—23页。

'实践'的方式行动，把作为黑格尔的'实践'的特殊形式的劳动概念，当作黑格尔的观点的代表来进行考察。因为实践的基本形式是'劳动'。在劳动这个向度里，实践具体地显现着自己。"[1]

因此，要通过考察黑格尔的劳动概念来理解黑格尔的实践概念。黑格尔专门论述劳动与实践的著述不是很多，但其中频繁地使用了劳动、实践、行动等系列关键词，为后人揭示了劳动作为实践本质的哲学思想。

黑格尔哲学体系是西方古典哲学的集大成。他运用历史唯心辩证法力图克服近代形而上学的主客二元对立，形成了其唯心主义实践观，终结了曾经统治西方长达两千年之久的形而上学。黑格尔在《法哲学原理》中指出，主观需要可以通过劳动来达到其客观性，主观需要的满足只能"通过活动和劳动，这是主观性和客观性的中介"[2]。这意味着将实践视为中介（手段、工具），并不是对实践的贬抑，而是对实践的功能定位。后来人们发现，除非超越黑格尔，除非扭转哲学的方向而实现哲学的革命，否则谁也无法进一步推进哲学的发展。

（二）实践的中介功能离不开交往和分工

在亚里士多德那里，目的性伦理实践与仅仅作为手段的生产劳动是两相分离互不搭界的。黑格尔将目的性活动与手段性活动统一起来，只是这种统一的方法是黑格尔式精神辩证法。其辩证关系体现在目的性和中介性两方面：一方面，把目的性看作人类实践的本质特征；另一方面，把实践看作一种中介活动——实践的中介性又表现为这么一种辩证关系：实践活动必须借助其他手段或工具。同时，实践本身就是一种手段和工具。

在前一种意义上，强调手段/工具高于目的。黑格尔认为，之所以实践以客体为手段作用于对象化活动，是因为使用工具是人类实践的基本特征。黑格尔在《精神现象学》中分析了人类实践活动的三个基本环节，即

---

[1] 〔英〕柏耶尔：《黑格尔的实践概念》，见中国社会科学院哲学研究所西方哲学史研究室编：《国外黑格尔哲学新论》，北京：中国社会科学出版社1982年版，第6页。
[2] 〔德〕黑格尔：《法哲学原理》，范扬、张企泰译，北京：商务印书馆1982年版，第204页。

> "目的、达取目的的手段以及创造出来的现实"①。

手段是实践的中心环节,抛弃手段就不可能实现目的。黑格尔还通过逻辑推理来分析手段在实践中的重要地位,特别强调:

> "目的通过手段与客观性结合,并且在客观性中与自身相结合。手段是推论的中项";"手段是推论的外在中项,而推论则是目的的实现"。②
> "手段是一个比外在合目的性的有限目的更高的东西。"③

黑格尔指出了手段对于实现目的的重要作用,甚至提出了手段高于目的的思想。由于受此影响,后来马克思把劳动工具看作是社会生产力进步的重要标志。这种强调手段高于目的的观点,也与杜威的工具主义有某种相似之处。

在后一种意义上,强调劳动是实践作为中介的社会活动。黑格尔认为,实践是主体性与客观性相统一的中介。黑格尔在《法哲学原理》中强调,主观需要可以通过劳动来契合客观性。或者说,满足主观需要只能"通过活动和劳动,这是主观性和客观性的中介"④。这意味着将实践视为手段、工具,并不是对实践的贬抑。

关于"劳动分工"的反复论述已经表明了黑格尔对于劳动社会性的重视。后来关于市民社会"需要体系"的论述,黑格尔进一步明确了劳动是人的社会性活动的观点:

> "我必须配合着别人而行动……我既从别人那里取得满足的手段,我就得接受别人的意见,而同时我也不得不生产满足别人的手

---

① 〔德〕黑格尔:《精神现象学》上卷,贺麟、王玖兴译,北京:商务印书馆1979年版,第131页。
② 〔德〕黑格尔:《逻辑学》下卷,杨一之译,北京:商务印书馆1976年版,第433页。
③ 〔德〕黑格尔:《逻辑学》下卷,杨一之译,北京:商务印书馆1976年版,第438页。
④ 〔德〕黑格尔:《法哲学原理》,范扬、张企泰译,北京:商务印书馆1982年版,第204页。

段。于是彼此配合，相互联系，一切各别的东西就这样成为社会的。"①

这里将劳动看作是满足主观需要的必要手段，并指出主观需要的满足是以劳动的社会性为前提的。

黑格尔将劳动升华为哲学的实践概念，并对劳动分工的具体实践活动进行了考察，从而深刻地揭示了实践作为人的本质存在形式，是目的性与手段性的统一、是多方面社会性的活动载体。这既是对历代实践观承前启后的总结，也为马克思主义历史唯物辩证法的逻辑中介提供比较参照。

(三) 实践/劳动以及交往、分工和私有制等关键词的研究现状

马克思在《关于费尔巴哈的提纲》中对"实践"的哲学意义作了最集中的论述，在《德意志意识形态》中直接把"实践的唯物主义者"称为"共产主义者"。正如陈先达强调的，"决不能把坚持实践观点与坚持'辩证唯物主义和历史唯物主义'对立起来。"② 也就是说，要把实践作为马克思主义哲学关键词谱系的关键来系统研究，不只是研究实践概念的抽象的哲学意义，而且要研究以实践为核心的系列关键词以及实践的各种实现形式。

我国学者把黑格尔的实践观看作是马克思的"实践唯物主义的萌芽"③。然而，黑格尔对于实践本质的把握都是从"绝对理念"出发的，虽然他所论述的劳动也包括以生产工具为中介的物质性生产活动，但是这一切只是绝对理念的现实展现，是概念的外化。因此，黑格尔关于实践这个关键词的论述仍然是思辨的，在他那里实践仍只是精神的显现形式。

正如马克思所评价的那样，(黑格尔)"抓住了劳动的本质，把对象性的人、现实的因而是真正的人理解为他自己的劳动的结果"，但"黑

---

① 〔德〕黑格尔：《法哲学原理》，范扬、张企泰译，北京：商务印书馆1982年版，第207页。
② 陈先达：《马克思主义哲学是大智慧》，载《求是》，2019年第1期。
③ 欧阳康、张明仓：《实践唯物主义的萌芽：黑格尔实践观及其意义》，载《江海学刊》，2008年第5期，第35—41页。

格尔唯一知道并承认的劳动是抽象的精神劳动"。①

马克思的实践和劳动概念基于"关系"（交往关系、生产关系、社会关系等）而蕴含的历史唯物辩证法意义，才可能深入研究交往、分工和私有制等问题。马克思在《德意志意识形态》中写到，一切历史的前提无疑是具有生命的个人的存在。在个人存在的前提下，才有实践和交往。学界研究《德意志意识形态》正是沿着"人—实践—分工—交往—世界市场—世界历史"这一路线，或者说关键词谱系来研究《德意志意识形态》的。

肖菊仙等人分析了《德意志意识形态》的"交往"理论所蕴含的理论价值。他们认为，只能在一定历史发展阶段，从物质生产活动中的人与人之间关系的总和中来探讨交往。因为"交往"这一概念与生产力、分工、私有制等关键词谱系密切相关，与世界历史的发展和社会形态的更替密不可分。交往是人的自由全面发展和实现共产主义的必要条件。交往对于进一步推动世界经济一体化的发展和中国改革开放的进程具有重要的现实意义。② 宋克俭、柳丽等认为，马克思恩格斯在《德意志意识形态》中正是从生产关系意义上来使用"交往"概念。从物质生产的含义、从交往与生产的关系、从交往对共产主义实现所起的作用这三个方面阐述了交往的结构功能。从而得出这样的结论：一切交往关系都是人们物质交往关系的体现。③

《德意志意识形态》系统地阐明唯物史观关于分工的基本观点，主要从分析生产力与生产关系的矛盾运动规律来切入的。总的来说，《德意志意识形态》的分工思想包括分工的产生及其历史发展，分工的社会性质和社会结果，以及分工产生、发展和消亡的内在逻辑等④。徐丽燕等认为马克思恩格斯在《德意志意识形态》中揭示了存在分工的必然性、历史合理性和消灭分工的可能途径——分工是人片面发展的根源，分工对人的发展的积极作用在于它是人自由全面发展的条件，但同时人自由

---

① 《马克思恩格斯全集》第42卷，北京：人民出版社1979年版，第163页。
② 肖菊仙、刘同舫：《〈德意志意识形态〉中交往理论的时代意蕴探析》，载《重庆科技学院学报（社会科学版）》，2009年第2期，第39页。
③ 柳丽、宋克俭：《〈德意志意识形态〉中"交往观"的解读》，载《牡丹江大学学报》，2009年第4期，第85页。
④ 胡元志、陈双凤：《解读〈德意志意识形态〉中的分工思想》，载《传承》，2008年第5期，第40页。

全面发展的有效途径是消灭分工。① 王屹等从分工与个性的角度出发，认为正是由于异化总体根源本身存在着无法克服的内在矛盾，使马克思的分工与个性理论符合现代资本主义发展的特征，因此，马克思恩格斯在《德意志意识形态》中对异化的扬弃过程表现出了强烈的批判性，并将异化真正还原为一定历史阶段中的一个历史发展因素，而并非是历史发展唯一的和永恒的因素。②

黄亚莉着重分析了马克思社会分工思想的理论立场，社会分工的产生基础、发展过程和历史作用以及对人类社会发展和我国社会主义现代化建设的现实意义。③ 在马克思看来，分工不仅是"政治经济学一切范畴的范畴"，而且是走向历史唯物主义深处的核心范畴。因为整个历史唯物主义的问题，从分工的观点来看是易理解的。王虎学的《马克思主义经典著作研究：马克思分工思想研究》，通过解读马克思的经典文本，着力将分工与秩序问题结合起来，指出现代社会的发展应该指向一种现代文明秩序的建构。这无论是对于坚持并发展马克思的分工思想，还是对于行进在全面现代化道路上的中国而言，都不失为一种有益的探索。

关于马克思实践/劳动以及交往、分工和私有制等关键词的研究著述很多，综合起来主要有三个方面：

1. 对分工的一般研究

历史上有很多思想家研究分工思想，无论是经济学角度还是社会学角度，只有马克思社会分工思想始终是难以超越的。探讨马克思的社会分工思想，可以从其产生的实践基础以及主要内容，去把握社会分工发展与人的发展之间的关系，深刻理解人的全面发展思想。

一是马克思社会分工思想的内涵。马克思在研究社会分工思想的过程中，马克思社会分工思想从《1844年经济学哲学手稿》到《德意志意识形态》逐渐走向成熟。在后来的《哲学的贫困》和《资本论》等著作中，马克思进一步阐述了社会分工思想，使其变成一个完整的体系。

---

① 徐丽燕、王铮：《浅析〈德意志意识形态〉中分工与人的发展关系》，载《黄河科技大学学报》，2008年第1期，第56页。
② 王屹、吴晓明：《从分工与个性角度对〈德意志意识形态〉马克思异化总体根源的认识》，载《南方论刊》，2008年第3期，第16页。
③ 黄亚莉：《浅析马克思的社会分工思想》，载《科学导报·学术》，2018年第9期。

特别值得一提的是，马克思在《德意志意识形态》之后、《共产党宣言》之前写作和发表的《哲学的贫困》对于马克思主义作为一种新的世界观体系的完善起到了开创性的奠基作用。在马克思看来，

"分工从最初起就包含着劳动条件、劳动工具和材料的分配，因而也包含着积累起来的资本在各个私有者之间的劈分，从而也包含着资本和劳动之间的分裂以及所有制本身的各种不同形式。"①

分工的发展以及发展阶段，代表了不同的所有制形式。马克思所指的社会分工有广义和狭义之分，一般意义上分工是指人从事不同又相互补充的社会活动；而在具体意义上来说，是特殊意义上的分工，即马克思所指的

"分工只是从物质劳动和精神劳动分离的时候起才真正成为分工"②。

这种分工是生产力发展的产物，是与社会制度、人的发展状态紧密联系的社会分工。

二是马克思社会分工思想的内容。社会分工不是人类产生一开始就有的，它是建立在一定的生产力发展基础之上的。社会发展水平和人类文明程度决定着社会分工的发展，社会分工反过来也会促进生产力的发展。

"就社会分工与人的生产活动的内在联系上看，它是生产活动的表现形式，既表现了生产力的发展水平，又表现了生产关系的所有制形式，体现了社会分工在自然过程和社会过程中的统一。"③

生产工具的属性以及功能决定了生产力的发展，人的劳动能力和知识水平也影响了生产力的发展，生产力的发展水平决定着社会分工的发

---

① 《马克思恩格斯全集》第3卷，北京：人民出版社1979年版，第74—75页。
② 《马克思恩格斯选集》第1卷，北京：人民出版社1995年版，第82页。
③ 杨芳：《论马克思社会分工理论的特点》，载《湖北社会科学》，2008年第3期。

展状况。反过来，社会分工的发展状况也影响着生产工具和劳动者的生产水平。

在生产力决定生产关系的同时，社会分工同样也影响着生产关系。因为社会分工在一定程度上影响着生产资料和劳动产品的分配，从而制约着人们与劳动产品之间的关系，从而导致了生产资料所有制的形式及发展，也改变着人与人之间的关系。

社会分工是私有制和阶级产生的根源。马克思认为私有制是随着生产力和社会分工的发展而产生的。由于生产工具的改进和生产技能的提高，社会才出现了分工，从而提高生产率才有了剩余产品，这也就为私有制萌芽的产生奠定了基础。马克思认为，社会分工的发展导致了阶级和国家的形成。也就是说，阶级和国家是分工和私有制发展的产物。就底层逻辑而言，分工是私有制的同义语。进入资本主义生产方式之后，对生产资料的私人占有就表现为对资本的占有，资本就转化成了社会发展的主要驱动力。社会分工的发展，使社会财富分配不均，拉大了贫富差距，产生了剥削和被剥削者，阶级矛盾由此产生。统治阶级为了维护自身的利益，建立他们所需要的社会秩序，社会需要专门的机构进行维护。这样，国家就应运而生了。

三是社会分工对人的发展的影响。人的发展与社会分工是紧密联系的。社会分工最初在一定程度促进了人的能力发展。斯密的《国富论》就是从分工开始揭示财富增长的秘密。斯密认为，促进国民财富增长的第一个决定因素是分工。斯密把分工作为提高劳动生产率，从而增加国民财富的一个重要途径。分工之所以能够提高劳动生产率，是因为分工促使劳动专门化，提高工人的熟练程度；分工可以节省因工种转换而损失的时间；分工使专门从事某项作业的劳动者有利于改良工具和发明机械。[1] 后来，社会分工不断发展和不断细化，在提高人的生产技术专业化水平的同时，也在一定程度上制约了人的全面发展。因为生产工具的改进和劳动技术的专业化，使人陷入固定性、片面性劳动而不能自拔。随着资本的发展，社会分工使人处于一种异化状态，人与人之间、人与自然之间、人与社会之间的关系发生了颠覆性变化——使人的本质异化。

四是为什么最终要消灭分工？消灭分工就是要消灭以资本为推动力

---

[1] 〔英〕亚当·斯密：《国富论》，富强译，北京：北京联合出版公司2014年版，第3—6页。

的分工,就是要消灭产生剥削、不平等、使人固定化、使劳动异化的分工,这是实现人的自由而全面发展的重要途径。在生产力高度发展的基础上,消灭私有制与阶级有赖于消除社会分工,而消灭分工有赖于人的自由而全面发展,这又有赖于充足的物质基础和健康的文化条件。每个人可以普遍交往,有充分的自由时间,去从事与自己兴趣相关的活动,发展自己的才能,实现自由而全面发展。

马克思在《德意志意识形态》中描述了人类理想的生存、生产和生活状态:在共产主义社会里,任何人都不受特定活动范围的限制,每个人都可以在任何部门发展。社会调节着整个生产,因而使人们有可能随自己的心愿今天做这件事,明天做那件事。就像马克思描述的那样,上午打猎,下午捕鱼,晚上从事理论批判活动。所以,在共产主义社会里,人将获得自由而全面的发展。

2. 对分工的特别研究——如何理解分工是私有制的同义语?

首先要把握商品经济的基本矛盾,即私人劳动与社会劳动之间的矛盾是商品经济的基本矛盾。要点有三:其一,私人劳动与社会劳动之间的矛盾是商品内在各种矛盾的根源,如使用价值与价值之间的矛盾:只有通过商品交换,私人劳动才能转变为社会劳动;也只有通过商品交换,具体劳动才可以还原为抽象劳动,商品的使用价值通过让渡而实现其交换价值。其二,私人劳动与社会劳动之间的矛盾决定了商品经济发展的全过程。由于社会分工和生产资料私有制从根本上决定了生产商品的劳动既具有私人劳动的性质,又具有社会劳动的性质。其三,私人劳动与社会劳动之间的矛盾决定了商品生产者的命运,即若私人劳动成功转化为社会劳动,则再生产顺利进行;若私人劳动无法转化为社会劳动,商品生产者会破产。私人劳动与社会劳动之间的矛盾,是马克思主义政治经济学中对私有制商品经济本质的分析切入点。因为有关商品经济的其他一切矛盾,如具体劳动与抽象劳动之间的矛盾、使用价值与交换价值之间的矛盾都在私人劳动与社会劳动之间的矛盾基础上产生出来并受它的制约的。在资本主义的商品经济中,这三组矛盾融合存在和交互作用,集中表现为生产社会化与资本主义私人占有形式之间的总矛盾,最终决定商品生产者的命运和社会制度的演进。

3. "实践"作为关键词谱系化的"逻辑中介性"

马克思批判了黑格尔的唯心主义实践观,也不同于维特根斯坦和海德格尔等欧洲不同哲学流派的语言转向——虽然他们把语言转向与实践转向关联起来了,但是西方哲学从近代到现代的转型中实现语言转向—实践转向并不是一回事,关键是不在一个层面上应用"实践"这个概念。马克思是基于"现实的人"及其活动的本质来理解"实践"这个关键词,从"主体化存在本体论"揭示了实践的"逻辑中介性"。可以说,马克思哲学的革命就在于历史的唯物的辩证的实践转向。

从马克思关于人的本质学说或者关于人的解放学说可知,人的本质属性的充分展开就是实践。如果按青年马克思的话语体系来表达,实践就是人的本质力量对象化,或者说,实践是人之本质的表现形式。但在"人类社会的史前时期"①,实践都是对人的本质的反对,这一实践过程也是人的本质的丧失过程。人的本质力量在其中丧失的实践是必然性的实践。相反,人的本质力量在其中得以回归的实践是革命的实践。相对应于此,必然性的实践是"现实的人"的展开过程,而革命的实践则是趋向自由而全面发展的人运动的过程。必然性的实践从逻辑起点展开,而革命的实践则是向逻辑归宿回归。

由此可知,实践是贯通《德意志意识形态》关键词谱系化的逻辑起点与逻辑归宿之间的逻辑中介。其中有两个要点:

一是作为逻辑中介的实践具有必然性指向。作为《德意志意识形态》关键词谱系的逻辑起点,如前所述,"现实的人"人的本质力量的展示就是实践,人的本质只有通过实践才能表现出来。然而,在私有制社会,一旦进入实践领域,人的本质便被异化。实践本质应该是人的本质,然而现实的实践却恰恰是对人的本质的否定。费尔巴哈最初曾是青年马克思的引路人。费尔巴哈把神的本质归纳为人的本质,不过是人的本质的歪曲反映。费尔巴哈不仅批判了人的本质被异化为宗教的现象,而且也否定了天国本身——所谓天国不过是人的本质异化的宗教幻象。在费尔巴哈理论批判的基础上,马克思进一步回归到现实社会批判,赋予了"实践"以现实生命力、分析力和穿透力。

马克思把人的本质定位于实践。因为在现实性上,人的本质是一切社会关系的总和。马克思所说的现实性就是实践性。一切社会关系的总和是实践的物化结果和过程。这正是人的本质被异化的表现形式。现实

---

① 《马克思恩格斯选集》第2卷,北京:人民出版社1995年版,第33页。

的社会关系就是一种不平等的社会关系。在资本主义社会关系中，人处于剥削与被剥削、压迫与被压迫、奴役与被奴役的对立关系当中。这种实然状况与马克思所揭示的人的应然本质是相反的。人的应然本质是理想社会关系的总和，应该是那种科学社会主义实践中结成的良性的社会关系。每个人的活动都直接地体现为人的本质，一切社会关系，一切社会实践，都是人的本质的直接体现。作为历史起点的"现实的人"包含着内在矛盾：人的本质只有在实践中才得以实现，而历史上的实践恰恰是对人的本质的否定。"现实的人"包含的这种内在矛盾，才构成推动人类历史运动的内在动力。这一内在矛盾是"自由的人"被扭曲为"现实的人"的矛盾。因而，作为历史起点的"现实的人"及其物质生产是被异化了的，作为逻辑中介的实践必然会逐步消解纯粹的客观必然性指向。

二是作为逻辑中介的革命性实践指向。《德意志意识形态》关键词谱系的逻辑归宿：人适应必然性的实践是革命的实践，是自由自觉地创造人类历史的实践。实践使人的本质力量对象化，并且人的本质只有在实践中实现对象化才能展示出来。同时，实践就是人的本质的表现形式，没有实践就没有人的本质。不体现人的本质的活动就不能称之为实践。实践与人的本质是统一的。如果说实践本身是对人的本质的否定，那么"自由而全面发展的人"这一马克思主义的逻辑归宿又何以可能？马克思在《关于费尔巴哈的提纲》中揭示了其中的奥秘——革命的实践是通往自由而全面发展的人。马克思强调指出，人在革命的实践中，不仅改造了世界，同时也改造了人自身。

"环境的改变和人的活动的一致，只能被看作是并被合理地理解为变革的实践"①。

马克思的实践分两种，一种是必然性的实践，是人的本质被异化的实践；另一种实践是革命的实践，是人的本质在其中得以回归的实践。早在写作博士论文时期，马克思就借鉴伊壁鸠鲁的自然哲学对原子的直线运动和偏离直线的运动的区分，指出原子的直线运动是原子运动的必

---

① 《马克思恩格斯选集》第1卷，北京：人民出版社1995年版，第59页。

然性，原子偏离直线的运动才是它的革命性，体现原子的直线运动的实践就是必然性的实践，体现原子偏离直线运动的实践就是革命的实践。正是革命性的实践才是通往马克思主义逻辑归宿的逻辑脉络，是指向逻辑归宿的唯一道路，人通过革命的实践达到解放自身的目的。革命的实践直指人的本质——向上贯通于人的本质，向下贯通人的解放和全面发展。可见，能够贯通马克思主义的逻辑起点与逻辑归宿的实践只能是革命的实践。人的三重本质和本性，经过实践中介，通过必然性实践和革命的实践两个环节，到人的全面发展，经过肯定—否定—否定之否定的过程，完成了正题—反题—合题的逻辑循环。

《德意志意识形态》关键词谱系的构建也必须经由实践中介而完成。历史唯物辩证法揭示必然性的实践导致人的异化，而政治经济学则揭示导致人之本质异化的实践的内在本质；科学社会主义指明了这样一条道路——革命的实践是通往人的自由而全面发展的现实道路。马克思自身的理论活动历程也体现为一个从逻辑起点出发，经过实践中介到逻辑归宿的过程：青年马克思偏向关注人的本质问题；中年马克思着力于批判资本主义社会制度；晚年马克思广泛研究东方社会和人类学笔记，重拾人的解放的主题。马克思主义的创立和发展就是一个从逻辑起点出发通过逻辑中介最后回归逻辑归宿的正—反—合的历史过程。

实践的任何形式都会引起相互作用，就可以把社会实践定义为具体历史主体的活动，主体在活动进程中按照自己的目的，用现实的观念和关于客体属性的知识来实现对客体的物质改造，并依靠对象化与非对象化在这个过程中的联系而改造自己。主体不仅像实践定义的那样改造客观世界，而且在活动进程中主体本身也发生变化。也就是说，主体改造自然界、社会和人自身，全部都包括在"实践"的概念之中。马克思强调对客观条件与活动主体自身的改造具有不可分割的联系。

（四）唯心的、唯物的、辩证的三种实践观比较

把实践纳入哲学并使之成为核心概念，不是马克思的创造。马克思讲的实践观与以往西方哲学所讲的实践概念并不是一回事，既不是完全唯心主义的，也不是绝对唯物主义的，而是兼顾二者优点拒斥二者缺点的历史唯物辩证法的实践观。

第一种是唯心的实践观。在马克思以前的康德、费希特，以至青年黑格尔派的契希考夫斯基、赫斯等，都是在精神范围建构实践，把实践

归结为意志的活动。（如上所述）

第二种唯物的实践观指机械唯物主义实践观。如伯恩施坦的实践观说到底是实证的实践观，因而他把实践归结为个人的经验积累，把实践过程归结为个人根据经验事实进行摸索的过程。又比如费尔巴哈，他把实践理解为纯功利的行为，是琐碎的生活和利己活动，其典型形式就是"卑污的犹太人的赚钱活动"。费尔巴哈的实践观，实际上是一种直观的机械唯物主义实践观。他把当下的实践形式，即一定历史条件下的具体实践，视为实践的总体。因此，他认为实践在本质上是排斥理论的。为了维护理论的权威，更为了其人道主义理想，费尔巴哈断然把实践排除在哲学的视野之外。他的这种理论失误，人们通常只将其归结为对实践的偏见，即对实践作了价值上的否定判断；而对他的直观的实践观本身则并不注意。这样，当此种实践观改换面目出现时，甚至可能会大受欢迎。大多数自由主义经济学家在方法论上是实证论的，其对实践的见解也就必然是直观而偏狭的。他们的一切经济分析都是以现实的实践，即工业、市场和商品交换为前提的。从直观的实践观出发，社会活动本质上是个人的自发活动。每个人都是从自己出发，为实现个人利益而进入社会。正是在自发的个人利益的尖锐冲突中，人们逐渐地摸索出日渐完善的行政、法、道德等社会规范，其作用在于保护人们的自由竞争，其目的在于实现个人利益。因此，所谓"社会"不过是"抽象的游戏规则"的同义语。这就是西方自由主义关于国家、法、历史进步以及社会公正的基本分析。用哈耶克的话说，这是一种"自发式扩展型人类秩序"，其中所体现的人类理性不是以建构某种特定的社会目标为特征的所谓"构成论理性主义"，而是按"丛林法则"在自发活动中不断纠错的所谓"进化论理性主义"。这可以说是资本主义几百年发展道路的真实写照。

第三种辩证的实践观是历史唯物辩证法的实践观。马克思结束了社会历史领域中唯心史观的统治地位，也改变了旧唯物主义缺乏能动原则的状况。马克思的实践观有三个基本点：中介性、普遍性和直接现实性。马克思的实践观介于上述的唯心主义实践观和唯物主义实践观之间，马克思好像陷入了夹缝之中：相对于抽象的唯心主义实践观来说，马克思主张现实的具体的实践观；相对于直观的实证的机械唯物主义实践观来说，马克思似乎又成了"抽象的""理性的"实践论者。实际上马克思坚持历史的唯物的辩证的实践观。马克思在实践观上的历史唯物辩证法表现在：一是内含着对于理论的渴求，因而是自觉的，以一定社会目标为方向的；二是内含着现实普遍利益即人民大众利益的价值导向，因而是革命的，批判的；三是内含着把个人有限生命溶入伟大的人类解放事业并从中获得生命意义的人生导向，因而是积极的、向上的。

人类实践的最高形式是人民大众实践以"现实的普遍利益"为立足点，通过较为自觉的利益协调，减少社会冲突，加速社会发展，从而不仅使落后的民族能够获得平等的发展权利，而且能避免西方资本主义发展所造成的种种社会弊害。马克思曾追随费尔巴哈，用抽象的"类本质"否定资本主义的残酷现实，并批判资产阶级经济学家为之辩护的实践形式，将其称之为"异化的活动"。但是，当马克思越来越认识到这种批判的软弱无力时，他转向了历史的唯物的辩证的实践观。他摒弃了费尔巴哈强加在现实实践活动上的偏见，不再把工业及世界市场看作"非人的活动"，而是从生产方式上将其看作有着历史必然性的人类实践活动形式；他同时也克服了资产阶级经济学家套在市场经济上的光环，不把它当作人类唯一的实践形式，而只看作具体的历史实践形式之一。因为作为实践形式的生产方式有三重生产。

二、生产方式与实践形态：物质生产—人的生产—精神生产

在马克思主义哲学中，实践首先是作为人的生存方式而被确立，进而作为人的生产方式之现实表征而得以确证。① 因为实践的本质功能在于自由自觉地创造或生产。实践不仅是认识论的范畴，而且是本体论的范畴。实践主体意味着历史唯物辩证法的主体化存在本体。实践形态表现为生存方式、生产方式和生活方式。其中生产方式包括物质生产—人的生产—精神生产。所以说，实践是马克思主义哲学的首要范畴。实践

---

① 马克思恩格斯在《德意志意识形态》中并没有给生产方式下定义，只是描述性地指出"亚细亚生产方式"是历史中一个特殊的生产方式，以"亚细亚生产方式"为基础的社会是原始社会的最后阶段。具体为：国家以农村公社为基本社会组织；国家在社会生活中管理农村公社；国家指挥农村公社来进行大型工程的建设。亚细亚生产方式的重要特点是土地公有，不允许自由转让。典型的国家有印度、西周前的中国等。在亚细亚生产方式下，东方国家普遍具有专制主义特色，民主、自由的思想也很难在东方产生。值得一提的是，中国在春秋战国时便突破了亚细亚生产方式。"废封建，开阡陌""井田制"等一些措施确立了土地私有制，土地自由买卖得到了承认。但是专制主义却保留了下来，影响深远。——笔者注

使世界二重化，又把两个分裂的世界统一起来。旧哲学只看到了世界的分裂，即物质世界和精神世界的对立矛盾，而马克思则把人类思想成果作为实践的内在环境纳入自己的行为体系，使主观见之于客观，从而实现"哲学的革命"。

广义地讲，"实践"这个关键词本质上是指人的自由自觉活动，所以也叫"实践活动"。学界有这么一种观点，认为实践可以区分为物质生产类与社会改造类。其根据是，马克思把"人对自然的加工"和"人对人的加工"作为两种相对独立的并且各有自己特点的过程来加以区分：把"人对自然的加工"叫作生产的实践，确切些说是物质生产的实践，而把"人对人的加工"叫作社会改造实践。以往通常把社会改造实践局限于社会革命、阶级斗争、民族解放运动等。特地区分出社会实践这种类型的根据就是社会改造客体的特殊性。生产实践的客体是自然界，社会改造的客体是社会关系。生产实践类的目的是按照变化和发展的需要去改造自然界。社会改造实践类的目的是根据一定的社会集团（在阶级社会里首先是整个阶级或整个社会）的利益需要变化去改造社会生活。如今的问题在于以偏概全：关于"人的生产"具有双重性，划入哪一种类型似乎都说得过去，但都难以覆盖全部内涵。

传统教科书定义是这样的：生产方式（mode of production）是人类用以向自然界谋取必需的生活资料的方式，包括生产力和生产关系两方面。换言之，生产方式是生产实践和社会实践两者在物质资料生产过程中的辩证统一。

依据马克思主义历史唯物辩证法来检视，传统教科书定义属于二元结构分析，似乎过于简单和不够全面。从实践出发解决人与世界的关系问题是马克思主义哲学实现伟大哲学变革的实质和关键，是实践为人提供了认知对象和改造对象。因此在实践中，人不仅认识了世界，而且改造了世界，在天然、自然的自在世界的基础上创造了属人世界。所以，实践不仅具有认识论意义，而且具有世界观意义，还具有人生观意义。实践观点是马克思主义历史唯物辩证法的基础，贯穿于实践的三重生产和生存方式、生产方式和生活方式。

由于人一来到这个世界上求生存、谋生活就必然搞生产，就必然会面临"天人矛盾""群己矛盾"和"身心矛盾"。解决这三重矛盾就有赖于三重生产，包括物质生产、人的生产、精神生产。马克思主义历史唯物辩证法坚持"三元结构"的构造，依据结构功能条件，人的对象化活动将自身的本质力量沉淀为"物质生产方式""社会生产方式"和"精神（意识形态）的生产方式"。简单地讲，生产方式就是指人的生存资料和生活资料的谋得方式，包括来自自然的、来自社会的和来自人自身的。也就是说，实践内容不能局限在传统教科对生产方式内嵌的二分法即生产力与生产关系之内。因为实践形态具有三元结构，具体表现为物质生产、人的生产、精神生产。

人的创造性或生产性实践不仅体现在人与自然的双向运动过程中，而且充分体现在人类社会发展的阶段性和连续性以及世界历史进程中。只有把现实的人理解为实践的人，才能深刻而全面地认识人类在生产方式中的三重生产活动。

（一）"三重生产说"的缘出和"经济基础"定义的缺憾

传统教科书认为，物质生活资料的生产方式是社会存在和发展的基础。生产力与生产关系的矛盾和经济基础与上层建筑的矛盾是人类社会最基本的矛盾。这是毋庸置疑的。但是从更广泛的实践意义上讲，就可能存在某种单一性偏向。当然，着眼于物质生产和经济基础及其基本矛盾运动，旨在把握社会政治运动规律，但仅仅局限于此并不容易解决社会和谐发展的所有问题，也不能突出社会主体本身发展的规律性的问题。因此，有必要从"三重生产"全方位理解人类社会的生产方式。

孙承叔根据马克思《1857—1858年经济学手稿》提出人类生产是四种生产的统一，即物质生产、人类自身再生产、精神生产和社会关系再生产。① 依照逻辑在先的原理可以把四种生产合并为"三重生产"：一是物质生产；二是人类自身的再生产（包括人口生产和社会关系再生产）；三是精神生产。其中物质生产是最重要的基础，但物质生产并不是唯一的基础。况且物质生产也不能离开精神生产和社会关系再生产而孤立发展。所谓纯粹的物质生产只能在观念中分开，而不能在事实中分开。

传统的教科书主要是从生产力与生产关系相结合的生产方式角度来

---

① 孙承叔：《是一种生产，还是四种生产？——读〈1857—1858年经济学手稿〉》，载《东南学术》，2003年第5期。

研究物质生产的。这一思路虽然很好地揭示了生产力决定生产关系和生产关系必须适应生产力并反作用于生产力的规律，但是并没有完整地揭示物质生产本身的发展规律。因为生产关系只是物质生产发展的一个条件，而不能等同于全部经济基础。经济基础不能没有劳动力、劳动工具和劳动对象等。马克思在《资本论》第一卷中曾经指出：

> "劳动生产力是由多种情况决定的，其中包括：工人的平均熟练程度，科学的发展水平和它在工艺上应用的程度，生产过程的社会结合，生产资料的规模和效能，以及自然条件。"①

这里涉及五个方面，生产关系的变革只是其中的一个方面，即"生产过程的社会结合"。如果单把这一方面加以夸大，那么就可能导向"好心办坏事"的谬误。传统教科书把生产关系等同于经济基础，没有顾及理论的周延和全面，以致实践上畸重生产关系的变革而忽视了多层次生产力结构限制以及其他方面的现实约束条件，忽视了自然条件、科学技术、工人素质、组织管理的影响，过于追求比较单纯的公有制（除了全民所有制就是集体所有制），结果反而阻碍了经济社会的发展，因为社会经济发展过程是一种由历史合力形成的复杂的矛盾运动。从某种意义上讲，社会物质生产力的一定发展水平是整个社会多因素共同作用的结果，尤其不能离开精神生产、人类自身再生产和社会关系再生产的实际水平。生产关系的变革再怎么重要也只是其中的一方面而已。

（二）人是"三重生产"的主体

俗话说，人就是人的世界。构成生产方式的诸多要素中，最重要的是作为生产方式主体的"现实的人"，因为

> "人本身是他自己的物质生产的基础，也是他进行的其他各种生产的基础。因此，所有对人这个生产主体发生影响的情况，都会在或大或小的程度上改变人的各种职能和活动，从而也会改变人作为物质财富、商品的创造者所执行的各种职能和活动。在这个意义上，

---

① 《马克思恩格斯全集》第 23 卷，北京：人民出版社 1979 年版，第 53 页。

确实可以证明，所有人的关系和职能，不管它们以什么形式和在什么地方表现出来，都会影响物质生产，并对物质生产发生或多或少的决定的作用。"①

在初始化意义上可以说，人是第一生产力。因此必须全方位地对人进行研究，包括人的存在、人的需求、人的欲望、人的行为、人的关系、人的本性、人的本质、人的能力、人的素质。"现实的人"是活生生的。所谓"活生生"，就是有多样化需求、有多样化追求、有多样化行为习惯并处于多样化动态的社会关系网络之中。所以重视物质生产的同时，还要认识人自身的再生产以及人的社会关系的再生产问题，此外还有精神生产也不能忽略。

> "把生产分解为两个因素，即作为劳动的体现者的人和作为劳动对象的土地，这也完全是抽象的。"② "不论生产的社会形式如何，劳动者和生产资料始终是生产因素。但是二者在彼此分离的情况下只在可能性上是生产因素。凡要进行生产，就必须使它们结合起来。实行这种结合的特殊方式和方法，使社会结构区分为各个不同的经济时期。"③
> "生产的承担者对自然的关系以及它们互相间的关系，他们借以进行生产的各种关系的总和。"④

虽然"生产的社会形式"即生产方式，已经引起了人们的足够重视，但是由于以前对生产关系的理解局限于经济关系（甚至局限于人与人之间的财产所有权关系），还没有达到对生产方式的全面理解，因而出现了两方面的理论偏差：

一方面，忽视了人与自然以及人与人之间技术关系的研究，没有重视《德意志意识形态》关键词如分工、协作、管理等对生产力发展的系统化影响，以及经济关系与技术关系之间的互动研究。马克思恩格斯在

---

① 《马克思恩格斯全集》第 23 卷，北京：人民出版社 1979 年版，第 300 页。
② 《马克思恩格斯全集》第 47 卷，北京：人民出版社 1979 年版，第 106 页。
③ 《资本论》第 2 卷，北京：人民出版社 1975 年版，第 44 页。
④ 《资本论》第 3 卷，北京：人民出版社 1975 年版，第 925 页。

《德意志意识形态》中明确地揭示了解决人与自然之间矛盾的生产力和解决人与人之间矛盾的社会关系以及社会形态之间互动的历史唯物辩证法：

"随着新生产力的获得，人们改变自己的生产方式，随着生产方式即谋生的方式的改变，人们也就会改变自己的一切社会关系。手推磨产生的是封建主的社会，蒸汽磨产生的是工业资本家的社会"①。

另一方面，习惯上把生产关系的总和等同于经济基础，就造成了对经济基础的片面理解。所谓"生产关系的总和"包括的内容就是所有制、分配制度和经济体制（计划经济或市场经济）。这样一来，经济基础就排斥了人与自然的关系，更没有给生产力留下空间。其结果在突出生产关系中人的关系的同时却抹杀了生产力中人的主体化本体地位。继而在经济基础与上层建筑之间的关系问题上，似乎上层建筑的功能纯粹是为了保护财产关系。实际上，上层建筑不仅要保护现有的财产关系，而且要促进生产力的发展；还要推动物质生产力以及其他各种生产要素的动态平衡和协调发展。

除了以上两方面外，马克思还非常强调科学技术、智力劳动对生产力的巨大促进作用。马克思认为：

"生产力的这种发展，归根到底总是来源于发挥着作用的劳动的社会性质，来源于社会内部的分工，来源于智力劳动特别是自然科学的发展。"②

"提高劳动生产力的主要形式是：协作、分工和机器或科学的力量的应用等等。"③

也正因为如此，后来邓小平强调科学技术是第一生产力。

探究到此还不够，人们还没有把人本身的生产、精神生产以及精神

---

① 《马克思恩格斯选集》第1卷，北京：人民出版社1995年版，第142页。
② 《资本论》第3卷，北京：人民出版社1975年版，第97页。
③ 《马克思恩格斯全集》第47卷，北京：人民出版社1979年版，第290页。

生产力纳入生产方式加以系统研究。发展到现代社会,精神生产不仅成为物质生产的重要推动力,而且成为人类自身生产和社会关系再生产的重要推动力,忽视了精神生产以及精神生产力,也就不能完整地理解整个社会有机体的生产方式。

另外,在历史唯物主义研究中,传统教科书重视研究生产方式而轻视研究交换方式或者说交往方式。在世界历史过程中,交换方式或者说交往方式是生存方式、生产方式和生活方式的动态形式。交往方式不仅是重要的,而且是理解世界历史过程的重要尺度。恩格斯在谈到历史唯物主义这一概念的含义时曾经指出:

> "用'历史唯物主义'这个名词来表达一种关于历史过程的观点,这种观点认为一切重要历史事件的终极原因和伟大动力是社会的经济发展、生产方式和交换方式的改变。"①
> "生产以及随生产而来的产品交换是一切社会制度的基础。"②

在生产方式的基础上进一步研究交换方式,对于深刻理解世界历史过程具有重大意义。马克思提出的三大社会形态理论就是从交换方式或者说交往方式的角度对社会作出的进一步概括。整个前资本主义社会,即

> "家长制的,古代的(以及封建的)状态随着商业、奢侈、货币、交换价值的发展而没落下去,现代社会则随着这些东西一道发展起来。"③

交换方式或者说交往方式成为推进历史进步的重要动力。历史上交换方式或者说交往方式是由生产方式决定的。但是随着生产的发展,交换方式或者说交往方式却反过来对生产方式进而对生产力产生巨大的反作用。因此研究物质生产,既不能离开生产方式,也不能离开交换方式或者说交往方式。

---

① 《马克思恩格斯全集》第22卷,北京:人民出版社1979年版,第346页。
② 《马克思恩格斯全集》第20卷,北京:人民出版社1979年版,第292页。
③ 《马克思恩格斯全集》第46卷(上),北京:人民出版社1979年版,第104页。

(三) 三重生产之一：物质生产及其基础性地位

1. 以往对物质生产的理论研究存在的认识偏差

传统社会主义对物质生产存在四个认识偏差：一是忽视自然条件对生产的基础性制约作用，过分夸大主观能动性的作用而忽视经济发展规律，造成了较大的生态破坏；二是忽视对生产力因素及其互动规律的研究；三是过于夸大生产关系对生产力发展的反作用，忽视了三重生产之间的互动作用；四是过于夸大生产方式对于生活方式的决定作用，忽略了对生存方式的研究。其中特别是对如何使商品、货币、交换、资本等服务于社会主义的基础理论和应用技术研究不够。

> "……过去的……理论恰恰没有说明人民群众的活动，只有历史唯物主义才第一次使我们能以自然历史的精确性去考察群众生活的社会条件以及这些条件的变更。"①

> "如果从结果的角度，从产品的角度加以考察，那么劳动资料和劳动对象表现为生产资料，劳动本身表现为生产劳动"②。

> "不同的公社在各自的自然环境中，找到不同的生产资料和不同的生活资料。因此，它们的生产方式、生活方式和产品，也就各不相同。"③

也就是说，从生产力本身来看，劳动与生产是有区别的，劳动侧重于过程，而生产侧重于结果。劳动能力表现为生产能力。生产力是人们生产产品的能力。因此，凡是对产品的生产以及产品的功能最终起作用的因素，都是生产力发展的制约因素。

在这些生产力因素中，首先要考虑的是自然因素，因为人们最初的生产方式是与自然环境直接相关的。生产力发达不发达，也与地理环境有很大的关系。正像马克思在《资本论》中所说：

> "资本的祖国不是草木繁茂的热带，而是温带。不是土壤的绝对

---

① 《列宁专题文集·论马克思主义》，北京：人民出版社2009年版，第14页。
② 《资本论》第1卷，北京：人民出版社1975年版，第205页。
③ 《马克思恩格斯全集》第23卷，北京：人民出版社1979年版，第390页。

肥力，而是它的差异性和它的自然产品的多样性，形成社会分工的自然基础，并且通过人所处的自然环境的变化，促使他们自己的需要、能力、劳动资料和劳动方式趋于多样化。"①

所以，研究生产力，不能不研究自然环境，包括自然生态。这是人类生存的初始基础。所以马克思强调：

"撇开社会生产的不同发展程度不说，劳动生产率是同自然条件相联系的。这些自然条件都可以归结为人本身的自然（如人种等等）和人周围的自然。外界自然条件在经济上可以分为两大类：生活资料的自然富源，例如土壤的肥力，鱼产丰富的水等等；劳动资料的自然富源，如奔腾的瀑布、可航行的河流、森林、金属、煤炭等等。在文化初期，第一类自然富源具有决定性的意义；在较高的发展阶段，第二类自然富源具有决定性的意义。"②

2. 物质生产（或曰社会物质资料的生产）是社会生活的基础

马克思恩格斯直接从人类生活的物质资料生产出发建立起新历史唯物主义世界观，并通过分析人的生存、生产和生活的多重矛盾运动过程，揭示了历史唯物辩证法的基本规律。因此，界定社会物质生产的内涵、外延以及各生产要素之间的内在联系，并明确其理论地位，对于马克思主义哲学十分重要，对于理解历史唯物辩证法的科学体系，把握社会发展规律，具有十分重要的理论和现实意义。

马克思主义哲学的创立经历过一个艰苦复杂的探索过程。这个过程是马克思恩格斯对黑格尔哲学和费尔巴哈哲学的批判、扬弃的过程，也是对物质生产范畴的认识不断深化的过程。这个认识过程经过了从抽象到具体，从感性到理性的科学化过程。

1842 年至 1843 年，马克思在《莱茵报》当编辑期间，开始关注物质利益领域的根本问题，看到了客观关系在社会生活中的决定作用，注意到了社会生活基础的客观性。但是客观性关系究竟意味着什么？马克

---

① 《马克思恩格斯全集》第 23 卷，北京：人民出版社 1979 年版，第 561 页。
② 《马克思恩格斯全集》第 23 卷，北京：人民出版社 1979 年版，第 560 页。

思苦苦求索答案，直到写作《黑格尔法哲学批判》（1843）时，初步清算了黑格尔的唯心主义，才发现市民社会是国家的基础。市民社会是一个感性的具体，而不是什么绝对理念。马克思最初在《1844年经济学哲学手稿》中第一次从经济学—哲学中尝试对市民社会进行解剖。通过对异化劳动的分析，透视了资本主义社会的诸种社会关系，分析了人本身及人类历史的发展，后来逐步形成了唯物史观的核心观点——首先是物质生产的发展决定人类社会历史发展，然后才可能有其他方面的发展。同时，恩格斯也通过对资产阶级政治经济学的批判和对英国工人阶级状况的考察，触及了现实社会经济基础与上层建筑以及意识形态的深层矛盾。

马克思恩格斯在合著的《神圣家族》一书中，第一次提出了生产方式的概念，并指出历史的发源地不在天上的云雾中，而在尘世的粗糙的物质生产中。这里尽管他们已经认识到生产劳动是认识现实的逻辑起点，有了对于社会生活基础的认识，比青年马克思写作《1844年经济学哲学手稿》的时候更为清醒了——从朦胧的感性阶段上升到了清晰的理性阶段。到后来写作《资本论》（1872）的时候，便转向了在思维中再现现实具体。

马克思写作《关于费尔巴哈的提纲》（1845）中对费尔巴哈及一切旧唯物主义的主要缺点进行了彻底的批判，明确提出了社会生活在本质上是实践的。第一次把社会实践作为世界观、历史观和认识论的基本范畴提出来，揭示了实践所具有的现实性、社会性和能动性。《德意志意识形态》是马克思主义哲学形成的重要标志，初步系统地阐明了历史唯物主义基本原理，说明了物质资料生产是社会生活的基础，并对社会物质生产范畴作了历史的唯物的辩证的考察。

马克思恩格斯在《德意志意识形态》中考察了"原初的历史的关系"，即自然—社会—精神三重性历史。首先把社会物质生产看作是多重矛盾的统一体，认为人类生存的第一个前提，也就是历史的第一个前提是——人们为了生存和发展，首先需要吃喝住穿以及其他一些东西。任何一个民族，如果停止社会生产，不用说一年，就是几个星期，也要灭亡。所以社会物质资料的生产是维持人类生存的"第一个历史活动"，是"一切历史的一种基本条件"①。同时，人类在进行社会物质生产和再

---

① 《马克思恩格斯选集》第1卷，北京：人民出版社1995年版，第79页。

生产的同时，也进行着人类自身的生产和再生产，"即繁殖"。人是物质资料的生产者，又是物质资料的消费者。没有人自身的生产和再生产，就没有人类物质资料生产的世代延续，也就没有社会的存在和发展。两种生产是不可分割、有机统一的。遗憾的是，马克思恩格斯写作《德意志意识形态》时，还没有把精神生产与物质生产和人的生产并列地提出来，而只是把精神生产隐含在上层建筑之中，强调意识形态是观念的上层建筑。后来在论述文化发展的相对独立性以及文化与经济的非平衡发展规律时，才辨析"意识"与"意识形态"的异同，强调人的"意识的生产"是精神生产的核心，强调阶级性、自由性、创造性、相对独立性是精神生产的特性。精神生产与物质生产的内在张力构成了马克思精神生产的理论要旨。

恩格斯在《家庭、私有制和国家的起源》中明确指出：

"根据唯物主义观点，历史中的决定性因素，归根结蒂是直接生活的生产和再生产。但是，生产本身又有两种，一方面是生活资料即食物、衣服、住房以及为此所必需的工具的生产；另一方面是人自身的生产，即种的蕃衍。"①

社会物质生产，无论是物质资料的生产还是人类自身的生产都"表现为双重关系：一方面是自然关系，另一方面是社会关系"②。自然环境是人类社会存在和发展的必要的物质前提，从自然界分化出来的人类社会仍然是自然界的一部分，永远不能完全脱离自然界。社会物质生产是人以自身的活动引起、调整和控制人和自然界之间物质和能量交换的过程。在这个过程中，人有目的地改造自然物，也改造人和社会本身，使人与自然相互动态适应。"社会关系的含义是指许多个人的共同活动"③。人不同于其他一般动物，人是文明化的高级社会动物，为了进行生产，人际发生一定的联系和关系，以一定方式结合起来共同活动和互相交换其活动，共同适应和作用于自然界。社会的生存方式、生产方式和生活方式都是社会的，是社会的生存、社会的生产和社会的生活享受，都受

---

① 《马克思恩格斯选集》第 4 卷，北京：人民出版社 1995 年版，第 2 页。
② 《马克思恩格斯选集》第 1 卷，北京：人民出版社 1995 年版，第 80 页。
③ 《马克思恩格斯选集》第 1 卷，北京：人民出版社 1995 年版，第 80 页。

制于人本身，人本身又受制于社会控制和社会历史条件。

但是人不同于其他一般动物，在自然界中并不完全受制于不自觉的盲目的动力驱动，人与此相反，社会历史领域的生存方式、生产方式和生活方式都内含着人的主观能动性，都是人的本质力量对象化的实现形式。

"在社会历史领域内进行活动的是具有意识的、经过思虑或凭激情行动的、追求某种目的的人"①。

一方面，其他一般动物的活动只是本能地被动适应世界的活动，而人的活动是有意识地、有目的地、有计划地改造自然、社会和人本身的自觉活动，这就是人类的文明之所在。所以说，最瞥脚的建筑师比最灵巧的蜜蜂都要高明。

另一方面，人类活动所预期的目的和计划多大程度上能够如愿以偿要看主—客观的契合程度。也就是说，人的主观能动性的发挥一定会受到社会历史条件和客观规律的制约。社会物质生产是人们"在一定的物质的、不受他们任何支配的界限、前提和条件下活动着的"②，生产活动的前提、条件、过程、结果都是客观的，不以人的意志为转移的。在思想意识指导下的社会物质生产归根结底也是客观的、物质的活动。

社会生产是一个迭代继承的过程。每一代人从事社会生产的条件都是先在的，预先规定的。每一时期的社会生产都是在以前各代遗留下的生产条件下进行的。由于人的能动本性，人类的生产活动不是对历史简单的继承和重复。

"历史不外是各个世代的依次交替。每一代都利用以前各代遗留下来的材料、资金和生产力；由于这个缘故，每一代一方面在完全改变了的环境下继续从事所继承的活动，另一方面又通过完全改变了的活动来变更旧的环境。"③

"人们不能自由选择自己的生产力——这是他们的全部历史的基

---

① 《马克思恩格斯选集》第4卷，北京：人民出版社1995年版，第247页。
② 《马克思恩格斯选集》第1卷，北京：人民出版社1995年版，第72页。
③ 《马克思恩格斯选集》第1卷，北京：人民出版社1995年版，第88页。

础，因为任何生产力都是一种既得的力量，以往的活动的产物。"①

正是生产中这种世代继承、积累和创新，才有人类历史的延续和不断发展。在发展中不断形成新的利益、目的、需要，不断超越历史的限定，创造新的发展机遇。

马克思恩格斯肯定了人类历史发展的客观性、传承性和主观能动性。每一代人都要在继承前代创造出来的物质生产力、制度生产力和精神生产力的基础上才能继续发展。这是不以人的意志为转移的历史发展的客观规律。

3. 社会物质生产是基于个体的活动

"现实的个人"是社会的主体，也是社会物质生产的主体。"现实的个人"即个体是社会生产的最基本单位。社会生产是由"现实的个人"的活动组成的，并由不同的个体分工与集体合作相结合进行的。所以，社会生产又是按部类组合和按专业分工相结合的活动。物质生产是总体的和集体的社会活动，同时形成了不同的生产部门和不同的生产产业。从大的部类看，可简化为生活资料的生产和生产资料的生产。生产资料的生产又包括农业、畜牧业、工业制造业，等等。进一步看，社会生产是由不同的个人分担、由不同个体的活动构成的，这就有了分工。分工首先是生产过程中人与人之间的分离。同时，社会生产又是不同个人的共同活动。不同个人之间既需要分工又需要合作。这是人与人之间的关系组合。同样道理，社会生产各部门既相互独立又相互联结，既有分工又有协作的过程。

人要生存和生活就要生产。人要存在和发展，就不能停止消费，也就不能停止生产，这就形成了以物质生产为基础的人类历史的连续性。在一定历史阶段，社会生产是"现实的人"所从事的历史的和具体的对象化主体活动，都要受当时当地的生产条件的限制。生产力有连续性和动态化特点，而生产关系则可保持相对稳定。以物质生产为基础的人类历史发展呈现出一定的阶段性。同时，社会生产又是连续不断和迭代递进的。每个时代的总体生产过程，或者各别生产片段，都是整个社会生产过程中的一个部分、一个阶段，都是在前一阶段创造的生产条件下延续生产的，又为后一阶段生产创造新的条件。马克思在《资本论》中有

---

① 《马克思恩格斯选集》第 4 卷，北京：人民出版社 1972 年版，第 321 页。

明确的阐述：

> "不管生产过程的社会形式怎样，它必须是连续不断的，或者说，必须周而复始地经过同样一些阶段。一个社会不能停止消费，同样，它也不能停止生产。因此，每一个社会生产过程，从经常的联系和它不断更新来看，同时也就是再生产过程。生产的条件同时也就是再生产的条件。"①

马克思恩格斯在《德意志意识形态》中阐述了社会物质生活之后非常明确地指出：

> "不应该把社会活动的这三个方面看作是三个不同的阶段，而只应该看作是三个方面，或者，为了使德国人能够了解，把它们看作是三个'因素'。从历史的最初时期起，从第一批人出现时，这三个方面就同时存在着，而且现在也还在历史上起着作用。"②

社会物质生产是多重矛盾的统一体，所包含的多重矛盾关系是同一生产的不同方面、不同因素的表现。

社会物质生产过程中的多重矛盾，如生产力与生产关系和经济基础与上层建筑之间的矛盾，具有既相互区别又相互联系的不可分割的关系。一方面，生产力与生产关系各自反映了生产中的不同方面，强调的侧重点不同。生产力反映的是生产过程中人和自然的关系，是人们控制人与自然之间物质转化的能力，强调生产是与自然相联系的客观活动。生产关系反映的是生产过程中人们之间的社会关系，侧重反映生产中体现的能动活动，强调生产是有意识的社会活动。另一方面，社会生产矛盾中的两个方面都存在于同一生产过程中，矛盾两方面是密不可分的，反映生产中人与自然的关系同时也反映了生产中人与人之间的社会关系，反映了人与自然矛盾解决的程度和水平以及人与人矛盾解决的程度和水平。马克思说：

---

① 《马克思恩格斯全集》第 23 卷，北京：人民出版社 1972 年版，第 621 页。
② 《马克思恩格斯选集》第 1 卷，北京：人民出版社 1995 年版，第 80 页。

> "只有以一定的方式共同活动和互相交换其活动,才能进行生产。"①
>
> "这种共同活动方式本身就是'生产力'"②。
>
> "这些力量只有在这些个人的交往和相互联系中才是真正的力量。"③

人与自然的关系是生产中的底层关系,人与人之间的全部关系都是基于人与自然的关系而建立起来的,并且随着人与自然的关系的变化而变化。人既是生产力的主体,同时也是生产关系的主体。生产力决定生产关系,生产关系不能不受制于生产力发展水平。反之亦然,生产力的发展进度也受制于生产关系的影响(反作用)。生产力中人的要素和物的要素只是为生产力的形成提供了可能性。生产要素只有以一定的社会结构关系(生产关系)结合起来才形成现实的生产力。马克思基于"分工是私有制的同义语"这个理论支点,分析生产中各种矛盾如何相互关联,如何决定和推动社会历史发展。生产关系决定着生产力中人与物的结合方式,即决定着劳动者与生产资料的结合方式,这就是生产方式。生产方式使可能的生产力变成为现实的生产力。生产力对社会及人本身的影响都要通过一定的生产方式才能实现。先进的生产力在适宜的生产方式中才能高效率地生产出巨大的物质财富,同时,相适宜的生产关系才有可能使物质财富分配兼顾效率与公平。反过来又有利于生产力的进一步发展。

列宁高度评价了马克思恩格斯从社会多重矛盾中归纳出基本矛盾的重大意义,明确指出:

> "只有把社会关系归结于生产关系,把生产关系归结于生产力的水平,才能有可靠的根据把社会形态的发展看做自然历史过程。不言而喻,没有这种观点,也就不会有社会科学。"④

---

① 《马克思恩格斯选集》第 2 卷,北京:人民出版社 1995 年版,第 344 页。
② 《马克思恩格斯选集》第 1 卷,北京:人民出版社 1995 年版,第 80 页。
③ 《马克思恩格斯选集》第 1 卷,北京:人民出版社 1995 年版,第 128 页。
④ 《列宁选集》第 1 卷,北京:人民出版社 1995 年版,第 8 页。

在《〈政治经济学批判〉序言》中，马克思较为全面地描绘了自己研究政治经济学的探索历程，将历史唯物主义社会规律作了经典概述：

> "不是人们的意识决定人们的存在，相反，是人们的社会存在决定人们的意识。……随着经济基础的变更，全部庞大的上层建筑也或慢或快地发生变革。"①
>
> "人们在自己生活的社会生产中发生一定的、必然的、不以他们的意志为转移的关系，即同他们的物质生产力的一定发展阶段相适合的生产关系。这些生产关系的总和构成社会的经济结构，即有法律的和政治的上层建筑竖立其上并有一定的社会意识形式与之相适应的现实基础。"②

生产力与生产关系、经济基础与上层建筑之间由基本适合到基本不适合，再到新的基本适合，由此推动社会由低级向高级不断发展。生产力与生产关系、经济基础与上层建筑这两大矛盾运动是人类社会发展的基本动力源泉。人类历史的发展是社会基本矛盾运动的结果。生产关系适应并反作用于生产力、上层建筑适应并反作用于经济基础的规律是人类社会发展的基本规律。这种基本规律的表现是具体的和历史的。

依据逻辑在先的原理可知，生产力是社会基本矛盾运动的起点，生产力决定生产关系。社会生产关系的总和又决定其社会的思想关系即上层建筑。生产关系对生产力、上层建筑对经济基础又具有反作用。生产关系是生产力与上层建筑的中介。这两对矛盾运动共同作用于整个世界历史进程。其中，生产力是系统理解的逻辑基础而生产关系是系统理解的逻辑关键。正因为马克思发现并论证了生产关系的客观存在性/物质性，马克思主义哲学历史的、唯物的、辩证的基础才得以夯实，社会历史发展规律才得以发现。

——社会物质生产既是连续的又是阶段性的活动，必须从量变与质变、连续性与阶段性辩证统一的角度去把握社会基本矛盾运动过程。作为同一生产过程不同方面的表现，生产力和生产关系都表现出一定的运动性和相对的稳定性。在生产方式中，生产力是决定的因素，是最活跃、

---

① 《马克思恩格斯文集》第 2 卷，北京：人民出版社 2009 年版，第 588 页。
② 《马克思恩格斯选集》第 2 卷，北京：人民出版社 1979 年版，第 32 页。

最革命的因素。人们一般认为，生产力作为内容，是生产中最活跃、最革命的因素，总是不断地发生着变化，而生产关系作为形式，则是相对稳定的。实际上，生产力发生了变化，生产关系迟早必然也会发生变化。由于生产力的发展在根本性质变化之前的总的量变过程中包含着依次发生的部分的、阶段性的质变。因此，生产力的发展决定生产关系变革的过程也表现出某种阶段性、层次性。生产力变化往往先是部分地改变生产关系，最后才全面地根本地改变生产关系，包括生产关系的本质方面和非本质方面——生产资料所有制及其实现形式。

——**社会物质生产既是个体的和分类的活动，又是集体的和总体的活动**。我们就应该从全局与部分、全球与国家或地区相统一的角度去把握社会基本矛盾运动。一个国家或地区生产关系变革的方向和形式，取决于这个国家或地区的生产力状况，同时又必然受到国际环境的影响，二者往往交织在一起。考察一个国家或地区某一历史阶段的生产力，不仅要考察这一民族自身生产力发展的状况，还要看这个时代生产力的发展状况；不仅要考察这一国家或地区自身生产力发展对生产关系的影响，还要分析全球生产力发展对这一民族生产关系的影响。正像马克思恩格斯所指出的那样，一切历史冲突都根源于生产力与生产关系和经济基础与上层建筑之间的矛盾，但是，对于某一国家或地区内部冲突究竟具体怎么发生，还要看机缘巧合，往往是由偶然事件引发必然的矛盾冲突。

"不一定非要等到这种矛盾在某一国家发展到极端尖锐的地步，才导致这个国家内发生冲突。由广泛的国际交往所引起的同工业比较发达的国家的竞争，就足以使工业比较不发达的国家内产生类似的矛盾。"①

——**社会物质生产既是历史的又是现实的活动**。考察一个国家或地区的生产力不仅要看它的现状，还要看它的历史——看其生产关系是否适合生产力，看其上层建筑是否适合经济基础。不仅要作横向的考察，还要进行纵向的分析。一个国家或地区要选择适合本国或本地区生产力状况的生产关系。也就是说，应该从历史与现实、继承与发展相统一的

---

① 《马克思恩格斯选集》第 1 卷，北京：人民出版社 1995 年版，第 115—116 页。

角度去把握社会基本矛盾运动。

（四）三重生产之二：人的生产（包括人口数量、质量和社会关系的再生产）

1."人的生产"的丰富内涵

人的生产是人类生存和发展的第一要务、根本目的和根本动力。因为马克思指出：

"人是全部人类活动和全部人类关系的本质、基础。"①

"人的生产"不仅指人的繁衍生存还指个体社会化。从"现实的人"出发，社会历史的发展离不开人们自身的生产。正是人类自身再生产的需要，构成了其他另外两重生产的内在动因和前提，从而推动整个社会有机体的不断再生和发展。传统哲学教科书在物质生产唯一论思想偏向影响下，人类自身再生产的内容一度招致冷遇而被忽略了。似乎"见物不见人"就是唯物主义。即便是谈到"人的生产"也局限于狭义的自然视角，仅仅与人口的生产、人的生育和人的身体发育相联系。有的甚至把"人的生产"仅仅解读为人的"生命的生产"。其实，"人的生产"也是一个复杂系统和复杂过程，要与其他另外两种生产联系起来，以历史唯物辩证法来加以跨学科认识。因为人是生产力和生产关系的主体，也是消费的主体；是人口再生产和社会关系再生产的主体，还是精神生产和精神产品消费的主体。因此，关于"人的生产"的认识要拓展到唯物史观的应用领域。

在马克思主义发展史上，有位第二国际颇具争议性的重要理论家亨利希·库诺，以现代社会学为独特理论视角，从社会学和人类学等跨学科视角拓展了唯物史观的应用领域，为马克思主义哲学的理解和运用打开了一个独特的窗口。亨利希·库诺误以为恩格斯晚年用两种生产理论修正马克思的"物质生产一元论"，"导致了唯物主义历史学说内部结构的破坏"。这说明亨利希·库诺不懂得"人的生产"的丰富内涵，把"人的生产"贬低为动物式的数量再生产，认为对物质生产、人的生产

---

① 《马克思恩格斯全集》第2卷，北京：人民出版社1979年版，第118页。

乃至精神生产的理论划分

> "完全破坏了唯物主义历史观的统一性","似乎只有一部分社会生活取决于经济方式,而另一部分则取决于性生活"。①

传统哲学教科书虽然没有像第二国际的库诺夫用那样粗俗的历史唯物主义来诠释"人的生产",但也仅仅是从量上或者从表象上而不是从历史唯物辩证法来理解"人的生产"的本质。这一影响几乎一直持续到20世纪末。至今对"人的生产"问题的研究仍然不够透彻。

《德意志意识形态》并不是离开人类自身再生产而孤立地研究物质生产的。马克思恩格斯十分重视对两种生产理论的研究(当然留下的缺憾是当时还没有把精神生产与这两种生产相提并论),认为人类历史的第一个活动除了包含劳动、需要两个因素外,还应包括人类自身再生产(即繁殖和个体社会化)。

> "一开始就纳入历史发展过程的第三种关系是:每日都在重新生产自己生活的人开始生产另外一些人,即增殖。这就是夫妻之间的关系,父母和子女之间的关系,也就是家庭。这个家庭起初是唯一的社会关系。""这样,生命的生产,无论是自己生命的生产(通过劳动)或他人生命的生产(通过生育)——立即表现为双重关系:一方面是自然关系,另一方面是社会关系。"② "这种生产第一次是随着人口的增长而开始的。"③

到《资本论》时期,马克思就是从生产与消费之间的关系来研究"人的生产"。马克思认为在资本主义时期,人的自身再生产是通过消费实现的。

> "消费直接也是生产,正如自然界中的元素和化学物质的消费是

---

① 〔德〕亨利希·库诺:《马克思的历史、社会和国家学说》,袁志英译,上海:上海译文出版社2006年版,第4页。
② 《德意志意识形态》,北京:人民出版社2003年版,第80页。
③ 《德意志意识形态》,北京:人民出版社2003年版,第68页。

植物的生产一样，例如，吃喝是消费形式之一，人吃喝就生产自己的身体，这是明显的事。"①

"这种与消费同一的生产是第二种生产，是靠消灭第一种生产的产品引起的。在第一种生产中，生产者物化，在第二种生产中，生产者所创造的物人化。因此，这种消费的生产……是与原来意义上的生产根本不同的。"②

"消费是为了再生产现有工人的肌肉、神经、骨骼、脑髓和生出新的工人。"③

因此，一个人的社会地位是由他的消费水平决定的，正如马克思所说：

"这些产品的消费再生产出一定存在方式的个人自身，再生产出不仅具有直接生命力的个人，而且是处于一定的社会关系的个人。可见，在消费过程中发生的个人的最终占有，再生产出处于原有关系的个人，即处于对于生产过程的原有关系和他们彼此之间的原有关系中的个人；再生产出处在他们的社会存在中的个人，因而再生产出他们的社会存在"④。

因此，资本主义的罪恶不在于推进了物质财富的发展，而在于对工人——人的自身再生产的压抑和摧残。对于一个社会来讲，三重生产必须保持平衡，不能只看到物质财富的生产，而不看到人的自身再生产以及精神生产，否则社会发展就会受到阻碍。这也是资本主义必然出现危机的根源之一。

恩格斯在完成《家庭、私有制和国家的起源》研究以后，根据马克思的观点，对唯物史观进一步作了如下概括：

"根据唯物主义观点，历史中的决定因素，归根到底是直接生活

---

① 《马克思恩格斯选集》第 2 卷，北京：人民出版社 1979 年版，第 93 页。
② 《马克思恩格斯全集》第 23 卷，北京：人民出版社 1972 年版，第 628 页。
③ 《马克思恩格斯全集》第 24 卷，北京：人民出版社 1972 年版，第 447 页。
④ 《马克思恩格斯全集》第 46 卷（下），北京：人民出版社 1979 年版，第 230 页。

的生产和再生产。但是，生产本身又有两种。一方面是生活资料即食物、衣服、住房以及为此所必需的工具的生产；另一方面是人类自身的生产，即种的繁衍。一定历史时代和一定地区内人们生活于其下的社会制度，受着两种生产的制约：一方面受劳动的发展阶段的制约，另一方面受家庭的发展阶段的制约。劳动愈不发展，劳动产品的数量、从而社会的财富愈受限制，社会制度就愈在较大程度上受血族关系的支配。"①

可惜传统教科书并没有把马克思恩格斯的这些重要思想很好地继承和发扬光大。虽然后来也开始关注人的自身再生产问题，但是局限于人口数量控制型的再生产，不了解"人的生产"的本质是人的社会化质量的再生产，因而没有重视人类自身再生产的社会性、历史性和时代性。人与其他一般动物不同，"人的生产"是伴随物质生产与精神生产同步发展的。因此，人类自身再生产的本质不是人口数量的增减，而是人口质量的再生产，是的人的能力和素质的再生产。忽视了后者，无疑把人类等同于其他一般动物，因而也就不能深刻理解人类历史进步的根源。

从世界历史过程看，"人的生产"首先取决于物质生产所创造的生活资料、享受资料、发展资料的性质和水平。因为一切消费都是以生产为前提的。同时，"人的生产"还取决于精神生产的性质和水平，因为任何高水平的生产资料和生活资料以及发展资料本质上都是以精神生产的一定发展水平为前提的。最后，"人的生产"还取决于生产力和生产关系的性质和水平，取决于每一个个体能取得的实际消费的量和质。可见，物质生产、人的生产和精神生产这"三重生产"是既相区别又相重叠、既相对立又相统一的交互作用的复杂系统，忽视了这个整体性特性也就不能真正理解马克思主义历史唯物辩证法。

"历史什么事情也没有做……历史不过是追求着自己目的的人的活动而已。"②

"理论只要说服人，就能掌握群众；而理论只要彻底，就能说服

---

① 《马克思恩格斯全集》第21卷，北京：人民出版社1965年版，第29—30页。
② 《马克思恩格斯全集》第2卷，北京：人民出版社1979年版，第119页。

人。所谓彻底，就是抓住事物的根本。但人的根本就是人本身。"①

正如马克思上面说的，彻底的理论应该且必然是以人为本的理论。这个"本"指的是哲学意义上的"主体化本体"。

2. "人的生产"还包括社会关系的再生产

在"人的生产"理论中，最熟视无睹的也最易于受到忽视的就是马克思的社会关系再生产理论。在生产力高度发达的现代社会，许多人的目光都习惯性盯着物质财富以至于物欲横流。而马克思首先关注的是社会关系的变化，并把社会关系的生产作为《德意志意识形态》和《资本论》研究的主要目的。马克思指出：

"生产过程和价值增殖过程的结果，首先是资本和劳动的关系本身的，资本家和工人的关系本身的再生产和新生产。这种社会关系，生产关系，实际上是这个过程的比其他物质结果更为重要的结果。……每一方都由于再生产对方，再生产自己的否定而再生产自己本身。"②

"从整体上考察资本主义生产，就可以得出结论：作为这个过程的真正产品，应考察的不只是商品（尤其不只是商品的使用价值，即产品）也不只是剩余价值；虽然剩余价值是结果，它表现为整个生产过程的目的并决定着这个过程的性质。不仅是生产一个东西——商品，即比原来预付的资本具有更大价值的商品，而且生产资本和雇佣劳动，换言之，是再生产（劳动和资本之间的）关系，并使之永存。"③

"人的生产"中如果不注意社会关系的再生产，这个社会就不能长期存在和不断发展。这是历史的基本规律。正像马克思所说的那样：

"资产阶级除非使生产工具，从而使生产关系，从而使全部社会关系不断革命化，否则就不能生存下去。反之，原封不动地保持旧

---

① 《马克思恩格斯选集》第1卷，北京：人民出版社1979年版，第9页。
② 《马克思恩格斯全集》第46卷（上），北京：人民出版社1979年版，第455页。
③ 《马克思恩格斯全集》第47卷，北京：人民出版社1979年版，第178页。

的生产方式，却是过去的一切工业阶级生存的首要条件。"①

"社会，即联合起来的单个人"。②

人天生就是社会的生物，而且是不同于其他一般动物的高级动物。人类社会不只是依据生物本能，而且是依据人文化习俗和文明规范联合起来的人本身。人为了生存、生产和生活，必然要联合起来。社会关系意味着许多人的合作。社会关系能否维系下去，就在于社会关系能否再生产。这是人的生产和发展的基本前提和最有力保证。在历史发展过程中，任何人类个体都不能离开社会而单独存在。反过来说，社会也不是独立于人之外的抽象主体。

由于社会代表了人与人之间的联合，因此个人与社会的关系，本质上是个人与联合起来的人之间的关系。在这个意义上，个人在联合起来的社会中总是受制约的，因而个人是被社会决定的。正像马克思所说的那样：

"一个人的发展取决于和他直接或间接进行交往的其他一切人的发展；彼此发生关系的个人的世世代代是相互联系的，后代的肉体是由他们的前代决定的，后代继承前代积累起来的生产力和交往形式，这就决定了他们这一代的相互关系。"③

个体生命是有限的，而社会生命是持久的。任何人都不能割裂历史，也不能超越他所在的时代。一个人的能力和素质，是以其他人的发展为前提的。因而马克思说，人在其现实性上是一切社会关系的总和。社会并不因任何一个个体生命的消失而停止发展，无数个体前赴后继地文明累加，就会使社会生产力、财富越来越丰富强大，社会越来越因人的不断生产而获得生命力。但并不能因此而把社会夸大为一种超然于人的外在实体。如果离开了具体的个体就无所谓社会，因而"把社会当作一个单独的主体来考察，是对它作了不正确的考察，思辨式的考察"④。为什

---

① 《马克思恩格斯全集》第4卷，北京：人民出版社1958年版，第469页。
② 《马克思恩格斯全集》第46卷（下），北京：人民出版社1979年版，第20页。
③ 《马克思恩格斯全集》第3卷，北京：人民出版社1960年版，第514页。
④ 《马克思恩格斯全集》第46卷（上），北京：人民出版社1979年版，第31页。

么说人是全部人类活动和全部人类关系的本质和基础？马克思说：

> "人的本质是人的真正的社会联系，所以人在积极实现自己本质的过程中创造、生产人的社会联系、社会本质，而社会本质不是一种同单个人相对立的抽象的一般力量，而是每一个单个人的本质，是他自己的活动，他自己的生活，他自己的享受，他自己的财富，因此，真正的社会联系并不是由反思产生的，它是由于有了个人的需要和利己主义才出现的，也就是个人在积极实现其存在时的直接产物。"①

只有"现实的个人"才是推进历史进步的真正动力。因而只有具体的活生生的个体才是推进历史进步、导致社会关系变革的真正主体，人类历史本质上又是个体的发展史。由于每一代个体是与一定的生产力、一定的需要与一定的社会关系相联系的，因而在本质上他不是一种自然个体，而是一种社会的、历史的个体。

> "在任何情况下，个人总是'从自己出发的'……由于他们的需要即他们的本性，以及他们求得满足的方式，把他们联系起来（两性关系、交换、分工），所以他们必然要发生相互关系。但由于他们相互间不是作为纯粹的我，而是作为处在生产力和需要的一定发展阶段上的个人而发生交往的，同时由于这种交往又决定着生产和需要，所以正是个人相互间的这种私人的个人的关系、他们作为个人的相互关系，创立了——并且每天都在重新创立着——现存的关系。"②

因此，如果我们从整体上来考察社会，

> "那么社会本身，即处于社会关系中的人本身……而作为它的主体出现的只是个人，不过是处于相互关系中的个人，他们既再生产这种相互关系，又新生产这种相互关系。这是他们本身不停顿的运

---

① 《马克思恩格斯全集》第42卷，北京：人民出版社1979年版，第24页。
② 《马克思恩格斯全集》第3卷，北京：人民出版社1960年版，第514—515页。

动过程,他们在这个过程中更新他们所创造的财富世界,同样地也更新他们本身。"①

历史唯物辩证法关注人的双重本性:一方面,人是物质财富和精神财富的创造者和追求者,只要人活着,就不会停止这种追求;另一方面,人既是原有社会关系的承继者,同时也是新的社会关系的追求者和创造者,如同劳动是人的本质一样,追求最有利于自身发展的最佳社会关系也是人之为人的内在本质,是人的生命活动的本质要求。只要人活着,人就不会停止这一追求,这是被历史反复证明了的规律:

> "随着新生产力的获得,人们改变自己的生产方式,随着生产方式即谋生的方式的改变,人们也就会改变自己的一切社会关系。"②

人类史既是人追求物质财富的历史,也是人追求最佳社会关系的历史。历史规律本质上就是人的行为规律,而社会关系再生产则是人之为人的最重要生产之一。

所谓社会关系指历史上一切与人的本质相关的关系,是交互的和多层次的复杂系统关系。包括血缘的、地缘的、业缘的、学缘的关系;也包括民族的、国家的、党派的、阶级的、政治的、法律的、经济的、文化的、思想的、宗教的、家庭的、伦理的关系;还包括生产的、分配的、消费的、流通的、交换的关系。此外还要包括生态的关系。各种各样的交互作用的社会关系都表明了人与人之间的多层次社会化排列组合,每一种社会化排列组合都超越了纯粹自在的自然关系,都是文明的表现,从而使分散的个人力量有机结合成巨大的推动社会进步的"历史的合力"。

可以说,在历史的文明长河中,社会关系对人的生存方式、生产方式和生活方式具有重要组织作用和推进作用。狭义上讲,社会关系再生产属于"人的生产"范畴。广义上讲,社会关系再生产内嵌于三重生产之中,不仅是人的三重生产的结果,同时也是人的三重生产进一步发展的动力。因而改革旧的社会关系,构建最佳社会关系就成为历史上文明

---

① 《马克思恩格斯全集》第 46 卷(下),北京:人民出版社 1979 年版,第 226 页。
② 《马克思恩格斯选集》第 1 卷,北京:人民出版社 1979 年版,第 41—142 页。

进化的共同目标。社会改革不是为了生产某种具体的产品，而是为了改革和优化社会关系并外化为物和内化为精神，以便用来规范、激励和约束人的行为。

正像马克思所说的那样：

"在消费过程中发生的个人的最终占有，再生产出处于原有关系中的个人，即处于对于生产过程的原有关系和他们彼此之间的原有关系中的个人，再生产出处于他们的社会存在中的个人，因而再生产出他们的社会存在，即社会。"①

自人类社会产生以来，尤其是私有财产产生以来，人与人之间的社会关系就决不仅仅是自然关系，而是一种以物和精神为中介的双重社会关系：

一方面，社会关系在社会生活中可以通过制度、法律、组织的中介作用外化为财富、货币、资本……人与人之间的关系物化，这是人际关系现代化的最主要标志之一，尤其在资本主义社会，谁拥有金钱，谁就在本质上拥有支配别人的权力，从而决定个人在社会关系中的地位。另一方面，社会关系在社会生活中可以通过文化的中介作用内化为思想、观念、情感并积淀为道德、风俗、习惯和意识形态。这是人类文明的最主要标志之一，是人与其他一般动物的根本区别，因而也是人的自由度的标志，是人类自决能力的标志。

3. 社会关系的发展首先取决于生产力的发展和物质财富的涌流

随着生产力和交往能力的全面发展，人的自由个性的发展才成为可能。

"因为如果没有这种发展，那就只会有贫穷的普遍化；而在极端贫困的情况下，就必须重新开始争取必须品的斗争，也就是说，全部陈腐的东西又要死灰复燃。

"只有随着生产力的这种普遍发展，人们之间的普遍交往才能建立起来……共产主义……是以生产力的普遍发展和与此有关和世界

---

① 《马克思恩格斯全集》第 46 卷（下），北京：人民出版社 1979 年版，第 230 页。

交往的普遍发展为前提的。"①

"全面发展的个人——他们的社会关系作为他们自己共同的关系，也是服从于他们自己的共同的控制的——不是自然的产物，而是历史的产物。"②

也就是说，它是人们自觉奋斗的结果。在这里，异化与异化的扬弃走着同一条道路，正像马克思指出：

"这种个性成为可能，能力的发展就要达到一定的程度和全面性，这正是以建立在交换价值基础上的生产为前提的，这种生产在产生出个人同自己和同别人的普遍异化的同时，也产生出个人关系和个人能力的普遍性和全面性。在发展的早期阶段，单个人显得比较全面，那正是因为他还没有造成自己丰富的关系，并且还没有使这种关系作为独立于他自身之外的社会权力和社会关系同他自己相对立。"③

在资本主义社会，"机器一方面导致联合的、有组织的劳动，另一方面则导致至今存在的一切社会关系和家庭关系的破坏"④。因而社会关系始终处于动态的变化之中，我们只有不断顺应生产力的发展要求，顺应不同时期人民群众的发展要求，去建立与时俱进的生产关系和社会关系，我们才能最大限度地形成社会的合力，最大限度地推进社会的发展。

在这里起关键作用的依然是作为历史过程主体的人本身，正像马克思所说：

"人本身是他自己的物质生产的基础，也是他进行的其他各种生产的基础。因此，所有对人这个生产主体发生影响的情况，都会在或大或小的程度上改变人的各种职能和活动，从而也会改变人作为物质财富、商品的创造者所执行的各种职能和活动。在这个意义上，

---

① 《马克思恩格斯全集》第3卷，北京：人民出版社1960年版，第39—40页。
② 《马克思恩格斯全集》第3卷，北京：人民出版社1960年版，第39—40页。
③ 《马克思恩格斯全集》第46卷（上），北京：人民出版社1979年版，第108页。
④ 《马克思恩格斯全集》第16卷，北京：人民出版社1964年版，第642页。

确实可以证明，所有人的关系和职能，不管它们以什么形式或在什么地方表现出来，都会影响物质生产，并对物质生产发生或多或少是决定的作用。"①

因而历史再一次向人们昭示，人类历史进步从根本上讲是依靠了两大法宝：一是工具的诞生和发展，使人的脑力、体力获得了超个体发展；二是人与人之间的社会结合，使有限的孤立的个人获得了社会的合力。没有前者，即没有工具的发明、没有自然科学、没有科学和技术的发展和应用，人类至今还处于自然的压迫之下；没有后者，即没有社会科学，没有政治家、思想家、理论家和人民群众的共同努力，人类至今可能仍是一盘散沙。社会关系再生产是人类生存和发展的基本前提和最有力保证。我们今天所进行的法制建设、精神文明建设的根本目标就在于建立最佳社会关系，这是人类生存和发展的本质要求，也是历史上一切战争、起义、革命、志士仁人奋斗的根本目的。社会关系再生产学说是马克思历史哲学不可分割的组成部分，在今天特别要引起我们的注意。

4. "人的生产"特征主要表现为目的性、社会性、创造性、全面性和层次性

首先，"人的生产"具有为人的目的性。人生产的目的是为了满足人的多方面、多层次的社会需要。为了生活，人不仅生产满足自己生命活动所必需的物质资料，也生产满足人的社会生活、政治生活、精神生活等方面需要的资料。人类历史不过是追求着自己目的的人的生活和生产活动的结果和过程而已。

其次，"人的生产"具有属人的社会性。人的生产是人们创造物质财富和精神财富的社会活动。人们的需要和满足需要的生活和生产方式，把人们彼此相互联系起来，结成各种不同的社会关系。

"正像社会本身生产作为人的人一样，社会也是由人生产的"，"甚至当我从事科学之类的活动……我也是社会的，因为我作为人活动的。……而且我本身的存在就是社会的活动……并且意识到我自己是社会的存在物。……因此，我的普遍意识的活动本身也是我作

---

① 《马克思恩格斯全集》第 26 卷（第 1 册），北京：人民出版社 1972 年版，第 300 页。

为社会存在物的理论存在"。①

再次,"人的生产"具有能动的创造性。在创造、改变对象世界过程中,人不仅有意识地按照"人的尺度"和"物的尺度"能动地创造和再生产整个自然界,使之成为人的身体的一部分,也改造人们生活其中的社会环境以及改造人自身。此外,人也有意识地"按照美的规律"使劳动对象成为人类生活的对象化,并从人所创造的对象世界中直观自身的"作品"。因此,"人的生产"是受动性和创造性、价值性和审美性、合目的性和合规律性的辩证统一。

最后,"人的生产"具有全面性和层次性。人的需要是多方面和多层次的,会随着生产力和分工的发展,不断地产生新的需要,形成新的生产形式和新的活动领域。马克思在《德意志意识形态》中考察了人类发展过程之历史关系的五个因素(或五个方面),系统地阐述了人的全面生产。这主要表现在如下三个层面:

第一个层面,物质资料的生产和再生产。人类为了生活,必须生产和再生产满足吃、喝、住、穿以及其他需要的生活资料,即生产物质生活本身。在此基础上的生产活动又引起新的需要,形成物质资料的再生产。这是一切历史的第一个活动和基本条件,是一切人类生存和发展的前提和物质基础。

第二个层面,人自身的生产。"每日都在重新生产自己生活的人们开始生产另外一些人,即繁殖。"② 恩格斯后来将这种"繁殖"或种的繁衍称之为"人的自身的生产"。

第三个层面,社会关系的生产。任何个人都不可能离开社会关系而单独存在,社会是处于社会关系中的人自身。

"以一定的方式进行生产活动的一定的个人,发生一定的社会关系和政治关系。"③

"生命的生产,无论是通过劳动而达到的自己生命的生产,或是通过生育而达到的他人生命的生产,就立即表现为双重关系:一方

---

① 《马克思恩格斯全集》第42卷,北京:人民出版社1979年版,第121—122页。
② 《马克思恩格斯选集》第1卷,北京:人民出版社1995年版,第80页。
③ 《马克思恩格斯选集》第1卷,北京:人民出版社1995年版,第71页。

面是自然关系，另一方面是社会关系。"①

社会关系在这里是指许多个人的共同活动。人们之间的物质的社会关系是由需要和生产方式决定的，需要的增长产生新的社会关系，新的需要又引起社会关系的变化。

"思想、观念、意识的生产最初是直接与人们的物质活动，与人们的物质交往，与现实生活的语言交织在一起的。人们的想象、思维、精神交往在这里还是人们物质行动的直接产物。表现在某一民族的政治、法律、道德、宗教、形而上学等的语言中的精神生产也是这样。"②

意识一开始就是并始终是人的社会活动的产物，它由社会物质生产决定并随着物质生产的变化和发展而不断地改变自己的性质、形式和内容。

总而言之，从对马克思关于"人的生产"概念的思想历程的考察中，我们不难发现，马克思的视野中的"人的生产"具有多重含义。在马克思看来，"生命的生产"是指物质资料的生产和人自身的生产，恩格斯把它称之为"两种生产"，在这"两种生产"的基础上还衍生出社会关系的生产和再生产。这就是马克思主义的全面生产理论。

（五）三重生产之三：人的精神生产——马克思主义精神生产理论的发展

精神生产主要是思想、观念、概念以及意识形态的产生和发展，这是一个极其错综复杂的系统。一种观点消灭了，新的观点产生了；一个学派沉寂了，新的学派崛起了；时而新的思想又回到了非常古老的观念，时而古老的观念穿上新装又复活了。那么，该如何研究纷繁复杂的精神生产？

复杂系统科学研究针对以牛顿力学为代表的近代科学思维模式的简单化、绝对化、忽视时间作用等弊病，为思维模式的转变提供了一种新

---

① 《马克思恩格斯选集》第1卷，北京：人民出版社1995年版，第80页。
② 《马克思恩格斯选集》第1卷，北京：人民出版社1995年版，第72页。

的思路和方向。可以从《德意志意识形态》关键词的谱系化、历史合力多元化、质量互变的多样性、分析视角多样性、层次结构多样性、时间—空间—速度的交互作用、信息数字化以及人工智能化的跨界作用等多个方面切入，也就是说，要借鉴复杂性科学思维重新认识和理解历史的唯物的辩证的新时代复杂性哲学。这样才能把《德意志意识形态》关键词谱系化研究导向恩格斯的著名的"历史合力论"。

因为生产中人与社会的关系逐渐拥有了越来越多的自觉性，而且人们之间的社会关系是随着生产分工的发展逐步融入世界历史进程的。生产中客观物质力量的影响作用与人们自身的能动作用成反比。生产中继承的基础与创新发展的后劲成正比——继承的东西越多，起点就越高，创新的能力也就越强。正如晚年恩格斯所说的那样，世界历史运动过程是生产中个人活动与人类共同活动的历史合力推动的：

"最终的结果总是从许多单个的意志的相互冲突中产生出来的，而其中每一个意志，又是由于许多特殊的生活条件，才成为它所成为的那样。这样就有无数互相交错的力量，有无数个力的平行四边形，由此就产生出一个合力，即历史结果，而这个结果又可以看作一个作为整体的、不自觉地和不自主地起着作用的力量的产物。"①

尽管在这里没有明确提出精神生产力这一概念，但是马克思在《1844年经济学哲学手稿》中将宗教、家庭、国家、法、道德、科学、艺术等，看作"都不过是生产的一些特殊的方式，并且受生产的普遍规律的支配"②，由此可以推论，既然精神生产也属于社会生产的重要组成部分，受到社会生产的普遍规律的制约，自然也受到人类历史发展客观规律的影响和制约。由于马克思恩格斯与青年黑格尔派论战的侧重点在于论证物质生产对人类社会发展的基础性和决定性作用，所以对精神生产的论述并没有充分展开。

生产力是一个复杂的系统，生产关系也是一个复杂的系统。生产力和生产关系两个系统交互作用而形成一个超级复杂系统。对超级复杂系统内的生产力与生产关系概念及其相互关系就不能简单地用还原论方法

---

① 《马克思恩格斯选集》第4卷，北京：人民出版社1995年版，第697页。
② 《马克思恩格斯全集》第42卷，北京：人民出版社1979年版，第121页。

加以诠释。生产力反映生产中人与自然的关系，其基本要素是劳动者、劳动资料和劳动对象。生产关系反映生产中人与人之间的关系，主要包括生产资料所有制关系、人们在生产中的地位和相互关系、产品或者说利益的分配关系。除了这些要素可以明确加以区分之外，还有许多现象是难以区分的，例如科学技术、管理技能等智能性因素，特别是信息化数字化就同时覆盖了生产力和生产关系。传统的哲学教科书对此缺乏令人信服的诠释，历史唯物辩证法必须借鉴复杂系统科学的复杂性思维，重塑理解世界的思维框架。

社会生产多重关系不是杂乱无章的偶然的堆积，而是存在有机联系的复杂系统。所谓复杂系统就不可能用还原论思维加以解构或重构，因为复杂系统不可能把部分加总求和的。只能用历史唯物辩证法对多重矛盾加以系统分析，把社会系统关系归纳为"生产力、社会状况和意识"①构成的生存方式、生产方式和生活方式，内容包括经济基础、生产力、生产关系、上层建筑和意识形态，等等。由这些内容构成了人类社会有机结构，构成了人类社会基本矛盾。生产力主要反映生产中人与物的关系，生产关系体现了生产中形成的人与人之间的关系，上层建筑主要指国家与法的机构和制度规范，意识形态即观念的上层建筑，包括思想关系和思想意识。作为一个复杂系统，其中的矛盾是错综复杂且交互发生作用与反作用的。

在现代社会的复杂矛盾中，生产力和生产关系的矛盾是根本矛盾。理论上可以简单地讲，生产力解决人与自然的矛盾；生产关系解决人与人之间的矛盾。但实际运作是复杂的。如何解决人与自然物之间矛盾关系着重依赖于如何解决人与生产资料之间的矛盾关系。其中，起决定作用的是生产资料所有制关系。生产资料所有制关系是生产关系统一体中的核心或本质，它决定生产资料归谁所有，由谁支配和受益，体现着现实的人们之间最本质的社会关系。但是发展到后现代社会情况有了新的变化。权力或者说"霸权"也可以取代所有制对财产财富的占有、支配和享用的功能。

精神生产是社会有机体"全面生产"或"整个世界的生产"的一个重要组成部分。所以，除了物质生产和人类自身再生产，马克思还十分

---

① 《马克思恩格斯选集》第1卷，北京：人民出版社1995年版，第83页。

重视精神生产，认为这是人类社会最自觉的生产，是人类生存和发展的能动司令部，它在整个社会演进过程中具有举足轻重的地位。然而在物质生产一元论的影响下，这一重要的生产曾经受到了不应有的忽视，有必要正本清源。"正本"意在明确其特征，"清源"意在弄清其发展的来龙去脉。

1. 关于精神生产的特征

马克思指出精神生产就是"思想、观念、意识的生产"①，它是社会有机体"全面生产"或"整个世界的生产"的一个重要组成部分。② 精神生产"最初是直接与人们的物质活动，与人们的物质交往，与现实生活的语言交织在一起"，并且是"物质关系的直接产物。表现在某一民族的政治、法律、道德、宗教、形而上学等语言中的精神生产也是这样"。因此，政治、法律、道德、宗教等的生产不过是生产的特殊方式，并且受生产的普遍规律支配，与此相应的是，支配物质生产资料的阶级，同时也支配着精神生产资料，因此，那些缺失精神生产资料的人的思想，一般地是受统治阶级支配的。统治阶级"作为思想的生产者而进行统治，他们调节着自己时代的思想的生产和分配"③。马克思恩格斯在《德意志意识形态》《共产党宣言》等著作中，全面论述了精神生产的阶级性、超前性、时代性和世界历史性特征。

（1）**精神生产具有阶级性特征**。马克思主要从精神生产的主体、精神生产的内容和精神生产的目的三个方面来论述精神生产的阶级性。

首先，精神生产的主体具有阶级性。

> "占统治地位的思想不过是占统治地位的物质关系在观念上的表现，不过是以思想的形式表现出来的占统治地位的物质关系；因而，这就是那些使某一个阶级成为统治阶级的关系在观念上的表现，因而这也就是这个阶级的统治思想。此外，构成统治阶级的各个人也都具有意识，因而他们也会思维；既然他们作为一个阶级进行统治，并且决定着某一历史时代的整个面貌，不言而喻，他们在这个历史时代的一切领域中也会这么做，就是说，他们还作为思维着的

---

① 《马克思恩格斯全集》第3卷，北京：人民出版社1960年版，第35页。
② 《马克思恩格斯全集》第3卷，北京：人民出版社1960年版，第42页。
③ 《马克思恩格斯全集》第3卷，北京：人民出版社1960年版，第29—52页。

人，作为思想的生产者进行统治，他们调节着自己时代的思想的生产和分配；而这就意味着他们的思想是一个时代的占统治地位的思想"①。

但是并非整个统治阶级都是精神生产的主体。

"分工也以精神劳动和物质劳动的分工的形式在统治阶级中间表现出来，因此在这个阶级内部，一部分人是作为该阶级的思想家而出现的，他们是这一阶级的积极的、有概括能力的玄想家，他们把编造这一阶级关于自身的幻想当作主要的谋生之道，而另一些人对于这些思想和幻想则采取比较消极的态度，并且准备接受这些思想和幻想，因为在实际中他们是这个阶级的积极成员，很少有时间来编造关于自身的幻想和思想。"②

其次，精神生产的内容具有阶级性。

"在某一国家的某个时期，王权、贵族和资产阶级为夺取统治而争斗，因而，在那里统治是分享的，那里占统治地位的思想就会是关于分权的学说，于是分权就被宣布为'永恒的规律'。"③

在这里我们可以看出，精神生产的内容是为统治阶级服务的，是在论证统治阶级统治的合法性和合理性。紧接着，马克思恩格斯进一步指出：

"法律、道德、宗教在他们（无产阶级）看来全都是资产阶级偏见，隐藏在这些偏见后面的全都是资产阶级的利益。"④
"你们（资产阶级）的观念本身是资产阶级的生产关系和所有制关系的产物，正像你们的法不过是被奉为法律的你们这个阶级的

---

① 《马克思恩格斯选集》第 1 卷，北京：人民出版社 1995 年版，第 98 页。
② 《马克思恩格斯选集》第 1 卷，北京：人民出版社 1995 年版，第 98—99 页。
③ 《马克思恩格斯选集》第 1 卷，北京：人民出版社 1995 年版，第 99 页。
④ 《马克思恩格斯选集》第 1 卷，北京：人民出版社 1995 年版，第 283 页。

意志一样，而这种意志的内容是由你们这个阶级的物质生活条件来决定的。"①

马克思恩格斯揭示了在阶级社会法律、道德、宗教等精神生产的内容全部都是资产阶级利益的体现，都是为资产阶级维护自身的统治利益服务的，进一步证实了精神生产的阶级性。

最后，精神生产的目的也具有阶级性。

在阶级社会，统治阶级从两方面利用精神生产来维护自己的统治：一方面，利用精神生产的发明和创造，来提高生产力。"它（大工业）使自然科学从属于资本，并使分工丧失了自己自然形成的性质的最后一点假象。"② 另一方面，利用意识形态的宣传，把自己的利益说成是全社会的共同利益。

> "因为每一个企图取代旧统治阶级的新阶级，为了达到自己的目的不得不把自己的利益说成是社会全体成员的共同利益，就是说，这在观念上的表达就是：赋予自己的思想以普遍性的形式，把它们描绘成唯一合乎理性的、有普遍意义的思想。"③

（2）精神生产具有超前性特征。 马克思恩格斯从社会存在决定社会意识这一唯物史观的基本原理出发论述精神生产的超前性特征。

> "各种不同的阶段和利益从来没有被完全克服，而只是屈从于获得胜利的利益，并在许多世纪中和后者一起延续下去。由此可见，甚至在一个民族内，各个人，即使撇开它们的财产关系不谈，都有各种完全不同的发展；较早时期的利益，在它固有的交往形式已经为属于较晚时期的利益的交往形式排挤之后，仍然在长时间内拥有一种相对于个人而独立的虚假共同体（国家、法）的传统权力，以致归根结底只有通过革命才能被打倒的权力。由此也就说明：为什么在某些可以进行更一般的概括的问题上，意识有时似乎可以超过

---

① 《马克思恩格斯选集》第1卷，北京：人民出版社1995年版，第289页。
② 《马克思恩格斯选集》第1卷，北京：人民出版社1995年版，第114页。
③ 《马克思恩格斯选集》第1卷，北京：人民出版社1995年版，第100页。

同时代的经验关系，以致人们在以后某个时代的斗争中可以依靠先前时代理论家的威望。"①

从马克思恩格斯以上的论述中，我们可以看出精神生产具有超前性，这种超前性源于生产关系的超前性或者说更发达的交往形式。

（3）精神生产具有时代性特征。精神生产是历史的和暂时的产物，具有明显的时代性特征。在1846年致安年柯夫的信中，马克思指出：适应自己的物质生产水平而生产出社会关系的人，也生产出各种观念、范畴，即这些社会关系的抽象的、观念的表现。所以，范畴也和它们所表现的关系一样不是永恒的。精神生产的内容反映的是包括生产力和交往形式在内的特定时代的社会现实。由于"生产力的增长、社会关系的破坏、观念的形成都是不断运动的"②。所以精神生产的内容随着生产力的发展和社会关系的变革，在不断发生变化，但是无论精神生产的内容如何变动，它反映的都是时代的发展现状。马克思在《共产党宣言》（1848）中强调：

> "人们的观念、观点和概念，一句话，人们的意识，随着人们的生活条件、人们的社会关系、人们的社会存在的改变而改变，这难道需要经过深思才能了解吗？"③
>
> "当古代世界走向灭亡的时候，古代的各种宗教就被基督教战胜了。当基督教思想在18世纪被启蒙思想击败的时候，封建社会正在同当时革命的资产阶级进行殊死的斗争。信仰自由和宗教自由的思想，不过表明自由竞争在信仰的领域里占统治地位罢了。"④

（4）精神生产具有世界历史性特征。在《共产党宣言》中，马克思恩格斯指出，随着社会生产力的发展、社会分工和社会交往的扩大，各民族将走出原始封闭的生活状态而参与到整个世界的生产过程之中，各个民族的历史将转变为世界历史。伴随这一过程，社会分工要经历一个

---

① 《马克思恩格斯选集》第1卷，北京：人民出版社1995年版，第124页。
② 《马克思恩格斯选集》第1卷，北京：人民出版社1995年版，第142页。
③ 《马克思恩格斯选集》第1卷，北京：人民出版社1995年版，第291页。
④ 《马克思恩格斯选集》第1卷，北京：人民出版社1995年版，第292页。

由迅速扩展到逐渐被消灭的历史过程，个人终将获得全面解放。到那时，

> "过去那种地方的和民族的自给自足和闭关自守状态，被各民族的各方面的互相往来和各方面的互相依赖所代替了。物质的生产是如此，精神的生产也是如此。各民族的精神产品成了公共的财产。民族的片面性和局限性日益成为不可能，于是由许多种民族的和地方的文学形成了一种世界文学"①。

精神生产的开放性是社会生产力发展的必然结果。大工业飞速发展，生产力的发展推动着社会交往范围的不断扩大，打开了世界各民族物质生产和精神生产交往的窗口，各民族根据自身发展的需要取长补短，获得新的发展动力，进而实现民族文化和世界文化的融合，从而推动全球精神生产的高速发展。精神文化交流也有益于传统精神产品的效用发扬光大。

> "某一个地域创造出来的生产力，特别是发明，在往后的发展中是否会失传，完全取决于交往扩展的情况。"②
> "只有当交往成为世界交往并且以大工业为基础的时候，只有当一切民族都卷入竞争斗争的时候，保持已创造出来的生产力才有了保障。"③

在写作《资本论》时期，马克思坚持早期的基本立场，指出自然环境和社会结构决定精神生产：

> "物质生产的一定形式产生：第一，一定的社会结构；第二，人对自然的一定关系。人们的国家制度和人们精神方式由这两者决定，因而人们的精神生产的性质也由这两者决定。"④

---

① 《共产党宣言》，北京：人民出版社1966年版，第30页。
② 《马克思恩格斯选集》第1卷，北京：人民出版社1995年版，第107页。
③ 《马克思恩格斯选集》第1卷，北京：人民出版社1995年版，第108页。
④ 《马克思恩格斯全集》第26卷（第1册），北京：人民出版社1972年版，第296页。

此时，马克思还注意到了精神生产在资本主义时期所具有的特殊性，特别重视精神生产的重要历史作用，并把科学技术和精神生产一道纳入世界历史分析。与前资本主义加以比较：

> "一切先前的所有制形式都使人类较大部分，奴隶，注定成为纯粹的劳动工具。历史的发展、政治的发展、艺术科学等等是在这些人之上的上层社会实现的。但是，只有资本才掌握历史的进步来为财富服务。"①

早在资本的形成时期，精神生产力就是推动前资本主义生产关系解体的重要因素之一。

> "只要更仔细地考察，同样可以发现，所有这些关系的解体，只有在物质的（因而还有精神的）生产力发展到一定水平时才有可能。"②

在现代化发展过程中，精神生产是推动生产力发展的最主要动力之一。

> "自然界没有制造出任何机器，没有制造出机车、铁路、电报、走锭精纺机等等。它们是人类劳动的产物，是变成了人类意志驾驭自然的器官或人类在自然界活动的器官的自然物质。它们是人类的手创造出来的人类头脑的器官；是物化的知识力量。固定资本的发展表明，一般社会知识，已经在多么大的程度上变成了直接的生产力，从而社会生活过程的条件本身在多么大的程度上受到一般智力的控制并按照这种智力得到改造。它表明，社会生产力已经在多么大的程度上不仅以知识的形式，而且作为社会实践的直接器官，作为实际生活过程的直接器官被生产出来。"③

---

① 《马克思恩格斯全集》第46卷（下），北京：人民出版社1979年版，第88页。
② 《马克思恩格斯全集》第46卷（上），北京：人民出版社1979年版，第505页。
③ 《马克思恩格斯全集》第46卷（下），北京：人民出版社1979年版，第219—220页。

要完整地理解现代社会精神生产这个维度，如今所见、所想、所用的一切，无不打上精神生产的烙印。为此，马克思提出了如何看待精神生产的方法论原则：

"要研究精神生产和物质生产之间的联系，首先必须把这种物质生产本身不是当作一般范畴来考察，而是从一定的历史的形式来考察。例如，与资本主义生产方式相适应的精神生产，就和与中世纪生产方式相适应的精神生产不同。如果物质生产本身不从它的特殊的历史的形式来看，那就不可能理解与它相适应的精神生产的特征以及这两种生产的相互作用，从而也就不能超出庸俗的见解。"①

也就是说，不仅要肯定"物质分工是精神分工的前提"，而且还必须把精神生产放在世界历史过程中进行具体的分析。因为在不同的历史时期，精神生产的地位和作用是不同的。在人类历史上，马克思认为：

"只有资本主义生产才第一次把物质生产过程变成科学在生产中的应用。"②

如果忽视精神生产的本质特征及其具体的地位和作用，就不可能历史地唯物地辩证地理解整个人类社会有机体的全面生产。

附：马克思恩格斯精神生产理论的发展

1. 第一阶段（1843—1844年）：马克思恩格斯精神生产理论的萌芽时期

在这一时期，由于受现实的启迪和费尔巴哈哲学的影响，马克思恩格斯开始对黑格尔唯心主义哲学展开批判，这一时期的代表著作主要有：《黑格尔法哲学批判》《1844年经济学哲学手稿》，以及与恩格斯第一次合作而写的《神圣家族》，该著作主要批判青年黑格尔派主观唯心主义和论述历史唯物主义。这一时期马克思恩格斯的唯物主义哲学观开始形成，与之相伴而生的精神生产理论开始萌芽。

---

① 《马克思恩格斯全集》第26卷（第1册），北京：人民出版社1972年版，第296页。
② 《马克思恩格斯全集》第47卷，北京：人民出版社1979年版，第570、572、576页。

费尔巴哈严厉地批判了包括黑格尔哲学在内的唯心主义哲学，他认为，思辨哲学把人与自然界相异化，使本来属于人的思维越出人的界限，并把它变成一种抽象的彼岸的绝对精神。在思辨哲学家那里，思维与存在的关系被错误地颠倒了。费尔巴哈的这些思想使马克思认识到精神、理念并不是第一性的东西，应该还有比理念和精神本身更深刻的物质根源，由此他开始扬弃黑格尔的唯心主义而转向唯物主义。青年马克思萌发了自己独立的思想，但是还没有形成自己的话语体系。马克思这时是用黑格尔的哲学话语来解释现实。

在《莱茵报》工作时期，马克思开始根据日常生活的实际情况考察实际问题。虽然马克思的做法与黑格尔那种完全从一般的、抽象的概念与范畴出发的方法不同，反映了马克思对黑格尔唯心主义有了初步怀疑。但马克思将"国家精神"看作"是从真正的现实中不断涌出而又以累增的精神财富汹涌澎湃地流回现实去的思想世界"①，还把国家看作是"政治的和法的理性的实现"②，认为"国家是一个庞大的机构，在这个机构里，必须实现法律的、伦理的、政治的自由，同时，个别公民服从国家的法律也就是服从自己本身理性的即人类理性的自然规律"③。就马克思表达思想的这些话语来说，显然没有摆脱黑格尔话语体系的影响。

1843年，马克思在《黑格尔法哲学批判》的手稿中，第一次站在唯物主义的立场上公开批判黑格尔的绝对唯心主义和保守反动的政治观点。黑格尔认为历史的本质是作为观念形态的"世界精神"自我完善和自我运动的过程。国家被颂扬为伦理观念的现实，具体自由的现实，而市民社会则是从属于国家的，市民社会的存在是以国家的存在为转移的。马克思指出，在理念和现实的关系上，黑格尔颠倒了主语和谓语的关系。应该将被黑格尔颠倒了的关系再颠倒过来。因为

"理念本身应当从现实的差别中产生出来。要理解人类历史发展过程的钥匙，不应到被黑格尔描绘成'大厦之顶'的'国家'中去寻找，而应到被黑格尔所蔑视的'市民社会'中去寻找"④。

---

① 《马克思恩格斯全集》第1卷，北京：人民出版社1956年版，第75页。
② 《马克思恩格斯全集》第1卷，北京：人民出版社1956年版，第14页。
③ 《马克思恩格斯全集》第1卷，北京：人民出版社1956年版，第129页。
④ 《马克思恩格斯全集》第1卷，北京：人民出版社1956年版，第409页。

马克思在这"颠倒"的过程中寻找新的精神生产观——社会存在决定社会意识、经济基础决定上层建筑，进而决定社会意识形态和精神生产。

面对当时普鲁士国家的现实物质利益问题，马克思开始了政治经济学研究，并从此开始超越费尔巴哈哲学的影响。马克思在《1844年经济学哲学手稿》中对资产阶级政治经济学进行了批判，指出资本主义制度是私有财产发展的必然结果，而资产阶级政治经济学不过是私有制度历史演变过程在资产阶级学者头脑中的理论反映。在《1844年经济学哲学手稿》论述异化劳动时，马克思指出，主体是"现实的、有形体的、站在稳固的地球上呼吸着一切自然力的人"①，作为主体的人一方面是"能动的""对象性的"存在物，另一方面又是一种"受动的、受制约的和受限制的"存在物。马克思不仅明确地指出生产的主体是现实的人，是具有主动性和能动性并且受特定历史发展阶段制约的人。马克思说：

"从理论领域说来，植物、动物、石头、空气、光等等，一方面作为自然科学的对象，一方面作为艺术的对象，都是人的意识的一部分，是人的精神的无机界，是人必须事先进行加工以便享用和消化的精神食粮，同样，从实践领域说来，这些东西也是人的生活和人的活动的一部分"②。

客观物质条件对精神生产的根源性和制约性。马克思看到了人类的精神生产活动，包括精神生产的材料、对象和工具，都来自人们赖以生存的自然界及人们改造自然界的实践活动。

在考察异化及其扬弃问题时，马克思指出，要扬弃异化，首先要消除经济异化，即扬弃私有财产所有制，因为它是其他一切异化的基础。

"宗教、家庭、国家、法、道德、科学、艺术等等，都不过是生产的一些特殊的方式，并且受生产的普遍规律的支配。"③

---

① 《马克思恩格斯全集》第42卷，北京：人民出版社1979年版，第167页。
② 《马克思恩格斯全集》第42卷，北京：人民出版社1979年版，第95页。
③ 《马克思恩格斯全集》第42卷，北京：人民出版社1979年版，第121页。

在这一时期，马克思看到了社会存在对社会意识、物质生产对精神生产的支配作用。马克思还阐明了自然科学和工业文明对历史的伟大推动作用，指出工业的历史是"一本打开了的关于人的本质力量的书"[1]，自然科学"在通过工业日益在实践上进入人的生活，改造人的生活，并为人的解放作准备"[2]。

随后马克思恩格斯在合著的《神圣家族》中，批判青年黑格尔派主观主义的同时也对黑格尔哲学中的合理内核（即辩证法）作了公正的评价，明确地提出工人不仅是社会物质财富的创造者而且也是精神财富的创造者的思想，即工人才是精神生产的主体。特别强调：

"思想从来也不能超出旧世界秩序的范围。在任何情况下它只能超出旧世界秩序的思想范围。思想根本不能实现什么东西。为了实现思想，就要有使用实践力量的人。"[3]

"群众对这样或那样的目的究竟'关怀'到什么程度，这些目的'唤起了'群众多少'热情'。'思想'一旦离开'利益'，就一定会使自己出丑。"[4]

在马克思恩格斯看来，思想（精神）受制于一定社会经济基础，思想（精神）不是独立的社会力量，而是现存社会需要/利益的反映。但是正确的思想（精神）有预见和促进作用。思想（精神）一旦被接受，就会促进实践活动，转化成为改造世界的物质力量。社会意识（精神）对社会存在能动的反作用，但需要中介即"有实践力量的人"。

马克思恩格斯重点提出了精神生产产品的价值问题。物质产品和精神产品的价值取决于"该物品所需要的劳动时间"，

"甚至精神生产的领域也是如此。如果想合理地行动，难道在确定精神作品的规模、结构和布局时就不需要考虑生产该作品所必需

---

[1] 《马克思恩格斯全集》第42卷，北京：人民出版社1979年版，第127页。
[2] 《马克思恩格斯全集》第42卷，北京：人民出版社1979年版，第127页。
[3] 《马克思恩格斯全集》第2卷，北京：人民出版社1959年版，第152页。
[4] 《马克思恩格斯全集》第2卷，北京：人民出版社1959年版，第103页。

的时间吗"。①

这就彻底批判了"见物不见人"的错误思想。青年黑格尔派认为"批判"发明一切范畴，甚至"把人本身变成某种范畴"。马克思恩格斯反驳道：

"历史什么事情也没有做"②。

"创造这一切、拥有这一切并为这一切而斗争的，不是'历史'，而正是人，现实的、活生生的人。'历史'并不是把人当做达到自己目的的工具来利用的某种特殊的人格。历史不过是追求着自己目的的人的活动而已。"③

这里隐含着这样的思想：人民群众是历史的创造者，人民群众不仅是社会物质生产历史的创造者，而且是精神生产历史的创造者，马克思恩格斯初步摆脱了黑格尔唯心主义哲学的桎梏，开始触及历史唯物辩证法最重要、最深刻的原理。

总之，在这一时期，马克思恩格斯虽然尚未完全摆脱费尔巴哈人本主义哲学的影响，但二人在批判黑格尔唯心主义哲学的过程中，论及了关于精神生产主体、精神产品价值、精神生产资料来源，以及物质生产与精神生产之间的关系等重要思想，表明马克思主义精神生产理论雏形已经初露端倪。

2. 第二阶段（1845—1848 年）：马克思恩格斯精神生产理论的基本形成时期

这一时期的主要著作有：《关于费尔巴哈的提纲》《德意志意识形态》《哲学的贫困》和《共产党宣言》等。马克思恩格斯明确从社会存在决定社会意识这一唯物史观的基本原理出发，揭示了唯心主义和旧唯物主义的主要缺点，比较全面地系统地阐述了精神生产理论的基本思想、基本框架和内在结构。要点有四：

---

① 《马克思恩格斯全集》第 2 卷，北京：人民出版社 1959 年版，第 62 页。
② 《马克思恩格斯全集》第 2 卷，北京：人民出版社 1959 年版，第 118 页。
③ 《马克思恩格斯全集》第 2 卷，北京：人民出版社 1959 年版，第 118—119 页。

一是重点提出了精神生产的主体问题。针对黑格尔将抽象的"绝对精神"当作精神生产主体的唯心主义观点,费尔巴哈虽然明确提出现实的、肉体的人才是精神生产主体,但却认为"现实的人"只是一种脱离现实社会关系的"感性的存在"的生物本体。精神生产只是抽象的"人的本质"的显现,是一种"理论的直观"。马克思恩格斯在对黑格尔客观唯心主义和费尔巴哈机械唯物主义双重批判基础上,提出了历史的唯物的辩证的精神生产主体观。

> "思想、观念、意识的生产最初是直接与人们的物质活动,与人们的物质交往,与现实生活的语言交织在一起的。人们的想象、思维、精神交往在这里还是人们物质行动的直接产物。表现在某一民族的政治、法律、道德、宗教、形而上学等的语言中的精神生产也是这样。"①

首先,马克思明确提出作为精神生产主体的人是"现实的历史人"而不是"抽象的人"。马克思恩格斯既不同于黑格尔把抽象的"绝对精神"当作精神生产的主体,也不同于费尔巴哈把栖息于现实社会关系之外的"感性的人"和"抽象的人"当作精神生产的主体。在人类社会发展的早期,也正是由于人们的物质活动——劳动使人类的思维能力得到了发展,人们学会了去想象、思考和精神交流,但这时精神生产还处在"潜存"于物质生产的阶段。

其次,精神生产的内容源于生产力的发展和"物质劳动和精神劳动分离"的分工的出现。

> "从这时候起意识才能现实地想象:它是和现存实践的意识不同的某种东西;它不用想象某种现实的东西就能现实地想象某种东西。从这时候起,意识才能摆脱世界而去构造'纯粹的'理论、神学、哲学、道德等等。"②

精神生产依然植根于人们现实的物质生产过程,是人们社会实践的

---

① 《马克思恩格斯选集》第1卷,北京:人民出版社1995年版,第72页。
② 《马克思恩格斯全集》第3卷,北京:人民出版社1960年版,第35页。

产物。当意识"摆脱世界而去构造'纯粹的'理论、神学、哲学、道德等等"的时候，精神生产开始由社会潜意识转化为相对独立的存在状态（精神产品），但是"意识在任何时候都只能是被意识到了的存在"。这就阐明了精神生产内容的客观性。

"一个阶级是社会上占统治地位的物质力量，同时也是社会上占统治地位的精神力量。支配着物质生产资料的阶级，同时也支配着精神生产的资料。"①

"占统治地位的思想不过是占统治地位的物质关系在观念上的表现，不过是以思想的形式表现出来的占统治地位的物质关系。"②

这表明一定社会精神生产的性质是由该社会物质生产关系的性质决定的。占有社会全部或绝大部分生产资料的阶级，由于其在社会物质生产关系中处于主导地位，必然要求在社会精神生产领域也处于支配地位。

再次，"精神生产"生产什么？生产思想、观念、意识。一是比较完整的思想体系，二是相对稳定的意识存在形式，包括生产人类的全部意识，涵盖基本范畴，以及人的意识活动。

最后，是与人类改造自然界和改造人类社会的实践活动交织在一起的。精神生产的范畴之中，不仅包括"政治、法律、道德、宗教、形而上学"等等，也包括了科学、文学、艺术生产等领域。

"德国哲学从天上降到地上；和它完全相反，这里我们是从地上升到天上，就是说，我们不是从人们所说的、思考出来的、想象出来的、设想出来的人出发，去理解真正的人。我们的出发点是从事实际活动的人，而且从他们的现实生活过程中我们还可以揭示出这一生活过程在意识形态上的反射和回声的发展。"③

"人们是自己的观念、思想等等的生产者，但这里所说的人们是现实的、从事活动的人们，他们受自己的生产力和与之相适应的交

---

① 《马克思恩格斯选集》第 1 卷，北京：人民出版社 1995 年版，第 98 页。
② 《马克思恩格斯选集》第 1 卷，北京：人民出版社 1995 年版，第 52 页。
③ 《马克思恩格斯选集》第 1 卷，北京：人民出版社 1995 年版，第 30 页。

往的一定发展——直到交往的最遥远的形态——所制约。"①

在精神生产过程中，人并非随心所欲，而"是受特定生产力和交往关系发展状况制约"的。这表明精神生产的主体与人的本质相关联，马克思恩格斯已完全摆脱了黑格尔的客观唯心主义影响和费尔巴哈的旧唯物主义影响。

二是提出了精神生产的起源问题。马克思恩格斯的精神生产起源观不同于唯心主义哲学观。不是到某个时代中寻找某种范畴、从观念出发来解释实践，而是始终站在现实历史的基础上，从物质实践出发来解释观念的形成。针对唯心主义哲学家认为可以通过"批判的批判"或者"纯理论的批判"来消灭以往的精神或理论的错误观点，马克思恩格斯强调，不可能通过精神的批判来消除以往理论或精神生产的影响，必须消灭精神和理论藉以产生的社会根源。马克思恩格斯指出：

"意识的一切形式和产物不是可以通过精神的批判来消灭的，不是可以通过把它们消融在'自我意识'中或化为'幽灵''怪影''怪想'等等来消灭的，而只有通过实际地推翻这一切唯心主义谬论所由产生的现实的社会关系，才能把它们消灭；历史的动力以及宗教、哲学和任何其他理论的动力是革命，而不是批判"②。

在马克思恩格斯看来，精神生产是社会生产力发展到一定阶段的产物，起始于物质生产与精神生产的分工。因为"分工不仅使物质劳动和精神劳动、享受和劳动、生产和消费由各种不同的人来分担这种情况成为可能，而且成为现实"③。只有这时开始，才出现了专门从事精神生产劳动的阶层。

三是重点提出了精神生产的发展史问题。马克思恩格斯指出精神生产的发展历史根植于人们改变现实世界这一社会实践活动的整个历史过程。

---

① 《马克思恩格斯选集》第1卷，北京：人民出版社1995年版，第30页。
② 《德意志意识形态》，北京：人民出版社2003年版，第36页。
③ 《马克思恩格斯选集》第1卷，北京：人民出版社1995年版，第36页。

"因此，道德、宗教、形而上学和其他意识形态，以及与它们相适应的意识形式便不再保留独立性的外观了。它们没有历史，没有发展，而发展着自己的物质生产和物质交往的人们，在改变自己的这个现实的同时也改变着自己的思维和思维的产物。不是意识决定生活，而是生活决定意识。

"从直接生活的物质生产出发阐述现实的生产过程，把同这种生产方式相联系的、它所产生的交往形式即各个不同阶段上的市民社会理解为整个历史的基础，从市民社会作为国家的活动描述市民社会，同时从市民社会出发阐明意识的所有各种不同理论的产物和形式，如宗教、哲学、道德等等，而且追溯它们产生的过程。"①

精神生产随着物质生产的发展而发展。也就是说，随着生产力的发展，生产方式的变革影响着社会的性质，进而也影响精神生产的性质，"一句话，人们的意识，随着人们的生活条件、人们的社会关系、人们的社会存在的改变而改变"②。

四是提出了精神生产的未来走向问题。马克思恩格斯指出，社会生产力进一步发展，分工和分权日益扩大，人们的活动就会逐步扩展为世界历史性的活动，精神生产就会走向世界。

"单个人才能摆脱种种民族局限和地域局限而同整个世界的生产（也同精神的生产）发生实际联系，才能获得利用全球的这种全面的生产（人们的创造）的能力。"③

"过去那种地方的和民族的自给自足和闭关自守状态，被各民族的各方面的互相往来和各方面的互相依赖所代替了。物质的生产是如此，精神的生产也是如此。各民族的精神产品成了公共的财产。民族的片面性和局限性日益成为不可能，于是由许多种民族的和地方的文学形成了一种世界文学。"④

---

① 《马克思恩格斯选集》第 1 卷，北京：人民出版社 1995 年版，第 92 页。
② 《马克思恩格斯选集》第 1 卷，北京：人民出版社 1995 年版，第 291 页。
③ 《马克思恩格斯选集》第 1 卷，北京：人民出版社 1995 年版，第 89 页。
④ 《马克思恩格斯选集》第 1 卷，北京：人民出版社 1995 年版，第 276 页。

到了社会生产力极其发达的共产主义社会，脑体对立的状态将被消灭，"在那里，每个人的自由发展是一切人的自由发展的条件"①。精神生产将成为全面发展的人之自觉、自由、自主的活动。

3. 第三阶段（1849—1883年）：马克思恩格斯精神生产理论的成熟时期

这一时期是马克思恩格斯精神生产理论的成熟时期。成熟期代表性的书信、文章和著作主要有：《路易·波拿巴的雾月十八日》《〈政治经济学批判〉导言》《政治经济学批判》《〈政治经济学批判〉序言》《剩余价值理论》《资本论》《论蒲鲁东》《哥达纲领批判》《劳动在从猿到人转变过程中的作用》《卡尔·马克思》《反杜林论》《社会主义从空想到科学的发展》和《自然辩证法》等。这一时期，随着唯物史观和剩余价值理论的全面创立，马克思恩格斯进一步深化了对精神生产理论的研究，比较完整地阐述了精神生产和物质生产的关系、精神生产和精神消费的关系、精神生产对于社会发展的价值与功能、分工对精神生产的推动作用等问题，其具体内容主要集中在以下几个方面：

一是精神生产和物质生产之间的辩证关系。马克思恩格斯指出：

"要研究精神生产和物质生产之间的联系，首先必须把这种物质生产本身不是当作一般范畴来考察，而是从一定的历史的形式来考察。例如，与资本主义生产方式相适应的精神生产，就和与中世纪生产方式相适应的精神生产不同。如果物质生产本身不从它的特殊的历史的形式来看，那就不可能理解与它相适应的精神生产的特征以及这两种生产的相互作用。"②

马克思恩格斯告诉人们，研究物质生产与精神生产的关系必须要具有历史的思维，要从社会发展变迁的历史过程中去探求两者的联系。后来在《〈政治经济学批判〉导言》中，马克思说：

"在一切社会形式中都有一种一定的生产决定其他一切生产的地位和影响，因而它的关系也决定其他一切关系的地位和影响。这是

---

① 《马克思恩格斯选集》第1卷，北京：人民出版社1995年版，第294页。
② 《马克思恩格斯全集》第26卷（第1册），北京：人民出版社1972年版，第296页。

一种普照的光，它掩盖了一切其他色彩，改变着它们的特点"。①

这个"普照的光"不是什么别的，而是社会的物质生产方式，它"制约着整个社会生活、政治生活和精神生活的过程"②。由此出发，马克思恩格斯从物质生产决定着精神生产的内容、性质、变革方向诸多方面，详细论述了物质生产对精神生产的决定作用。

二是精神生产和精神消费的关系。可以说，精神消费不仅为精神生产提供动力，而且也在生产着精神生产的主体。马克思在《〈政治经济学批判〉导言》中指出：

> "生产生产着消费：（1）是由于生产为消费创造材料；（2）是由于生产决定消费的方式；（3）是由于生产通过它起初当作对象生产出来的产品在消费者身上引起需要"。因此，生产不仅为消费提供对象，而且决定着消费的性质和方式，还为消费提供动力，创造消费者。例如，"艺术对象创造出懂得艺术和具有审美能力的大众，——任何其他产品也都是这样。因此，生产不仅为主体生产对象，而且也为对象生产主体。"③

而消费则创造出新的生产需要。也就是说，消费不仅生产出生产者的素质，而且还在生产者身上引起追求一定目的的需要，即消费客观上也在影响和制约着生产。

> "也就是创造出生产的观念上的内在动机，后者是生产的前提。消费创造出生产的动力；它也创造出在生产中作为决定目的的东西而发生作用的对象。如果说，生产在外部提供消费的对象是显而易见的，那么，同样显而易见的是，消费在观念上提出生产的对象，把它作为内心的图象、作为需要、作为动力和目的提出来。消费创造出还是在主观形式上的生产对象。没有需要，就没有生产。而消

---

① 《马克思恩格斯选集》第2卷，北京：人民出版社1995年版，第24页。
② 《马克思恩格斯选集》第2卷，北京：人民出版社1995年版，第32页。
③ 《马克思恩格斯选集》第2卷，北京：人民出版社1995年版，第8—9页。

费则把需要再生产出来。"①

精神生产和精神消费作为社会生产和社会消费的重要组成部分，必然也受到生产和消费两者关系的制约和影响。

三是精神生产的相对独立性和非平衡发展规律。马克思说：

"关于艺术，大家知道，它的一定的繁盛时期决不是同社会的一般发展成比例的，因而也决不是同仿佛是社会组织的骨骼的物质基础的一般发展成比例的。"②

这就是说，在生产力和经济发展水平相对较低的社会条件下，也有可能出现艺术的繁盛时期。在生产力和经济发展水平的较高阶段，并不一定会出现艺术的繁盛。马克思还指出：

"在艺术本身的领域内，某些有重大意义的艺术形式只有在艺术发展的不发达阶段上才是可能的。"③

马克思揭示了两个层次的不平衡：一是艺术的繁荣状况和一般的社会生产力发展水平的不平衡；二是某种艺术形式和整个艺术的一般发展之间的不平衡。之所以会出现这种不平衡，主要是因为文学艺术和社会生产力的发展不具有直接的联系，而是要经过经济基础这一中介环节起作用，而且文学艺术作为"更高的即更远离物质经济基础的意识形态"，它与经济基础的关系也并非是直接的，经济基础对文学艺术的制约作用往往还要通过政治、道德、哲学、宗教等因素的影响来发生作用。而且文学艺术在自身的发展过程中所具有的历史继承性，使之可以直接影响不同时期文学艺术的繁荣程度。正如后来恩格斯在谈哲学发展的时候，曾经指出的那样，

"每一个时代的哲学作为分工的一个特定的领域，都具有由它的

---

① 《马克思恩格斯选集》第 2 卷，北京：人民出版社 1995 年版，第 9 页。
② 《马克思恩格斯选集》第 2 卷，北京：人民出版社 1995 年版，第 112 页。
③ 《马克思恩格斯全集》第 12 卷，北京：人民出版社 1962 年版，第 761 页。

先驱者传给它而它便由以出发的特定的思想资料作为前提。因此，经济上落后的国家在哲学上仍然能够演奏第一提琴"①。

哲学如此，文学艺术也是如此。此外，社会心理、思潮、作家的才能等，对文学艺术的发展也有一定的作用。正因为艺术生产的发展繁荣是多种力量共同作用的结果，是多种因素的合力造就的，而与物质生产的关系并不是直接相关的，所以在一定的时期内，艺术生产和物质生产的发展会出现非平衡的问题。艺术生产与物质生产的这种非平衡现象，与物质生产规定和制约精神生产的性质以及发展方向的唯物主义基本原理并不矛盾。因为，精神生产和物质生产的非平衡现象，是就不同历史时期或同一时代的不同国家的艺术生产和物质生产的发展相比较而言的。如果就同一时代、同一国家来看，艺术生产的发展与繁荣，都是当时社会物质条件发展的产物，是与当时当地的社会物质生产水平、社会历史发展阶段相适应的。就像马克思所说的"希腊艺术和史诗"是"同一定社会发展形式结合在一起"的。正是由于当时希腊社会生产力发展水平低下、科学技术比较落后、人们改造自然的能力非常有限，所以人们才借助于想象力来征服自然力和支配自然力，把自然力形象化，于是才有大量希腊神话出现。

精神生产与物质生产发展的非平衡现象，可以看作是历史发展的偶然（当然并非个别社会现象）。但是历史发展的这种偶然性，并没有也不可能脱离物质生产规定和制约精神生产的总的发展规律。正如恩格斯在晚年谈到研究抽象的思想领域与经济发展的关系的时候所指出的：

"我们所研究的领域愈是远离经济领域，愈是接近于纯粹抽象的思想领域，我们在它的发展中看到的偶然性就愈多，它的曲线就愈是曲折。如果您划出曲线的中轴线，你就会发觉，研究的时期愈长，研究的范围愈广，这个轴线就愈接近经济发展的轴线，就愈是跟后者平行而进。"②

科学作为精神生产的重要内容，与物质生产领域的距离最近。科学

---

① 《马克思恩格斯选集》第 4 卷，北京：人民出版社 1995 年版，第 704 页。
② 《马克思恩格斯选集》第 4 卷，北京：人民出版社 1995 年版，第 507 页。

知识经过技术转化应用于生产能变成巨大的直接的生产力。

"固定资本的发展表明:一般的社会知识、学问,已经在多么大的程度上变成了直接的生产力,从而社会生活过程的条件本身已经在多么大的程度上受到一般知识的控制并根据此种知识而进行改造。"①

马克思还在《资本论》中深刻地谈道:

"大工业把巨大的自然力和自然科学并入生产过程,必然大大提高劳动生产率,这一点是一目了然的"②。

"一个生产部门(例如铁、煤、机器的生产或建筑业等等)的劳动生产力的发展——这种发展部分地又可以和精神生产领域内的进步,特别是和自然科学及其应用方面的进步联系在一起。"③

这些论述充分表明,马克思非常看重科学在社会发展中的作用,正如恩格斯所说,"在马克思看来,科学是一种在历史上起推动作用的、革命的力量"④。科学的这种革命性表现之一,就在于它能极大地促进生产力的发展,从而通过提高劳动生产率,"直接把社会必要劳动缩减到最低限度,那时,与此相适应,由于给所有的人腾出了时间和创造了手段,个人会在艺术、科学等等方面得到发展"⑤,进而使每个人的个性得到自由而全面的发展。

四是精神生产的历史继承性。

"历史不外是各个世代的依次交替。每一代都利用以前各代遗留下来的材料、资金和生产力;由于这个缘故,每一代一方面在完全改变了的环境下继续从事所继承的活动,另一方面又通过完全改变

---

① 《马克思恩格斯全集》第 46 卷(下),北京:人民出版社 1980 年版,第 219—220 页。
② 《马克思恩格斯选集》第 2 卷,北京:人民出版社 1995 年版,第 207 页。
③ 《马克思恩格斯选集》第 2 卷,北京:人民出版社 1995 年版,第 410 页。
④ 《马克思恩格斯选集》第 3 卷,北京:人民出版社 1995 年版,第 777 页。
⑤ 《马克思恩格斯全集》第 46 卷(下),北京:人民出版社 1980 年版,第 218—219 页。

了的活动来变更旧的环境"①。

马克思恩格斯已经看到了人类社会物质生产和精神生产活动发展的历史相继性。但在《德意志意识形态》中，马克思恩格斯并未对精神生产的这一特征展开深入全面的论述。马克思恩格斯后来才具体论述了精神生产的这一特征。在《路易·波拿巴的雾月十八日》中，马克思明确强调：

"人们自己创造自己的历史，但是他们并不是随心所欲地创造，并不是在他们自己选定的条件下创造，而是在直接碰到的、既定的、从过去承继下来的条件下创造。一切已死的先辈们的传统，象梦魇一样纠缠着活人的头脑。"②

也就是说，人是历史的创造者，但是人们在创造历史的过程中，只能在自己所遇到的既定的历史前提下进行新的生产和创造活动。前代人进行社会生产活动的方式和内容将制约和影响后代人的物质生产活动和精神生产活动。所以即使到了共产主义社会，由于

"它不是在它自身基础上已经发展了的，恰好相反，是刚刚从资本主义社会中产生出来的，因此它在各方面，在经济、道德和精神方面都还带着它脱胎出来的那个旧社会的痕迹"③。

恩格斯在《德国农民战争》中具体论述了精神生产的历史继承性这一特征。

"德国的理论上的社会主义永远不会忘记，它是站在圣西门、傅立叶和欧文这三个人的肩上的。虽然这三个人的学说含有十分虚幻和空想的性质，但他们终究是属于一切时代最伟大的智士之列的，

---

① 《马克思恩格斯选集》第1卷，北京：人民出版社1995年版，第88页。
② 《马克思恩格斯选集》第1卷，北京：人民出版社1995年版，第603—605页。
③ 《马克思恩格斯选集》第3卷，北京：人民出版社1995年版，第304页。

他们天才地预示了我们现在已经科学地证明了其正确性的无数真理"①。

此后恩格斯在《自然辩证法》这部著作中，谈及唯物主义创立的历史过程，又进一步论述了精神生产的继承性特征。

"教会的精神独裁被摧毁了，日耳曼语族各民族大部分都直截了当地抛弃了它，接受了新教，同时，在罗曼语族各民族那里，从阿拉伯人那里吸收过来并从新发现的希腊哲学那里得到营养的一种开朗的自由思想，越来越深地扎下了根，为18世纪的唯物主义作了准备"②。

五是精神生产与社会分工的辩证关系。

分工是人类社会发展的必然，也是社会进步的必然途径或方式。分工使得不同生产领域、不同生产行业的人在各自的生产领域和活动范围变得专业化，进而通过提高社会生产力的发展水平来不断推动人类社会物质生产和精神生产的发展。正如恩格斯在《反杜林论》中所讲的：

"有一点是清楚的：当人的劳动的生产率还非常低，除了必要生活资料只能提供很少的剩余的时候，生产力的提高、交往的扩大、国家和法的发展、艺术和科学的创立，都只有通过更大的分工才有可能，这种分工的基础是从事单纯体力劳动的群众同管理劳动、经营商业和掌管国事以及后来从事艺术和科学的少数特权分子之间的大分工。这种分工的最简单的完全自发的形式，只是奴隶制。"③

"只有奴隶制才使农业和工业之间的更大规模的分工成为可能，从而使古代世界的繁荣，使希腊文化成为可能。没有奴隶制，就没有希腊国家，就没有希腊的艺术和科学；没有奴隶制，就没有罗马帝国。没有希腊文化和罗马帝国所奠定的基础，也就没有现代的欧洲。我们永远不应该忘记，我们的全部经济、政治和智力的发展，

---

① 《马克思恩格斯选集》第2卷，北京：人民出版社1995年版，第635—636页。
② 《马克思恩格斯选集》第4卷，北京：人民出版社1995年版，第261页。
③ 《马克思恩格斯选集》第3卷，北京：人民出版社1995年版，第525页。

是以奴隶制既成为必要、同样又得到公认这种状况为前提的。在这个意义上，我们有理由说：没有古代的奴隶制，就没有现代的社会主义。"①

从恩格斯的这些论述中我们可以看出，奴隶制的出现是社会发展的必然结果，而分工又是阶级划分的基础。因为

"只要社会总劳动所提供的产品除了满足社会全体成员最起码的生活需要以外只有少量剩余，就是说，只要劳动还占去社会大多数成员的全部或几乎全部时间，这个社会就必然划分为阶级。在这被迫专门从事劳动的大多数人之旁，形成了一个脱离直接生产劳动的阶级，它掌管社会的共同事务：劳动管理、国家事务、司法、科学、艺术等等"②。

正是由于社会分工对于精神生产的发展具有重大的推动作用，所以要想实现精神生产的大发展和大繁荣，就必须通过不断提高社会分工的水平，来推动社会生产力的发展，从而缩短每个人进行社会必要劳动的时间，进而有充分的自由时间来从事社会的精神生产活动。

"只要实际劳动的居民必须占用很多时间来从事自己的必要劳动，因而没有多余的时间来从事社会的公共事务——劳动管理、国家事务、法律事务、艺术、科学等等，总是必然有一个脱离实际劳动的特殊阶级来从事这些事务；而且这个阶级为了它自己的利益，从来不会错过机会来把越来越沉重的劳动负担加到劳动群众的肩上。只有通过大工业所达到的生产力的提高，才有可能把劳动无例外地分配于一切社会成员，从而把每个人的劳动时间大大缩短，使一切人都有足够的自由时间来参加社会的理论的和实际的公共事务。"③

除此之外，马克思恩格斯还论述了精神产品的价值、精神生产内部

---

① 《马克思恩格斯选集》第3卷，北京：人民出版社1995年版，第524页。
② 《马克思恩格斯选集》第3卷，北京：人民出版社1995年版，第632页。
③ 《马克思恩格斯选集》第3卷，北京：人民出版社1995年版，第525页。

各体系间的相互作用和精神生产的创造性等。

4. 第四阶段（1884—1895 年）：恩格斯对精神生产理论的进一步丰富和发展时期

马克思逝世后，恩格斯继承、捍卫和发展了马克思主义。恩格斯晚年发表了一系列的著作和书信，包括《路德维希·费尔巴哈和德国古典哲学的终结》（1886）、《家庭、私有制和国家的起源》（1884）、《致约·布洛赫》（1890）、《致康·施米特》（1893）、《致弗·梅林》（1893）、《致瓦·博尔吉乌斯》（1894）等，主要从辩证唯物主义与历史唯物主义系统地完善了马克思主义哲学的基本原理，对精神生产理论作了全面阐述和重大补充，极大地丰富和发展了马克思主义精神生产理论，具体内容体现在以下几个方面：

早在 1859 年的《〈政治经济学批判〉序言》一文中，马克思就指出：

> "人们在自己生活的社会生产中发生一定的、必然的、不以他们的意志为转移的关系，即同他们的物质生产力的一定发展阶段相适应的生产关系。这些生产关系的总和构成社会的经济结构，即有法律的和政治的上层建筑竖立其上并有一定的社会意识形式与之相适应的现实基础。物质生活的生产方式制约着整个社会生活、政治生活和精神生活的过程。不是人们的意识决定人们的存在，相反，是人们的社会存在决定人们的意识"①。

当"社会的物质生产力发展到一定阶段，便同它们一直在其中活动的现存生产关系或财产关系（这只是生产关系的法律用语）发生矛盾。于是这些关系便由生产力的发展形式变成生产力的桎梏。那时社会革命的时代就到来了。随着经济基础的变更，全部庞大的上层建筑也或慢或快地发生变革。在考察这些变革时，必须时刻把下面两者区别开来：一种是生产的经济条件方面所发生的物质的、可以用自然科学的精确性指明的变革，一种是人们借以意识到这个冲突并力求把它克服的那些法律的、政治的、宗教的、艺术的或哲学的，简言之，意识形态的形式。我

---

① 《马克思恩格斯全集》第 13 卷，北京：人民出版社 1962 年版，第 8 页。

们判断一个人不能以他对自己的看法为根据,同样,我们判断这样一个变革时代也不能以它的意识为根据;相反,这个意识必须从物质生活的矛盾中,从社会生产力和生产关系之间的现存冲突中去解释"①,后来恩格斯在《社会主义从空想到科学的发展》中,又补充指出:

"每一时代的社会经济结构形成现实基础,每一个历史时期由法律设施和政治设施以及宗教的、哲学的和其他的观点所构成的全部上层建筑,归根到底都是应由这个基础来说明的"②。

从马克思恩格斯的这些论述中,我们可以看出,社会经济基础的发展变化决定和影响着上层建筑各因素发展和变革的方向并影响和制约着上层建筑的全部内容。之后,恩格斯在《路德维希·费尔巴哈和德国古典哲学的终结》一书中,进一步把上层建筑分为政治上层建筑和意识形态,指出这两类上层建筑都是由经济基础决定的。恩格斯对上层建筑中政治、法律、哲学、宗教、文学、艺术乃至传统观念等因素分别作了具体论述,有区别地肯定了它们各自的能动作用。政治、法律等因素直接与经济基础发生联系,直接体现统治阶级的利益,是上层建筑的核心成分,在上层建筑中居主导地位。而哲学、宗教等因素离经济较远,往往需要以国家和法律为中介来反映和影响经济的变化。

"更高的即更远离物质经济基础的意识形态,采取了哲学和宗教的形式。在这里,观念同自己的物质存在条件的联系,愈来愈被一些中间环节弄模糊了。但是这一联系是存在着的"③。

但无论上层建筑诸因素的作用多么大和具有什么样的区别,相对于经济因素来说,它们的作用仍属于反作用的性质,因而是第二性的。正如恩格斯所指出的,

"物质生存方式虽然是始因,但是这并不排斥思想领域也反过来

---

① 《马克思恩格斯全集》第 13 卷,北京:人民出版社 1962 年版,第 8—9 页。
② 《马克思恩格斯选集》第 3 卷,北京:人民出版社 1995 年版,第 423 页。
③ 《马克思恩格斯选集》第 4 卷,北京:人民出版社 1995 年版,第 250 页。

对这些物质生存方式起作用，然而是第二位的作用"①。

"政治、法、哲学、宗教、文学、艺术等等的发展是以经济发展为基础的。但是，它们又都互相作用并对经济基础发生作用。并非只有经济状况才是原因，才是积极的，其余一切都不过是消极的结果。这是在归根到底总是得到实现的经济必然性的基础上的互相作用"②。

恩格斯在阐明上层建筑诸因素的能动作用的同时，从意识形态的历史继承性、与经济发展的非平衡性和意识形态各因素之间的相互制约性入手，深入分析了意识形态的相对独立性问题，指出任何主流的意识形态都带有过去时代的某种痕迹，这是历史不能割断的现实反映。意识形态的发展可能会同经济发展呈现出非平衡性。不过从整个人类社会历史发展的角度来看，归根结底意识形态还是受到经济发展水平的制约和影响。正如恩格斯在给博尔吉乌斯的信中所说的，

"在这些现实关系中，经济关系不管受到其他关系——政治的和意识形态的——多大影响，归根到底还是具有决定意义的，它构成一条贯穿始终的、唯一有助于理解的红线"③。

在马克思和恩格斯看来，人类的存在是一种社会历史性的存在。人类的生活过程包括物质性活动和精神性活动两个方面。人类的物质活动一般总是自觉的、有目的的活动，而人类的精神活动则需要借助于一定的物质过程来实现。人类物质活动的特点在于它是运用劳动工具或生产工具来达到对劳动对象的改造和把握，而精神生活的特点则在于它是运用语言符号等精神生产工具达到对精神生产对象的观念性的建构和把握。在阶级社会中，"精神"不仅要反映人们的物质生活和物质生产过程，而且还要反映人们的政治生活和精神生活本身，从而形成相应的社会意识形式，即经济思想、政治思想、哲学、艺术和宗教等，这些社会意识体系一经产生，就具有自身独特的发展形式和发展规律，即意识形态具

---

① 《马克思恩格斯选集》第 4 卷，北京：人民出版社 1995 年版，第 691 页。
② 《马克思恩格斯选集》第 4 卷，北京：人民出版社 1995 年版，第 732 页。
③ 《马克思恩格斯选集》第 4 卷，北京：人民出版社 1995 年版，第 732 页。

有相对的独立性。

意识形态的相对独立性表现在两方面：一方面，表现为社会意识对社会存在具有能动的反作用。社会存在决定社会意识，社会意识反作用于社会存在。社会意识对社会存在的这种反映，不是简单的、消极的、被动的，而是复杂的、积极的、能动的。恩格斯在批评那些否认精神因素具有能动反作用的错误观点时说：

> "与此有关的还有思想家们的一个愚蠢观念。这就是：因为我们否认在历史中起作用的各种意识形态领域有独立的历史发展，所以我们也否认它们对历史有任何影响。这是由于通常把原因和结果非辩证地看作僵硬对立的两极，完全忘记了相互作用。这些先生常常几乎是故意地忘记，一种历史因素一旦被其他的、归根到底是经济的原因造成了，它也就起作用，就能够对它的环境，甚至对产生它的原因发生反作用。"①

社会意识对社会存在的反作用性质和程度不同，先进的社会意识对社会发展起促进作用，代表落后的或反动阶级利益的社会意识，对社会发展起阻碍作用。这种反作用的性质和大小的不同，主要取决于社会意识与社会存在和社会发展规律之间的吻合程度。

另一方面，社会意识的发展与社会存在的发展往往不是同步的。作为观念的上层建筑的社会意识形态，有的意识形式与经济基础的关系比较直接，对经济基础的变化比较敏感，因而就能随着经济基础的变化而较快地实现变更；而有的意识形式则与经济基础的关系比较遥远，中间环节比较多，对经济基础变化的反应比较迟钝、缓慢，因而只能随着经济基础的变化而逐渐地变更。所以，18 世纪的法国哲学发展水平会超过同时期经济发达的英国；19 世纪的德国精神文化的发展超越于同时期经济更发达的英国和法国。用恩格斯的话说"经济上落后的国家在哲学上仍能演奏世界第一小提琴"。

对此，马克思曾指出："随着经济基础的变更，全部庞大的上层建筑也或慢或快地发生变革。"意识形态在其漫长的社会历史发展过程中逐渐

---

① 《马克思恩格斯选集》第 4 卷，北京：人民出版社 1995 年版，第 728 页。

衍化或固化为一种内心信念、习惯势力、传统文化或文化传统，沉积在社会成员的精神世界中，例如：

"宗教一旦形成，总要包含某些传统的材料，因为在一切意识形态领域内传统都是一种巨大的保守力量。但是，这些材料所发生的变化是由造成这种变化的人们的阶级关系即经济关系引起的"①。

这样就会导致出现这样的现象，当社会存在和经济基础发生巨大的变化时，那些长期沉淀在人们思维深处的影响人们心智的原有的旧的意识形态不会立即让位于新的意识形态，特别是其中那部分无损于新意识形态理念和根本精神的部分更会为新的意识形态所容纳或吸收，所以社会意识有时会落后于社会存在的发展与变化。而与此相反，以一定的社会存在为存在前提的社会意识在某种程度上又可以预见社会存在变化的趋势，即社会意识有时会超前于社会存在。正因为如此，马克思恩格斯指出：

"在某些可以进行更一般的概括的问题上，意识有时似乎可以超过同时代的经验关系，以致人们在以后某个时代的斗争中可以依靠先前时代理论家的威望"②。

这就是社会意识的认识作用和能动作用的突出表现。当然，上述落后或超前的不同步性不是绝对的而是相对的，在一定的历史阶段显示出的不同步，在更长的历史过程的发展中则可能趋于同步。对此恩格斯曾有很好的阐释："我们所研究的领域越是远离经济领域，越是接近于纯粹抽象的意识形态，我们就越是发现它在自己的发展中表现为偶然现象，它的曲线就越是曲折。如果您划出曲线的中轴线，您就会发现，所考察的时期越长，所考察的范围越广，这个轴线就越同经济发展的轴线接近于平行。"③ 需要注意的是，社会意识不能自行起作用，它必须通过人的实践活动才能反作用于社会存在。因为

---

① 《马克思恩格斯选集》第 4 卷，北京：人民出版社 1995 年版，第 257 页。
② 《马克思恩格斯选集》第 1 卷，北京：人民出版社 1995 年版，第 124 页。
③ 《马克思恩格斯选集》第 4 卷，北京：人民出版社 1995 年版，第 733 页。

"思想根本不能实现什么东西。为了实现思想，就要有使用实践力量的人"①。

思想一旦掌握群众，就会变成巨大的物质力量。社会意识反作用的程度，包括作用范围的大小、时间的久暂，除了首先受到社会意识性质的制约外，主要取决于它掌握群众的广度和深度。由于社会意识的反作用具有不同的社会性质，因此，先进的与落后的社会意识之间的斗争是必然的。这种斗争往往成为社会经济和政治变革的先导。

在唯物史观创立初期，出于当时反对唯心史观的需要，马克思恩格斯在论证经济基础和上层建筑，特别是物质生产和精神生产的关系时，着重强调了经济基础和物质生产在人类社会发展中的决定性作用，而对精神生产的基本形式或精神生产的主要产品，如政治、法律、哲学、宗教、道德等在人类社会发展中的重要作用则有所忽略。在当时这样做似乎是必要的，但也给敌人留下了攻击的借口。19世纪90年代，恩格斯在晚年书信中提出了"历史合力论"，对经济基础和上层建筑的辩证关系作了全面阐述，在一定意义上可以说是弥补了过去对物质生产和精神生产关系论述上的不足。恩格斯指出，历史的发展是一个复杂的辩证运动过程，其中各种因素之间发生着交互作用。既有经济因素和上层建筑诸因素之间的相互作用，也有经济因素和上层建筑内部各因素之间的相互作用。虽然经济因素对社会历史发展进程最终起决定性作用，但不等于说只有经济因素才是唯一决定的因素。

"……根据唯物史观，历史过程中的决定性因素归根到底是现实生活的生产和再生产。无论马克思或我都从来没有肯定过比这更多的东西。如果有人在这里加以歪曲，说经济因素是惟一决定性的因素，那么他就是把这个命题变成毫无内容的、抽象的、荒诞无稽的空话。经济状况是基础，但是对历史斗争的进程发生影响并且在许多情况下主要是决定着这一斗争的形式的，还有上层建筑的各种因素：阶级斗争的各种政治形式及其成果——由胜利了的阶级在获胜以后确立的宪法等等，各种法的形式以及所有这些实际斗争在参加

---

① 《马克思恩格斯全集》第2卷，北京：人民出版社1959年版，第152页。

者头脑中的反映,政治的、法律的和哲学的理论,宗教的观点以及它们向教义体系的进一步发展。这里表现出一切因素间的相互作用,而在这种相互作用中归根到底是经济的运动作为必然的东西通过无穷无尽的偶然事件(……)向前发展"①。

"政治、法、哲学、宗教、文学、艺术等等的发展是以经济发展为基础的。但是,它们又都互相作用并对经济基础发生作用。并非只有经济状况才是原因,才是积极的,其余一切都不过是消极的结果。这是在归根到底总是得到实现的经济必然性的基础上的互相作用"②。

事实上,上层建筑因素也对历史发展的进程发生影响,并且在许多情况下决定着这一发展的形式。恩格斯在全面阐述经济基础和上层建筑的辩证关系、物质生产和精神生产关系的同时,也深刻阐释了精神生产在人类社会历史发展进程中的作用,深化了人们对社会运动是社会历史领域诸多因素的错综复杂交互作用结果的认识和理解。在肯定生产力和生产关系的矛盾运动是历史发展的根本动力的前提下,作出了"历史合力论"的科学论断。

"历史是这样创造的:最终的结果总是从许多单个的意志的相互冲突中产生出来的,而其中每一个意志,又是由于许多特殊的生活条件,才成为它所成为的那样。这样就有无数相互交错的力量,有无数个力的平行四边形,由此就产生出一个合力,即历史结果,而这个结果又可以看作一个作为整体的、不自觉地和不自主地起着作用的力量的产物。因为任何一个人的愿望都会受到任何另一个人的妨碍,而最后出现的结果就是谁也没有希望过的事物。所以到目前为止的历史总是像一种自然过程一样地进行,而且实质上也是服从于同一运动规律的。但是,各个人的意志——其中的每一个都希望得到他的体质和外部的,归根到底是经济的情况(……)使他向往的东西——虽然都达不到自己的愿望,而是融合为一个总的平均数,

---

① 《马克思恩格斯选集》第4卷,北京:人民出版社1995年版,第695—696页。
② 《马克思恩格斯选集》第4卷,北京:人民出版社1995年版,第732页。

一个总的合力。"①

总之，人没有生产便不可能有社会。只有在存在生产的地方，社会才会存在。所以，社会生物必然是会从事生产的生物。生产乃是人的必要特征，生产也是人的充分特征。所以，人必然是能从事生产的生物，而生产活动的出现就在人与其他动物之间划清了界限。当然，这并非意味着只要有生产活动就可使这个生物成为人，还必须要有意识和社会联系才可使这个生物成为人。

对一般动物来说，适应性活动的特征在于利用那些以现成形式存在于自然界的物体来满足它们的需求。与这种适应性活动不同，人类生产活动就在于为满足自己的需求而创造出在自然界中不是现成地存在着的物体。物质生产乃是对物体的改造和创造。但是，物质创造是以观念的、精神的创造为前提的。人类生产活动要求有其他动物身上所没有的那种反映世界的能动的、创造性的劳动能力，其中包括作为必要因素的事物形态的形成，而这些形态是目前尚未存在，过去也不曾存在的。

不能反映现有事物中本质的、必然的、一般的东西，便不能创造尚未存在的事物形态。所以，这种反映形式应当包括事物的本质的、必然的、一般的东西的特殊形态，它是另一个必要的因素。这种特殊形态只能是概念和概念体系，如果没有词和语言，概念是不能存在的。换句话说，人类生产活动要求以概念思维，也即意识和语言为前提。人的意识既能反映世界，也能通过生产活动对世界施加影响，以保证按照既定的目标去改造世界。

从物质生产力与生产关系矛盾出发，只能推导出政治斗争的必然性，而不能揭示生产力本身发展的规律性，更不能展示社会有机体三重生产之间的内在动态平衡。因此，应该从人的三重本性、三重矛盾和三重需要出发推导出三重生产，在更深更广的意义上提出人类社会的基本矛盾：社会有机体三重生产之间的矛盾，这是理解马克思生产方式理论的关键之所在。

---

① 《马克思恩格斯选集》第 4 卷，北京：人民出版社 1995 年版，第 697 页。

第六章 《德意志意识形态》关于生活方式的关键词谱系
——以"自由"为奇点并以"人的解放"为逻辑归宿

《德意志意识形态》关键词第五谱系基于"需要是利益的同义语"这个理论支点,以"自由"为奇点并以"人的解放"为逻辑归宿,构建关于"生活方式"的关键词谱系化奇点解析式。马克思主义是一个庞大的理论体系,包括哲学、历史学、社会学、政治学、经济学等众多学科领域。从认识论的角度来看,这是一个纷繁复杂的理论体系。但从价值论的角度来看,整个《德意志意识形态》关键词谱系存在一条简明扼要的逻辑脉络:从生存方式、生产方式到生活方式的互动过程,就是"现实的人"从"大写的人"到"小写的人"的演绎过程。要全面深刻地把握《德意志意识形态》关键词谱系,必须认真剖析这条逻辑脉络,唯有如此才能全面展开《德意志意识形态》关键词谱系化研究。无论从《德意志意识形态》关键词谱系本身的逻辑结构来看,还是从《德意志意识形态》关键词谱系的内容结构来看,都存在这样一条主线,这条逻辑脉络,那就是基于"自由"的人的解放。

以往学界习惯于把《德意志意识形态》的思想体系按专业话语体系加以分析。一般认为马克思的哲学是理论基础,政治经济学是主要内容,科学社会主义是核心和纲领。但如何理顺这三方面的内在逻辑,目前学界还未达成一致。《德意志意识形态》关键词谱系化究其实质是关于人的解放的理论体系化,人的解放是《德意志意识形态》关键词谱系的出发点和归宿,人的解放的主题贯穿于《德意志意识形态》关键词谱系的始终。人的解放意味着人的自由而全面发展,意味着人的需要得到全面满足。所以说,马克思主义是关于人的解放学说,马克思主义哲学为人的解放提供世界观、价值观、人生观和方法论,政治经济理论是无产阶级解放的核心内容，科学社会主义则是人类解放的革命理论。由此可见，人的解放是贯穿《德意志意识形态》关键词谱系的主题，是《德意志意识形态》关键词谱系的核心逻辑。

以往的研究之所以不能令人满意地把《德意志意识形态》关键词谱系多方面的内容有机地结合起来，其根本原因有两点：一是没有把人的解放问题作为《德意志意识形态》关键词谱系贯彻始终的一条主线：人的解放—人的自由而全面发展—人的需要—人的利益乃至人的世界观、人生观和价值观等关键词没有纳入复杂系统研究。二是没有把人视为全部《德意志意识形态》关键词谱系的出发点，从而没有在人的解放问题上展开对《德意志意识形态》关键词的谱系化研究。《德意志意识形态》关键词谱系的出发点就是人本身，这个人不是抽象的人，而是"现实的人"，人的现实性矛盾导致了人自身与人的本质相分裂，人的现实生存状态与人的本质需求之间的矛盾导致了人的内在紧张关系，这种内在紧张分别受自然属性和社会属性的双重影响，是人的本质异化的根源，也是推动人的解放的根本动力。当代发展马克思主义正是按照人类历史的客观实在的逻辑，通过对人的内在矛盾和外在矛盾的分析和批判，从生存方式、生产方式到生活方式，构建起比较完整的历史唯物辩证法理论体系。

一、生活方式的历史唯物辩证法

生存方式主要表现知性觉悟问题，即"什么是活着"；生产方式主要表现理性觉悟问题，即"凭什么活着"；而生活方式作为类生活消费方式，主要表现感性觉悟问题，即"如何活着"——"整个人"回归生活世界，与生活环境（包括人际关系）进行交互作用的活动方式和行为方式，也有人喻之为感性的"小写的人"怎样过日子的方式。一般说来，生活方式主要反映消费者的生活琐事，如何花费时间、如何消费金钱、如何享用商品以及如何消费各种资源的习惯态度、消费偏好以及娱乐方式等。21世纪哲学呈现出回归生活世界的发展趋向。

"生活方式"一词出现在《德意志意识形态》中，由原来的纯社会学概念衍生成了哲学关键词。其实质内容与经济学哲学关联度比较大。或者说，生活方式主要是表现在消费领域的生活哲学。生活与生存和生产是相对应的。所以，学术上论说生活方式是撇不开生产方式和生存方式的。社会消费与社会生产是辩证统一的，都是人类生存的必要条件。为了有利于完善马克思主义历史唯物辩证法的理论框架，可以从哲学意义上这样思考"生活方式"：在生活世界里，不同时期、不同地域和不同社会群体在特定生产方式和生存方式基础上形成的类生活消费方式，即生活方式。通过对传统哲学的批判考察，通过对感性生活世界关键词谱系化研究，在现象学层面探求感性世界中哲学与生活的初始关联，探求实践与感性世界在本体论视野内的相互理解关系。①

（一）生活方式是人类享受生命存在和发展的现实性方式

把生活方式作为人类享受生命存在和发展的现实性方式来研究，对于丰富和发展历史唯物辩证法、加强社会学学科建设和多学科的综合研究，具有重要的理论意义；对于促进以人为本、个性自由、全面发展，以及满足新时代人民对美好生活的需要，都有着重要的理论和实践意义。

1. 生活方式的一般定义和功能解读

"生活方式"（life style or pattern of life）是一个日常描述性社会学概念，是指人们以活动、兴趣和观点的类表现出来的生活模式。包括人们的物质、资料消费方式、精神生活方式以及闲暇生活方式等内容。它通常反映个人的情趣、爱好和价值取向，具有鲜明的时代性和民族性。更重要的是，生活习惯是一个历史时间框架。人类作为不同于其他一般动物的高等动物的一个重要方面，就表现在反映人性本质的生活方式上。

随着按劳分配和生产的主要力量的发展趋势，它随着社会发展的发展趋势而变化。生活习惯的改变立即或间接危害着人们的观念和价值观。不同的地区、不同的社会发展、不同的历史时期、不同的阶级和不同的职位都有不同的生活习惯，这将导致不同的心理状态结构、观念、价值观和生活观，并相互影响和反映。商品经济、销售市场交换和世界历史的出现催生了生活习惯同化和异化的理论。今天的社会经济发展是全球化的，每个人的生活习惯都在变得越来越现代。生活习惯是人们"社会性"的关键内容，它决定着个人社会性的特征、水平和方向。

---

① 参见吴燕：《哲学向生活世界的回归——马克思感性世界理论的初步构建》，黑龙江大学硕士学位论文，2001年。此处不是原文引用，但部分借鉴了该论文关于生活哲学的话语表达。

生活方式是一个科学范畴。人有动物性的一面，首先体现为种的生活方式，像其他生物一样也要求一定的栖息场所、栖息方式、活动类型等的行为以及营养的种类、摄食法、繁殖方式等所有种的生活习性。所谓种的生活方式实际是指整个生活史的生活方式的总体形式。

更重要的是，生活方式是一个历史范畴。人作为高级动物更多的一面，是体现为人性（人的本质）类的生活方式。随着生产力和生产关系的发展而变化，随着社会的发展而变化。生活方式的变化直接或间接影响着人的思想意识和价值观念。不同地域、不同社会、不同历史时期、不同阶层和不同职业的人，有着不同的生活方式，就会产生不同的心理结构、思想意识、价值观念和世界观并发生相互作用和反作用。社会分工、市场交换和世界历史的形成催生了生活方式的同化和异化。当今世界经济全球化，人们的生活方式也越来越国际化，生活方式是人的"社会化"一项重要内容，决定了个体社会化的性质、水平和方向。

根据马克思主义的基本概念，生产是人类社会赖以生存和生活的基础和社会发展的起点。如果不生产适销对路的生活资料，就没有当下日常生活的享受。如果人们不考虑生存、享受的长久生活习惯的影响，那么就不可能形成良好的社会发展趋势。生产力发展得越快越多越好，科学技术就越进步，每个人的日常生活的空间越来越大，时间也越来越多，每个人的生存效率和享受水平也就越来越高。在社会和经济发展中，生活方式的习惯性影响越来越关键。

生活方式是在一定的历史时期与社会条件下各个民族、阶级和社会群体的生活模式。① 生活方式内容相当广泛，包括人们的衣、食、住、行、劳动工作、休息娱乐、社会交往、待人接物等物质生活和精神生活的价值观、道德观、审美观，以及与这些方式相关的方面。依据马克思主义的基本原理，生产方式是人类社会赖以建立的基础和发展过程的起点，没有物质资料的生产，就谈不上人们的生活。但是，如果没有人类满足自身生存、享受、发展需要的生活活动即一定的生活方式，也就没有人类自身的生产和再生产，整个社会的发展就不可能。

人类社会的历史表明，生产力越发展，科学技术越进步，人们生活的空间越来越扩大，时间也越来越增多，人们的主体性在社会发展中的

---

① 杨玺：《健康4大基石》，南京：江苏科学技术出版社2007年版，第1页。

作用越增强，生活方式在社会的生产和再生产中的地位和作用就越重要。

2. 生活方式的研究缘起和学术现状

生活方式原属日常用语。19 世纪中叶以来，才开始作为科学概念出现在学术著述中。马克思和恩格斯在创建历史唯物主义原理时，把生产方式和生活方式两个概念同时并用。他们指出，在社会生产的每个时代，都有

> "这些个人的一定的活动方式，是他们表现自己生命的一定方式、他们的一定的生活方式"①。

马克思恩格斯还在其他著述中多次使用过生活方式这一概念，用以揭示在一定的历史时期、一定的社会条件下、一定的社会过程中的社会关系。20 世纪 50 年代末以来，生活方式研究成为各国学者关注的对象。20 世纪五六十年代，美国等西方学者主要针对西方社会中人们急剧变化的价值观念和各种人生理想冲突的现实，试图通过对生活方式的选择问题的研究寻求解决各种价值冲突的答案。20 世纪 70 年代以来，西方学者主要关注的课题是，新技术革命给人们的生活方式带来哪些变化？如何建立一种"平衡的"生活方式？社会主义国家的学者对生活方式也作了一些研究，主要涉及生活方式理论体系建构，并对各领域、各阶级、各阶层的生活方式，以及城市和农村的生活方式对培养时代新人的意义，生活方式在社会经济发展中的作用，生活方式指标体系的建立，乃至构建生活方式社会学等问题，作了大量的经验研究和理论探索。

我国学者对生活方式的研究始于 20 世纪 80 年代以来的改革开放，主要是结合中国社会改革和现代化建设的实践，对各领域在变革中的生活方式问题，作了不少有益的理论和实证研究，出版了数量较多的论著，并由《中国妇女》杂志社、黑龙江省社会科学院、天津市社会科学院等单位发起，相继召开了几次全国性的生活方式学术讨论会。但大多停留在经验性社会学研究层面，很少有学者对生活方式进行跨界理论研究。也就是说很少有人把生活方式—生产方式—生存方式在学术上作为三个核心关键词相提并论。

---

① 《马克思恩格斯文集》第 1 卷，北京：人民出版社 2009 年版，第 520 页。

从实践观上看，西方马克思主义者卢卡奇的最大失误在于割裂实践的革命批判本性和直接现实性，将个体经验的"客观性"视为资产阶级的思想原则，视为工人阶级缺乏革命积极性的根源。它在正确地看到停留于日常经验中的人们无法摆脱资产阶级的思想控制的同时，却把日常生活这一最大量、最普遍的实践活动从实践中摒弃了，过分夸大实践的自觉性、变革性和独创性方面，并进而夸大理论以至知识分子的历史作用。从强调"无产阶级实践"经由"阶级意识"而向理论中心主义的思辨哲学复归。连卢卡奇自己在晚年也承认，他早期写作《历史和阶级意识》时的实践观，其实是一种乌托邦主义。应当看到，实践是以经验为基础的感性活动，直接现实性是实践的品格。忽视生活方式的研究，排斥感性经验和日常生存、生产和生活就必然脱离群众。对现实的生存、生产和生活保持革命的批判态度，才能给分散的、琐碎的日常生活实践注入凝聚力，才有助于人民群众创造历史的伟大事业。

西方关于这方面的研究代表作之一，如东欧新马克思主义的《日常生活》，该书作者阿格妮丝·赫勒以其独特的日常生活理论范式，凸显了日常主体的态度对改变日常生活方式的意义。对赫勒日常生活意义理论的价值学解读对于深化日常生活方式研究具有重要理论意义。在赫勒的日常生活批判理论中，对日常生活的概念抽象和基本界定是理论基础，将日常生活纳入文化的意义上进行解读，是对日常生活文化哲学内涵的彰显，日常生活抵御现代性文化危机的出路是文化革命。① 当然，最有影响力、最有深度、最有创意和最有代表性的还是列斐伏尔的日常生活批判理论。后面有专门段落予以介绍。

3. 生活方式的构成要素：条件—主体—形式

生活方式是生活主体同一定的社会条件相互作用而形成的活动形式和行为特征的复杂有机体，生活基本要素分为活动条件、活动主体和活动形式三部分：

从生活活动条件来看，在人类历史的每个时代，一定社会的生产方式都规定该社会生活方式的本质特征。在生产方式的统一结构中，生产力发展水平对生活方式不但具有最终的决定性的影响，而且往往对某一

---

① 〔匈〕阿格妮丝·赫勒：《日常生活》，衣俊卿译，重庆：重庆出版社 2010 年版，第 56—69 页。

生活方式的特定形式发生直接影响。当代科学技术的进步和生产力的迅猛发展，成为推动人类生活方式变革的巨大力量。而一定社会的生产关系以及由此而决定的社会制度，则规定着该社会占统治地位的生活方式的社会类型。当代世界上存在资本主义和社会主义两种社会制度，与此相适应，也存在着两种类型的社会生活方式。提出社会主义生活方式的价值目标，这是人类社会进步的重要标志之一。

不同的地理环境、不同的文化传统、不同的政治法律、不同的思想意识、不同的社会心理从不同方面影响生活方式的具体表征。如居住在不同气候、山川、地貌等地理环境中的居民，其生活方式就具有不同的风格、习性和特点。一个民族在长期发展中所形成的独特的文化背景，又使其生活方式呈现出丰富多彩的民族特色。对某一社会中不同的群体和个人来说，影响生活方式形成的因素有宏观社会环境，也有直接生活于其中的微观人居环境。具体劳动条件、经济收入、消费水平、家庭结构、人际关系、教育程度、闲暇时间占有量、居住习俗和社会服务等条件的差别，使同一社会中不同的阶级、阶层、职业群体以及个人的生活方式形成明显的差异性。

从生活活动主体来看，生活方式的主体分个人、群体、社会三个层面，任何生活方式都是生活主体——人的有意识的活动方式。人有意识的活动表现出能动性和创造性特点。在生活方式的主体结构中，一定的世界观、价值观和人生观对人们的生活活动起着根本性的调节作用，规定着一个人生活方式的选择方向；社会风气、时尚、传统、习惯等社会心理因素也对生活活动具有很强的导向作用，成为影响生活方式的底层力量。个人的心理与生理因素以特有的方式调节着人们的生活活动和行为特点。生活方式的主体在生活方式构成要素中具有核心地位。特别是在现代社会，个人的价值选择对生活方式的影响日益增强，现代人的生活方式具有明显的主体性。

生活活动形式、生活活动条件和生活活动主体的相互作用，使生活方式具有可预见性和相对稳定性。不同的职业特征、人口特征等主客观因素所形成的特有的生活模式，必然通过一定典型的、稳定的生活活动形式表现出来。因此生活方式往往成为划分阶级、阶层和其他社会群体的一个重要标志。

4. 生活方式的四个基本特征

生活方式作为内涵丰富的复杂概念，主要具有四个特性：

一是跨界综合性和相对具体性。生活方式同生产方式相比,有范畴特性上的区别。生产方式是表述生产力和生产关系的相互作用及运动规律,属于客体范畴,主要涉及的是物质生产领域;生活方式既可从社会形态整体层面上表述为社会生活方式,也可从非整体层面上表述为不同群体的生活方式和个性化的生活方式。生活方式属于主体范畴,从满足主体自身需要角度不仅涉及物质生产领域,也涉及非物质的民间习俗、政治生活、精神生活等更广阔的领域。生活方式是个外延更为广阔、层面更为繁多的综合性概念。任何层面和领域的生活方式总是通过个人的具体活动形式、状态和行为特点加以表现的,因此生活方式具有具体性的特点。

二是相对稳定性与变异性。生活方式属于文化现象。在一定的客观条件制约下的生活方式有着自身的独特发展规律。生活方式的活动形式和行为特点具有相对的稳定性和历史的传承性。在人类历史上可以看到这样的现象:一个民族在数千年的发展中虽然相继更替了几种不同的社会经济形态,但该民族固有的生活方式特点却一直延续下来,成为该民族文化共同体的重要标志之一。生活方式的稳定性往往对新的、异体的异质性生活方式具有排斥倾向。但任何国家和民族的生活方式又必然随着社会条件的变化或迟或早地发生相应的变化。这是整个社会变迁的重要组成部分。生活方式的社会变迁在一般情况下采取渐变的方式,在特定的社会变革时期有可能采取超前的激变方式。

三是社会形态属性和人类趋同性。在不同的社会形态中,生活方式与生存方式和生产一样,总具有一定的社会联动性,在阶级社会中则具有阶级性。马克思恩格斯在《德意志意识形态》中指出:

> "随着新生产力的获得,人们改变自己的生产方式,随着生产方式即谋生的方式的改变,人们也就会改变自己的一切社会关系。手推磨产生的是封建主的社会,蒸汽磨产生的是工业资本家的社会"①。

比如,在奴隶社会,存在奴隶和奴隶主两大阶级的不同生活方式;

---

① 《马克思恩格斯选集》第 1 卷,北京:人民出版社 1995 年版,第 142 页。

在封建社会，存在农民和地主两大阶级的不同生活方式；等等。与此同时，生活方式又呈现出某种程度的普适性的特点。如人的生活方式不仅要满足社会需要，而且要满足基本生存需要和繁衍的自然需要；同一民族中在生活方式上必然形成各阶级、阶层共有的民族性；不同国家的生活方式也有一些共同的规范和准则；现代化和经济全球化促使各国、各民族的生活方式越来越走向趋同，既有可能也有必要在文明的生活方式上的相互借鉴。

四是质的规定性和量的动态性。人们的生活活动，离不开一定数量的物质和精神生活条件、一定的产品和劳务的消费水平，这些构成了生活方式的数量方面的动态性，一般可用生活水平指标衡量其发展水平；对于某一社会中人们生活方式特征的描述，也离不开对社会成员物质和精神财富利用性质及它对满足主体需要的价值大小的测定，表现为生活方式质的方面的规定性，一般可用生活质量的某些指标加以衡量。把生活方式的数和质的方面的规定性统一起来，才能完整地把握某一生活方式的范畴属性。

（二）生活—生产—消费—需要的互动规律

关于生活—生产—消费—需要的互动规律，从政治经济学分析，主要可以从生产—分配—交换—消费的互动规律切入，从马克思主义哲学分析主要可以从生活方式—生产方式—生存方式的辩证关系来分析；从复杂的系统观念来看问题，可以把生产—分配—交换—消费与生活方式—生产方式—生存方式结合起来分析。

1. 生产和消费是生活方式的基础

社会生产和社会消费的互动是生活方式不断更新和发展演化的过程。从共时态结构来看，社会消费是再生产的动力；而从历时态前景来看，社会消费则是扩大再生产的动力。马克思在论述再生产时，把它表述为生产过程和消费过程。生产的更新和不断发展，是同不断的消费过程有机地联系着的。马克思强调指出：

"消费本身就是再生产过程的因素和条件。"①

"一个社会不能停止消费，同样，它也不能停止生产。因此，每

---

① 《马克思恩格斯全集》第 26 卷（第 3 册），北京：人民出版社 1974 年版，第 312 页。

一个社会生产过程，从经常的联系和它不断更新来看，同时也就是再生产过程。"①

一切领域中的社会生产都是为了满足消费的生产。生产为社会的人创造出消费品，使各种形式的消费过程成为可能的生活方式。现实的人为了维持自己的生存，首先就必须从物质上满足自己的机体需要，然后才是满足其他需要，包括社会需要和精神需要等。消费是随着生活资料的生产而发生的，因此，消费本身实际上也是一种社会过程。只有通过社会生产和社会消费的一定方式，人类才能维持生存必需的物质能量消费和信息交换，由一定社会关系联系起来的人类群体的消费活动就形成了生活方式。

社会生产只有与消费相统一才具有相对的完整性和完备性。同时，分配过程和交换过程是必要的中间环节。生产和消费彼此之间同时是"生产—消费"体系运动的一定循环的起点和终点，生产和消费是相互渗透和彼此转化的。依据逻辑在先原理来分析，生产理所当然是这一运动的决定性的开端。依据实践优先原理来综合，生存—生产—生活（消费）互为起点和终点，互为目的和条件。

在生产关系中，消费作为社会过程是社会再生产的必要因素，是人类本身的再生产方式。在消费过程中，人的个体不是单纯作为生物体，而是作为社会的个体，即处于一定的社会生产关系中的个体而再生产的。马克思指出：

"……消费……再生产出不仅具有直接生命力的个人，而且是处于一定的社会关系的个人……再生产出处在他们的社会存在中的个人，因而再生产出他们的社会存在，即社会……"②

消费是一种特殊的社会活动，消费的社会性质关联着劳动产品。劳动产品是消费品，而且社会生产越是发达，劳动规模也越大。"现实的个人"为了生存、工作和发展而消费的东西，都是劳动产品。在消费过程中无论是满足物质需要或是满足精神需要，人的消费品是生产者与消费

---

① 《马克思恩格斯文集》第 5 卷，北京：人民出版社 2009 年版，第 653 页。
② 《马克思恩格斯全集》第 31 卷，北京：人民出版社 1998 年版，第 112 页。

者之间特殊之社会联系的物质基础。

马克思指出，生产创造消费，反过来消费也创造生产。消费对生产的这种积极的反作用，是以商品化和社会化方式实现的。

> "产品只是在消费中才成为现实的产品……因为产品之所以是产品，不是它作为物化了的活动，而只是在于它是活动着的主体的对象"①。

消费的行为程序即生活方式不是由单一的生产行动，而是由社会化生产方式和生产关系决定的。

消费活动可区分为生产性消费和非生产性消费。生活方式是生产者和消费者社会联系的实现方式：一方面，生产者是生产与消费的联系起点，生产者使活劳动物化为产品的消费功能；另一方面，消费者是消费的主体，在享用商品功能的过程中使商品非对象化。个人消费的商品是被作为生活资料消费的，而商品在生产消费中则是被当作劳动资料消费的。马克思是这样归纳的：

> "个人消费的产物是消费者本身，生产消费的结果是与消费者不同的产品。"②

消费之所以积极地影响生产，是因为消费创造出新的生产需要，也就是在观念上创造出生产的内在动机。新的生产需要是再生产的前提。消费活动中表现出不同生活方式的群体特征，取决于社会经济形态，特别是取决于社会生产关系的性质。

消费品可区分为物质产品和精神产品。从哲学意义上讲，人们消费了被物化在商品中的、生产者的"本质力量"。反过来说，商品中所包含的非对象化本质力量，可以在消费主体的消费过程中得以实现，从而使消费主体自身的"本质力量"得以丰富和发展，但有些被动消费却无关消费者个性（主体性），因为这种被动消费并未获得任何享受，仅仅"被花钱""被花时间""被无端消耗"而已。

---

① 《马克思恩格斯文集》第 8 卷，北京：人民出版社 2009 年版，第 15 页。
② 《马克思恩格斯文集》第 5 卷，北京：人民出版社 2009 年版，第 214 页。

马克思强调指出:

> (某种自然财富形式)"都以个人对于对象的本质关系为前提,因此,个人在自己的某个方面把自身对象化在物品中,他对物品的占有同时就表现为他的个性的一定的发展;拥有羊群这种财富使个人发展为牧人,拥有谷物这种财富使个人发展为农民,等等。"①

货币作为财富的一般等价物,同货币所有者或使用者的个性毫无联系,但作为资本或者作为消费手段就不一样了。

> "对于社会,对于整个享乐和劳动等等世界的普遍支配权。"②
> "作为一种可感觉的外在对象而存在着,它可以机械地被占有,也可以同样丧失掉。"③
> "一个人只有当他同时满足了另一个人的迫切需要,并且为后者创造了超过这种需要的余额时,才能满足他本人的迫切需要"④。

马克思主义消费经济学揭示了消费对于生产方式和生活方式的一般性质,以及消费对生产力与生产关系的依存性。同时,也说明了在市场经济条件下,生产方式与扩大再生产的需求机制有内在的对抗性矛盾。当然要历史地看待市场经济的高效率,因为高效率市场经济极大地丰富了社会财富,高消费需求扩展了生产空间,并为满足人民群众的美好生活需要而扩大再生产创造了可能性,也就为消灭这种对抗性矛盾创造了可能性。因此,在一定的历史时期内,"个性的比较高度的发展,只有以牺牲个人的历史过程为代价"⑤。这样才能创造条件消除这种对抗性,逐步使社会发展同每一个个人的发展相适应,到共产主义时"每个人的自由发展"就有可能成为"所有人自由发展"的条件。

如果不是为生活而生产,而是"为生产而生产",就会压制直接生

---

① 《马克思恩格斯全集》第30卷,北京:人民出版社1995年版,第173页。
② 《马克思恩格斯全集》第30卷,北京:人民出版社1995年版,第174页。
③ 《马克思恩格斯全集》第30卷,北京:人民出版社1995年版,第173—174页。
④ 《马克思恩格斯全集》第30卷,北京:人民出版社1995年版,第380页。
⑤ 《马克思恩格斯全集》第26卷(第2册),北京:人民出版社1973年版,第124—125页。

产者个性发展。所以生产方式必须逐步适应人的自由而全面发展的生活方式。个人消费都具有个体化消费的性质，在使消费品非对象化时，必须有益于整个社会的本质力量最大化。

庸俗政治经济学家受其阶级利益局限，因而不能透过经济现象的外观探究到内在本质。仅仅把充满内在矛盾的再生产过程并列地划分成为表面上独立的生产、分配、交换和消费四要素。马克思认为让·巴·萨伊的惯常做法是荒谬的。

> "然而，没有一个古典经济学家遵照这种惯常做法，即首先是考察生产，其次是交换，接着是分配，最后是消费，或者用其他方法排列这四个项目。我们要考察的特殊的生产方式，从一开始就以一定的交换方式即以这种生产方式的形式之一作为前提，它生产出一定的分配方式和消费方式，在这个限度内，对后者的考察一般属于政治经济学的领域"①。

马克思指出，生产、分配、交换、消费这些要素之间存在着相互作用：

> "每一个有机整体都是这样。"②
> "生产、分配、交换、消费……构成一个总体的各个环节、一个统一体内部的差别。生产既支配着与其他要素相对而言的生产自身，也支配着其他要素。过程总是从生产重新开始。"③

在再生产过程中，正是社会生产与消费起了对立的、同时又相互渗透的两极作用。分配（生产资料、生产者以及商品）与交换（活动和商品）是整个社会再生产体系的必要的中间环节和发挥功能的必要条件。马克思指出：

> "在分配中，社会以一般的、占统治地位的规定的形式，担任生

---

① 《马克思恩格斯全集》第 30 卷，北京：人民出版社 1998 年版，第 77 页。
② 《马克思恩格斯文集》第 8 卷，北京：人民出版社 2009 年版，第 23 页。
③ 《马克思恩格斯文集》第 8 卷，北京：人民出版社 2009 年版，第 23 页。

产和消费之间的中介；在交换中，生产和消费由个人的偶然的规定性来中介。"①

马克思在论述分配关系的社会功能是社会再生产的因素时指出：在历史上一定的生产关系的范围内，

"这种分配关系赋予生产条件本身及其代表以特殊的社会的质"②。

"每一种分配形式，都会随着它由以产生并且与之相适应的一定的生产形式的消失而消失。"③

至于说那种同样表现为生产关系所决定的不同的历史形式的交换（活动及其产品的交换），那么，这种交换关系揭示了社会中作为社会财富而生产的财富的性质。恩格斯在阐明马克思的这一思想时，在《资本论》第三卷注解中写道：社会财富的性质，只是"因为这些个人为了满足自己的需要，而互相交换不同质的使用价值"④。例如，在资本主义生产的条件下，这种交换只有通过货币才有可能，货币是体现财富的社会性质的特殊物体。

分配和交换是生产和消费的中介环节，是两个辩证的矛盾过程，其中每一个过程都为另一个过程奠定基础，赋予客观合理性，前后过程相互制约、相互渗透，以致"生产行为本身就它的一切要素来说也是消费行为"⑤。

消费实质是掌握、运用和消耗各种使用价值的过程。使用价值是消费者在动态使用过程中所消费的物理属性，或社会属性，或精神属性。这些消费品的消费属性不是大自然本身所赋予的，而是人本身活动的成果和产物，是人的生活方式的表现。

随着人类社会分工和现代市场经济的发展，生产就成为消费的基本

---

① 《马克思恩格斯文集》第8卷，北京：人民出版社2009年版，第13页。
② 《马克思恩格斯文集》第7卷，北京：人民出版社2009年版，第995页。
③ 《马克思恩格斯文集》第7卷，北京：人民出版社2009年版，第1000页。
④ 《马克思恩格斯文集》第7卷，北京：人民出版社2009年版，第649页。
⑤ 《马克思恩格斯文集》第8卷，北京：人民出版社2009年版，第14页。

决定性因素,进而生产方式也就成了生活方式的基本决定性因素。马克思指出:

> "生产生产着消费:(1)是由于生产为消费创造材料;(2)是由于生产决定消费的方式;(3)是由于生产通过它起初当作对象生产出来的产品在消费者身上引起需要。因而,它生产出消费的对象,消费的方式,消费的动力。"①

生产和消费的功能互动表现为生产方式与生活方式的相互影响。在生产过程中,生产方式通过劳动实践对自然界的积极影响,通过在社会生活的经济、社会、政治和精神领域中的改造活动,创造出丰富多彩的物质产品、制度产品和精神产品,从而引起生活方式的变化。生产过程也成了需要产生的过程,反之亦然。新的需要是基于满足现有需要的过程中产生的,即在消费过程中间接地表现出来的,反过来促进了扩大再生产。正如马克思恩格斯在《德意志意识形态》中所指出的,为了产生新的需要,必须有满足现有需要的活动本身,以及具有满足需要的一定的工具。② 同时,满足需要的过程就是消费,本身就是广义的再生产运动的一个重要环节。

马克思主义从技术、社会和精神三方面区分不同的生产方式,形成了逻辑同构的消费方式和生活方式。消费方式和生活方式是通过人们在满足物质生活资料、社交生活资料和精神生活资料的需要而表现出来的。消费的技术方面和社会方面具有互相依存的内在联系。消费的社会形式即生活方式,生活方式是作为完全被规定了消费形式、消费工具和消费对象依据一定模式形成的。在一定的生存方式和生产方式基础上产生的消费性生活方式,都具有一定的整体性,同时具有更高级的社会再生产性。

马克思主义从这种整体观点出发,区分了生产性消费和非生产性消费。生产性消费是生产过程本身的消费,所消费的是生产资料(劳动力、劳动对象和劳动资料)。非生产性消费即生活消费,既可能表现为个体的形式,也可能表现为集体的形式。马克思指出:

---

① 《马克思恩格斯文集》第 8 卷,北京:人民出版社 2009 年版,第 16 页。
② 《马克思恩格斯文集》第 1 卷,北京:人民出版社 2009 年版,第 531—532 页。

> "劳动消费它自己的物质要素,即劳动对象和劳动资料,把它们吞食掉,因而是消费过程。"①

马克思进一步分析,生产性消费又分为客体性消费和主体性消费。②客体性消费是全部或局部地被使用和消耗的原料、燃料、能量以及生产上的其他物质因素的生产资料的消费。主体性消费的是劳动力,即消费生产者本身的生命力、能量、知识、技艺和能力。现代生产方式中,物的要素比重越来越高于人的要素,但人作为主体首先是生产过程的管理者和控制者。因而生产性消费表现为客体消费与主体消费的历史统一。

非生产性消费/生活消费也并非处于生产之外。生活消费在满足个人需要、实现消费价值时是每一生产周期的终点,但同时也是下一生产周期的起点。生活消费决不会从再生产的总过程中消失。在马克思看来,不仅生产直接就是消费,而且消费直接地也是生产,这就是所谓"消费的生产"③。

> "例如,在吃喝这一种消费形式中,人生产自己的身体,这是明显的事。而对于以这种或那种方式从某一方面来生产人的其他任何消费形式也都可以这样说。"
> "工人阶级的个人消费,在绝对必需的限度内,只是……资本家最不可少的生产资料即工人阶级本身的生产和再生产。"④

任何类型的生活消费,都不过是生产的个人因素,即生产者本身的生产和再生产。如果不能保证劳动者某种最低限度的生活资料和生存需要,那么,任何社会生产方式也难以为继。当生产本身的变化激发生活方式更高的必要需要时,生活资料和生存需要的最低必要限度也提高了,生产方式也会发生相应的变化。

由此可见,生产性消费和生活消费是社会再生产,进而也是生产方式和生活方式变迁的必要因素和条件。再生产出来的东西既包括生产过

---

① 《马克思恩格斯文集》第5卷,北京:人民出版社2009年版,第214页。
② 《马克思恩格斯文集》第8卷,北京:人民出版社2009年版,第14页。
③ 《马克思恩格斯文集》第8卷,北京:人民出版社2009年版,第14—15页。
④ 《马克思恩格斯文集》第5卷,北京:人民出版社2009年版,第660页。

程的物的要素，也包括人的要素，还包括精神要素。消费者在生活消费中消费自己并再生产自己。同时消费品的物质要素以及消费者的自身素质会影响消费升级。生产与消费互相渗透以致生产方式与生活方式互相制约充分体现为一种历史的唯物的辩证关系。

2. 生活方式的变化升级受需求层次规律影响

在传统社会形态中，简单再生产的生产方式往往导致需要乃至消费的停滞状态。只有在现代生产条件下扩大再生产的生产方式使生活方式不断变化。生活方式换代升级和时尚翻新主要受内在需求层次规律影响。它首先同生产力中质的改造有关，同新技术的生产方式的建立有关。新技术生产方式是以使用机器，然后又采用自动化设备，再然后是智能化……建立新的物质生产部门、新的精神生产平台和新的社会关系交往模式，并以不断扩大大众化商品的产量为基础。马克思特别指出了这一情况，认为人的需要、消费形式和方式的发展与丰富，成为以资本为基础的再生产条件。

> "新生产部门的这种创造……是发展各种劳动即各种生产的一个不断扩大和日益广泛的体系，与之相适应的是需要的一个不断扩大和日益丰富的体系。"①

由此产生了"资本的文明作用"，它既要克服把自然神化的现象，又要克服民族界限，还要克服历史流传下来的传统习惯惯性，克服"一切阻碍发展生产力、扩大需要、使生产多样化、利用和交换自然力量和精神力量的限制"②。

列宁最先把由物质生产的进步发展而引起发的多样化新需要和新趋势，称之为"需求层次规律"③。在这一规律之外不可能有生产的个人因素即主体因素的发展，更不可能有物质生活资料的直接生产者的发展，也不可能有社会生产本身的整体发展。马克思说，由于生产力提高和发展，社会每一步扩大剩余产品后，都会"生产出新的消费"。新的消费通过"把现有的消费推广到更大的范围"而创造出新的需要，进而推动

---

① 《马克思恩格斯全集》第 30 卷，北京：人民出版社 1995 年版，第 389 页。
② 《马克思恩格斯全集》第 30 卷，北京：人民出版社 1995 年版，第 390 页。
③ 参见《列宁全集》第 1 卷，北京：人民出版社 1984 年版，第 84—85 页。

企业生产出新的消费对象和新的剩余价值，也会导致生活方式新的变化。①

> "在再生产的行为本身中，不但客观条件改变着，例如乡村变为城市，荒野变为开垦地等等，而且生产者也改变着，他炼出新的品质，通过生产而发展和改造着自身，造成新的力量和新的观念，造成新的交往方式，新的需要和新的语言。"②

列宁强调指出，在资本主义生产方式条件下，需求层次规律的作用具有对抗性特点。因为需要的变化和消费的发展一样，不仅仅取决于生产力的发展，也直接取决于生产关系的性质。生产关系也对生产性消费和生活消费产生间接性影响，促进或者阻碍生产力的发展。个人消费直接与生活方式相联系。生产关系一方面决定不同的人在社会中的不同地位和作用；另一方面又直接地对个人的消费方式和生活方式产生影响。正是与生产资料私有制有关的生产关系的性质，决定了统治阶级消费与劳动群众消费之间的脱节现象，滋生了统治阶级的寄生性消费，促使产生了反常的、有害的、所谓"事关威信的"需要。所谓上流社会腐朽的生活方式与底层社会被动的低俗的大众化生活方式就出现了明显分野。

需求层次规律是通过方向不同的趋势而表现出来的。其行为机制是既复杂而又矛盾的。传统社会以手工劳动工具为基础的生产力，生产关系就以非经济性强制发挥作用。人的最基本的生存需要在数量上和质量上大体相同，而且大多是在狭隘的范围内实现再生产的。如果满足最基本生存需要的生产方式一旦解体就会引起社会危机和政治动荡。这种社会危机和政治动荡又可能导致整个社会制度的瓦解，最终可能引起生产力的升级换代、需要的递进增长、消费的新趋势出现以致生活方式的变革。

现代资本主义生产关系的发展，为机器大工业基础上生产力质的飞跃和量的增长开辟了宽阔道路，使人的需要形成了稳定的增长趋势。这种趋势以需求层次上升规律的形式发挥作用，不仅没有消除内在矛盾的对抗性，而且使之更趋向尖锐化。因此列宁指出：

---

① 参见《马克思恩格斯全集》第30卷，北京：人民出版社1995年版，第388页。
② 《马克思恩格斯文集》第8卷，北京：人民出版社2009年版，第145页。

"资本主义的发展必然引起全体居民和工人无产阶级需求水平的增长。这种增长的造成,一般是由于商品交换的频繁,而商品交换的频繁又使城市和乡村间、各个不同地区间的居民的接触更为频繁。造成这种情形的,还有工人无产阶级的密集。这种密集提高着这个阶级的觉悟程度和人的尊严感,使他们有可能与资本主义制度的掠夺趋向作有效的斗争。"①

资本主义虽然在大众中间引起新的、更高的社会需要,但同时却为满足这种需要设置了障碍,造成了生产与消费之间的脱节和矛盾。列宁指出:

"资本主义所固有的生产和消费之间的矛盾就在于:在国家财富增长的时候,人民的贫困也在增长,在社会生产力增长的时候,人民的消费却没有相应增长,这些生产力没有被用来为劳动群众谋福利。"②

在发达资本主义国家中,即便是提高了大众福利,也没有消除社会相对贫困。列宁阐释道:

"贫困的增长不是就物质意义,而是就社会意义来说,也就是说,资产阶级和整个社会的不断提高的消费水平同劳动群众的生活水平不适应。"③

在工业革命和市场经济基础上,现代化大机器替代了手工工具,在最初很长一段历史时期内,不仅增加了对工人需求的数量,而且推动需求向质的多样化、技能化和货币化发展。马克思强调指出:

(工人)"既不受特殊对象的束缚,也不受满足需要的特殊方式的束缚。工人的享受范围并不是在质上受到限制,而只是在量上受

---

① 《列宁全集》第 1 卷,北京:人民出版社 1984 年版,第 84—85 页。
② 《列宁全集》第 4 卷,北京:人民出版社 1984 年版,第 141 页。
③ 《列宁全集》第 4 卷,北京:人民出版社 1984 年版,第 183 页。

到限制。这就把工人同奴隶、农奴等等区别开了"①。

工人阶级的生活方式也呈现出现代化某些特征,没有了人身依附了,却有了货币依赖。几乎所有的消费都需要货币来购买,即消费货币化,生活方式货币化——马克思把这叫作由对人的依赖转换为对物的(资本和货币的)依赖,生活方式上人欲横流表现为物欲横流,"拜物教"表现为拜金主义时尚。

"工人参与更高一些的享受,以及参与精神享受——为自身利益进行宣传鼓动,订阅报纸,听课,教育子女,发展爱好等等——这种使工人和奴隶区别开来的分享文明的唯一情况,在经济上所以可能,只是因为工人在营业兴旺时期,即有可能在一定程度上进行积蓄的时期,扩大自己的享受范围。"②

但资本主义物质生产的周期性表现为经济危机的周期性,导致工人阶级以及大众消费的不均衡性和不稳定性,短期的相对富足被日益长期的消费不足所代替,基本的健康的精神需要得不到满足,更谈不上自我实现的高级精神需要了。

只有当生产力的发展和生产的社会化导致以生产资料私有制为基础的生产关系和生产方式,必然被社会主义的、然后是共产主义的生产方式所代替时,才有可能消除周期性经济危机问题,才有可能充分而全面地满足大众在质和量上不断增长的生活需要。大众的个人消费和生产消费的增长成了普遍化趋势,就不再受生存方式—生产方式—生活方式的内在矛盾冲突所困。劳动者的生产消费与个人消费之间的对立性才可能消失。马克思指出:

"工人的生产消费和个人消费是完全不同的。在前一种消费下,工人起资本动力的作用,属于资本家;在后一种消费下,他属于自己,在生产过程以外执行生活职能。前一种消费的结果是资本家的

---

① 《马克思恩格斯全集》第 30 卷,北京:人民出版社 1995 年版,第 242—243 页。
② 《马克思恩格斯全集》第 30 卷,北京:人民出版社 1995 年版,第 247 页。

生存，后一种消费的结果是工人自己的生存。"①

只有在社会主义和共产主义条件下，劳动者既能在生产过程中，又能在个人消费的过程中全面地和完整地生产和再生产自己，使自己成为自由而全面发展的人。就像马克思指出那样：

"资本不可遏止地追求的普遍性，在资本本身的性质上遇到了限制，这些限制在资本发展到一定阶段时，会使人们认识到资本本身就是这种趋势的最大限制，因而驱使人们利用资本本身来消灭资本。"②

这也可以说是当今中国特色社会主义可以利用资本建设社会主义市场经济并参与经济全球化的初始理论支点。

二、马克思主义人的本质之"三重需要"的理论展开

马克思恩格斯在《德意志意识形态》中强调人的本性/本质即他的"需要"。而要准确把握"需要"的多重含义以及生存、生产、生活、需要、利益、依赖、欲望、思想、动因……这一组关键词谱系化关联，必须首先明确"需要"作为文化哲学范畴的理性前提。

（一）"需要"作为人的本质的理性前提

首先，人是主体和目的——"需要"范畴肯定了人是目的。"需要"作为一种利益关系，涉及两方面，一方面是人，另一方面是物质生活资料、社会关系网络和精神生活条件，双方的关系是前者依赖后者。人之所以会对物质生活资料、社会关系网络和精神生活条件发生依赖关系，是因为人的生存、生产、生活和发展的"需要"。物质生活资料、社会关系网络和精神生活条件是因人的"依赖"而变得有意义和价值。

其次，利益与需要相关联，需要与依赖相关联，依赖与动因相关联……所有这一切的价值与人的生存、生产和生活相关联。难怪马克思说思想一旦离开了利益就会使自己出丑。

---

① 《马克思恩格斯文集》第 5 卷，北京：人民出版社 2009 年版，第 659 页。
② 《马克思恩格斯全集》第 30 卷，北京：人民出版社 1995 年版，第 390—391 页。

依赖与人的价值取向相关联。"依赖关系"表明物质生活资料、社会关系网络和精神生活条件对人的意义及"需要"与欲望的不同。"依赖"意味着"离不开"，一旦离开了人或者无法生存、生产和生活，或者无法发展，或者无法人之为人。人无法生存、生产和生活意味着人失去生命体的规定性，失去生产者的规定性，失去文明体的规定性。当然人不再是"活着的人""真正的人"和"大写的人"。如果人无法发展，只是动物式地或植物式地活着，这样的人也不是真正意义上"活着"的人，与其他一般动物，甚至植物都没有本质上的区别。当然，不是任何东西都是人真正必须需要的对象。欲望的对象有的是虚伪的需要或者是"负需要"。所谓"负需要"指不一定是人不可离开的，甚至有些欲望对象是人必须要疏远的，人才能更好地实现自己的价值。

再次，物质生活资料、社会关系网络和精神生活条件表明人的发展应该是全面的，需要/利益也应该是全面的。有的哲学家只强调人的生存、繁衍、安全需要，认为这些需要是必须满足的底线利益。这个命题本身并没有错。但如果仅仅停留在这方面的需要无异于把人降低为一般动物，而人与其他一般动物的根本区别在于人的精神文化生活，在于人是一种主体化存在本体。因此，人之为人所依赖的事物归结为物质的、社会的和精神的三重需要。只有深刻揭示人的本质，才可能提出人的全面发展需要，才有利于人摆脱动物欲望对自己的控制，促进人的本质及价值最大化得以实现，使人成为真正的"大写的人"。

开显于理性思辨领域的"需要"范畴是生活方式理论构建的前提。马克思揭示"需要"对于人的本质意义，其关键不在于使用了"需要"这个概念，而在于从人的本质意义上使用了"需要"概念。需要是利益的同义语，能满足人的某种需要的东西就是利益。有什么样的需要就有什么样的利益。需要和利益都是动态地随着人的生存方式、生产方式和生活方式的发展变化而发展变化。

这标志着人被当作目的，人的价值在于通过自由而全面的发展，进而成为真正的人。人的价值实现条件在于人的物质生活资料、社会关系网络和精神生活条件能否满足人的三重复合需要。人的需要不是相对于人的主观欲望而言，而是相对于使人成其为人即人的本质而言的。因此，"需要/利益"的背后是对人的本质的深刻理解和把握，或者更准确地说，"需要/利益"的本质意义是对人的深刻理解和把握的必然结果和表现。"需要/利益"的本质意义之发现过程，最初看上去就是"需要/利益"从欲望中分离出来的过程，而这种感性认识恰恰是"需要/利益"被理性发现的表现。

欲望与"需要/利益"关系密切，以至于人们常常将二者混为一谈。马克思在自己的需要理论中也有此类情形。笛卡尔认为，欲望就是由所追求的有益对象引起的内驱情感。洛克则把欲望定义为一种不安的依赖情感，这种不安情感的产生是由于人们享受某种事物时产生了愉快的观念，而当这种事物不在时就会引起一种不安，这种不安的期盼就是欲望。现代汉语词典中把"欲望"定义为由人的本性产生的想达到某种目的的要求。可见，欲望一直被看作人的一种情感和利益诉求来理解，是一种纯粹主观的东西。而需要反映的是人对物质生活资料、社会关系网络和精神生活条件的依赖关系。其依赖程度是由人的发展程度决定的。而人的发展程度又必然与人的生存、生产、生活和发展条件相关。人的生存、生产、生活和发展条件作为一种客观存在会反映到人的意识中，必然形成人的多层次欲望。

> "人的需要是欲望产生的客观基础和前提，欲望是主体需要在主观上的反映和表现。"①

人一般是通过对自己欲望的理性分析来把握自己的需要/利益。如果缺少理性分析，人就可能受自己欲望的本能支配，甚至反过来变成自己欲望的奴隶。不同的人在不同时期所表现出来的欲望是不同的。同时，人的欲望直接激发自己的感性行动，人的需要间接激发追求自己利益的理性行动，这就是动因。欲望—需要—利益—动因既是同构的又是异质的。其中有一条比较清晰的逻辑线索，欲望—需要—利益—动因是这条线索上环环相扣的环节。因为人的行为受多层次欲望—需要—利益规律制约，这种制约就表现为生存方式、生产方式和生活方式。

生存方式、生产方式和生活方式赋予人的生命以社会价值意义。神之所以至高无上，是因为人们以为神是永恒不死的，是无所不能的，无须思考自身价值问题。而人不是神，人的生命是有限的，潜意识中就潜

---

① 李德山、秀绍萍：《欲望探析》，载《山西师大学报（社会科学版）》，1992年第3期。

伏着人生的价值追求。人生的价值追求体现在生存方式、生产方式和生活方式中，欲望—需要—利益—思想—动因就是人生价值追求的系列表现形式。

对人自身价值的追求是发现"需要"的起点。正如赫舍尔所说，当人问"人是什么"时，"并不是寻找自己的起源，而是寻找自己的命运"①。围绕这一问题形成了一系列关于人自身的问题。这些问题被概括成古希腊德尔菲神庙大门上的千古名言——

"认识你自己"！

从那时候起，人如何"认识自我"的问题就成了哲学思考的主题。正如《人论》的作者卡西尔所说：

"人们普遍承认，认识自我是哲学探求的最高目标。在哲学各个流派的争论中，这个目标是统一并且不可动摇的：它就像哲学的阿基米德点，是所有思想的固定不变的中心。即便是最极端的怀疑论者也不能否认自我认识的必要性。"②

然而，人的价值问题是不能直接回答的。因为价值问题是一个相对性哲学问题，是特定价值主体对特定的价值客体才会产生的辩证问题。因此，在回答人的价值问题之前首先必须确定"人是什么"。

"认识你自己"——人对自身的最初认识不能不受人对自然的认识、对人际关系的认识和对神的认识的影响。说到底，世界观、人生观和价值观是"认识自我"的本体论表达。人对自身的把握总是同人的生存、生产和生活地位相联系的。正如胡海波所总结的那样：

"西方人关涉人及其世界的思想理论大体可分为三种学问、三类问题，即科学、哲学与神学及其各自的问题。科学主要研究人及其世界'是怎样'与'会怎样'的问题；这是事实性和规律性的问

---

① 《马克思恩格斯全集》第40卷，北京：人民出版社1982年版，第7页。
② 〔德〕恩斯特·卡西尔：《人论》，李琛译，北京：光明日报出版社2009年版，第3页。

题。神学主要研究'神'使人及其世界'成为'怎样的问题；这是偶像性和超验性的问题。哲学主要研究人应该怎样对待自己和应该怎样实现自身本性的问题；这就是选择性、评价性的生成性问题，即价值问题。"①

这三种学问总是相互影响的，甚至曾经不分彼此，都属于哲学，使最初的哲学成为包罗万象的所谓"爱智"之学。因此，人最初对自身的把握不能不受人对自然的认识、对人际关系的认识和对神的认识的影响。

对于"人的问题"有三种基本回答，一是认为人是自然的一部分，与自然和谐相处，人只是以其理性区别于其他自然物。这种观点主要源于古希腊时期。基于这种认识，人的价值就在于追求自身的"善"。二是认为人是天堂里上帝的创造物，如此一来，人的现世就是没有意义的，人只能追求"来世"天堂的幸福。三是认为人是宇宙的中心，人自身就是目的，人的价值就在于人的生存、生产和生活。分析至此，前两个问题似乎有了答案，第三个问题似乎还没有答案。这又引起人新的追问。

人如何实现自身价值，以及如何满足自身欲望——这构成"需要"生发的现实路径。基于上述对人的地位的认识和价值追求的三重分析，可见人实现自身价值也有三条途径。

首先，基于人是自然的一部分这个观点，人可以通过追求"真"的"知识"而拒行不义，或者通过理性对欲望的节制达到柏拉图的"正义"，或者通过灵魂契合伦理德性的活动达到苏格拉底的"善生"，以至亚里士多德的"幸福"，从而实现自身的价值。

其次，基于人是神的创造物这个观点，追求"善"的"道德"，人可以通过提升自身对神旨意的符合程度，以便得到神的救赎、恩典，从而实现自身的价值。

最后，基于人是中心和人是目的这个观点，追求"美"的"和谐"，则必然要通过人的欲望和需要的满足来实现人的发展，从而实现自身的价值。

前两种回答实质上终结了人的问题，因为接下来人要做的事情已经明确无疑，不过就是要借助于理性的权威或神的权威，抑制人的欲望。

---

① 胡海波：《哲学就是哲学》，载《吉林大学社会科学学报》，2003年第5期。

但在第三种情况下则完全不同,必然会引发出新的问题,即人的欲望和需要如何满足的问题。

既然人是中心、是目的,那么人的欲望和需要应该被尽量得到满足,然而这种欲望激发的努力和冲动本身包含着难以化解的双重矛盾:

一方面,不同个人欲望的无限性与资源有限性之间的矛盾。人们早就发现人的欲望的无限性,故称之为"贪欲"。"贪欲"使人贪得无厌,或者总觉得欲望没得到满足而不幸福,或者为了满足自己的欲望而损害他人满足欲望的权利,导致起码的不正义。

主体是与客体相对存在的。所谓人的主体地位就是在人与客观世界之间,人是主体,自然是客体,人是价值尺度的掌握者,人是目的,客观世界要以人的存在和发展为价值实现方式。人类中心主义和人道主义都是确立人的主体地位的不同意识形态表现。人的主体地位的确立之所以成为"满足需要"的条件,是因为逻辑推理如此,只有确立人的主体地位,人的需要的满足才会变得合情合理合法。

在文艺复兴运动之前的中世纪,神权高于一切。人的地位在神面前一再跌落,包括人在内的一切都是神造并由神主宰的,并为神而存在的。实际上是神职人员以虚构的神奴役实在的人。古希腊普罗泰戈拉提出"人是万物的尺度"这个论断在当时就显得意义特别重大。因为他把人在自然中的存在提高到从来没有的高度。但问题是,人也只不过"是存在者存在的尺度,也是不存在者不存在的尺度"。说到底,人是物质长期演化的结果,人还是自然中的一员,只不过是独具理性禀赋的文化者、文明者和精神者。文艺复兴运动重新发现了人,并在艺术上、科学上逐渐树立了人的中心地位。因此,需要的发现只能在文艺复兴运动以降才有可能实现。

另一方面,个人欲望与人类整体利益之间的矛盾。内在逻辑线索构成了"需要"由文明社会满足的现实条件。人们在社会生活中也意识到,人是社会的人,只有在社会中才能实现自己的幸福,社会对个人来说就是整体。个人利益与社会利益之间是个体与整体的关系。如果放纵个人的无限欲望,社会利益必然受损,最终个人欲望也不能得到满足。为解决这些矛盾就必须对人的欲望进行一定的鉴别和限制,以便区分哪些是应该被满足的,哪些是应该被限制的,并且还要加以理性的解释。在回答这些问题的过程中,人们逐渐发现有一些欲望是人必须的,因为欲望所指向的事物或条件是人所离不开的"依赖物"。人一旦离开这些基本的事物或条件势必"人将不人"——或者不能正常生存，或者不能正常发展，从而难以实现人自身的价值而获得幸福感。这样一来，人的诸如此类必须得到满足的欲望在语言表述中逐渐被"需要"所代替，表明人已经发现了人的价值实现与某些事物和条件之间存在着一定的依赖关系，也即意味着体现人的本质的"欲望"被文明社会称之为需要。可以说，理性的欲望即需要。

此外，近现代以来回答"人的问题"就成为哲学主要任务或主题，对人也形成了多种认识。最典型的就是所谓德国古典哲学思维方式，即

"从'世界的绝对统一'这一观点出发，追求世界与人的单一的、前定的、不变的本性"①。

这种思维方式的本质被我国哲学家高清海概括为"物种规定"的原则。这种思维方式导致对人的两种基本认识倾向：一是把人"物化"，归结为物质本性，诸如古希腊自然哲学家和近代机械唯物主义者对人的认识；二是把人"神化"，归结为精神本质，诸如唯心主义哲学从"绝对理念"来表达对人的把握。

近代以来的哲学家也意识到"物化"与"神化"的二元对立问题，并尝试改变对人的这种诠释方式，而真正的转变也是由德国古典哲学完成的。高清海认为：

"正是从他们开始，才真正突破传统物种观点的人性规定方式，不再把人性看作前定的、不变的、外在规定（给与）的，而是试图从人自身的活动中去理解人性的来源、本质和特性，这样，它就为从理性把握人的特异本性开辟了一种崭新的理解途径。"②

这种思维方式的转变把人从"或这，或那；或是，或否"的二元对立判断中解脱出来，而把人理解为一个发展的过程。而恰恰是这一理解

---

① 高清海：《重提德国古典哲学的人性理论》，载《学术月刊》，2002年第10期。
② 高清海：《重提德国古典哲学的人性理论》，载《学术月刊》，2002年第10期。

的升华破解了人的欲望对人的意义问题，并使"需要"范畴在这一问题的探讨中得到理论升华。

(二) 西方哲学中"需要"理论的启示意义

在西方哲学发展史上，对"需要"（rende）的研究一直是众多哲学家所追问和思考的重要问题。哲学家对需要问题进行研究在不同的历史时期侧重点也有所不同。大致可以把西方哲学史上的需要思想划分为三个阶段：

第一阶段：古希腊时期是西方哲学史上的典型时期

此时期对需要思想的探讨是人学发展史的开端，表现了古希腊人探索人的需要的可贵尝试。德谟克利特是古希腊最早研究需要问题的哲学家。他对人的需要作了系统的阐述，形成了自己独特的需要思想。他认为，人不仅有物质的需要，而且有精神的需要。物质需要是人生必不可少的，如果"没有宴饮，就像一条长路没有旅店一样"①，这样的人生毫无意义。但是，与物质需要相比，精神需要更显得重要。因为人生的目的在于"灵魂的愉快"，而不是仅仅沉溺在物质需要的满足上。既然人生的目的在于对精神需要的追求，那么，怎样才能满足人的精神需要呢？德谟克利特指出，要达到这个目的，应当"节制"人的物质需要。由于人的物质需要只是一种外在的、肉体上的满足，这只是一种短暂的享受。只有做到"有节制和生活的宁静淡泊，才得到愉快"②。也就是说，只有节制人对物质的需要，满足人对精神需要的追求，才能让人获得持久的快乐。柏拉图的需要思想是通过阐述"正义"这个问题来展开的。对于什么是正义，柏拉图认为：

"正义平时在满足什么需要，获得什么好处上是有用的。"③

也就是说，在柏拉图看来，要实现人的各种需要，必须要先做到正

---

① 北京大学哲学系外国哲学史教研室编译：《古希腊罗马哲学》，上海：上海三联书店1957年版，第118页。
② 北京大学哲学系外国哲学史教研室编译：《古希腊罗马哲学》，上海：上海三联书店1957年版，第115页。
③ 〔古希腊〕柏拉图：《理想国》，郭斌和、张竹明译，北京：商务印书馆2002年版，第9页。

义。为了进一步说明正义,柏拉图特意建构了一个理想国。在柏拉图的理想国里,社会提供一种满足人的各种需要的"正义"制度。这个正义制度通过分工合作,保证理想国的三种人发挥不同的功能——哲学王、军人和劳动者各安其位,而不干预其他人的事,以此来满足社会的和谐和人的需要之满足,这就是柏拉图所谓真正的国家正义。相对于个人而言,人的灵魂由三部分组成:理性、激情和欲望。柏拉图认为,"理性"相当于理想国的统治者,它在人的灵魂中担负着领导作用;"激情"类似理想国中的大臣,作为辅助统治者而发挥辅助功能;而"欲望"则相当于具有强烈感性欲望的劳动者,主要承担满足"物质需要"的功能。这三部分各司其职、和谐相处,才能达到灵魂的正义。然而,由于劳动者天生有追求"物质需要"的倾向,他们的一切看法都建立在"经验"的基础上,而不是建立在对"至善"之精神需要的绝对价值之上。这样的后果会致使灵魂的三部分不和谐,最终引起个人灵魂的"不正义"。因此,为实现个人的正义,应当由理性统治灵魂并借助激情的力量来"节制"人的"物质需要"。通过这种节制,劳动者会意识到精神需要的巨大力量,"不让这里因财富的过多或不足而引起任何的纷乱"①。可见,人只有关注"精神需要"这一绝对价值,才能使个人灵魂具备分辨世界本真的能力,才能摆脱各种"不正义"的束缚,真正实现正义。

伊壁鸠鲁作为古希腊时期著名的哲学家,他的需要思想同样影响深远。他指出,"欲望"是人的本性,"快乐"是人生的最终目标。要获得人生的快乐,应当满足人的"正当欲望"而遏制人的非正当的"无限制的欲望",最终达到全身心的快乐。伊壁鸠鲁从"趋乐避苦"的感性论出发,认为人人都有追求快乐的欲望。快乐和痛苦相对立而存在。当我们感到痛苦时,快乐才对我们有益处。当我们不再会感知痛苦时,我们也就"不再需要快乐了"②。他进一步指出,人们所向往的快乐包括身心的快乐,即"身体的无痛苦和灵魂的无烦恼"③。人们在追求身心快乐的时候,总会受到"欲望"的影响。而"欲望"包括两种,一种是"必要

---

① 〔古希腊〕柏拉图:《理想国》,郭斌和、张竹明译,北京:商务印书馆2002年版,第385页。
② 〔古希腊〕伊壁鸠鲁、〔古罗马〕卢科莱修:《自然与快乐——伊壁鸠鲁的哲学》,包利民等译,北京:中国社会科学出版社2004年版,第32页。
③ 〔古希腊〕伊壁鸠鲁、〔古罗马〕卢科莱修:《自然与快乐——伊壁鸠鲁的哲学》,包利民等译,北京:中国社会科学出版社2004年版,第33页。

的欲望",这种欲望不仅有助于"摆脱痛苦"①,而且有助于"维系生活本身"②。也就是说,必要的欲望能够消除痛苦、达到快乐,它是人类生活中所不可缺少的。因此,这种"欲望"应当加以提倡。另一种是由于缺少节制而产生的非正当的"无限制的欲望",由于这种欲望"无法解决灵魂的紊乱,也无法产生真正意义上的欢乐"③。所以,对于这种欲望,应当通过加强自身修养,把握好欲望的度,并通过实际行动来战胜和克服它,最终达到全身心的快乐。

可见,古希腊哲学中的需要思想极为丰富,这些思想是古希腊哲人关注人的需要问题的可贵尝试。古希腊哲学家对需要问题的研究因为受制于时代局限和认知局限,所以他们的需要思想带有某些朴素、直观的性质。但是,古希腊的需要思想并没有因此而消逝沉寂,相反,它们为日后需要理论的研究提供了丰富的养料,并奠定了坚实的基础。

第二阶段:西方近代社会的需要思想的发展期,主要是指从"文艺复兴"到黑格尔这段时期

此间哲学家们用不同的方式来建构符合社会发展要求的新观点、新看法。霍布斯是西方近代社会最早对需要思想进行系统研究的思想家。他认为,在自然状态下,

"人在身心两方面的能力都十分相等"④。

每个人都有平等的自由权利,在这种情况下,每个人都会按照个人意志来追求各种需要,以实现自我保全。但是,在现实中却事与愿违,由于人的自私性的存在,人人只知道按照自己的"需要"来实现自我图存,而不顾别人的需要,这使不同人之间陷入永无止境的需要冲突之中,结果造成

---

① 〔古希腊〕伊壁鸠鲁、〔古罗马〕卢科莱修:《自然与快乐——伊壁鸠鲁的哲学》,包利民等译,北京:中国社会科学出版社2004年版,第32页。
② 〔古希腊〕伊壁鸠鲁、〔古罗马〕卢科莱修:《自然与快乐——伊壁鸠鲁的哲学》,包利民等译,北京:中国社会科学出版社2004年版,第32页。
③ 〔古希腊〕伊壁鸠鲁、〔古罗马〕卢科莱修:《自然与快乐——伊壁鸠鲁的哲学》,包利民等译,北京:中国社会科学出版社2004年版,第50页。
④ 〔英〕霍布斯:《利维坦》,黎思复、黎廷弼译,北京:商务印书馆1985年版,第92页。

"每一个人对每一个人的战争"①。

因此，自然状态给人带来的是痛苦和忧伤，而不是快乐和幸福。为了使人们脱离这种可怕的自然状态，实现人的快乐和自我图存。霍布斯认为，应当按照社会的需要，用理性来制定一套合理的自然法来规范人的个体需要，并提供一个力大无比的"利维坦"来进行监督。这种"自然法"是一种实用的法律，它引导人们履行契约、实现和平。为了让人容易理解，可以把这种"自然律"概括为一条简易规则，即"己所不欲，勿施于人"。18 世纪法国哲学家爱尔维修在前人研究的基础上，对需要问题的研究提出了新的见解。他的需要思想以"肉体感受性"为基础，以"利益和需要"为人们一切行动的推动力，进一步推演出这么一个观点，即个人需要是实现快乐的基础，而社会需要是评价需要合理性的标准。

首先，肉体感受性是"人的一切需要、感情、社会性、观念、判断、意志、行动的原则"②。人通过这种感受性来判断人的快乐和幸福，并通过实际行动来实现人的不同需要。

其次，追求需要的满足是人的本性。他从伊壁鸠鲁的快乐主义需要观出发，认为人类一切行动的目的都是为了自身的利益。他所说的"利益"，一方面指人们关于衣、食、住、行等物质需要；另一方面也包括人的精神需要。也就是说，只有实现了人的物质需要和精神需要，人才会感到快乐。然而，满足人的物质需要，只是一种短暂的快乐，唯有满足人的精神需要，才会感到那种更持久的快乐。因此，满足人的精神需要更具有现实的意义。

最后，个人需要应和社会需要保持一致。实现个人的各种需要是无可非议的。但是，人生的最高目的和"道德的更高境界是维护公共利益"③。因此，要实现个人的真正快乐，应当在不违背社会需要的前提下，最大程度地满足社会的需要，在此基础上，才能更好地满足个人的

---

① 〔英〕霍布斯：《利维坦》，黎思复、黎廷弼译，北京：商务印书馆 1985 年版，第 94 页。
② 北京大学哲学系外国哲学史教研室编译：《十八世纪法国哲学》，北京：商务印书馆 1979 年版，第 499 页。
③ 李凤鸣、姚介厚：《十八世纪法国启蒙运动》，北京：北京出版社 1982 年版，第 241 页。

需要。

到了19世纪，一些思想家对需要问题的研究更加系统，特别是黑格尔推演出自身的"需要体系"思想，这引起了日后学者的广泛关注和理性思考。黑格尔认为，在市民社会中一些"具体的人"，为满足自身的需要，会将他人看作是满足自身需要的手段。这是市民社会的一个"特殊性"原则。由于需要的满足要通过"劳动"来达到，而人的"需要"越来越多，形成"需要体系"，相对而言，劳动产品反而会变得越来越贫乏。如此一来，要满足人的需要，应当不断借助和依赖别人的劳动产品才能达到。

"如果他不同别人发生关系，他就不可能达到他的全部。"①

这时，其他人便成为实现自身需要的特殊手段。但是，在通过与他人的关系时，可以取得普遍性的形式，并且在"满足他人福利的同时，满足自己"②。

可见，在市民社会中，"具体的人"的特殊性必须要以某种"普遍性"为实现条件。"具体的人"之间是相互依赖、相互联合的。"这种联合是通过成员的需要"③，并通过满足个体的需要和社会需要的外部秩序而建立起来的。因此，黑格尔把市民社会中"具体的人"的多重需要特性称为"需要的体系"。在这个体系中，人的不同需要和满足需要的手段，都表现出多层次多样性。但是，需要不是随意产生的，而是那些"企图从中获得利润的人所制造出来的"④。也就是说，"劳动"是"需要"得以满足的根本基础。在劳动过程中，人的需要只有借助劳动才能充分得以满足。这意味着个人的需要要与社会的普遍性需要保持一致。

综上所述，西方近代社会需要思想的共同点体现在，充分肯定了人的"需要"的合理性，提出多层次多样化需要体系概念，把人的"自然需要"看作是人的本性，这在当时来说对于张扬人的个性具有重要的现实意义。

---

① 〔德〕黑格尔：《法哲学原理》，范扬、张企泰译，北京：商务印书馆1961年版，第197页。
② 〔德〕黑格尔：《法哲学原理》，范扬、张企泰译，北京：商务印书馆1961年版，第197页。
③ 〔德〕黑格尔：《法哲学原理》，范扬、张企泰译，北京：商务印书馆1961年版，第174页。
④ 〔德〕黑格尔：《法哲学原理》，范扬、张企泰译，北京：商务印书馆1961年版，第207页。

第三阶段：西方现代社会的需要思想

这是资本主义发展到一定社会历史阶段的产物。在这段时期，法国哲学家让·鲍德里亚和匈牙利哲学家阿格妮丝·赫勒对现代消费社会人的需要进行了深入的研究和系统的分析，为进一步研究后工业社会或者说"晚期资本主义"的需要理论提供了一些很有启示意义的新锐成果。

在鲍德里亚看来，人的需要的增长与生产力的发展存在一定的不平衡性。这种不平衡性引起了消费社会的产生。在消费社会中，人们不再关注商品的有用性，而是通过消费来展现个体的身份地位，从而使消费取代了生产的主导地位。因此，消费成为一种具有符号象征意义的虚假需要。他指出，传统社会是生产主导型社会，"消费"作为生产的一个环节，它的目的在于满足人们基本的"生活需要"。传统社会的"消费"是基于商品的"使用价值"来展开的，因此是一种真实的需要。与此不同的是，在后工业社会或者说晚期资本主义社会，随着资本主义社会的飞速发展，物质的增长不仅表征着人的需求在增长，而且意味着在"需求增长与生产力增长之间这种不平衡本身的增长"①。正是这种不平衡性引起了消费社会的产生。在消费社会里，经济脱实向虚，工业制造业大部分被第三产业取代。不是生产发挥主导作用，而是"消费"发挥了主导性的作用。人们消费的不再是商品的"使用价值"，而是为了满足某种交换价值，这时，人们瞄准的不是物品本身，而是物品的价值，即"需求的满足首先具有附着这些价值的意义"②。在这种情况下，人们不再消费发自内心真正需要的产品，而是消费一些具有"符号"象征性意义的消费品等。

> （生产系统不是建立在）"需求和享受的迫切要求之上，而是建立在某种符号（物品/符号）和区分的编码之上。"③

这时，带有"符号"的消费品不断刺激人们的虚假需要，使现代人逐渐丧失了人的本性，并最终成为商品拜物教的奴隶。

---

① 〔德〕黑格尔：《法哲学原理》，范扬、张企泰译，北京：商务印书馆1961年版，第207页。
② 〔德〕黑格尔：《法哲学原理》，范扬、张企泰译，北京：商务印书馆1961年版，第58页。
③ 〔法〕鲍德里亚：《消费社会》，刘成富、全志钢译，南京：南京大学出版社2001年版，第47页。

同时代的赫勒，同样对马克思主义需要思想进行了深入的探讨。他认为，最大限度满足人们不同层次的"差异化需要"，才能促进社会和谐。

首先，赫勒从马克思的政治经济学来研究需要理论。他认为，由于"需要"概念隐含在马克思的政治经济学研究中，因此，只有深入分析马克思的政治经济学，才能把握好马克思的"需要"概念，着重要从需要、利益、价值关键词谱系分析如下三个问题：

问题之一，为什么马克思当年没有直接用"需要"概念来给商品下定义？资本家购买的是工人的劳动力，而使用的是工人的活劳动。活劳动创造的是使用价值。马克思认为，商品的使用价值作为商品的基本属性，它的主要功能在于"满足人的某种需要的物"[①]。这说明，使用价值与满足人的需要的含义相同。这就科学说明了为什么马克思当年没有直接用"需要"概念来给商品下定义。

问题之二，"需要异化"是怎么产生的？剩余价值的表现形式"利润、利息"与"需要"的关系怎么理解。赫勒指出了古典政治经济学与马克思主义需要理论的本质差别。他认为，古典政治经济学家站在资本主义立场，把经济价值看作是最高的价值，把"有效需求"形式中出现的"需要"看作是社会发展的原动力。而马克思则从批判的眼光出发，认为应当把经济价值归结为需要，这才摸索到了"需要异化"产生的缘由。

问题之三，需要理论、劳动价值论和剩余价值论的内在关系怎么理解？赫勒强调使用价值在马克思主义政治经济学中的重要作用。使用价值是"需要"的经济学代名词。一系列问题都可以用"需要"概念来阐释。这说明"需要理论"是马克思创立劳动价值论和剩余价值论的理论基础。

其次，赫勒对马克思需要范畴进行了分类研究。他指出，马克思对需要进行过以下分类：有时从"历史哲学或人类学的角度进行分类，有时基于对象化的需要进行分类"[②]。其中，马克思从历史哲学或人类学的角度对需要进行分类，把需要分为"自然的需要"和"社会生产的需要"两种。而根据对象化的观点对需要进行分类，可以分为物质需要和

[①]《马克思恩格斯选集》第 2 卷，北京：人民出版社 1995 年版，第 114 页。
[②] Agnes Heller, *The Theory of Need in Marx*, New York: ST. Martin's Press, 1976, p. 27.

精神需要，等等。可见，赫勒看出马克思从不同的角度对需要的不同分类，这对于加强需要理论的研究有重要的借鉴意义。

再次，赫勒把"需要异化"看作马克思需要理论的核心问题。需要异化表现为"手段和目的的颠倒、量和质的分离、需要的不平等性"①。为实现人们的需要，必须要克服需要异化。这样，赫勒就把"激进需要"的研究提上了日程。

所谓激进需要，是指在等级社会中产生，由于人的需要在社会内部无法得到满足，"只能通过超越现存社会才能实现"②。在等级社会中，由于不能满足的需要有不可计数的阐释，"因此就存在着不可计数的激进需要"③。正是由于不同的人具有不同的激进需要，社会才会出现需要异化，人与人之间才会有需要的冲突。为此，赫勒认为左派应当最大限度满足不同的激进需要。在具体操作上，"必须设想一种主张普遍有效性的价值"④，使人们普遍遵守康德的"人是目的，而不仅是手段"的绝对命令，以此来满足人们多元化的需求。但是，由于此原则在现实生活中的软弱无力，并不能避免人与人不同需要之间的矛盾。为摆脱这一困境，她认为社会革命是由主体激进需要引发的革命，也就是说，只有那些个体未能得到满足的激进需要才会成为革命的主体力量。所以，未来的社会一定是能够满足人的激进需要的社会。唯有满足人的激进需要，才能实现社会的和谐。

可见，现代西方社会的需要思想，总体上力图克服西方近代需要观的片面性，从个人与社会的关系上来分析人的需要，从而把人的需要与社会现实联系起来，这和西方近代社会的需要思想相比，是一个巨大的进步。

总之，纵观西方哲学史上的需要思想，从古希腊时期人们对需要问题的最初分析，到西方近代社会对需要思想的阐释，再到西方现代社会

---

① Agnes Heller and Ferenc Feher, *The Grandeurand Twilight of Radical Universalism*, New Brunswick: Transaction Publishers, 1991, pp. 31 – 41.

② Agnes Heller, *Radicalphilosophy*, Jame Wickham (trans.), Oxford: Blackwell, 1984, p. 138.

③ 〔匈〕赫勒：《激进哲学》，赵司空、孙建茵译，哈尔滨：黑龙江大学出版社 2011 年版，第 123 页。

④ 〔匈〕赫勒：《激进哲学》，赵司空、孙建茵译，哈尔滨：黑龙江大学出版社 2011 年版，第 136 页。

对现代需要思想的进一步研究，人们对需要思想的认识不断深入，为诠释马克思、恩格斯需要理论提供了比较性和参考性学术资料。但是，由于历史的原因，他们总是离开劳动来谈论需要，忽视需要产生的深层原因和满足需要的现实路径。

（三）经典马克思主义需要理论溯源

对于"现实的人"来说，需要是利益的同义语。主体化存在本体表现为"人化的自然"与"自然的人化"。人有物质的需要、社会的需要和精神的需要。所以人的行为机制离不开物质利益驱动、社会利益驱动和精神利益驱动。

从1842年到1844年的三年中，马克思从人本主义立场来看待人的需要问题，对需要的类型、需要异化等问题进行了分析，从而使马克思的需要理论初步确立。

在《莱茵报》时期，马克思开始接触到了现实生活中的物质利益和人的需要等问题。1842年，他注意到了利益在社会生活中的关键作用，他认为，在当时的社会，不同的阶级代表了各自不同的利益，因此，

"所争取的一切，都同他们的利益有关"①。

在《论犹太人问题》这篇文章中，马克思进一步从人的"现实需要"出发来分析犹太人的解放问题。他认为，犹太教之所以能保持与基督教同时存在，是因为犹太精神起了主要作用，这种精神就是"实际需要，利己主义"②，而"需要和利己"构成了市民社会的原则，使犹太精神的本质在市民社会中得到世俗化的实现。可见，"需要和自利"把人与社会联系了起来，揭示出犹太人具有的利己主义需要的本质。所以，要使犹太人得到解放，必须消除"犹太精神的经验本质，即经商牟利及其前提"③。

在《1844年经济学哲学手稿》中，马克思不仅对需要的特性进行了分析，而且对需要异化等问题进行了深度剖析。马克思首先对需要的特性进行了全面的分析。他认为，人是主客体相统一的存在物，人的需要

---

① 《马克思恩格斯全集》第42卷，北京：人民出版社1979年版，第82页。
② 《马克思恩格斯文集》第1卷，北京：人民出版社2009年版，第52页。
③ 《马克思恩格斯文集》第1卷，北京：人民出版社2009年版，第55页。

不仅具有客观性，而且有主体性。

一方面，人的需要具有客观性，人是自然界的存在物。

"没有自然界，没有感性的外部世界，个人什么也不能创造。"①

另一方面，人的需要具有主体性，人能通过劳动实践来实现人的生存需要，对人来说，劳动和生产不仅仅是"维持肉体生存的需要的一种手段"②。劳动和生产是人的本质力量对象化，同时是满足人的物质需要、社会需要和精神需要的必要手段。

在此基础上，马克思对资本主义私有制条件下人的"需要异化"进行了论述。他认为，在共产主义社会，人的本质能够得到实现和发展。但是，在资本主义私有制条件下，这一切却具有相反的意义，每个人都指望使别人"产生新的需要，以便使他作出新的牺牲"③。可见，在资本主义社会，人的需要发生了异化。马克思认为需要异化有以下三种表现形式：

（1）"需要的工具化"，指满足人的需要本来应当是人的目的，但是却成为控制人的一种手段。一方面，人们追求自身的各种需要，其目的不是为了某种真实需要，而是为了自私自利的目标。每个人力图创造出一种支配他人的本质力量，希望在他人身上唤起某种新的需要，以迫使别人作出新的牺牲，来实现"自己的利己需要的满足"④。另一方面，需要的工具化使人丧失了人的本性。作为一个劳动者，他不仅有物质需要，而且还有社会需要和精神需要。但是，在现实生活中，需要的工具化使人的需要成了维持自身肉体生存的一种手段。在生物机能上人和动物类似，都有最基本的物质需要。但是，人的需要的多样化表明，如果使人的物质需要取代其他各种需要而成为唯一的需要时，那么就使人的物质需要变成了动物式物质需要，从而使人降到了动物的水平。

（2）"需要的不均衡化"，指一方面出现的"需要的精细化和满足需

---

① 《马克思恩格斯文集》第 1 卷，北京：人民出版社 2009 年版，第 158 页。
② 《马克思恩格斯文集》第 1 卷，北京：人民出版社 2009 年版，第 162 页。
③ 《马克思恩格斯文集》第 1 卷，北京：人民出版社 2009 年版，第 223 页。
④ 《马克思恩格斯全集》第 42 卷，北京：人民出版社 1979 年版，第 132 页。

要的资料的精细化"①,却在另一方面造成"需要的畜生般的野蛮化和彻底的、粗陋的、抽象的简单化"②。也就是说,在资本主义社会,资本家的生活和满足需要的方式十分精细和高雅,而贫穷工人的生活和满足需要的方式则向着野蛮化、粗陋化的方向发展。马克思用生动的例子来描写下层人民生活的悲惨状况,对于工人来说,

"甚至对新鲜空气的需要也不再成其为需要了。人又退回到洞穴中居住……甚至动物的最简单的爱清洁习性,都不再是人的需要了。"③

(3) 需要的"贫乏化",就是指在资本主义私有制社会中,人的需要失去多样性、丰富性的内涵,而变得贫乏化、单一化。

"对货币的需要是国民经济学所产生的真正需要,而且是它所产生的唯一需要。"④
"把工人变成没有感觉和没有需要的存在物。"⑤

马克思认为,国民经济学把贫乏和单一的生活方式当作计算的标准,表面看来,国民经济学这门学科是一门关于财富和节约的科学,它强调自我节制,对生活乃至"人的一切需要都加以节制"⑥,但是,这种节制,正是体现了资本家对劳动者"追求多样化需要"的严格限制,因为人的活动多种多样,人的需要也丰富多彩,资本家通过对人的需要的节制,使人们只会追求货币的需要,从而丧失了需要丰富性的本质,使人的需要进一步贫乏化和单一化。

综上所述,在1842—1844年间,马克思已经从主客体、人本主义的角度对需要的特性、需要异化等问题进行了深入的研究,使"需要理论"在马克思主义体系中的地位逐步凸现,这些思想为马克思需要理论

---

① 《马克思恩格斯全集》第42卷,北京:人民出版社1979年版,第225页。
② 《马克思恩格斯全集》第42卷,北京:人民出版社1979年版,第225页。
③ 《马克思恩格斯全集》第42卷,北京:人民出版社1979年版,第225页。
④ 《马克思恩格斯全集》第42卷,北京:人民出版社1979年版,第132页。
⑤ 《马克思恩格斯文集》第1卷,北京:人民出版社2009年版,第226页。
⑥ 《马克思恩格斯文集》第1卷,北京:人民出版社2009年版,第226页。

的成熟提供了重要的思想资源和理论准备。

在《德意志意识形态》中,马克思恩格斯用历史唯物主义的观点来分析人的需要问题,克服了在《1844年经济学哲学手稿》中的人本主义倾向,对于推动需要理论的深入研究具有非常重要的意义。

首先,马克思恩格斯提出"需要是人的本性"的思想,从而丰富了他们的需要理论。马克思恩格斯认为,个人的需要是人学理论的逻辑起点,也就是说,要理解人的需要,首先应当确定人类生存和发展的第一个前提,即人们为了能够生活,"就需要吃喝住穿以及其它一些东西。因此第一个历史活动就是生产满足这些需要的资料,即生产物质生活本身"①。也就是说,在现实的生活实践中,人们为了摆脱自身对生存、发展的客观条件的依赖和制约,他们必然会通过一定的实践活动来对客观世界进行改造,以此来实现自己的某种需要。正是在这个意义上,马克思恩格斯才指出:

"他们的需要即他们的本性。"②

其次,马克思恩格斯在文中阐述了需要与生产的关系,认为两者是互动的辩证关系,使"需要是人的本性"的论断更加有深度,并把需要和生产在唯物史观的规定意义上统一了起来。一方面,马克思恩格斯认为,人的需要决定生产。由于"需要是人的本性",主体为了满足自身的各种各样需要,他必须要进行生产。也就是说,引起人们进行生产的内在动机和动力源泉是人的需要。从这个意义上,人的需要是生产的前提。另一方面,生产也决定人的需要。其一,生产决定满足需要的手段。在现实的社会条件下,人有什么需要、如何满足自身的需要,是由一定的社会生产状况来决定的。不同的历史时代,人们满足需要的方式和手段有所不同。在原始社会,人们总是通过男耕女织的手段来满足人的物质需要,而在近代社会,则主要通过机器大生产等高科技手段来实现人的需要。所以,马克思恩格斯指出:"饥饿总是饥饿,但是用刀叉吃熟肉来解除的饥饿不同于用手、指甲和牙齿啃生肉来解除的饥饿"③。其二,

---

① 《马克思恩格斯选集》第1卷,北京:人民出版社1995年版,第78—79页。
② 《马克思恩格斯全集》第3卷,北京:人民出版社1960年版,第514页。
③ 《马克思恩格斯文集》第8卷,北京:人民出版社2009年版,第16页。

生产能够使人的需要成为现实。人的需要不仅有主体性、客观性，而且还有实践性。要实现人的需要，第一步，应当使主体的需要与客观对象相符合，使主体的"想要"上升到客观的真实需要；第二步，通过生产实践活动，使人的客观的需要得到满足，最终变成现实。其三，生产能够促进新的需要产生。由于人的需要由生产决定，因此，"他们是什么样的，这同他们的生产是一致的"①。这说明，人的需要取决于他们进行生产的物质条件，而随着人类生产实践活动的发展，人的需要也在不断发生变化。可见，"需要与生产"是相互依存的辩证统一关系，如果割裂二者的内在统一性，都是片面的和不合理的。

再次，马克思恩格斯提出了"个人需要"与"共同体需要"相统一的思想，从而使他的需要理论更加具体。一方面，个人需要是共同体需要存在和发展的前提，人类历史的第一个前提是"有生命的个人的存在"②。个人需要的发展水平不仅是衡量社会发展的基本尺度，而且是促进社会发展的基本动力。因此，在人类社会中，首先应当确认的事实就是"这些个人的肉体组织以及由此产生的个人对其他自然的关系"③。另一方面，任何个人的需要都离不开共同体而独立存在，共同体的需要是实现个人需要的前提和基础。没有共同体，这是不可能实现的。"只有在共同体中，个人才能获得全面发展其才能的手段"④，人的各种需要才能得到实现。可见，个人需要和共同体需要的这种辩证统一关系，不仅要求个人在追求自身需要的时候要注重共同体的需要，而且在实现共同体需要的时候要关注人的个体需要，只有这样，才能同时兼顾个人需要和共同体需要，共同促进需要的实现和社会的发展。可见，马克思恩格斯在《德意志意识形态》中的需要理论思想与以前的研究思路有所不同，其根本点在于他逐渐脱离了人本主义的立场，而是站在唯物史观的立场上来看待需要，从而彰显对人的需要诉求的极大关注。

在《资本论》和《1857—1858年经济学手稿》这两篇经济学著作中，马克思更加深入地探讨了人的需要问题，他不仅注重人的需要的逻辑跃迁，而且关注人的生存需要向社会需要的转化。

---

① 《马克思恩格斯选集》第1卷，北京：人民出版社1995年版，第68页。
② 《马克思恩格斯选集》第1卷，北京：人民出版社1995年版，第55页。
③ 《马克思恩格斯选集》第1卷，北京：人民出版社1995年版，第294页。
④ 《马克思恩格斯选集》第1卷，北京：人民出版社1995年版，第67页。

在《资本论》中，马克思提出了人的需要具有社会历史性、人的需要趋于多样化的特点，这些思想为《1857—1858年经济学手稿》实现人的需要奠定了理论基础。在文中，马克思继承了在《德意志意识形态》中需要与生产的辩证关系的思想，进一步提出人的需要还具有社会历史性的特征。一方面，随着社会生产力的发展，为了适应新的社会发展状况，人们会尽力去创造新的需要，来满足自身的发展，这体现了需要的历史性特征；另一方面，在资本主义社会初期，社会生产力发展水平不高，人的需要也不丰富，"需要是同满足需要的手段一同发展的"①。因此，当满足需要的手段发生变化时，人的需要也要发生变化。可见，社会生产方式的发展、满足需要的手段会影响人的需要的发展变化，这种发展变化体现了人的客体制约性与主体能动性的内在统一性本质。同时，马克思指出，自然条件决定人的需要并使人的需要趋于多样化。他认为，由于人的需要与自然条件紧密联系，这些自然条件可以归结为"人本身的自然（如人种等等）和人周围的自然"②。马克思进一步阐述了自然富源对不同的人类社会具有不同的作用和意义，也就是说，在文化初期，"第一类自然富源具有决定性的意义；在较高的发展阶段，第二类自然富源具有决定性的意义"③。正是自然富源的极其重要性，可以通过人所处的"自然环境的变化，促使他们自己的需要、能力、劳动资料和劳动方式趋于多样化"④。

在《1857—1858年经济学手稿》中，马克思论述了"社会需要和生存需要"的关系，以及"人的需要的体系"的思想，这使需要理论的体系更加完善，内容更加丰富。首先，论述了"社会需要和生存需要"之间的关系。与马克思早期探讨人的"物质需要""个人需要"的着眼点不同，在《1857—1858年经济学手稿》中，他着重对"社会需要"进行规定和探讨。他认为：

"历史地自行产生的需要即由生产本身产生的需要，社会需要即

---

① 《马克思恩格斯文集》第5卷，北京：人民出版社2009年版，第585—586页。
② 《马克思恩格斯文集》第5卷，北京：人民出版社2009年版，第586页。
③ 《马克思恩格斯文集》第5卷，北京：人民出版社2009年版，第586页。
④ 《马克思恩格斯文集》第5卷，北京：人民出版社2009年版，第587页。

从社会生产和交换中产生的需要。"①

这里所谓"历史地自行产生的需要",马克思在《德意志意识形态》中就已经进行过论述,即人类为了生存,首先要满足吃、喝、住等最基本的生存需要。而要满足这些需要,人们又必须要进行生产实践活动。

> "这是人们从几千年前直到今天单是为了维持生活就必须每日每时从事的历史活动"。②

可见,这里所谓"历史地自行产生的需要",是指人们为了维持生活的基本的"生存需要";而"社会需要"则表征了需要在一定的社会关系中产生和发展的状况。对"社会需要和生存需要"之间的关系来说,其一,从需要产生的逻辑规律上来讲,"社会需要"的产生应当是在生存需要的产生之后,因为只有人们满足最基本的生存需要后,才会产生和满足其他各种需要;其二,从生产力发展的状况来说,生存需要是较贫乏的需要,而社会需要是相对较丰富的需要。由于生产力发展状况的不同,需要的存在状况也有所不同。对于人的生存需要来说,"在生产的最低阶段上,人类产生的需要还很少,因而要满足的需要也很少"③。而"社会需要"远远超出了生存需要的界限,它的产生和发展代表了资本主义机器大生产,与史前社会相比,资本主义社会的生产力有了突飞猛进的发展,随之而来的是人的需要的丰富和多样化。

其次,为使"生存需要"向"社会需要"转化,马克思提出了"人的需要的体系"思想。他认为,"人的需要的体系"不是偶然的历史现象,而是在任何社会中都会出现的社会现象。其一,从社会发展的角度来说,随着社会的发展,人的需要也会不断发生变化,从而使人的需要体系不断"从低向高"发展。在人类早期社会,受生产力发展和人类认识的限制,人的需要十分单一和贫乏,这时人们主要倾向于满足生存需要,这种需要在很大程度上带有私人需要的性质;与此不同,在资本主义社会,人的需要是多方面和社会性的,从而使需要向普遍化方向发展。

---

① 《马克思恩格斯全集》第46卷(下),北京:人民出版社1980年版,第19页。
② 《马克思恩格斯文集》第1卷,北京:人民出版社2009年版,第531页。
③ 《马克思恩格斯全集》第30卷,北京:人民出版社1995年版,第376页。

> "需要发展到这种程度，以致超过必要劳动的剩余劳动本身成为普遍需要，成为从个人需要本身产生的东西"。①
>
> "与之相适应的是需要的一个不断扩大和日益丰富的体系"。②

这最终实现了需要的发展进化。其二，人的需要以社会生产为基础，并随后者的发展而发展。虽然需要是人们进行生产的内在动力，但从归根结底上来说，人的需要受社会生产的决定和制约。与之相适应，"人的需要体系"的形成和发展，也是建立在劳动体系不断生产创造的基础上的。因而，在社会生产中，新的生产部门的一些创造性活动，是发展各种劳动的一个不断扩大的日益广泛的体系。

总之，在1842—1844年间，马克思从人本主义立场来看待人的需要，从而使马克思的需要理论初步确立；在《德意志意识形态》这篇文章中，马克思恩格斯站在唯物史观的立场来看待需要，加深了对需要理论的研究；在《资本论》和《1857—1858年经济学手稿》这两篇经济学著作中，马克思不仅注重人的需要思想的逻辑跃迁，而且关注现实人从"生存需要"向"社会需要"的转化，后来才进一步向"精神需要"升华。

三、日常生活批判理论及其对生活方式研究启示意义

日常生活批判在我国的兴起主要是因应中国现代化进程加速，特别是因应人自身现代化的迫切需要，试图为中国特色社会主义的现代化生活方式提供一种主体要素的支持，进行深层文化批判和文化启蒙，学术上主要渊源于西方马克思主义日常生活批判理论。

（一）列斐伏尔日常生活批判的理论渊源

日常生活批判理论是一种新兴的文化哲学理论。它的兴起代表了理性向生活世界的回归，还标志着理论关注点从生存方式、生产方式向生活方式延展，是20世纪哲学理论的一个重要转向。例如胡塞尔现象学的生活世界、维特根斯坦语言哲学的生活形式、海德格尔存在主义的日常共在的世界、列斐伏尔西方马克思主义的现代世界的日常生活、科西克

---

① 《马克思恩格斯全集》第30卷，北京：人民出版社1995年版，第286页。
② 《马克思恩格斯全集》第46卷（上），北京：人民出版社1979年版，第392页。

与赫勒东欧新马克思主义的伪具体性的世界和自在的类本质对象化领域等等。

列斐伏尔的日常生活批判概念最早见于1936年他与居特曼合写的《被神秘化的意识》一书，此书中首次提出日常生活批判概念，并在《日常生活批判》第一卷中系统地建立以异化概念为核心的日常生活批判理论和马克思的异化理论。列斐伏尔正是通过对马克思的异化理论的理解和重新解释来引申出他的日常生活批判理论的。在列斐伏尔看来，异化是马克思思想中的酵素。异化理论和"全面的人"的理论仍然是对日常生活批判的指针。但是要通过日常生活批判而使之具体化，通过运用马克思的异化理论和辩证法学说，列斐伏尔对马克思的异化理论进行了自己独特的解释和阐发，把马克思只应用于经济领域的异化理论扩大化扩大到人类的日常生活中。他认为异化无往而不在。表现在生产力、意识形态、人与自然的关系以及人与其本性的关系，无不存在于日常生活之中。人们应该重视对日常生活的研究。

对教条主义的批判是列斐伏尔提出日常生活批判理论的一个重要的理论渊源。列斐伏尔指出，教条主义机械地理解经济因素与上层建筑（包括意识形态）的关系，日常生活所表现的，似乎只有在发生革命危机的时刻，经济和意识形态才能提高到政治意识的水平；似乎只有到革命危机时，群众生活和阶级生活中的一切因素都凝结在政治生活上，而革命危机时刻之外的日常生活中各个方面都互相分离，甚至互不相干，经济和政治的关系尤其如此。在革命时期的日常生活中，直接的东西也就是意识形态的东西。一方面把经济基础之上的政治上层建筑的作用和革命的政治意识等包容起来；另一方面又将其政治性掩藏和隐匿起来。所以一定要揭开面纱才能接触真相。这种掩盖政治的面纱总是不断从日常生活中形成和扩展，并且把日常生活内含的更深刻更高级的本质遮蔽起来。①

列斐伏尔认为日常生活的琐碎性、重复性和规定性，是导致异化的重要原因。他反对将日常生活看作为一个位于经济基础与上层建筑之间的领域，而是把日常生活视为独立于经济与政治两个平台之外的一个新的平台，并且日常生活这个平台已经处于比生产更重要的主导性的位置，

---

① Henri Lefebvre, *Critique of Everyday Life*, John Moore (trans.), London: Verso, 1991, pp. 166–167.

取代了马克思的工厂车间而成为社会的核心,扮演了过去经济的角色,成为资本主义社会组织化的一个重要部分,一个压迫的核心地区,是新革命的源泉。

在列斐伏尔看来,单调重复的日常生活隐含着深刻的本质内容。从一个女人购买半公斤砂糖这一简单的事实,通过逻辑的和历史的分析,最后就能抓住资本主义,抓住国家和历史。这样日常生活的平凡事实呈现出两方面的意义:一方面是个人的偶然小事;另一方面是更为丰富的社会事件。只有通过日常生活批判才能揭示简单事实背后的丰富社会内容。

(二)列斐伏尔日常生活批判理论的主要内容

1. 日常生活概念辨析

日常生活概念主要体现在他的《日常生活批判》第一卷中。列斐伏尔认为,在启蒙运动以来的西方思想史上,日常生活通常被视为一种烦琐无奇的、微不足道的、无关紧要的东西,哲学立足于纯粹的思想高度,同日常生活中的混乱一团的现象似乎毫无关系,因而高深的哲学对日常生活中的凡人琐事经常是不屑一顾的。这种纯粹思想与日常生活感性世界的截然分开,其实就是一种日常生活的异化现象。由此列斐伏尔强调文明,尤其现代人类思想与生存最深刻的异化表现,就是哲学脱离日常生活和反过来哲学理性对日常生活的强制。正像霍克海默和阿多诺所说的被彻底启蒙的世界却笼罩在一片因胜利而招致的灾难之中。[1] 被哲学启蒙了的世界其实仍然处于一片被遮蔽之中。哲学对日常生活的驾驭与控制已经遮蔽了日常生活的本来面目。

对哲学的批判必然导致对其产生的异化的社会基础——日常生活本身的批判。对日常生活的批判是可能的。因为日常生活是一切活动的汇聚处和联系纽带,也是人类的本能欲望之所在,人们通过辩证的批判进入到最深刻的、最直接的内心世界。日常生活在某种意义上是一种剩余物,就像是那些专业化的高级板块挑选出来用于结构分析之后剩下来的边角废料。因此,必须对日常生活的共同根基进行总体性把握。日常生活与一切家庭和社会活动有着千丝万缕的联系。尽管表面上是以某种局部的不完整的方式实现出来的,包括亲友关系、同志关系、需求交往关

---

[1] 〔德〕马克斯·霍克海默、〔德〕西奥多·阿多尔诺:《启蒙辩证法哲学断片》,渠敬东、曹卫东等译,上海:上海人民出版社2003年版,第140页。

系等。但人的诸如此类的现实性社会关系总和，只有在日常生活中才能以完整的形态与方式表现出来。① 技术化的社会分工活动导致生活意义的丧失与伦理道德的真空，恰好需要日常生活这种无孔不入、无处不在的弥散之物来填补。日常生活是各种各样的社会活动和社会关系得以萌生与成长的土壤，也是一切活动的联系纽带、人脉汇聚地和生活方式的共同载体。列斐伏尔认为经济基础和上层建筑的矛盾运动规律往往是通过日常生活小事一点一滴实现的。社会的本质依存于人的日常生活小事。社会关系只有在日常生活中才会产生出来。人的形象也是在日常生活小事中被真正塑造和体现出来的。

2. 日常生活革命与社会体系子系统

列斐伏尔反对把日常生活看作社会体系中相对独立的一个子系统。日常生活无非是一种专业化的社会实践形式，而且是一个未分化的人类实践整体。这种日常生活现象作为一种鲜明的风格对具体的人的言谈举止起到润物细无声的奇妙作用。在前现代社会每一事物与每一种活动都是与某种风格直接联系在一起的。以使用价值为生产目的的生产性劳动与日常生活直接相连，与自然世界的节奏和周期直接相对应。在前现代社会中，一体化的生活无所谓自我与共同体的矛盾对立。农民村社共同体的那些规矩规定着日常工作方式和家庭生活的组织方式，但是现代日常生活已经全面的异化，异化现象已蔓延于现代日常生活的各个领域。② 在列斐伏尔看来，日常生活现象既有消极的一面，也有积极的一面。他认为，由于日常生活是联系所有其他活动的纽带，也就有可能成为对这些活动的直接批判。当日常生活成为一种批判的生活方式，成为对这些高级活动及其孳生物的意识形态批判时，文明的曙光就出现了。当直接的批判取代了间接的批判主义，这就意味着对日常生活的重新占有，这就是对日常生活的革命。③

3. 现代世界日常生活的新异化特征批判

列斐伏尔晚期对日常生活的理解更为微观，也比较悲观。他认为，

---

① Henri Lefebvre, *Critique of Everyday Life*, John Moore (trans.), London: Verso, 1991, p. 97.
② Henri Lefebvre, *Critique of Everyday Life*, John Moore (trans.), London: Verso, 1991, pp. 30 – 31.
③ Henri Lefebvre, Critique of Everyday Life, John Moore (trans.), London: Verso, 1991, p. 87.

晚期资本主义社会日常生活已经被全面纳入到生产与消费的总体结构和各个环节中,对个性差异的普遍压抑构成了现代日常生活的基础。现代日常生活已完全异化。资本主义政治统治和意识形态已渗透到日常生活的各个角落。现代技术与官僚阶层相结合的统治方式已经牢牢控制了人们的日常生活。当然,列斐伏尔并未因此而放弃对现代日常生活现状的批判和改良信心。他认为日常生活潜存着反抗的因素。列斐伏尔强调,日常生活中一直保留着某种能够表达与感知人类本性的禀赋,是反抗现代性物化与量化统治的力量源泉和行动起点。要在现代日常生活中进行一场声势浩大的文化大革命,推进日常生活的后现代转型,让沉睡于日常生活中的潜能发挥出来。

列斐伏尔日常生活批判理论的贡献,在于对现代世界日常生活的新异化特征的理论诠释,以及对日常生活文化革命的探索。现代世界日常生活已经不再是有着潜在丰富主体性的主体。人已经被异化成为社会组织中的一个客体。① 在这个被组织化的社会生活中,日常生活表现出一些新异化特征:

一是个性化风格的消失。列斐伏尔认为,在前现代性社会,每个细节、手势、语言、工具、习惯等都打上了个性化风格的印记。以前的日常生活中没有任何东西是单调的,每样东西都有自己的个性化风格。然而今天的日常生活只有单调重复,已没有个性化风格。虽然人们在形式上还试图通过恢复文物古迹使风格复活,事实上却只是表现在历史博物馆、美术馆以及教堂之类。

个性化风格消失的原因主要在于资本主义扩张。随着19世纪商品化和货币化资本主义在世界范围内全面扩张,它们侵入了一切事物,包括文学、艺术和日常生活用品,使生活方式中的诗性、远方和星空永远消失……

个性化风格消失的原因还在于广告和宣传等对消费的控制,在于日常生活被经济利益算计。每个家庭的电视被商品广告充斥,非理性消费宣传泛滥成灾。人们在符号和信息的不断冲击下丧失真正的人际交往。个体日益远离社会,人与人越来越疏离。人的主体性和革命性被削弱殆尽。这样维护和巩固了资本主义消费控制的官僚社会。当代资本主义社

---

① Henri Lefebvre, *Everyday Life in the Modern World*, translated Sacha Rabinovitch with a new introduction by Philip Wander, London: New Brunswick, 1984, pp. 59 – 60.

会的统治权术和奴役结构,也从物质生产经济域向消费符码域扩张。在以往讲究个性化风格的时代,消费者往往直接与物相关联,消费的目的在于满足基本的需要。随着现代社会的商业化发展,人们所消费的对象不再只是具有物性的东西,消费的范围已经扩展到被广告、宣传和游戏创造出来的意象消费、感觉消费和虚拟消费。人们过度消费的对象有的已经不再是真实的物或使用价值,而是变成了对宣传、广告符号本身的消费和虚拟世界的虚拟消费。消费物不仅被符号和"美德"所美化,以致它们成为消费物的所指,消费仅仅同这些符号相关联。① 不仅物变成了符号物,受广告宣传和游戏所操控的消费本身还创造了一个个消费的主体。当然这个主体不再是直接面对物或使用价值时的主体,而是由符号构成的主体幻象。当人们消费物品时还沾沾自喜地以为自己就是主体。人们似乎正在随心所欲地按照自己的意愿进行自我判断和自我选择,其实人们所谓的自我判断和自我选择只是虚幻的假象而已。人们所作的自我选择是受广告、电视、游戏等媒体引导和操纵的。这种新异化特征很明显,实质上人已经不是一个实实在在的主体,而是一个不折不扣的客体。

二是符号指涉的消失。当符号自身构成了人们的消费时,指涉就消失了。符号由能指和所指构成。在传统崇尚个性化风格的时代,符号都有其现实对应的明确的指涉。现代日常生活中,个性化风格的消失,符号上升僭越为主体地位。符号的泛滥以及从表现到意指的转变分裂了能指与所指的一致性和整体性。也就是说,符号的泛滥以致与感性现实相关的指涉消失了。② 现代消费已不再纯粹满足生理需要和正常需要,而更多地被具有社会意义的符号所渗透。人们试图借助这些符号来展示自己的地位。人们消费的已不再是商品的使用价值,而是商品的符号价值。符号消费具有区分社会层次、象征社会差异和强化社会地位的作用。现代人被符号表征的社会区分所控制而不得不竭力劳动。在物质富裕的现代社会中,符号消费成为现代资本主义生产的主要促进环节。

三是永恒的全面异化。列斐伏尔认为异化是人与自然、人与人,以及人与自我的关系交互作用在历史发展一定阶段的必然产物。异化无所

---

① Henri Lefebvre, *Everyday Life in the Modern World*, translated Sacha Rabinovitch with a new introduction by Philip Wander, London: New Brunswick, 1984, p. 92

② Henri Lefebvre, *Everyday Life in the Modern World*, translated Sacha Rabinovitch with a new introduction by Philip Wander, London: New Brunswick, 1984, p. 113

不在，无时不有。任何事物的发展都存在异化，没有异化就没有进化。异化并非总是坏事，异化也是创造之源。人和社会的进步并非体现为人可以一劳永逸地摆脱一切异化，而是在与新的异化形式的不断抗争中增强本质力量。

列斐伏尔认为马克思低估了异化的影响力和持久性。异化不像马克思认为的是一种随社会发展会逐渐消失的历史现象。异化现象将伴随人类社会的始终，是现代人和未来人的生活方式和存在方式。马克思的异化只表示劳动及其产品在奴役人。其实，人类的主体理性也在自我奴役，从而出现精神文化上的非主体性现象。在列斐伏尔看来，马克思"自然的人化"和"人化的自然"意味着自然界因人的活动而有意义，但作为异己的存在的自然本质上仍然是人的敌对性的存在。人对自然的支配逐渐增长，自然虽然被人支配但仍保留着它对人的底层逻辑支配。列斐伏尔认同马克思关于劳动分工是异化的根源的论断。因为分工造成劳动产品的私有化，造成社会劳动条件的不合理分配，结果使劳动者不能享受自己的劳动成果，而不劳动者却享受劳动成果。消除异化就要克服人的片面性。社会主义不是异化的终结，社会主义既然不能消灭劳动分工，那么，异化仍会延续下去。社会在摆脱原有异化的同时，新形式的异化又产生了。以经济匮乏为特征的物役性异化只是低等异化。人越是喜于占有身外之物就越会为身外之物所占有，越会丧失自我和人性。异化也是人本身矛盾和发展的一个方面，是辩证法的必然性在人身上的一种发展形式，是人类个体与现实世界不相适应的心理异常现象。只要存在个体意识与现实世界的矛盾，异化就必然存在。在现有条件下异化的扬弃是不可能的。

列斐伏尔不是从经济关系中寻求异化的根源，而是把异化研究从生产向消费、从经济向文化意识形态、从社会政治向日常生活转变，使异化理论成为一种浮在社会现象表层的伦理批判，使异化研究从人的类本质的畸变转向个体心理结构的畸变，使异化现象永恒化。

列斐伏尔异化理论和"总体的人"的理论强调细节与总体相关联。异化被日常生活掩盖和隐匿，扬弃潜伏在日常生活里的异化，才能实现人类的彻底解放。在列斐伏尔看来，马克思的劳动解放和生产关系的转化，只是最低限度的革命。最高意义的革命是完全改变日常生活，包括家庭关系和社会关系以及劳动关系。最低限度的革命是通向最高限度的革命的必由之路。要让日常生活变成艺术，在劳动、娱乐、家庭、邻里、两性关系等这些每日重复的日常生活小事中摆脱资本主义异化。人在日常生活的重复繁杂下异化为机械重复的工作构件和生活角色，超越异化然后又异化，却又在这种超越本身之中。

四是自身改变的可能性。从现代世界日常生活的新异化特征可看出，日常生活已经被引导性消费的官僚社会所主宰。日常生活已经遭受到全面的深刻的异化，但日常生活本身并非一泓死水，而是潜在地隐含着改变自身的可能性。这种可能性的现实基础在于以下几个方面：

同质化日常生活虽然受到形式化符号的影响，消费的理性总是倾向于把日常生活进行数量化和同质化，把具有不同本质的内容还原为同质化的、形式化的倾向，并不能把日常生活完全还原为形式，内容作为一种渴望隐藏于所指与符号之下，并由此作为没有所指的能指被揭示出来。它给予生活以其他意义，并能在言说中和在时间中被发现。① 这种碎片化使得传统的人本主义走向了消失与灭亡，但也给文化革命提供了契机，即在被引导性消费的官僚社会中，不管它的社会整合如何有效，但碎片之间总是存在着裂口和隙缝。正如列斐伏尔所说的那样，没有唯一的绝对的被整合的体系。仅仅有被裂缝横沟和空白分离出来的次体系。② 虽然这些次体系互相作出合法性的证明，但这种过度的认可反而加速了走向颠覆的步伐，使得日常生活本身就具有潜在革命的萌芽。都市化虽然使现代日常生活陷于平淡单调与异化之中，但也确实存在着另外一种趋势，即工业化的发展总是和都市化的发展相联系。都市社会的发展为个人和集体的聚合提供了场所，为来自不同阶级不同阶层的人们提供了聚集的空间。因而都市社会具有恢复历史节日的可能性，而节日的复活标志着人类超越异化和日常生活回归本真性。

列斐伏尔追求一种日常生活的艺术化乌托邦，让日常生活变成一种艺术作品。这寄托了他对日常生活革命的深切期望。他倡导艺术与日常生活的更进一步整合。这个方案将以激进的先锋派精神融合艺术与日常生活，对生活和艺术进行双重革命。

---

① Henri Lefebvre, *Everyday Life in the Modern World*, translated Sacha Rabinovitch with a new introduction by Philip Wander, London: New Brunswick, 1984, p. 182.

② Henri Lefebvre, *Everyday Life in the Modern World*, translated Sacha Rabinovitch with a new introduction by Philip Wander, London: New Brunswick, 1984, p. 188.

4. 列斐伏尔"总体的人""总体性革命"和"都市化革命"

列斐伏尔认为，被异化的日常生活，既包括着被压迫的因素，也包括着解放的因素。日常生活中蕴含着自我否定的因素，也蕴含着日常生活革命的可能性。日常生活是各种社会活动与社会制度的最深层次的结构连接处，是一切文化现象的共同基础，也是导致总体性革命的策源地。日常生活革命可孕育出"总体的人"。日常生活就是在总体化中使人成其为人。列斐伏尔的"总体的人"究竟是什么？"总体的人"不是一种"现实的人"自然生成的状况，而是一种无限开放过程中的理想追求；"总体的人"之主体身份和客体身份是变化的；"总体的人"之个体性和整体性是辩证的；"总体的人"是自由的承担者也是自由表现者；"总体的人"是消除了异化的自由人；"总体的人"是自然主义和人本主义的统一；"总体的人"是马克思所说的那种"自由人联合体"中他人自由与自我自由相结合的个人。列斐伏尔的"总体的人"是多维度而不是单面的存在物；是多种属性和多种活动达到有机统一的主体；既是自然感性生物的存在物，也是精神社会意向性的存在物；既是理性的也是非理性的；既是经济社会政治的动物，也是文化的动物；既是工具的制造者，也是符号象征的创造者。"总体的人"是本质和现象、实然和应然、能动和受动、自由与责任……的统一，是永远具有开放性的存在物。"总体的人"是多维需要和多重价值的统一体。"总体的人"既有物质生理需要，也有精神社会文化以及自我创造的需要。总体性革命就是对平凡个人的日常生活进行关怀和帮助的过程。列斐伏尔从被日常生活琐碎无奇的外表掩盖的深处，发现社会变革的征兆。

列斐伏尔的早期日常生活概念，代表着一种复杂的多重面孔的现实，是既具有压迫性又具有解放性性质的混合物。人们必须加以认真区分与辨析。要把那些能满足人们需要的、有价值的、有生命力的肯定性新内容，从否定性异化因素中提炼出来。①

列斐伏尔的晚期日常生活概念，主要体现在他撰写的《现代世界中的日常生活》这本著作中，该书一开始就试图对"日常生活"概念作一个比较清楚明白的解释和界定。这与《日常生活批判》第一卷中日常生活的模棱两可形成了鲜明的对比。这种新解释明显建立在对尼采权力意

---

① Michael E. Gardiner, *Critique of Everyday life*, New York: Routledge, 2000, p. 86.

志与生命意志的基础上。日常生活是一个相当散漫的、初级形态的、重复循环的过程。① 列斐伏尔认为，日常生活具有永恒轮回的生命力。在前现代社会，这种永恒轮回是和大自然的循环节奏联系在一起的。现代社会仍然持续着这种重复循环，但现代社会却是按照现代技术和工业生产的节奏要求重复循环，而不像传统社会那样遵循自然界的节奏要求重复循环。

为了实现文化革命，列斐伏尔对总体性革命这一概念寄予了极高的希望。总体性这个概念体现了历史的辩证法。它既是对具体现实的反映，又是对具体现实的超越。总体性是一个具有内在张力的概念。这种总体性用全面整体的方法来看待日常生活，反对对日常生活的肢解和拆卸。列斐伏尔把革命划分为三个平台：经济平台、政治平台和文化平台。列斐伏尔认为文化革命应该秉承三个观念：艺术的观念、适应的观念、风格的观念。革命的首要领域就是日常生活领域。要对日常生活进行批判，致力于促进人们驾驭自己的日常生活。这就是日常生活同经济与政治相关联的文化革命。② 为了创造一种全新的生活，列斐伏尔把文化革命的希望寄托在以下三个方面：风格性革命、身体革命和都市化革命。这三个方面的革命不同于启蒙思想家的资产阶级革命，也不同于经典马克思主义所关心的男女平等的关系革命与婚姻自由的性革命。前文提到随着消费和需求异化的盛行，现代社会逐渐变得丧失风格。在风格性革命不可控的情况下，身体革命势在必行。身体革命不仅是一种意识观念革命和制度革命，而且必然涉及对控制现代日常生活时空的抽象权力革命（包括都市革命）。

列斐伏尔认为现代性是与时间相联系的历时态概念，是空间与时间的枢纽。资本主义垂而不死、腐而不朽的原因，正是资本主义生存方式、生产方式和生活方式在空间上的无限扩张性与在时间上的自我突破性。列斐伏尔发现表面欣欣向荣的都市化日常生活实质上单调寂寞。都市化革命的目的就是要使人们重新找回农业社会或古代社会那种节日喜庆的愉悦感觉与欢乐场面，就是要使人们重新按照自己的意愿创造出属于自己的生活空间和时间。都市化革命必须将重心从单一的生产重组与国家机构变革，转向对一种全新生活的创造；就是要使都市化环境发挥现代

---

① Henri Lefebvre, *Everyday Life in the Modern World*, translated Sacha Rabinovitch with a new introduction by Philip Wander, London: New Brunswick, 1984, p.6.

② Henri Lefebvre, *Everyday Life in the Modern World*, translated Sacha Rabinovitch with a new introduction by Philip Wander, London: New Brunswick, 1984, p.197.

性最为深刻综合的创造性潜能,就是要使都市化日常生活成为创造者的创造天堂。

列斐伏尔强调都市化革命能够成为总体性革命的一种具体表现形式。他认为,社会转型的当务之急是需要一场非殖民化运动,这是实现日常生活的总体性革命转型。这样可以让沉睡于人类之中的潜能喷发出来。这种理想化的日常生活的典型就是经常欢度嘉年华式的节日。那是一种被现代性遮蔽了光彩的场面。在前现代社会以狄奥尼修斯式的狂喜为象征的节日与日常生活完全交融一体,人类命运共同体的存在和发展与自然界的有节奏循环相吻合。现代社会分层与制度结构化达到了极点,节日成了例行公事并屈从于商品化,与日常生活情感相脱离。在列斐伏尔看来,传统节日的复活标志着娱乐回归日常生活方式,标志着生活方式对人类异化的超越和对共同体精神的复苏。

(三) 日常生活批判理论对于生活方式研究的启示意义和理论缺憾

列斐伏尔日常生活批判理论的价值不仅在于他将马克思的基本原理和基本方法运用到日常生活领域而开辟了一个新的学科,而且在于他以日常生活为研究对象而不断地对马克思的基本思想进行继承、发展和创新,对于研究生活方式有重要借鉴意义。他提出了经典马克思主义所没有的新主题,开辟了马克思主义研究的新领域。他的日常生活批判理论随着时代的发展而不断地变化、修正和创新。在《日常生活批判》第一卷中,他主要运用的是马克思的政治经济学批判中的劳动异化理论,对资本主义社会的全面异化现象作了逻辑的分析与揭露,特别是对资本主义意识形态异化现象进行了深入的批判。在第二卷中列斐伏尔超越了异化理论的一般分析框架,扬弃了经典马克思主义的经济基础与上层建筑二元结构分析,将日常生活视为独立于经济与政治两个平台之外的一个新的平台,并且把日常生活方式这个平台放在比生产方式更重要的主导性位置上。

日常生活取代了马克思的生产过程,而处于社会的核心位置。随着资本主义的发展历史进入到一个新的现代化阶段,列斐伏尔的批判理论又发生了改变。随着大众消费时代的到来,资本主义的理性控制已经从生产领域延伸到了消费领域。日常生活已经完全被异化,直接影响西方现代社会生活方式,给予我们重要启示:文化工业时代和信息时代是一个使人的个性风格丧失的时代,也是走向物的功能化时代。信息符号流行并主导了现代日常生活世界。日常性规定和规范使人们的生活方式模式化。人们已沦落为符号世界的客体，已经被资产阶级意识形态所俘虏，再也无法体现人的自由和自觉的本质。所以，列斐伏尔日常生活批判的目的就是要以总体性的策略来实现对现代日常生活世界的文化革命。

列斐伏尔对日常生活文化革命的探索，具有其他西方马克思主义理论家所没有的独到之处。①

首先，他认为文化革命是艺术与日常生活的创造性融合，是一种全新的充满生气活力的生活风格。列斐伏尔所谓的文化革命不能被想象为美学的。它不是建立于文化基础上的革命，也不是文化自身的目标。他的文化革命的目标与方向是创造一种不是制度的而是生活风格的文化，具有实践的目标。其次，文化革命作为艺术和艺术价值的复兴，它主要具有实践的而不是文化的目标。

列斐伏尔所谓的文化革命没有纯粹的文化的目标，而是使文化走向体验，走向对日常生活的变革。文化革命将改变存在，而不仅是改变国家和财产的分配。人们的目标也可以表述如下：让日常生活变成一件艺术作品，让每一种技术方式都用来改变日常生活。② 但列斐伏尔的日常生活革命理论也有一些缺憾。

列斐伏尔日常生活批判理论缺憾之一。整个西方马克思主义的日常生活批判，大体上可以说，理论上是强者，而实践上是弱者；意志上是乐观主义者，而理智上是悲观主义者。③ 列斐伏尔及其日常生活批判理论也是如此。

列斐伏尔一直致力于日常生活革命道路的探索，但都无果而终。列斐伏尔的异化理论缺乏可操作性实践意义，只是对现实压迫的抗议而已。他把革命理解为改造生活，并非无合理之处。但也面临内在的深刻的矛盾，即缺乏马克思的政治经济斗争的基础支撑。日常生活文化革命本身只能沦为一场只开花不结果的狂欢。

列斐伏尔的日常生活革命追求的是一种"总体性的人"和"全面的

---

① 〔美〕斯蒂芬·贝斯特、〔美〕道格拉斯·科尔纳：《后现代转向》，陈刚等译，南京：南京大学出版社2002年版，第104页。
② Henri Lefebvre, *Everyday Life in the Modern World*, translated Sacha Rabinovitch with a new introduction by Philip Wander, London: New Brunswick, 1984, p. 2036.
③ Bud Burkhard, *French Marxism between the Wars: Henri Lefebvre the Philosophies*, New York: Prometheus, for Humanity Books, 2000, p. 223.

人"，不过是一种总体性的幼稚天真的乌托邦理想。作为西方学生运动与左派社会运动思想领袖的列斐伏尔，也很快地变成了历史上一缕过往辉煌。列斐伏尔的日常生活批判理论强调社会的变革离不开人本身的改变。政治革命和社会革命的终极关怀，与哲学形而上学的理性设计和理性假设，都包办不了个人的日常生活之事。他主张把社会主义革命贯穿到人们的日常生活中去，这无疑是正确的。但是离开了生产关系和国家政权的改造，把日常生活置于社会变革的中心，难免有所偏颇，不切实际。他批判日常生活的异化现象，意在使"总体的人""全面的人"呈现出来。他的日常生活批判是对经济基础和上层建筑批判的补充，是对马克思主义批判范式的有益扩展。但日常生活批判理论是以人们放弃追求宏大目标为代价，这不能不说是一个缺憾。

列斐伏尔日常生活批判理论缺憾之二。他过于极端地把都市化与工业化相割裂，而没有看到脱离工业化这种强大物质基础的都市改革，只能是一种可爱而不可行的空中楼阁，只能是一厢情愿。

列斐伏尔日常生活批判理论缺憾之三。他武断地抛开经典马克思主义关于资本主义社会的经济制度与政治制度的批判，把表层的文化看作社会的主导领域，而文化实际上仍然是次生的边缘的领域。试图在文化领域来寻找医治现代性痼疾的良方，这显然是舍本逐末。迄今为止工业生产方式与官僚化理性化国家管理机构毕竟仍有着持久的巨大的变革潜能。与这架巨型的理性机器相比，文化革命不可能胜任落后国家乃至于整个人类的现代化建设。

四、人的解放是《德意志意识形态》关键词谱系生成的逻辑脉络和逻辑归宿

人的解放是《德意志意识形态》关键词谱系贯彻始终的一条逻辑脉络。《德意志意识形态》关键词谱系从诞生到发展再到最终完成，都是围绕人的解放问题展开的。人的解放是《德意志意识形态》关键词谱系的产生动因，也是《德意志意识形态》关键词谱系展开的内在动力，更是马克思主义的最终归宿。马克思关注人，人的问题是马克思主义的主题，是全部《德意志意识形态》关键词谱系贯彻始终的一条主线。《德意志意识形态》关键词谱系的主旨是人的幸福，就是要解决人的幸福所遭遇的困惑和困境。人是怎样生存的呢？人的生命活动是通过价值实践

的方式存在的。这样，人就必须向自然界谋求自己的价值物，同时，在向自然界谋求价值物的过程中不得不去寻求他人的合作。于是，人在寻求幸福的时候必然会面临两种束缚，一是自然界对人的束缚，二是人对人的束缚——社会束缚。因此，人追求幸福的过程，就是不断从自然界的束缚、从他人的束缚中解放出来的过程。全部人类哲学的主旨就是对人的解放的追求。人的解放的主题回归是由马克思主义来完成的。

（一）马克思的博士论文隐含着《德意志意识形态》关于人的解放学说的基因

人的解放思想贯穿于马克思的整个思想体系中，从博士论文开始，马克思就已经致力于对人进行研究，把人的解放作为他从事理论活动的开端。在博士论文中，马克思确立了人在哲学中的中心地位，肯定了伊壁鸠鲁反对整个希腊民族把天体神化的观点，他用普罗米修斯精神来表达自己的思想：

"只要哲学还有一滴血在自己那颗要征服世界的、绝对自由的心脏里跳动着，它就将永远用伊壁鸠鲁的话向它的反对者宣称：'渎神的并不是那抛弃众人所崇拜的众神的人，而是把众人的意见强加于众神的人。'哲学并不隐瞒这一点。普罗米修斯的自白'总而言之，我痛恨所有的神'就是哲学自己的自白，是哲学自己的格言，表示它反对不承认人的自我意识是最高神性的一切天上的和地上的神。不应该有任何神同人的自我意识相并列。"[①]

马克思所理解的人是有自我意识的人，人是自我意识的代表和化身，马克思把人性从神性中解放出来。"对神的存在的证明不外是对人的本质的自我意识存在的证明，对自我意识存在的逻辑说明。"[②] 马克思反对理性主义神学，关注宗教观念和现实世界的联系，反对宗教对个人的压制，追求人的自由与解放。

马克思对德谟克利特的自然哲学和伊壁鸠鲁的自然哲学的差别进行分析，认为二者自然哲学的本质差别体现在人的感性知觉的可靠性以及

---

① 《马克思恩格斯全集》第 1 卷，北京：人民出版社 1995 年版，第 12 页。
② 《马克思恩格斯全集》第 1 卷，北京：人民出版社 1995 年版，第 101 页。

偶然性与必然性的对立上，揭示了伊壁鸠鲁原子理论体系的积极意义。德谟克利特把人的感性知觉当作人的主观假象，伊壁鸠鲁则相信人的感性知觉，认为没有什么东西能够驳倒感性知觉。在马克思看来，德谟克利特否定人的感性知觉的真实可靠性是对生活现实中的完整的人的否定，是从人的现实生活之外去探索"真实的知识"的逻辑路径，必然会导致他将这种形而上学的存在当作一种必然性。在德谟克利特那里，必然性像神秘的"自在之物"一样操纵着人生和历史，他只能以决定论看待历史，以悲观痛苦的心态对待人生，德谟克利特对人生和历史的哲学观从本质上抹杀了人之为人的根本点——以"自我意识"为根本特征的人的主体能动性。而伊壁鸠鲁则充分信任人的感性知觉，认为对感性知觉可靠性的确认就是对个人主体地位的肯定。他从生活中获得了哲学，又从哲学中获得了生活的自由，人生是享受和幸福，历史是开拓和创造。总之，德谟克利特和伊壁鸠鲁在感性知觉的可靠性上，在必然性与偶然性的对立上，体现了在"人"的哲学观上的对立。德谟克利特信仰决定论，掩盖了完整的人的主体能动性和自由本性；伊壁鸠鲁则坚持对人的主体能动性、自由本性的呼吁和对神性的否定。伊壁鸠鲁以"原子脱离直线作偏斜运动"的论点否定了德谟克利特的机械决定论，从自然的角度来阐明人的自由意志、个性的自由与解放，他肯定人的自我意识的能动原则，认为人的自由与解放就在于像普罗米修斯一样奋起反抗宗教势力，打破命运的束缚。马克思在博士论文中发挥了伊壁鸠鲁"原子脱离直线作偏斜运动"的思想，从本体论意义上构建"人的自由"与个性解放理论。

> "抽象的个体性只有从那个与它相对立的定在中抽象出来，才能实现它的概念——它的形式规定、纯粹的自为存在、不依赖于直接定在的独立性、一切相对性的扬弃。须知为了真正克服这种定在、抽象的个别性就应该把它观念化，而这只有普遍性才有可能做到。因此，正像原子由于脱离直线，偏离直线，从而从自己的相对存在中，即从直线中解放出来那样，整个伊壁鸠鲁哲学在抽象的个别性概念，即独立性和对同他物的一切关系的否定，应该在它的存在中予以表述的地方，到处都脱离了限制性的定在。"[1]

---

[1] 《马克思恩格斯全集》第1卷，北京：人民出版社1995年版，第95页。

人的自由的实现如同原子扬弃直线的定在一样，人的存在要摆脱自然的定在，进而自己从必然性中解放出来。抽象个别性的实现过程，就是自我意识内在矛盾推动下外化的过程，原子偏离直线的运动体现了人的自由的实现。

在博士论文中马克思还把人的解放上升到哲学的世界化和世界的哲学化上来理解。人的解放的实现体现在哲学与世界的双向运动中：

"这些个别的自我意识始终具有一个双刃的要求：其中一面针对着世界，另一面针对着哲学本身。因为在事物中表现为一个本身被颠倒了的关系的东西，在这些自我意识中表现为二重的、自相矛盾的要求和行为。这些自我意识把世界从非哲学中解放出来，同时也就是把它们自己从作为一定的体系束缚他们的哲学中解放出来。"①

可见，人的解放与世界的哲学化和哲学的世界化的双向运动是同一的，这个双向运动的过程就是实践，在这一过程中，人的本质力量得到确证。哲学的实现就是告别旧哲学，人的自由解放就是寻求摆脱束缚。马克思撰写博士论文时还没有找到唯物主义历史观，但在博士论文中，马克思确立了人在其哲学中的中心地位，使人的解放成为其哲学的开端，其后的全部理论活动就以人的解放为主线，使整个《德意志意识形态》关键词谱系成为以人的解放为逻辑脉络的科学理论体系。

(二) 人的解放是《德意志意识形态》文本贯彻始终的逻辑脉络

在1843年的《黑格尔法哲学批判》中，马克思重申人的解放的思想。

"理论只要彻底，就能说服人。所谓彻底，就是抓住事物的根本。但人的根本就是人本身。"②

"必须推翻那些使人成为受屈辱、被奴役、被遗弃和被蔑视的东西和一切关系"。③

"德国人的解放就是人的解放。这个解放的头脑是哲学，它的心

---

① 《马克思恩格斯全集》第1卷，北京：人民出版社1995年版，第39页。
② 《马克思恩格斯选集》第1卷，北京：人民出版社1972年版，第9页。
③ 《马克思恩格斯选集》第1卷，北京：人民出版社1972年版，第9页。

脏是无产阶级。"①

"私有财产的扬弃，是人的一切感觉和特性的彻底解放"②。

在《1844年经济哲学手稿》中，马克思以人的自由自觉的活动的人类本质批判资本主义社会对人的异化，并进一步指出人的解放的现实道路。从人的解放的思想出发，马克思开始探索并逐步构建历史唯物主义理论体系的宏伟工程，从1847年至1848年写作《共产党宣言》时，马克思认为：

"代替那存在着阶级和阶级对立的资产阶级旧社会的，将是这样一个联合体，在那里，每个人的自由发展是一切人自由发展的条件。"③

"人的自由发展"是人的解放的目标和落脚点，是《共产党宣言》的核心概念，是人取得解放之后呈现出来的崭新状态。在《1857—1858年经济学手稿》中，马克思把人的解放的程度当作衡量社会进步状况的标准：人的解放程度越高，人就越自由，社会进步程度就越高。

"人的依赖关系（起初完全是自然发生的），是最初的社会形态，在这种形态下，人的生产能力只是在狭窄的范围内和孤立的地点上发展着。以物依赖性为基础的人的独立性，是第二个形态，在这种形态下，才形成普遍的物质交换，全面的关系，多方面的需求以及全面的能力体系。建立在个人全面发展和他们共同的社会生产能力成为他们的社会财富这一基础上的自由个性，是第三个阶段。第二个阶段为第三个阶段创造条件。"④

第一阶段，即最初的社会形态，人与人的关系只是自然血缘关系和协议服从关系，社会经济关系或生产关系尚未形成。

---

① 《马克思恩格斯选集》第1卷，北京：人民出版社1972年版，第15页。
② 《马克思恩格斯全集》第42卷，北京：人民出版社1979年版，第126页。
③ 《马克思恩格斯选集》第1卷，北京：人民出版社1995年版，第294页。
④ 《马克思恩格斯全集》第46卷（上），北京：人民出版社1979年版，第104页。

第二阶段，商品经济高度发展，人身依赖关系随之不复存在。这一阶段，替代人身依赖关系的是人对生产过程的依赖，即对生产过程的产物——资本和商品的依赖。

> "一切产品和活动转化为交换价值，既要以生产中人的（历史的）一切固定的依赖关系的解体为前提，又要以生产者互相间的全面依赖为前提。"①

第三阶段是马克思设想的人的生存形态，即共产主义阶段，人们能够摒弃人身依附因素，包括金钱、货币等物化因素对人的禁锢和束缚，结成平等合作的社会关系——自由人的联合体，谋求个人独立自主自由发展。由此可见，人的真正解放是建立在对市民社会的异化形态的克服基础上的。

《资本论》是一部完整的关于人的解放学说体系的理论巨著。人的解放是其理论发展的逻辑脉络。在《资本论》中，马克思首先回答了什么是人的解放？人的解放的基本含义是什么？人的解放包含哪些内容等问题。

马克思指出：人的解放就是人的本质的复归，是"为了人而对人的本质的真正占有"②。马克思这里所说的人的本质，并不是指人的本质的原生态，而是指人的本质的充分实现，即实现人的自由而全面发展。这才是马克思回到人自己所应该具有的那种本质规定上来。

> "人与自然之间、人与人之间的矛盾的真正解决，是存在与本质、对象化与自我确证、自由与必然、个体和类之间的斗争的真正解决。"③

马克思在《资本论》中"研究的是资本主义生产方式以及和它相适应的生产关系和交换关系"④，目的是详细研究工人阶级当时的现状、历

---

① 《马克思恩格斯全集》第46卷（上），北京：人民出版社1979年版，第102页。
② 《马克思恩格斯全集》第1卷，北京：人民出版社1956年版，第101页。
③ 《马克思恩格斯全集》第42卷，北京：人民出版社1979年版，第120页。
④ 《资本论》第1卷，北京：人民出版社1972年版，第8页。

史使命和未来发展趋势。通过批判资本主义生产关系，揭示人与人之间关系的实质，揭示工人阶级解放的一般前提条件与具体条件，进而为之提供科学的指导思想。马克思的人的解放是社会的解放。

> （社会的解放）"是通过工人阶级这种政治形式表现出来的，而且不仅涉及工人的解放，因为工人的解放包含着全人类的解放；之所以如此，是因为整个人类奴役制就包含在工人同生产的关系中，而一切奴役关系只不过是这种关系的变形和后果罢了。"①

人的解放是《资本论》的根本目的，《资本论》是马克思关于人的解放学说的逻辑构件，整个政治经济学理论就是以人的解放为主线的逻辑展开的。马克思在《哥达纲领批判》仍然以饱满的热情倾述了对人的解放的执着追求。他指出，在未来的共产主义社会里，"无产阶级使生产资料摆脱了它们迄今具有的资本属性，给它们的社会性以充分发展的自由。""随着社会生产无政府状态的消失，国家的政治权威也将消失。人终于成为自己的社会结合的主人，从而也就成为自然界的主人，成为自己本身的主人——自由的人。""完成这一解放世界的事业，是现代无产阶级的历史使命。"②马克思在总结巴黎公社经验的《法兰西内战》中指出：

> "国家政权是资产阶级创造的，最初作为破坏封建制度的手段，后来作为压制生产者、工人阶级的解放要求的手段。"③

马克思还说，公社"是终于发现的可以使劳动者在经济上获得能够解放的政治形式"。在马克思晚年的东方社会理论和《人类学笔记》中，人的解放问题仍然是其研究主线。

> "它们实质上是为晚年马克思系统阐明唯物主义历史观的原始社会、文明起源理论、写出一部系统阐明上述理论的历史哲学著作做

---

① 《马克思恩格斯全集》第42卷，北京：人民出版社1979年版，第101页。
② 《马克思恩格斯选集》第3卷，北京：人民出版社1972年版，第443页。
③ 《马克思恩格斯选集》第3卷，北京：人民出版社1995年版，第93页。

材料、思想上的充分准备的，而就其终极理论使命、价值目标而言，它们也是为马克思的社会理想、革命实践服务的。"①

一句话，是为了马克思的人的解放理想服务的，人的解放思想仍然是其逻辑脉络。从以上论述我们可以看出，《德意志意识形态》关键词谱系是一个庞大的理论体系，但人的解放始终是《德意志意识形态》关键词谱系的主题，是《德意志意识形态》关键词谱系贯彻始终的逻辑脉络。

(三) 学术界关于人的解放学说的探索：从主题到逻辑脉络的转换

学界把人的解放学说视为马克思主义的主题已基本达成共识。但是把人的解放问题当作《德意志意识形态》关键词谱系的逻辑归宿，当下学界仍然研究不足。

> "尽管现在国内有些学者意识到马克思哲学是关于人的解放的理论体系，但至今仍然没有人对之进行过系统的体系化的理论研究。对马克思关于人的解放学说进行系统化体系化的研究，以达到重构马克思主义理论，是马克思哲学研究必然趋势。"②

有学者把20世纪80年代初以来，我国对马克思关于人的解放学说研究分为三个阶段："第一阶段，20世纪80年代，马克思关于人的解放学说研究的萌芽；第二阶段，20世纪90年代，社会主义市场经济条件下人的解放问题研究；第三阶段，进入21世纪之后，明确地提出'解放论'的转向。"③ 他们认为，在20世纪80年代开始的第一阶段，有少数学者开始关注马克思关于人的解放学说，认为人的解放学说是马克思哲学思想的"红线"或者是马克思哲学革命的思想纲领。

> "有一条中心线贯穿于马克思思想转变过程的始终，这就是关于

---

① 林锋：《马克思"人类学笔记"历史地位新界定》，载《东岳论丛》，2010年第1期。
② 居继清、周青鹏、吴光辉等编著：《哲学社会科学前沿问题研究》，武汉：华中科技大学出版社2009年版，第21页。
③ 居继清、周青鹏、吴光辉等编著：《哲学社会科学前沿问题研究》，武汉：华中科技大学出版社2009年版，第13—21页。

人的解放问题。"①

马克思把资产阶级革命及其成果称为"政治解放",但政治解放不仅没有消灭人的异化,相反却加剧了人的异化。只有消灭人的异化的解放,才是真正的人类解放。马克思毕生致力于人的解放,他在实现哲学革命过程中存在着一条贯穿始终的根本的指导原则,这个纲领性原则就是人的解放问题。人的解放问题是马克思进行哲学革命的思想基础,人的本质的科学阐释是马克思整个哲学革命的基本内容。创立科学的关于人的哲学是马克思实现哲学革命的实质。

> "马克思所探讨的问题全都与人的问题有关,如人的本质关系、市民社会、人的本质、实践、异化劳动、生产力、社会物质生活的生产、交往形式、社会历史形态、社会意识、阶级、阶级斗争和社会革命,等等。马克思哲学探讨最为详尽的人就是他最关注的那些当时处在社会最底层的人——无产阶级,而对无产阶级的探讨又着重从它的社会关系着眼。这就是无产阶级革命运动理论体系(它的历史使命和它的斗争条件)的哲学发端。马克思由此实现了哲学革命,其历史意义在于它使人类第一次从自我蒙昧中解放了出来,科学地认识了自己。认识了自己的社会,认识了自己的历史和自己的周围世界,从而为人类达到自己类的解放提供了科学的哲学基础。"②

学者们当时对哲学社会科学前沿问题进行理论探讨,只是试图对马克思哲学重新进行定性,是对传统的被称为辩证唯物主义和历史唯物主义的马克思主义哲学教科书的批评,只是致力于用一种解放哲学来取代传统的对马克思哲学的理解,很有深度和冲击性。但还属于初步提出观点的阶段,还缺乏具体论证。尚未具体地实质性涉及马克思恩格斯的哲学代表作《德意志意识形态》关键词谱系的逻辑线索构建的问题。没有

---

① 居继清、周青鹏、吴光辉等编著:《哲学社会科学前沿问题研究》,武汉:华中科技大学出版社2009年版,第13页。
② 居继清、周青鹏、吴光辉等编著:《哲学社会科学前沿问题研究》,武汉:华中科技大学出版社2009年版,第14页。

把人的解放问题作为《德意志意识形态》关键词谱系构建的逻辑脉络来讨论，而只是把人的解放问题上升为马克思哲学的主旨。没有把人的解放问题作为全部《德意志意识形态》关键词谱系的主题，而只是把人的解放问题放在马克思的哲学中来讨论。没有把人的解放问题很好地贯穿于《德意志意识形态》关键词谱系的整体性逻辑线索始终。

20世纪90年代，学界开始关注社会主义市场经济条件下人的解放问题，学者们探讨人的解放中的"思想解放"问题、"社会发展"问题、"人的本质的异化"问题、"马克思的实践哲学与人的解放"、"人的解放的层次性"问题、"马克思关于人的解放学说的逻辑演进"问题等。杨霞的博士论文《历史进步与人的解放》运用马克思关于人的解放学说来解释人类历史进步。她认为，马克思实现了研究人的解放的视角转换，并从人类生产自身、人类认识自身、人类从宗教奴役中争得解放、人类从人对人的奴役中争得解放、人的自由个性解放、人的创造力的解放、人的预测能力的解放、人的实现自身开发能力的解放以及人类文明战胜野蛮等九个方面论述了人的解放学说，认为马克思关于人的解放是一个历史的实现过程。黄克剑在《人韵——一种对马克思的读解》一书中解读了马克思哲学中的政治解放和社会解放及其关系的理论，指出"人"是以"解放"为己任的马克思哲学的真正主题词。这些探索很有开拓性和启发性，但整体性把握马克思关于人的解放学说还有待进一步打开思路。

"马克思关于人的解放学说的逻辑起点是什么，解放的途径是什么，解放的方式是什么，几种不同的解放之间究竟是什么样的关系等等，对这些问题，作者并没有清晰地告诉我们答案。"①

进入21世纪以来，对马克思关于人的解放学说研究日趋活跃，一些学者在向"实践论哲学""生存论哲学"转向之后，提出了"解放生存哲学"。这一时期，对马克思主义人的解放问题的研究仍然局限在内涵上下功夫，一些学者试图把马克思哲学定性为"人的解放"理论，如陶渝

---

① 居继清、周青鹏、吴光辉等编著：《哲学社会科学前沿问题研究》，武汉：华中科技大学出版社2009年版，第15—16页。

苏、徐圻所著的《人的解读与重塑——马克思主义与东西方文化》①，认为马克思关于人的解放学说主要包括异化劳动、资本主义制度和未来共产主义的设想，马克思历史理论的出发点是人，人的基本规定性是"自由"和"自觉"，马克思以此为基础去抨击资本主义的罪恶现实，并且把它作为一个价值参照系，来揭示人的本质和人的存在、应然和实然之间的矛盾，从而达到批判和否定资本主义制度的目的。所以马克思的异化理论就是人的解放学说。杨兆山的博士论文《马克思关于人的解放学说的时代价值——科技革命视野中人的解放问题探索》从科技革命视野看马克思的人的解放问题，认为马克思人的解放包括价值取向、基本内容、社会条件、最高境界四个方面。薛德震的《人的哲学论纲》一书把马克思的人的解放理解为个体解放与类的解放的统一，把人的解放看作为一个普遍性范畴，指的就是所有人的解放即人类社会解放；个体只有在人类的解放中才能获得解放。武天林在《实践生成论人学》一书中把马克思的人的解放等同于人的自由。陈先达在《马克思早期思想研究》一书中解读了青年马克思"探索人类解放的道路和力量"；李兵的博士论文《论马克思的人类解放的哲学主题》论述了人类解放思想在马克思哲学中的定位；陈军科在《人的解放与文化自觉——现代人文精神论纲》一书中对马克思的人的解放作了人文解读，着力揭示了人的解放的人文内涵。

高放是把马克思的人的解放学说作为《德意志意识形态》整体性系统逻辑轴心来看待的重要权威之一。他在《加强对马克思主义科学的整体研究》②一文中提出，对马克思主义不仅要按三个组成部分研究，还要加强整体研究。

"马克思主义是无产阶级和全人类解放的科学，即人的解放学，所以要以人的解放问题为轴心来构建新的理论体系，他把马克思主义分为四个部分，其中第一章《德意志意识形态》研究概论部分探讨马克思主义科学的基本问题：研究对象、研究进程、研究目的、

---

① 陶渝苏、徐圻：《人的解读与重塑——马克思学说与东西方文化》，重庆：重庆出版社2002年版。
② 高放：《加强对马克思主义科学的整体研究》，载《马克思主义与现实》，2005年第2期，第4—10页。

研究方法；第一篇是关于人的解放问题总论；第二篇是关于人的解放应该遵循的客观规律，包括自然、社会与思维发展的一般规律，资本主义社会发展的一般规律，社会主义革命的一般规律，社会主义、共产主义政党建设和执政的规律；第三篇是关于人的解放问题分论，具体要探讨工人解放、农民解放、民族解放、妇女解放、其他社会群体解放等。这种设想主要是针对我国高校马克思主义理论课教学所存在的问题而提出来的。"①

但是高放的体系还只是停留在构想阶段，这一理论构想把传统的马克思主义理论和中国化的马克思主义在内容方面糅合在一起，并且试图从新的视角或思维范式去解读马克思关于人的解放学说，还原马克思主义思想的本来面貌。在还没有弄清楚马克思人的解放学说的精髓和理论体系的前提下，就去试图进行更大的内容综合，其结果可能难以达到马克思主义整体性研究的预期。这从另一方面说明了，剖析《德意志意识形态》关键词谱系的核心逻辑研究非常迫切。

---

① 居继清、周青鹏、吴光辉等编著：《哲学社会科学前沿问题研究》，武汉：华中科技大学出版社2009年版，第19页。

总　结　关键词谱系化演绎：
人的解放正—反—合的逻辑归宿

哲学的本性就是追求人的自由与解放，《德意志意识形态》关键词谱系的核心逻辑彻底地体现了哲学的这一根本属性。把"'现实的人'及其历史发展"作为自己的核心内容，这是《德意志意识形态》关键词谱系奇点解析式的核心逻辑。马克思的理论体系就是"关于'现实的人'及其历史发展并走向解放"的理论体系，正是这一主线，才使其彰显哲学的当代价值，是马克思主义当代发展的价值保证和内在动力。我们应该从哲学革命的高度来理解《德意志意识形态》关键词谱系化逻辑脉络的意义和价值，并将之贯彻到自己的全部理论活动和实践活动之中。马克思所追求的人的解放是全部哲学的共同使命，即马克思主义哲学的主体化本体论追求。马克思所要实现的哲学革命，关键在于马克思告别追究"世界何以可能"的"解释世界"的路径，开辟了探索"解放何以可能"的"改变世界"的新的哲学路径。孙正聿对马克思主义本体论革命及其所开辟的哲学道路指出：

"一是把本体论对'何以可能'的追问定位为对'人的解放何以可能'的寻求，从而变革了传统本体论对人的存在何以可能的抽象思辨，实现了本体论的理论内容的变革；二是把对'人的解放何以可能'的寻求诉诸于对人的历史活动的理解，从而变革了传统本体论以唯心史观为依托所进行的对人的意识活动的追问，实现了以唯物主义历史观为依托的理论基础的变革；三是把对'人的解放何以可能'的寻求诉诸于人对自己既定状态的扬弃，从而变革了传统本体论把对'何以可能'的追问定位为某种'永恒在场'的研究方式，实现了本体论与'革命的、批判的'的历史辩证法的统一。这就是马克思哲学在理论内容、理论基础和研究方式上所实现的本体论革命。"①

《德意志意识形态》关键词谱系化奇点解析式的内涵主要包括人的三重解放：一是人对自然的解放，人从自然力的束缚中获得自由和解放，实现人在自然的关系领域中的自由；二是人对人的解放，人从生产资料私有制和国家权力的束缚中解放出来，使人在人与人之间、人与社会的关系领域中获得自由；三是人的精神解放，人从旧观念、旧思想、旧文化以及因社会分工而形成的狭隘视野的束缚中解放出来，使人在主观精神世界领域里获得自由。人的解放具有极其深刻的历史内涵，马克思人的解放的思想，是站在无产阶级的立场上，批评一部分人蔑视、贬低、奴役、剥夺另一部分人的一切思想观念、社会关系和社会制度。"人的解放"思想的基本价值追求是维护人的尊严、尊重人权、保障公民权和发展权，这是马克思对"文艺复兴"以后"人的发现""人的觉醒"思想传统的扬弃。

马克思所处的自由资本主义时代与我们当今世界面临的百年未有之大变局的情况已经相去甚远。但是，不论马克思所提供的方法论，还是马克思确定的一系列哲学原理和科学精神依然有效，仍然是我们共产党人行动的指南。我们今天已经建立了社会主义基本制度，进入了中国特色社会主义新时代。但是马克思所追求的人的解放的历史任务至今还没有真正实现，摆在我们面前的道路还很漫长。进入21世纪以来，我们党提出了以人为本的科学发展观，构建美丽中国、和谐世界的人类命运共同体，其目的就是为了实现人的自由而全面的发展和人的解放，为中国人民谋幸福，为中华民族谋复兴，为未来世界谋大同。

整个马克思主义，就是以人的解放为主线构建起来的一个逻辑严谨、内容丰富的关键词谱系，这一关键词谱系化展开为正—反—合的总体性逻辑演绎轨迹。

"'现实的人'及其物质生产是这个逻辑演绎轨迹的逻辑起点，全面发展的人是其逻辑归宿。"②

---

① 孙正聿：《解放何以可能——马克思的本体论革命》，载《学术月刊》，2002年第9期。
② 王清涛：《论马克思学说的逻辑起点、逻辑终点及其中介》，载《前沿》，2010年第5期。

在这个总体性逻辑演绎轨迹之内还包括着若干层次的逻辑演绎轨迹，从理想的人到"现实的人"，从"现实的人"到全面发展的人，就表现为《德意志意识形态》关键词谱系的正—反—合逻辑演绎轨迹。

(一) 从理想的人到"现实的人"——马克思以人的解放为主线构建其理论体系的逻辑起点

整个《德意志意识形态》关键词谱系的逻辑起点——"现实的人"的构建过程，展示为一个逻辑演绎轨迹，这也是《德意志意识形态》关键词谱系中的第一个逻辑演绎轨迹。在这一过程中，理想的人是正题，是出发点，被异化的人是反题，是逻辑脉络，而"现实的人"则是合题，是逻辑归宿，这三个阶段构成了《德意志意识形态》关键词谱系内的第一层次完整逻辑演绎轨迹。

马克思的哲学革命之旅开启于人，当初的人还只是理想人的自我意识、理性和人的类本质。早期的马克思致力于法的研究，并以此来审视理性的人或者人的理性存在方式。1837 年下半年，马克思转向对黑格尔的研究，在黑格尔看来，事物本身的理性是作为一种自身矛盾的展开，并且在自身求得辩证的统一。在这种思想影响下，青年马克思开始了以理想的人为出发点的关于人之本质的构建过程。在博士论文中，马克思用黑格尔哲学去分析古希腊哲学，并借助黑格尔抽象人的自我意识来尝试表达自己的哲学思想。马克思从黑格尔的实体出发来理解人，赋予作为实体存在的人以主体的含义。他找到了包含种种矛盾的原子是原子偏离直线运动的根据，并以此为基础，从自然的角度出发，用原子运动的特点类比个体打破命运的束缚，争取人的个性独立和意志自由，用以解释人的自由本性。但这时马克思构建的起点只是抽象的人，还没有深入到社会关系、社会实践的意义上来探究人的现实本质。所谓理想人的本质只能是马克思构建"现实的人"的第一个环节。

其后，马克思在费尔巴哈哲学影响下，开始揭示社会历史中人的存在异化状态。在《莱茵报》工作期间，马克思看到物质利益对国家和法的决定作用，意识到只有具体的物质利益才是人们活动的出发点，因而转向对现实社会的关注，展开了古典经济学的研究。在《1844 年经济学哲学手稿》中，马克思从理想类本质——自由自觉的活动这一理想逻辑出发，揭示现实中的人的异化的不合理性，他借助于理想人的本质来批判资本主义社会中人的异化，揭示了人在社会历史生存中被异化的事实。

这样，马克思对人的本质的认识高度便到达了理想人的否定阶段，这是第一层次逻辑演绎轨迹的第二个环节。

最后，马克思在《关于费尔巴哈的提纲》中，把对人的本质的理解与一切社会关系的总和联系在一起，指出，

"人的本质并不是单个人所固有的抽象物，在其现实性上，它是一切社会关系的总和。"①

在1845年的《德意志意识形态》中，马克思进一步完善了现实中人的本质理论。从物质生活、生产方式和生产关系构建对人的历史的和现实的分析框架。从分工和劳动两个方面分析其现实性与理想性，自愿自发的分工与自主活动相脱节的劳动是人类的现实性，而人的理想状态则是与自愿自发的分工与自主活动相一致的劳动。一切社会关系的总和既是人的活动的结果，当然也包含着人的理性，但同时，一切社会关系的总和又是人之本质被异化的根源，还是人被异化的表现形式。因此，一切社会关系的总和是理想人和被异化人的统一，理想的逻辑和被异化的现实在实践的逻辑中统一，此为合题。

（二）从"现实的人"到全面发展的人——马克思关于人的解放学说体系的构建

《关于费尔巴哈的提纲》和《德意志意识形态》既是马克思构建现实人的本质的逻辑归宿，又是马克思全部理论体系的逻辑起点。此后，马克思通过揭示现实人的内在矛盾运动，揭示人类历史运动规律，构建人类历史解放的理论体系。"现实的人"及其物质生产是正题，也是整个《德意志意识形态》关键词谱系的逻辑起点；人的异化和反异化——无产阶级的解放运动是反题。无产阶级解放运动是消除异化的历史性活动，在这一过程中无产阶级同样消灭着旧的社会关系——那种既体现自身本质又是束缚自身本质的社会关系。这是一个消除异化的过程。人的自由而全面发展促使人的本质回归，即人之本质的全面实现状态是合题。这样，马克思从"现实的人"出发，经过现实人的解放运动最终到达人的本质的全面回归，构建了人的解放逻辑体系的第二个逻辑演绎轨迹。

---

① 《马克思恩格斯选集》第1卷，北京：人民出版社1995年版，第60页。

通过《德意志意识形态》关键词谱系化研究可知，从社会关系的总和在资本主义条件下是对人的本质的否定这一矛盾出发，马克思揭示了社会关系是对人的本质的二律悖反，进一步从政治经济学探悉了资本主义异化的根源。从唯物主义历史观和政治经济学得出的逻辑结论是科学社会主义——"现实的人"的解放和全面发展道路。"现实的人"及其物质生产是马克思主义全部理论体系的逻辑起点，同样，自由而全面发展的人成为马克思全部理论体系的逻辑结论和逻辑归宿。这样，马克思以人的解放为逻辑脉络，构建了从正题——哲学，到反题——政治经济学，再到合题——科学社会主义的正—反—合的历史唯物辩证法。

（三）结语

马克思主义是一个关于人的解放的学说体系，其中马克思主义哲学是最重要的奠基石之一。本书通过对经典作家的文本研读以及对国际的、国内的关于马克思主义以及《德意志意识形态》关键词谱系有深刻影响的、有独到见解的学术著作、学术论文的参考和借鉴，通过多重视角多维度多层次多学科的学术梳理，基本厘清了《德意志意识形态》关键词谱系的共时态结构、历时态逻辑以及逻辑脉络（逻辑起点、逻辑中介、逻辑归宿），对《德意志意识形态》关键词谱系作了整合性、整体性和复杂性系统探索，并从西方哲学的历史演进中探索《德意志意识形态》关键词谱系的历史地位，发掘了《德意志意识形态》关键词谱系的主体化存在本体论，揭示了马克思主义关于人的解放的学说的底层逻辑支撑。《德意志意识形态》关键词谱系化的研究主题、基本精神、分析框架集中体现在三个要点，即"人的解放学说""现代性批判精神"和"历史唯物辩证法"。《德意志意识形态》关键词谱系可以说是一个复杂科学体系，本书仅仅是一种奇点解析式初始化研究，只是尝试在马克思主义哲学道路上探索一个通往马克思主义复杂性系统的入口。

《德意志意识形态》关键词谱系埋藏着无尽的宝藏。西方哲学对19世纪西方经济社会进行了思想观念反思，马克思从经济—政治—文化意识形态对西方哲学反思进行了世界的哲学化再反思。马克思的世界包括自然世界、人类世界和精神世界；马克思的世界历史包括自然史、社会史和精神史；马克思的物质本体是基于实践的主体化存在本体，马克思的共产主义社会是"自由人的联合体"；马克思的自由是全面发展基础上互为条件的自由，马克思的共产主义理想是为未来世界谋大同、为普天下人民群众谋利益谋幸福。

《德意志意识形态》关键词谱系化研究是一个马克思主义哲学新综合课题,从课题一提出就面对着种种问题挑战。有来自《德意志意识形态》关键词谱系自身的理论梳理问题,也有来自国内外共产主义运动实践中出现的新老问题,还有来自学界对《德意志意识形态》关键词谱系化理论构建的诘难。我们究竟是要"告别马克思",还是要"回到马克思""死缠马克思",还是"活用马克思"?如何贯通历史唯物主义、辩证唯物主义和实践唯物主义,贯通存在论、认识论和价值论,贯通世界观、价值观和人生观,如何用哲学思维来捍卫和发展《德意志意识形态》的马克思哲学思想,是新时代马克思主义工作者们所肩负的历史使命。让科学思维回归科学问题研究才有可能培养出大师级科学家,让哲学思维回归哲学问题研究才有可能培养出大师级哲学家。我们回应李约瑟难题与钱学森之问,找到了不少原因,采取了不少措施,唯独轻视了一个最重要问题,即中国人哲学—科学思维方式的黏合缺陷问题。

总而言之,马克思主义哲学是超越于一般科学之上的历史唯物辩证法。世界自然史、社会史和精神史三位一体,通过生产力与生产关系、经济基础与上层建筑的矛盾运动发展,推进共产主义替代资本主义,在生存方式、生产方式和生活方式的实践互动中,波浪式地前进和螺旋式地上升,逐步实现人的自由而全面发展,使人的全部本质最终回归于人自身。这就意味着人的解放,意味着人的需求得到全面满足,意味着人的幸福成为现实。这是马克思主义历史唯物辩证法的逻辑归宿,也是世界历史的必然趋向和共产党人毕生追求的理想信仰。

参考文献

一、经典著作

1.《马克思恩格斯全集》第 1 卷，北京：人民出版社 1956、1995 年版。

2.《马克思恩格斯全集》第 2 卷，北京：人民出版社 1959、1979、1995 年版。

3.《马克思恩格斯全集》第 3 卷，北京：人民出版社 1960、1979、2002 年版。

4.《马克思恩格斯全集》第 12 卷，北京：人民出版社 1962 年版

5.《马克思恩格斯全集》第 13 卷，北京：人民出版社 1962 年版。

6.《马克思恩格斯全集》第 20 卷，北京：人民出版社 1979 年版。

7.《马克思恩格斯全集》第 21 卷，北京：人民出版社 1965 年版。

8.《马克思恩格斯全集》第 22 卷，北京：人民出版社 1979 年版。

9.《马克思恩格斯全集》第 23 卷，北京：人民出版社 1972、1979 年版。

10.《马克思恩格斯全集》第 24 卷，北京：人民出版社 1972 年版。

11.《马克思恩格斯全集》第 26 卷（第 1 册），北京：人民出版社 1972 年版。

12.《马克思恩格斯全集》第 26 卷（第 2 册），北京：人民出版社 1973 年版。

13.《马克思恩格斯全集》第 26 卷（第 3 册），北京：人民出版社 1974 年版。

14.《马克思恩格斯全集》第 30 卷，北京：人民出版社 1995 年版。

15.《马克思恩格斯全集》第 31 卷，北京：人民出版社 1998 年版。

16.《马克思恩格斯全集》第 42 卷，北京：人民出版社 1979 年版。

17.《马克思恩格斯全集》第 44 卷，北京：人民出版社 2001 年版。

18.《马克思恩格斯全集》第 46 卷（上），北京：人民出版社 1979、2003 年版。

19.《马克思恩格斯全集》第 46 卷（下），北京：人民出版社 1979、1980 年版。

20.《马克思恩格斯全集》第 47 卷，北京：人民出版社 1979 年版。

21.《马克思恩格斯选集》第 1 卷，北京：人民出版社 1972、1995 年版。

22.《马克思恩格斯选集》第 2 卷，北京：人民出版社 1972、1979、1995 年版。

23.《马克思恩格斯选集》第 3 卷，北京：人民出版社 1972、1995 年版。

24.《马克思恩格斯选集》第 4 卷，北京：人民出版社 1979、1995 年版。

25.《列宁选集》第 1 卷，北京：人民出版社 1995 年版。

26.《列宁选集》第 11 卷，北京：人民出版社 1995 年版。

27.《资本论》第 1 卷，北京：人民出版社 1972、1975、2004 年版。

28.《资本论》第 2 卷，北京：人民出版社 1975 年版。

29.《资本论》第 3 卷，北京：人民出版社 1975 年版。

30.《马克思古代社会史笔记》，北京：人民出版社 1996 年版。

31.《马克思历史学笔记》，北京：红旗出版社 1992 年版。

32.《马克思恩格斯通信集》第 1 卷，北京：人民出版社 1957 年版。

33.《马克思恩格斯通信集》第 2 卷，北京：人民出版社 1957 年版。

34.《马克思恩格斯通信集》第 3 卷，北京：人民出版社 1958 年版。

35.《马克思恩格斯通信集》第 4 卷，北京：人民出版社 1958 年版。

36.《马克思恩格斯〈资本论〉书信集》，北京：人民出版社 1976 年版。

37. 恩格斯：《自然辩证法》，北京：人民出版社 1971 年版。

38.《毛泽东选集》第 1 卷，北京：人民出版社 1991 年版。

39.《毛泽东选集》第 2 卷，北京：人民出版社 1991 年版。

40.《毛泽东选集》第 3 卷，北京：人民出版社 1991 年版。

41.《毛泽东选集》第 4 卷，北京：人民出版社 1991 年版。

42.《邓小平文选》第 1 卷，北京：人民出版社 1994 年版。

43.《邓小平文选》第 2 卷，北京：人民出版社 1994 年版。

44.《邓小平文选》第 3 卷，北京：人民出版社 1993 年版。

45.《江泽民文选》第 1 卷，北京：人民出版社 2006 年版。

46.《江泽民文选》第 2 卷，北京：人民出版社 2006 年版。

47.《江泽民文选》第 3 卷，北京：人民出版社 2006 年版。

48. 中共中央文献研究室编：《十七大以来重要文献选编》（上），北京：中央文献出版社 2009 年版。

49.《习近平谈治国理政》第 3 卷，北京：人民出版社 2020 年版。

二、学术著作

1.〔法〕蒲鲁东：《贫困的哲学》，徐公肃、任起莘译，北京：商务印书馆 1961 年版。

2.〔英〕戴维·麦克莱伦：《马克思以后的马克思主义》，李智译，北京：中国人民大学出版社 2004 年版。

3.〔德〕恩斯特·卡西尔：《人伦》，甘阳译，北京：西苑出版社 2003 年版。

4.〔古希腊〕柏拉图：《斐多》，杨绛译，沈阳：辽宁人民出版社 2000 年版。

5.〔古希腊〕亚里士多德：《范畴篇·解释篇》，聂敏里译，北京：商务印书馆 2017 年版。

6.〔美〕弗朗西斯·福山：《历史的终结和最后的人》，黄胜强、许铭原译，北京：中国社会科学出版社 2003 年版。

7.〔古希腊〕柏拉图：《理想国》，郭斌和、张竹明译，北京：商务印书馆 1986 年版。

8.〔古希腊〕亚里士多德：《政治学》，吴寿彭译，北京：商务印书馆 1965 年版。

9.〔意〕马基雅维里：《君主论》，潘汉典译，北京：商务印书馆 1985 年版。

10.〔法〕洛克：《政府论》（上、下），瞿菊农、叶启芳译，北京：商务印书馆 1982 年版。

11.〔荷〕B. 斯宾诺莎:《伦理学》,贺麟译,北京:商务印书馆 1983 年版。

12.〔荷〕B. 斯宾诺莎:《神学政治论》,温锡增译,北京:商务印书馆 1963 年版。

13.〔法〕孟德斯鸠:《论法的精神》上册,张雁深译,北京:商务印书馆 1959 年版。

14.〔法〕孟德斯鸠:《论法的精神》下册,张雁深译,北京:商务印书馆 1961 年版。

15.〔法〕卢梭:《论人类不平等的起源和基础》,李常山译,北京:商务印书馆 1962 年版。

16.〔法〕卢梭:《社会契约论》,何兆武译,北京:商务印书馆 1980 年版。

17.〔英〕大卫·休谟:《道德原则研究》,曾晓平译,北京:商务印书馆 2001 年版。

18.〔英〕大卫·休谟:《人类理解研究》,关文运译,北京:商务印书馆 1957 年版。

19.〔英〕大卫·休谟:《人性论》(上、下册),关文运译,北京:商务印书馆 1980 年版。

20.〔法〕勒内·笛卡尔:《哲学原理》,关文运译,北京:商务印书馆 1958 年版。

21.〔德〕康德:《未来形而上学第一章〈德意志意识形态〉研究概论》,北京:商务印书馆 1978 年版。

22.〔德〕康德:《法的形而上学原理——权利的科学》,沈叔平译,北京:商务印书馆 1991 年版。

23.〔德〕康德:《纯粹理性批判》,邓晓芒译,北京:人民出版社 2004 年版。

24.〔德〕康德:《历史理性批判文集》,何兆武译,北京:商务印书馆 1990 年版。

25.〔德〕康德:《实用人类学》,邓晓芒译,重庆:重庆出版社 1987 年版。

26.〔德〕黑格尔:《精神现象学》(上、下卷),贺麟、王玖兴译,北京:商务印书馆 1979 年版。

27.〔德〕黑格尔:《历史哲学》,王造时译,上海:上海书店出版社 1999 年版。

28.〔德〕黑格尔:《小逻辑》,贺麟译,北京:商务印书馆 1980 年版。

29.〔德〕黑格尔:《法哲学原理》,范扬、张企泰译,北京:商务印书馆 1961、1982 年版。

30.〔德〕黑格尔:《逻辑学》上卷,杨一之译,北京:商务印书馆 1966 年版。

31.〔德〕黑格尔:《逻辑学》下卷,杨一之译,北京:商务印书馆 1976 年版。

32.〔德〕黑格尔:《哲学史讲演录》第 1 卷,贺麟、王太庆译,北京:商务印书馆 1959 年版。

33.〔德〕黑格尔:《哲学史讲演录》第 2 卷,贺麟、王太庆译,北京:商务印书馆 1960 年版。

34.〔德〕黑格尔:《哲学史讲演录》第 3 卷,贺麟、王太庆译,北京:商务印书馆 1959 年版。

35.〔德〕费尔巴哈:《基督教的本质》,荣震华译,北京:商务印书馆 1984 年版。

36.〔德〕费尔巴哈:《费尔巴哈哲学著作选集》(上、下卷),荣震华等译,北京:商务印书馆 1984 年版。

37.〔英〕亚当·斯密:《国民财富的性质和原因的研究》(上、下卷),郭大力、王亚南译,北京:商务印书馆 1972 年版。

38.〔英〕大卫·李嘉图:《政治经济学及赋税原理》,郭大力等译,北京:商务印书馆 1962 年版。

39.〔英〕詹姆斯·穆勒:《政治经济学要义》,吴良健译,北京:商务印书馆 1993 年版。

40.〔瑞士〕西斯蒙第:《政治经济学新原理》,何钦译,北京:商务印书馆 1964 年版。

41.〔法〕蒲鲁东:《什么是所有权》,孙署冰译,北京:商务印书馆 1963 年版。

42.〔德〕梅林:《论历史唯物主义》,李康译,北京:生活·读书·新知三联书店 1958 年版。

43.〔俄〕普列汉诺夫:《论一元论历史观之发展》,博古译,北京:生活·读书·新知三联书店 1965 年版。

44.〔匈〕卢卡奇:《历史和阶级意识》,张西平译,重庆:重庆出版社 1989 年版。

45.〔匈〕卢卡奇著、〔德〕本泽勒编:《关于社会存在的本体论》(上、下卷),白锡堃等译,重庆:重庆出版社 1993 年版。

46.〔意〕葛兰西:《狱中札记》,葆煦译,北京:人民出版社 1983 年版。

47.〔德〕柯尔施:《马克思主义和哲学》,王南湜、荣新海译,重庆:重庆出版社 1989 年版。

48.〔德〕海德格尔:《存在于时间》,陈嘉映、王庆节合译,北京:生活·读书·新知三联书店出版社 2006 年版。

49.〔德〕熊彼特:《资本主义、社会主义与民主》,吴良健译,北京:商务印书馆 1999 年版。

50.〔德〕熊彼特:《从马克思到凯恩斯》,韩宏等译,南京:江苏人民出版社 2003 年版。

51.〔德〕马克斯·韦伯:《新教伦理与资本主义精神(全译本)》,龙靖译,北京:群言出版社 2007 年版。

52.〔英〕伯特兰·阿瑟·威廉·罗素:《西方哲学史》(上、下),何兆武、李约瑟译,北京:商务印书馆 2004 年版。

53.〔英〕B. A. 罗素:《自由之路》,李国山等译,北京:西苑出版社 2003 年版。

54.〔法〕让·保罗·萨特:《存在主义是一种人道主义》,周煦良、汤永宽译,上海:上海译文出版社 1988 年版。

55.〔法〕路易·皮埃尔·阿尔都塞:《保卫马克思》,顾良译,北京:商务印书馆 1984 年版。

56.〔波〕亚当·沙夫:《人的哲学》,徐懋庸译,上海:上海三联书店 1964 年版。

57.〔德〕尤尔根·哈贝马斯:《重建历史唯物主义》,郭官义译,北京:社会科学文献出版社 2000 年版。

58.〔法〕雅克·德里达:《马克思的幽灵》,何一译,北京:中国人民大学出版社 1999 年版。

59.〔法〕雅克·德里达:《马克思的幽灵——债务国家、哀悼活动和新国际》,何一译,北京:人民大学出版社 2008 年版。

60.〔英〕弗里德里希·冯·哈耶克:《通往奴役之路》,王明毅等译,北京:中国社会科学出版社 1997 年版。

61.〔德〕黑格尔:《小逻辑》,贺麟译,北京:商务印书馆 1980 年版。

62.〔英〕弗里德里希·冯·哈耶克:《经济、科学与政治——哈耶克论文演讲集》,冯克利译,南京:江苏人民出版社 2003 年版。

63.〔英〕G. A. 科亨:《卡尔·马克思的历史理论:一个辩护》,岳长龄译,重庆:重庆出版社 1989 年版。

64.〔美〕约翰·罗尔斯:《正义论》,何怀宏等译,北京:中国社会科学出版社 1988 年版。

65.〔美〕约翰·罗尔斯:《万民法》,张晓辉等译,长春:吉林人民出版社 2003 年版。

66.〔美〕赫伯特·马尔库塞:《单向度的人》,张峰译,重庆:重庆出版社 1988 年版。

67.〔奥地利〕卡尔·波普尔:《开放社会及其敌人》(第 1、2 卷),陆衡等译,北京:中国社会科学出版社 1999 年版。

68.〔美〕詹姆斯·布坎南:《财产与自由》,韩旭译,北京:中国社会科学出版社 2002 年版。

69.〔德〕恩斯特·卡西尔:《人论》,甘阳译,上海:上海译文出版社 2004 年版。

70.〔英〕弗里德里希·哈耶克:《经济、科学与政治:哈耶克思想精粹》,冯克利译,南京:江苏人民出版社 2000 年版。

71.〔法〕J. 莫诺:《偶然性和必然性》,上海外国自然科学哲学著作编译组译,上海:上海人民出版社 1977 年版。

72.〔英〕卡尔·波普尔:《历史决定论的贫困》,杜汝楫、邱仁宗译,北京:华夏出版社 1987 年版。

73.〔英〕卡尔·波普尔:《开放社会及其敌人》,陆衡等译,北京:中国社会科学出版社 1999 年版。

74.〔美〕F. 詹明信著、张旭东编:《晚期资本主义的文化逻辑》,陈清侨等译,北京:生活·读书·新知三联书店 1997 年版。

75.〔英〕恩斯特·拉克劳、〔英〕查特尔·墨菲:《领导权与社会主义的策略》,尹树广、鉴传今译,哈尔滨:黑龙江民出版社 2003 年版。

76.〔美〕J. K. 吉布森-格雷汉姆:《资本主义的终结》,陈冬生译,北京:社会科学文献出版社 2002 年版。

77.〔德〕弗·梅林:《马克思传》,樊集译,北京:人民出版社 1965 年版。

78.〔法〕奥古尔特·科尔纽:《马克思恩格斯传》第 1 卷,刘丕坤、王以铸、杨静远译,北京:生活·读书·新知三联书店 1963 年版。

79.〔法〕奥古尔特·科尔纽:《马克思恩格斯传》第 2 卷,樊集译,北京:生活·读书·新知三联书店 1965 年版。

80.〔法〕奥古尔特·科尔纽:《马克思恩格斯传》第 3 卷,管士滨译,北京:生活·读书·新知三联书店 1980 年版。

81.〔英〕戴维·麦克莱伦:《卡尔·马克思传》,王珍译,北京:中国人民大学出版社 2005 年版。

82.〔英〕戴维·麦克莱伦:《马克思以后的马克思主义》,李智译,北京:中国人民大学出版社 2008 年版。

83.〔美〕汤姆·洛克曼:《马克思主义之后的马克思》,杨学耕、徐素华译,北京:东方出版社 2008 年版。

84.〔英〕R. N. 伯尔基:《马克思主义的起源》,武庆、王文扬译,上海:华东师范大学出版社 2007 年版。

85.〔匈〕阿格妮丝·赫勒:《日常生活》,衣俊卿译,重庆:重庆出版社 2010 年版。

86. 侯衍社:《马克思的社会发展理论及其当代价值》,北京:中国社会科学出版社 2004 年版。

87. 肖前:《马克思主义经典原著》,北京:中国人民大学出版社 1994 年版。

88. 李秀林等:《辩证唯物主义和历史唯物主义原理》,北京:中国人民大学出版社 1995 年版。

89. 袁贵仁:《马克思的人学思想》,北京:北京师范大学出版社 1996 年版。

90. 韩庆祥、邹诗鹏:《人学——人的问题的当代解读》,昆明:云南人民出版社 2001 年版。

91. 张曙光：《人的世界与世界的人——马克思的实现历程追踪》，郑州：河南人民出版社 1994 年版。

92. 俞可平等主编：《马克思主义研究论丛》，北京：中央编译出版社 2005 年版。

93. 康渝生：《马克思主义哲学的人学致思理路》，北京：社会科学文献出版社 2004 年版。

94. 刘永佶等：《主体辩证法》，北京：中国经济出版社 2004 年版。

95. 席忻：《马克思主义人的哲学初探》，北京：中共中央党校出版社 1997 年版。

96. 王南湜、谢永康：《后主体性哲学的视域——马克思唯物主义的当代解读》，北京：中国人民大学出版社 2004 年版。

97. 吴德勤：《永远的马克思——马克思哲学的当代性》，上海：上海大学出版社 2004 年版。

98. 赵天成、李娟芬：《马克思的幽灵与现实》，北京：社会科学文献出版社 2004 年版。

99. 商英伟、徐梦秋主编：《主体论》，厦门：厦门大学出版社 1995 年版。

100. 郭湛主编：《主体性哲学——人的存在及其意义》，昆明：云南人民出版社 2002 年版。

101. 王晓东：《西方哲学主体间性理论批判》，北京：中国社会科学出版社 2004 年版。

102. 陈学明、马拥军：《走近马克思——苏东剧变后西方四大思想家的思想轨迹》，北京：东方出版社 2002 年版。

103. 陈学明：《永远的马克思》，北京：人民出版社 2006 年版。

104. 尹树广：《晚年马克思历史观的变革》，哈尔滨：黑龙江人民出版社 2000 年版。

105. 魏小萍：《追寻马克思》，北京：人民出版社 2005 年版。

106. 王锐生、景天魁：《论马克思关于人的理论体系》，沈阳：辽宁人民出版社 1984 年版。

107. 韩庆祥：《马克思主义人学思想发微》，北京：中国社会科学出版社 1992 年版。

108. 杨祖陶：《康德黑格尔哲学研究》，武汉：武汉大学出版社 2001

年版。

109. 扬祖陶、邓晓芒：《康德三大批判精粹》，北京：人民出版社2001年版。

110. 邓晓芒：《黑格尔历史辩证法讲演录》，北京：北京大学出版社2005年版。

111. 何中华：《重读马克思》，济南：山东人民出版社2009年版。

112. 郝敬之：《回到整体马克思》，北京：东方出版社2004年版。

113. 郝敬之：《整体马克思》，北京：东方出版社2002年版。

114. 陈必辉：《科学社会主义体系结构新论》，南昌：江西人民出版社2003年版。

115. 王荣栓：《重读马克思》，北京：人民出版社2007年版。

116. 任平：《当代视野中的马克思》，南京：江苏人民出版社2003年版。

117. 赖泽民：《人类历史科学原理》，北京：中央编译出版社2006年版。

118. 高放：《马克思主义与社会主义新论》，哈尔滨：黑龙江人民出版社2007年版。

119. 王东：《马克思学新奠基——马克思哲学新解读的方法论导言》，北京：北京大学出版社2006年版。

120. 何中华：《哲学：走向本体澄明之境》，济南：山东人民出版社2002年版。

121. 何中华：《社会发展与现代性批判》，北京：社会科学文献出版社2007年版。

122. 曹玉文主编：《西方人看马克思主义》，北京：当代中国出版社1998年版。

123. 叶汝贤、孙麾主编：《马克思与我们同行》，北京：中国社会科学出版社2003年版。

124. 俞吾金：《从康德到马克思——千年之交的哲学沉思》，桂林：广西师范大学出版社2004年版。

125. 顾锦屏等：《马克思的伟大一生》，北京：北京出版社1983年版。

126. 杨思基：《拨开"物象化"的迷雾——广松社的马克思主义观

研究》，北京：人民出版社 2008 年版。

127. 鲁路：《马克思博士论文研究》，北京：中央编译出版社 2007 版。

128. 蒋锡金主编：《文史哲学习辞典》，长春：吉林文史出版社 1990 年版。

129. 印进室主编：《党建八十年中华擎天柱：中国共产党八十年建设的历程与思考》，北京：军事科学出版社 2001 年版。

130. 王虹生、邓仲华等主编：《工青妇大辞典》，桂林：广西师范大学出版社中国经济出版社 1990 年版。

131. 张宪文、方庆秋等主编：《中华民国史大辞典》，南京：江苏古籍出版社 2001 年版。

132. 周文骏主编：《图书馆学情报学词典》，北京：书目文献出版社 1991 年版。

133. 衣俊卿：《国外马克思主义论丛——现代性焦虑与文化批判》，哈尔滨：黑龙江大学出版社 2007 年版。

134. 熊春兰主编：《观点哲学 2005》，福州：福建人民出版社 2006 年版。

135. 俞可平主编：《全球化时代的"马克思主义"》，北京：中央编译出版社 1998 年版。

136. 冯契：《逻辑思维的历史辩证法》，上海：华东师范大学出版社 1996 年版。

137. 北京大学哲学系等编：《21 世纪哲学创新：黄枬森八十华诞纪念文集》，北京：中央编译出版社 2001 年版。

138. 居继清、周青鹏、吴光辉等编著：《哲学社会科学前沿问题研究》，武汉：华中科技大学出版社 2009 年版。

139. 陶渝苏、徐圻：《人的解读与重塑——马克思主义与东西方文化》，重庆：重庆出版社 2002 年版。

140. 张一兵：《文本的深度耕犁——西方马克思主义经典文本解读》，北京：中国人民大学出版社 2004 年版。

141. 俞吾金：《意识形态论》，上海：上海人民出版社 1993 年版。

142. 赵剑英、俞吾金主编：《马克思主义本体论思想》，北京：社会科学文献出版社 2006 年版。

143. 赖泽民：《人类历史科学原理》，北京：中央编译出版社 2006 年版。

144. 庄福龄主编：《马克思主义史》（第 1—4 卷），北京：人民出版社 1996 年版。

145. 王复三、汪建主编：《马克思主义哲学史教程》，济南：山东大学出版社 1989 年版。

146. 周向军、车美萍主编：《马克思主义经典著作精选与导读》，济南：山东大学出版社 2005 年版。

147. 陈先达、靳辉明：《马克思早期思想研究》，北京：北京出版社 1983 年版。

148. 陈先达：《走向历史的深处——马克思历史观研究》，上海：上海人民出版社 1987 年版。

149. 陈先达：《马克思和马克思主义》，见《陈先达文集》第 3 卷，北京：中国人民大学出版社 2006 年版。

150. 顾海良：《马克思"不惑之年"的思考》，北京：中国人民大学出版社 1993 年版。

151. 孙伯鍨：《探索者道路的探索》，南京：南京大学出版社 2002 年版。

152. 吴江：《马克思主义是一门大史学》，北京：中央编译出版社 2002 年版。

153. 徐崇温：《世纪之变的社会主义与资本主义》，郑州：河南人民出版社 2002 年版。

154. 顾海良、张雷声：《马克思劳动价值论的历史与现实》，北京：人民出版社 2002 年版。

155. 陈学明、马拥军：《走近马克思》，北京：东方出版社 2002 年版。

156. 张一兵：《回到马克思——经济学语境中的哲学话语》，南京：江苏人民出版社 2003 年版。

157. 李秀林、王于、李淮春主编：《辩证唯物主义和历史唯物主义原理》，北京：中国人民大学出版社 2004 年版。

158. 赵光武主编：《辩证唯物主义原理》，北京：北京大学出版社 1989 年版。

159. 叶汝贤：《历史唯物主义发展史》，长春：吉林人民出版社 1985 年版。

160. 陈冬生、王枫桥：《马克思主义意识形态建设的基础问题探幽》，北京：人民出版社 2020 年版。

三、学术文献

1. 周向军：《把坚持马克思主义基本原理与推进马克思主义中国化结合起来》，载《高校理论战线》，2009 年第 3 期。

2. 周向军：《毛泽东对马克思主义中国化的突出贡献和主观成因》，载《中国特色社会主义研究》，2005 年第 6 期。

3. 周向军：《邓小平对马克思主义观基本问题的科学回答》，载《齐鲁学刊》，2005 年第 1 期。

4. 周向军：《论邓小平的马克思主义观》，载《高校理论战线》，2004 年第 8 期。

5. 周向军：《论科学的马克思主义观》，载《山东大学学报（哲学社会科学版）》，2003 年第 6 期。

6. 周向军：《论中国共产党人的马克思主义观》，载《马克思主义研究》，2001 年第 5 期。

7. 俞吾金：《运用差异分析法研究马克思的理论体系》，载《哲学动态》，2004 年第 12 期。

8. 何中华：《如何看待马克思恩格斯的思想差别》，载《现代哲学》，2007 年第 3 期。

9. 何中华：《论马克思恩格斯哲学思想的几点区别》，载《东岳论丛》，2004 年第 3 期。

10. 何中华：《究竟应当怎样看待"马克思—恩格斯问题"——再答我的两位批评者》，载《江苏社会科学》，2009 年第 3 期。

11. 杨耕：《如何编写马克思主义哲学教科书》，载《北京大学学报（哲学社会科学版）》，2000 年第 5 期。

12. 俞吾金：《对马克思实践观的当代反思——从抽象认识论到生存论本体论》，载《哲学动态》，2003 年第 6 期。

13. 叶昌友：《论马克思、恩格斯"个人与社会关系"思想的逻辑起点》，载《科学社会主义》，2006 年第 4 期。

14. 徐国民：《论马克思理论的逻辑起点与出发点》，载《求实》，2007年第4期。

15. 戴景平：《人的需要：马克思人性论的逻辑起点》，载《长白学刊》，2007年第2期。

16. 梁树发：《马克思主义整体性问题的实质》，载《教学与研究》，2005年第8期。

17. 逄锦聚：《研究和把握马克思主义整体性的四个角度》，载《南开大学学报（哲学社会科学版）》，2008年第4期。

18. 仰海峰：《政治经济学批判中的历史唯物主义》，载《中国社会科学》，2010年第1期。

19. 叶险明：《马克思哲学革命与经济学革命的内在逻辑及其启示》，载《中国社会科学》，2010年第3期。

20. 张云芳：《论马克思主义整体性特征的表现》，载《新乡教育学院学报》，2008年第2期。

21. 蔡玉珍：《对〈神圣家族〉中的人本思维方法初探》，载《湘潭师范学院学报（社会科学版）》，2006年第1期。

22. 冯振广、荣今兴：《逻辑起点问题琐谈》，载《河南社会科学》，1996年第4期。

23. 叶汝贤：《每个人的自由发展是一切人的自由发展的条件——〈共产党宣言〉关于未来社会的核心命题》，载《中国社会科学》，2006年第3期。

24. 童鹰：《元哲学三论》，载《武汉大学学报（人文科学版）》，2003年第2期。

25. 黄枬森：《黑格尔与经典作家论哲学体系的逻辑展开》，载《北京大学学报（哲学社会科学版）》，2008年第5期。

26. 张亮：《中国马克思主义哲学史研究的范式生成与转换》，载《中国社会科学》，2008年第4期。

27. 王彦深、吴鹏：《关注马克思主义的层次结构》，载《河北学刊》，2005年第2期。

28. 南普照：《试论马克思主义的整体结构》，载《哈尔滨师专学报》，1997年第4期。

29. 唐昌黎：《论马克思主义的系统》，载《探索》，2004年第2期。

30. 高放：《加强对马克思主义科学的整体研究》，载《马克思主义与现实》，2005 年第 2 期。

31. 林锋：《马克思"人类学笔记"历史地位新界定》，载《东岳论丛》，2010 年第 1 期。

32. 孙正聿：《解放何以可能——马克思主义本体论革命》，载《学术月刊》，2002 年第 9 期。

33. 张曙光：《马克思主义哲学研究应有的现实性与超越性》，载《哲学研究》，2006 第 4 期。

34. 陆杰荣：《马克思"新世界观"的现实性向度及其实质》，载《中国社会科学》，2007 年第 6 期。

35. 孙麾：《马克思哲学的学术传统与问题意识》，载《哲学研究》，2009 年第 3 期。

36. 孙正聿：《提出和探索马克思主义哲学研究中的重大理论问题——评 2006 年〈中国社会科学〉若干哲学论文》，载《中国社会科学》，2007 年第 2 期。

37. 何中华：《马克思思想的学科归属问题》，载《长白学刊》，2009 年第 1 期。

38. 高清海：《马克思对"本体思维方式"的历史性变革》，载《现代哲学》，2002 年第 2 期。

39. 衣俊卿：《人之存在与哲学本体论范式——兼论马克思哲学的本体论意蕴》，载《江海学刊》，2002 年第 4 期。

40. 吴元梁：《关于马克思哲学本体论思想的几点思考》，载《天津社会科学》，2003 年第 1 期。

41. 俞吾金：《马克思哲学是社会关系本体论》，载《学术研究》，2001 年第 10 期。

42. 丰子义：《马克思主义本体论思想的方法论》，载《天津社会科学》，2002 年第 6 期。

43. 邹诗鹏：《当代哲学的生存论转向与马克思哲学的当代性》，载《学习与探索》，2003 年第 2 期。

44. 王彦君：《如何评价哲学家——读马赫〈感觉的分析〉》，载《中山大学研究生学刊（社会科学版）》，2001 年第 3 期。

45.〔美〕苏迎萨·费尔南德斯著，许峰等编写：《查韦斯与委内瑞拉的社会基层组织》，载《国外理论动态》，2008 年第 1 期。

46. 赵灵敏：《"终身总统"查韦斯》，载《南方人民周刊》，2009 年 3 月 2 日。

47. 丁俊萍：《一位波兰学者眼中的中国社会主义现代化——关于维克多的新著〈中国走上社会主义现代化的道路〉》，载《中共党史研究》，2009 年第 12 期。

48. 张宇、王生升：《马克思是建构理性主义者吗——评哈耶克对马克思的批评》，载《中国人民大学学报》，2003 年第 1 期。

49. 潘惠香、王永明：《马克思主义哲学当代性研究新动向》，载《社会科学战线》，2006 年第 5 期。

50. 王雨辰：《当代西方马克思主义社会批判哲学对现代性问题的研究》，载《中南财经大学学报》，2002 年第 4 期。

51. 李洪卫：《"理论"研究的拓荒之作——〈元理论与元哲学〉评析》，载《燕山大学学报（哲学社会科学版）》，2002 年第 2 期。

52. 李振伦：《元理论与元哲学》，载《河北学刊》，1996 年第 6 期。

53. 王玉北：《试论罗蒂的元哲学》，载《江汉论坛》，1995 年第 6 期。

54. 江丹林：《论科学理解马克思主义及其方法论问题》，载《学术月刊》，1998 年第 6 期。

55. 张一兵：《生成的历史辩证法与现成的历史辩证法——萨特〈辩证理性批判〉解读》，载《哲学研究》，2003 年第 5 期。

56. 俞吾金：《马克思对物质本体论的扬弃》，载《哲学研究》，2008 年第 3 期。

57. 俞吾金：《在重新理解马克思哲学的途中——卢卡奇、德拉-沃尔佩、科莱蒂和阿尔都塞的理论贡献》，载《上海交通大学学报（哲学社会科学版）》，2007 年第 5 期。

58. 俞吾金：《差异分析与理论重构——马克思哲学研究中的方法论问题》，载《中共浙江省委党校学报》，2005 年第 1 期。

59. 俞吾金：《对马克思实践观的当代反思——从抽象认识论到生存论本体论》，载《哲学动态》，2003 年第 6 期。

60. 俞吾金：《论恩格斯与马克思哲学思想的差异——从〈终结〉和〈提纲〉的比较看》，载《江苏社会科学》，2003 年第 4 期。

61. 俞吾金：《马克思主义本体论研究中的一些基本概念》，载《哲学动态》，2001 年第 10 期。

62. 俞吾金：《马克思哲学是社会生产关系本体论》，载《学术研究》，2001 年 10 期。

63. 任平：《新全球化时代与马克思主义哲学：〈挑战和应答〉》，载《江苏社会科学》，2002 年第 2 期。

64. 王荣栓：《论马克思主义哲学本体论》，载《理论学刊》，2002 年第 4 期。

65. 王东：《"马克思学"一词源流的新发现》，载《吉林大学社会科学学报》，2007 年第 6 期。

66. 王东：《构建面向 21 世纪的马克思主义哲学新形态研究综述》，载《教学与研究》，2002 年第 9 期。

67. 王东：《哲学创新与哲学观创新——马克思哲学革命正副主题与四部曲》，载《社会科学辑刊》，2002 年第 6 期。

68. 郝敬之：《〈回到马克思〉的阿尔都塞情结》，载《哲学动态》，2002 年第 9 期。

69. 庄福龄：《坚持历史观的客观性、整体性和必然性》，载《思想理论教育导刊》，2005 年第 11 期。

70. 欧阳康：《马克思主义本体论批判的价值取向及其当代意义》，载《中国社会科学》，2002 年第 6 期。

71. 韩庆祥：《马克思的人的理论及其当代价值》，载《中国人民大学学报》，2002 年第 4 期。

72. 陈先达：《论马克思主义哲学本体论及其当代价值》，载《江海学刊》，2002 年第 3 期。

73. 康渝生：《解读马克思主义哲学的人学本体观》，载《学术交流》，2002 年第 5 期。

74. 高清海：《马克思对"本体思维方式"的历史性变革》，载《现代哲学》，2002 年第 2 期。

75. 张西立：《本体与方法的统一——理解和把握马克思主义哲学本质规定性的一个重要视角》，载《求实》，2001 年第 8 期。

76. 张一兵：《作为哲学本体规定的历史与时间——从黑格尔到马克思》，载《江海学刊》，2000 年第 2 期。

77. 丛大川：《关于把马克思主义哲学"物质本体化"的思考——评〈马克思主义原理〉·纪念马克思〈关于费尔巴哈的提纲〉150 周年》，载《延边大学学报（社会科学版）》，1995 年第 2 期。

78. 高清海：《论人的本性——解脱抽象人性论"走向具体人性论"》，载《社会科学战线》，2002 年第 5 期。

79. 王晓林：《马克思关于元哲学问题探索的现代理论价值》，载《泰山学院学报》，2004 年第 2 期。

80. 牟博：《对哲学方法之结构的一个元哲学分析——兼论比较哲学方法论问题》，载《世界哲学》，2003 年第 3 期。

81. 孙正聿：《马克思主义哲学的当代课题》，载《光明日报》，2010 年 8 月 24 日。

82. 曹颖新：《史的新探索——赖泽民〈人类历史科学原理〉简介》，载《学习时报》，2009 年 4 月 7 日。

83. 俞吾金：《马克思仍然是我们的同时代人》，载《文汇报》，2000 年 8 月 2 日。

84. 王清涛：《元哲学研究的三种样态及其对马克思主义元哲学探索的启示》，载《探索》，2010 年第 1 期。

85. 王清涛：《以历史辩证法构建的马克思主义的历时态逻辑》，载《广西社会科学》，2010 年第 7 期。

86. 王清涛：《从马克思文本逻辑看其理论体系的层次结构》，载《甘肃理论学刊》，2009 年第 5 期。

87. 王清涛：《从马克思的文本逻辑看其理论体系展开的动力》，载《理论界》，2010 年第 8 期。

88. 王清涛：《论马克思主义的逻辑起点、逻辑终点及其中介》，载《前沿》，2010 年第 5 期。

89. 王清涛：《实践是贯通马克思主义逻辑起点终点的中介》，载《社科纵横》，2010 年第 2 期。

90. 欧阳康：《马克思主义经典原著的本质规定及其形态建构》，载《哲学动态》，2001 年第 3 期。

91. 王南湜：《新时期中国马克思主义经典原著发展理路之检视》，载《天津社会科学》，2000 年第 6 期。

92. 陈冬生：《个人、国家与意识形态——一种马克思主义大众化整体性解读》，载《学习与实践》，2013年第8期。

93. 陈志远：《康德的历史概念和历史哲学——三种解释的尝试》，载《江苏行政学院学报》，2008年第3期。

94. 王南湜：《国内马克思主义经典原著基础理论研究现状》，载《教学与研究》，1999年第9期。

95. 黄楠森：《论辩证唯物主义体系的不变性与可变性》，载《学术研究》，2001年第9期。

96. 锦夫：《我对马克思哲学中"体系"与"方法"问题的理解》，载《江海学刊》，2001年第2期。

四、外文文献

1. Walter Adamson, *Marx and the Disillusionment of Marxism*, Berkeley: University of California Press, 1985.

2. Michael Burawoy, "Marxism after Communism", *Theory and Society*, Vol. 29, No. 2, April 2000.

3. Karl Marx and Frederick Engels, *Manifesto of the Communist Party*, London: Classic Books Publishing, 1848.

4. Melissa Murphy, *Decoding Chinese Politics, Intellectual Debates and Why They Matter*, Washington: Center for Strategic and International Studies, 2008.

5. Mercy Kuo and Andrew D. Marble, "China in 2020: Bridging the Academic-Policy Gap with Scenario Planning", *Asia Policy*, No. 4, July 2007.

6. Hamburg Programme, "Principal Guidelines of the Social Democratic Party of Germany", *Social Europe the Journal of the European Left*, Vol. 3, No. 2, Winter 2008.

7. Michael Schoenhals, "Political Movements, Change and Stability: The Chinese Communist Party in Power", *The China Quarterly*, No. 159, Sep. 1999.

8. Merle Goldman, "Politically-Engaged Intellectuals in the 1990s", *The China Quarterly*, No. 159, Sep. 1999.

9. David Lane, "The Orange Revolution: 'People's Revolution' or Revolutionary Coup?", *British Journal of Politics & International Relations*, Vol.

10, No. 4, Nov. 2008.

10. *Marx Engels Selected Works*, Volume One, Moscow, USSR: Progress Publishers, 1969.

11. K. R. Popper, *Quantum Theory and the Schism in Physics*, London and New York: Routledge, 1989.

12. Henri Lefebvre, *Everyday Life in the Modern World*, translated Sacha Rabinovitch with a new introduction by Philip Wander, London: New Brunswick, 1984.

13. Henri Lefebvre, *Critique Everyday Life*, John Moore (trans.), London: Verso, 1991.

14. Agnes Heller, *The Theory of Need in Marx*, New York: ST. Martin's Press, 1976.

图书在版编目（CIP）数据

《德意志意识形态》关键词谱系化研究／陈冬生等著. —北京：中央编译出版社，2022.9
ISBN 978-7-5117-4195-0

Ⅰ. ①德… Ⅱ. ①陈… Ⅲ. ①《德意志意识形态》-马恩著作研究 Ⅳ. ①A811.21

中国版本图书馆 CIP 数据核字（2022）第 108094 号

《德意志意识形态》关键词谱系化研究

责任编辑	纪宛伯
责任印制	刘 慧
出版发行	中央编译出版社
地　　址	北京市海淀区北四环西路 69 号（100080）
电　　话	（010）55627391（总编室）　（010）55627307（编辑室）
	（010）55627320（发行部）　（010）55627377（新技术部）
经　　销	全国新华书店
印　　刷	北京中兴印刷有限公司
开　　本	710 毫米×1000 毫米　1/16
字　　数	440 千字
印　　张	27.75
版　　次	2022 年 9 月第 1 版
印　　次	2022 年 9 月第 1 次印刷
定　　价	115.00 元

新浪微博：@中央编译出版社　　　微　　信：中央编译出版社(ID: cctphome)
淘宝店铺：中央编译出版社直销店(http://shop108367160.taobao.com)　（010）55627331

本社常年法律顾问：北京市吴栾赵阎律师事务所律师　闫军　梁勤
凡有印装质量问题，本社负责调换，电话：（010）55626985